DIE ÜBERGANGSGESELLSCHAFT
DDR-DRAMATIK



Universal Bibliothek

BELLETRISTIK

# *DIE ÜBERGANGS-GESELLSCHAFT*

*Stücke der achtziger Jahre aus der DDR*

*1989*

*Verlag Philipp Reclam jun. Leipzig*

Herausgegeben und mit einem Nachwort von Peter Reichel

ISBN 3-379-00447-2



Reclams Universal-Bibliothek Band 1301
1. Auflage
Reihengestaltung: Lothar Reher
Lizenz Nr. 363. 340/24/89 · LSV 7006 · Vbg. 26,7
Printed in the German Democratic Republic
Grafischer Großbetrieb Völkerfreundschaft Dresden
Gesetzt aus Garamond-Antiqua
Bestellnummer: 661 460 6
00350

PETER HACKS

# Pandora

Drama nach J. W. von Goethe

Personen:

EPIMETHEUS
PROMETHEUS
PHILEROS
ELPORE
EPIMELEIA
CHOR DER VON PROMETHEUS ANGEFERTIGTEN MÄNNER

*Die erste Handlung begibt sich in der Urzeit, die andere später.*

## Erste Handlung

*Süden. Gelände des Epimetheus. Ein roher Tempel aus Lehmziegeln mit hölzernen Säulen und Schilfdach, die Vorhalle mit einem Lager von Fellen; dahinter eine Flußgegend. Epimetheus.*

EPIMETHEUS: Kindheit und Jugend, allzu glücklich preis ich sie,
Daß nach durchstürmter, durchgenoßner Tageslust
Behender Schlummer allgewaltig sie ergreift
Und, jede Spur vertilgend kräftger Gegenwart,
Erlittnes, Träume bildend, mischt Zukünftigem.
Ein solch Behagen, ferne immer bleibt es mir.
Denn gleichwie mürrisches Alter Einsamkeit gebiert,
Zeugt Einsamkeit dem Alter ähnlich Ungemach.
Nicht sondert mir entschieden Tag und Nacht sich ab.
Und meines Namens Urbetrübnis trag ich fort:
Denn Epimetheus nannten mich die Zeugenden,
Vergangnem nachzusinnen, Raschgeschehenes

Zurückzuführen, mühsamen Gedankenspiels,
Zum trüben Reich gestaltenmischender Möglichkeit.
In solchem Grübeln nächtig schleichend wach umher
Beneid ich meiner Schlafenden bemeßnes Glück,
Des Hahnes Krähen fürchtend wie des Morgensterns
Voreilig Blinken. Besser blieb es immer Nacht!
Gewaltsam schüttle Helios die Lockenglut,
Doch Menschenpfade, zu erhellen sind sie nicht.
– Was aber hör ich? Knackend, huschend dort und dort
Verstohlner Tritt im heiligen Palastbezirk?
Hier kommen selten Fremde, nimmer insgeheim.
Wohl aus des Bruders, des Prometheus, Rauhgebirg,
Wo nachts man haust, erzbildnerisch mit Guß und Schlag,
Und tags die Erde blattersteppig hinterläßt
In rußerstarrtem Dunkel, ewger Schlackennacht,
Aus jenem, Schönes wirkend, selbst unschönen Ort
Nimmt er die Richtung. Da, ein Knabe springt er her,
Im Antlitz Wonne glänzend vorgefühlter Lust.
Und dennoch, von ihm Gutes, ich erhoff es nicht.

*Phileros.*

EPIMETHEUS: Wo eilst du hin, du morgendlicher Jüngling du?
PHILEROS: Wen treff ich schon, wen treff ich noch den Wachenden?
EPIMETHEUS: Unartig, wer befugtem Frager gegenfragt.
PHILEROS: Geburt enthebt mich schuldger Antwort. Ich muß fort.
EPIMETHEUS: Von welchem Ahnherrn, rangbegründend, stammst du denn?
PHILEROS: Von ihm, ihm selber, aller Menschen Oberhaupt.
EPIMETHEUS: Prometheus' Sohn, Phileros, Japetsproß auch du?
PHILEROS: Du nennst den Vater, Schattenwandler, nennest mich?
EPIMETHEUS: Wohl ist uns, was am rauhen Ufer west, bekannt.
PHILEROS: Wir hören eure Dinge nicht und wollens nicht.
EPIMETHEUS: Wie auch, man hält sich weislich voneinander fern.
PHILEROS: Nein, lieb jetzt ward dies Land mir, wirtlich durch ein Gut.

EPIMETHEUS: Durch Übereinkunft sicher liegt mein Blachgefild.
Und welches Gut, Gebirgling, du begehren magst,
Nur auf dem Markt, am Flußgestade werd es dein,
Allwo der Furt bespülte Brücke Reich mit Reich
Höchst glücklich weder ganz verbindet noch ganz trennt.
Denn so, in solch verzauntem Abstand, mag Verkehr
Unschadend walten unter Gegensätzlichen.
Kommst du die Frucht zu holen wohlbeschnittnen Baums,
Gedüngten Bodens Ernte, festen Stalls Gewinn,
Hols auf dem Markt. Im Tempel Gastrecht wird dir nie.
PHILEROS: Nicht die Art Früchte, süßere erstrebe ich.
EPIMETHEUS: Dann was ließ dich das Siegel brechen dieses Lands?
PHILEROS: Die, Alter, alle Siegel bricht, die Liebe ists.
EPIMETHEUS: Als Grenzverletzrin Schändlichstes vermag sie auch.
PHILEROS: Kein Grenzstein wehret liebender Verwegenheit.
EPIMETHEUS: Ein Halt ist wahrem Lieben: wahres Lieben trägt,
Der Liebsten Liebe zu versehren, tiefe Scheu.
PHILEROS: In Milde hör ich unverdiente Schelte an.
EPIMETHEUS: Du ehrest spruchgewaltges Alter immerhin?
PHILEROS: Ich ehre jene, die mich ungern heftig kennt.
EPIMETHEUS: Wer ist sie? Willst du redlich hierin Antwort stehn?
PHILEROS: Ich will es denn, geduldig in der Ungeduld,
Der Holden inne, allen bin ich hold gestimmt.
EPIMETHEUS: Ist sie gefällig, Nymphe oder Grottenfrau?
PHILEROS: Nein, keusch und eingezogen, keine, die viel liebt.
EPIMETHEUS: Warum dann wunderbarer Weise, meinst du, dich?
PHILEROS: Mit solcher Inbrunst, tiefer Neigung lieb ich, daß
Mein Dringen sie zur Wiederliebe nötiget.
EPIMETHEUS: Wie klar der Liebe große Macht erfaßtest du.
Kennst du die Bürden, ehrst die Pflichten auch der Macht?

PHILEROS: Dein Fragen geht zu langsam. Laß mich.
Lebe wohl.
EPIMETHEUS: Wohlan, Vergebung, Raschgemuter, diesmal
nimm.
Des hohen Vaters Vorzug schirmt des Sohnes Tun,
Auch Jugendmut entschuldet viel Bedenkliches.
Enthüpfe. Werde, Liebender, und mache froh.
*Phileros ab.*
EPIMETHEUS: Dem fernen Nächstverwandten flieht er
nächst verwandt
Und Nachsicht fordernd, die Unreifen lässig wir
Gewähren: nein, dies sämtlich sind die Gründe nicht,
Die so höchst unklug duldsam jenem mich gestimmt.
Ein einziger für alle Gründe ist: er liebt.
Der Liebe stets verzeihen muß der Liebende.
Selbst liebe ich, entgegen aller Klugheit selbst.
Und eine Zeit war, herzumwühlend, da auch ich
Vor Sorge nicht, vor Liebe schlaflos wandelte.
Fahr hin, Beglückter, Hochgesegneter, dahin.
Und wärst du nur den kurzen Weg zu ihr beglückt,
Doch zu beneiden. Schlägt dir nicht des Menschenheils
Erwünschte Stunde? zöge sie auch schnell vorbei.
So freudig flog mein Pulsen, als Pandora mir
An dieses Tempels Schwellenstein entgegentrat,
Wo sie als Königin gottvertretend waltete.
Allschönst und allbegabtest regte sie sich hehr,
Die Menschenfrau, der Spenden reinste des Olymps.
Und holdste Braut umfing ich mit berauschtem Sinn.
Sodann geheimnisvoller Mitgift naht ich mich,
Des irdenen Gefäßes hoher Wohlgestalt.
Verschlossen stands. Die Schöne freundlich trat hinzu:
Du öffne denn das letzte, mich erst ganz in dem.
Und ich, wohlweiser Warnung mich entübrigend,
Mir ernst zuteilgewordner, hub den Deckel ab.
Da schwoll gedrängt ein Dampfgewölke aus und vor.
Die Wolken hatten Nasen, Bärte, Augenfleck
Wie alle Wolken. Doch fast ähnlich wurden sie
Leibhaftgen Wesen. Liegen meinte man zu sehn
Ein Weib, es lud, mit duftend zartem Schweiß beperlt,
Sich selbst gefallend, ein zum Liebesgunstgewinn.
Ein Heros ragte, meidend ihren Schmeichelblick,

Den seinen ab, zu Flucht und Suche hingekehrt.
Dem zwischendringend hochbedächtig seinen Schritt
Ging ein Tyrann von fester Herrschgebärde, dem
Vertraulich nah ein Schäfer, sanft und friedenvoll,
Auch einer Schnittrin staunend ward ich noch gewahr,
Auch tiefgegürtet eines Sängerjünglinges.
An allen aber dieser wirbelnd regen Schar,
Der mannigfaltig wesensunterschiedenen,
An allen doch erfand ich von dem gleichen Schnitt
Das klar gelassen ungetrübte Götteraug.
Dann, als im Kreisen endlich fortgeschmolzen sie,
Dem Rauch gehorchend, wie er hin und wider wogt,
Blieb, was sie bei sich führten, immer sichtbar noch.
Aus blassem Perlmutt, körperfarb der Buhlrin Bett,
Von Zedernholz des Helden strenger Reisestab,
Der Zepter, Rangs Abzeichen, edelst übersteint,
Des Schäfers Rocken, griffwärts seidenbandgeschmückt,
Aus Gold und Silber der geflochtne Erntekorb
Und eine Schildpattleier, die mir sehr gefiel.
Es nahmen aber diese Wunderdinge sie
Nicht mit und ließen im Entschmelzen sie zurück,
So daß sie bunt zu liegen kamen, dies zu dem,
In einer luftgen Schale, deren Umriß, wenn
Das Licht sich brach, man ahnete, in ihrem Schliff,
Und paßten dort, erstaunlichst anmutvoll,
Nun jedes nicht durch eigne Schönheit länger schön,
Sondern mitsammen unermeßlich schöner noch,
In einem Muster, ewighin zur Stimmigkeit
Versöhnt, zu Kräftefrieden, Seelenruhgenuß.
Indessen hatte sich das frische Menschenchor,
Das Chor der Neulinge versammelt rings am Ort.
Sie staunten froh die seltnen Luftgeburten an,
Die nah der Doppelschulter schwebenden des Krugs,
Und drangen zu und haschten. Aber leichter ward
Und flüchtiger die Schale, schwang und stieg empor,
Die Menge immer täuschend, die verfolgende,
Gen Himmel, wo des Formeneinverständnisses
Bild denn wohl wohnet oder nicht wohnt, jedenfalls
Hinangestreckten Händen weggehoben ist,
Und hinterließ, das unerreichbar Unvergeßliche,
Uns in Verstörung, so das Menschenvolk, so mich.

Ich aber zuversichtlich trat zur Gattin schnell
Und eignete das gottgesandte Wonnebild
Mit starken Armen meiner lieberfüllten Brust.
Vergebens, rief ich, wölbet sich ein Lichtermeer,
Vergebens rauchgebildet wünschenswerter Trug,
Du trügst mich nicht, Pandora, mir die Einzige.
Sie trog mich. Fort, hinweggeschwunden ist auch sie.
Und alle Zeit seit jener eine Zeit der Qual.
Jetzt fließen Schlaf und Wachen hin in einem Ton.
Kaum hoffend, allzu spätem Lager streb ich zu,
Ob nicht Entkräftung Ruhe spend Entbehrendem
Und mein Gebrechen lindre Hochgebrechlichkeit.
*Legt sich und entschläft.*
*Prometheus.*
PROMETHEUS: Der Fackel Flamme, morgendlich dem Stern voran
In Vaterhänden aufgeschwungen, kündest du
Tag vor dem Tage. Göttlich werde du verehrt.
Denn aller Fleiß, der männlich schätzenswerteste,
Ist morgendlich. Nur er gewährt dem ganzen Tag
Nahrung, Behagen, müder Stunden Vollgenuß.
Deswegen ich der Abendasche heilgen Schatz
Entblößend früh zu neuem Gluttrieb aufgefacht,
Vorleuchtend meinem wackern arbeitstreuen Volk.
– So ruf ich laut euch Erzgewältger nun hervor,
Die ihr hereinwärts auf den Amboß blickend wirkt,
Das spröde Gut nach eurem Sinne zwingend formt
Und das Geschmolzne vielfach strecket zum Gebrauch.
Hier her. Das alte, rauhe Handwerk gilts wie sonst,
In andrer Form. Dies satte Dreieck Fluß' und Meers
Ist umgewandelt euer Arbeitsplatz. Hier her.
– In diesem Gotteshause war ich König einst.
Nun ich ihm wiederkehrend nahe, unerwünscht
Ists und in Bosheit. Gar nicht übel jetzt, daß streng
Wir aller Kundschaft uns entschlugen über hier
Durch weisliches Absehn, Hörens künstlichen Verruf
Und Unterbindung nachbarlichen Zwiegesprächs.
Unangefochten nimmt der Kluge, was ihm zweckt,
Dem Ausland ab, durch Unbekanntschaft Wüstenei.
Denn mein Gebot, ich geb es mittelnd weiter nur
Als höchster Notdurft allerzwingendes Gebot.

Des Taurosbergs wildstarres Felsgeklüft, entbaumt,
Entblättert ragets. Gipfelher und hin verschlang
Der Feuerstätten Hunger alles Brennbare,
Holz aber, droben uns ermangelnd, reichlich zweigt
Es schattend hier und feucht im Laub. Und Holz muß sein:
Damit von unsern Hebeln Erzes Masse stürzt,
Geschmolzen fließt, zum Werkzeug umgebildet dann,
Zur Doppelfaust, bis hundertfältig sei die Kraft,
Und eigne Kraft und Bruderkräfte mehren wir,
Werktätig, weisekräftig ins Unendliche.
Ist bessere Befugnis? Hat nicht Recht, der muß?
Und heißt der Name unsrer frischen Arbeit Raub,
Heißt solchen Raubes Name Arbeit. – Ruf ich noch?

*Chor, mit Äxten.*

Chor: Wo sind wir? wohin donnert uns dein Wille her?
Weshalb auf diesen schwanken Boden, Schreitendem
Versperrt mit schwerer Drohung, altem Urverbot?
Im Unvorhersehbaren rettet Vorsicht nie,
Undeutlich sind die Eigenschaften dieses Walds,
Unüberliefert seine Fallen, seine Gunst.
Es kommt gewiß der Übereilte dann und wann
Zu Schaden, wohlberaten ist der Zaudernde.
– Die Stämme heißest mit der Axt uns fällen du.
Sie stehn sehr neu, die Kronen regelmäßiger,
Bewohnt von neuen Geistern. Wessen Ahnenschwarm
Umflattert uns? Von welchgestalter Laune sind
Des Landes Seelen, welcher Dienst besänftigt sie?
Den Groll auch wohl der eignen Götter fürchten wir,
Daß wir verschmähn das heimisch Überschaubare,
Der firstumrauchten Klippen biedre Wirtlichkeit.
Denn mehr erträglich allbereits erscheinet uns
Die alt und dürftge Einfalt, hier, jenseits der Furt.
Ein Aufbruch auch zum Guten bricht mit Gutem auch.
Sprich: ist das nötig? Ist Not je so äußerst? Sprich.
Nur Sorgendruck kann so weit vorbewegen uns
Oder geprüften Vormunds ernstes Führerwort.
Wir, Felsensprenger, Wildnisroder gluterprobt,
Mühwaltung nimmer, Frevel einzig scheuen wir.
Sprich, Vater, daß wir rechttun. Hilf uns zum Entschluß.

PROMETHEUS: Unrecht befehl ich, Frevel ist euch anbestimmt.
CHOR: Den Spruch, den schaurig dumpfen, wie erklärst du ihn?
PROMETHEUS: Gezeugt in Frevel seid ihr, Aufruhr euer Grund.
CHOR: Sind wir nicht ewig? zählen nicht von immer her?
PROMETHEUS: Ich machte euch. Vater nicht grundlos ruft ihr mich.
CHOR: Dann waren vor uns männerleer die Gegenden?
PROMETHEUS: Nein, andre Männer lebten, längst vergangene.
CHOR: Wer schuf die, brachte sie aus Ruhendem hervor?
PROMETHEUS: Die Erde, die zu jener Zeit noch göttlich war.
CHOR: Kannst du berichten, wie beschaffen waren die?
PROMETHEUS: Ein erdentsprossen affenglückliches Geschlecht.
CHOR: Wenn sie entschwanden, künde ferner auch, wohin?
PROMETHEUS: Sie nahm Natur ins Unerhebliche zurück.
CHOR: Lebendige zu zeugen, wie vermochtest dus?
PROMETHEUS: Aus nassem Ton euch modelt ich mit Künstlerhand.
CHOR: Nie regte, was aus Erdschlamm je wir buken, sich.
PROMETHEUS: Mit Feuer drum hab eure Klumpen ich beseelt.
CHOR: So war das Feuer, das heilge, da schon auf der Welt?
PROMETHEUS: Da nicht. Vom Herd gestohlen hab ichs erst dem Zeus.
CHOR: So wären wir auch götterhaften Ursprungs ja?
PROMETHEUS: Aus Göttlichem zu Götterleugnern schuf ich euch.
CHOR: Ist gegen eignen Ursprung eifern Unglück nicht?
PROMETHEUS: Er selbst sein ist des Menschen Los. Wer fragt nach Glück?
CHOR: Doch gaben sich zufrieden denn die Himmlischen?
PROMETHEUS: Sie sahn voll Grimm den himmelhöhnenden Funkenflug.
CHOR: Drauf übten sie wohl Rache, sage nun, womit?

PROMETHEUS: Mit einem unheilschwangern Gastgeschenk: dem Weib.
CHOR: Wir hörens schaudernd, übelbringend tönt dies Wort.
PROMETHEUS: An diesen Platz wards zum Verderben mir gesandt.
CHOR: Wie kam, daß solcher Feindin du entgingst und wir?
PROMETHEUS: Ins Hochgebirg euch rettend, floh ich unverfolgt.
CHOR: Und bringst uns nun zu schweren Anschlags Ort zurück?
PROMETHEUS: Nicht ich, Zwang. Feuer immer fortzuzünden gilts.
CHOR: Wie wären wir vor ihren Künsten sicher hier?
PROMETHEUS: Fleiß ists, der höllischen Lockgewalten gegenwirkt,
Kraftregung, die am nützlich Nahen sich bedingt,
Gestrenger Sitte Fordrung, ungehaltne Rast,
Verbot des Wünschens. Wo nur Zucht sich selber lohnt,
Wird Männern träge Frauensüße widerlich.
Darum genugsam forterkundigt. Sputet zu.
Schafft Holz, macht Arbeit. Hügelan ist alles leer.
CHOR: Wir eilen freudig, gilts erneuten Feuerdunst.
PROMETHEUS: Des tätgen Manns Behagen ist Parteilichkeit.
Zwar Wasser gründet dieses Striches Taugen just,
Doch ist mir lieb, daß, andrer Elemente Wert
Verkennend, ihr das Feuer über alles preist.
– Entwandelt friedlich, Friede findend geht ihr nicht.
Denn solch Geschick dem Menschen wie den Tieren ward,
Daß eins dem andern, einzeln oder auch geschart,
Sich widersetzt, sich hassend aneinanderdrängt,
Bis eins dem andern Übermacht betätigte.
Drum faßt euch wacker, greifet emsig an und hin.
Wer falle, stehe? kann ihm wenig Sorge sein.
CHOR: Der Gegner! In Berührung stehen wir bereits.
PROMETHEUS: So schnell traf dies, so schleunig ein. Wen nennt ihr so?
CHOR: Des Tempels Hüter. Tief mit Schlaf umnachtet, beut

Er Männeräxten schätzbarste Gelegenheit.
PROMETHEUS: Tötet mit Grund, verschwendet nichts,
auch Morde nicht.
Betäubten Mannes achtzuhaben, genüg ich wohl.
*Chor ab. Prometheus zu Epimetheus, ihn beleuchtend.*
PROMETHEUS: Nein! So ins Possenhafte kehrt sich
Hochgefahr.
Du also, röchelnd, Mitgeborner, ruhst du hier,
Nachtwandler, Sorgenvoller, Schwerbedenklicher?
Müd kenn ich dich. Noch immer müde? Müd wovon?
Hobst du so schwere Steine Traumgebäuden zu?
Du bists, der sich hier König nennt und Zauberer?
Du armer Bruder. Leeres Spielen: König sein
Und nicht von Schmieden. Solchem tut kein Wächter not.
*Prometheus ab.*
*Elpore, den Morgenstern im Haar.*
EPIMETHEUS *träumend*: Ich seh Gestirne nähersteigen dicht
gedrängt,
Ein Stern für viele, vorglänzend dem Sternenheer.
Wer schreitet hinter seinem Scheinen hold empor?
Welch Haupt, welch langgemissetes, beleuchtet er?
Bist dus, Pandora?
ELPORE: Bin ichs, bin ichs nicht, was tuts?
Ich mag nicht Falten, Leidensstirnen kerbende.
Wem helfen Schmerzen? Trübgesonnen, und warum
Nicht munter? Gälten Trauergründe überhaupt,
Wir wären alle grambeladen allezeit.
– Pandora, Teurer, und dir wieder.
EPIMETHEUS: Und bei mir.
ELPORE: Schlaf heiter. Schlaf, der alle Krankheit lösende,
Darf selbst nicht Krankheit werden. Her, die Schläfe dir
Zu kühlen, weh ich. Träume besser, Väterchen.
EPIMETHEUS: Sie ist es, ists, die sehnsuchtvoll Erwartete.
ELPORE: Ja, nimm mich für die Mutter, mich für alles, was
Du je entbehrtest. Halte still, erwache nie.
EPIMETHEUS *erwachend*: Wie jäh, o Traumwelt, schöne, lösest
du dich ab,
Da Schönres gnadenvollem Schlummer mich entreißt.
Tritt näher, komm.
ELPORE: Laß, Vater, sein, es fruchtet nicht.
EPIMETHEUS: Rasch, näher.

Elpore: So denn?
Epimetheus: Viel, viel näher.
Elpore *nah*: Wie nur, so?
Epimetheus: Ach, du, Elpore, meine kleine Tänzerin.
Daß du Pandora wärest, täuschte mich der Traum.
*Elpore entfernt sich.*
Nein, nicht der Traum nur. Leiblich wandelnd stehst du ja,
Der irdschen Wonne einzig faßliche Gestalt.
Elpore: Von fern nämlich betrachtet, gleich ich ihr aufs Haar.
Epimetheus: Komm, komm. *Sie kommt.* Wo bist du?
Elpore: Seiend.
Epimetheus: Nein, dich kenn ich nicht.
Elpore: Bei Licht besehn, leider, verlier ich Deutlichkeit.
Epimetheus: Zwar kindlich reizend, gleichschön, niedlich schlank,
Doch die mein Herz meint, jene Hehre bist du nicht.
Elpore: Und ihre, deine, euer beider Tochter doch
Und von der Mutter Rückkunft Botin und Gewähr.
Epimetheus: Du sagst mir, was zu glauben Klugheit widerrät.
Elpore: Unkluges zu beschwören, ziemt mir allzumeist.
Epimetheus: Und sie wird kommen?
Elpore *sich entfernend*: Ja doch, ja. Ich weiß gewiß
Und so, mit solcher Herzens Klar- und Deutlichkeit,
Daß nimmer sie kann trügen: wahr ist alles, wahr
Der Liebe Fest, Pandorens nahe Wiederkehr.
Epimetheus: Lehrst du das Licht mich lieben, schelmische Sagerin?
Ich glaube, sehe. Wunderzuversicht erregt
Mein Aug, daß ich von ihrem Bild mich wachend will
Durchdringen lassen, fortempfindend, hoffend, froh.
*Bleibt abwesend, entrückt.*
Elpore *zu den Zuschauern*: Verstehen möget, gute Menschen, alles kann
Ich allen gern versprechen, weil ich nichts erfüll.
Ich bin der ewge Morgenstern vor keinem Tag.

So wohl tat ich dem Vater, und mit nichts. Machts was?
Liegt er nicht froh versunken durch mein nichtig Ja?
Ach euch, ihr braven Weltverdroßnen, sag ich: ja.
Ein zart, ein munter, ein gefällig fühlend Herz,
Die Götter in den jungen Busen legtens mir.
Was ihr euch nicht versaget, ich versags euch nicht,
Und nimmer von mir andres höret ihr als: ja.
Narrt nicht gleichoft dem Wahnsinn auch das Wirkliche?
Und gäbs ein reiner Eigen als den Traumbesitz?
Empfangt mich denn, die Sorgenunterbrechende,
Die leichten Fingers tröstet, Mut zum Morgen weckt
Und ja euch sagt und immer: ja. Ich sag es oft.
Was nicht sein kann, am Ende, sag ich, wird es wohl.
Ihr müßt nur wünschen wollen, und ihr habet gleich.
– Welch Tosen quillet, wildbewegtes Wühlen dort?

CHOR *hinter der Szene*: Seht, Männer, reich doch angenehmen Landes Hort.
An Hausrat stapelt, listig winterschwächendem,
So mancherlei zum Ausdruck hoher Wohlfahrt sich.

ELPORE: Wer murmelt unlieb aufgeregten Beifall mir.
Mißdeutend böslich meines Busens Nettigkeit?

CHOR: Estrich und Wände. Bilder aber zieren sie.
Geheimnisweise wirkend, Gold, in Flechten blinkts.
Gewebe hangen, leichtre, schmückendere als
Gebräuchlich hüftumzottend Wolf- und Bärenfell.
Gar weibisch schön ist solcher Tand. Auch Weibern gleich
Gar schön zu haben. Tastend, spähend folgen wir
Der streuenden Pandora goldner Gabenspur.
Das sehn ist Neiden, Staunen ist Begehren hier.

ELPORE: Was wollt ihr? Reichtum, Ehre, Macht und Glanz
Von mir, dem zarten Mädchen? Übermütige,
Bleibt ruhig, drängt nicht ferner, faßt mich richtiger:
Hoffen ja sollt ihr, Kinder, nehmen sollt ihr nicht.
Dank, Götter, es ward stille. Oder schwillt es neu?
Ein Lärmen zeugt von gräßlich Vorgegangenem.

STIMME EPIMELEIA: Weh, Mord und Untat. Blutgewalt. Zu Hilfe mir.

ELPORE: Epimeleiens Töne, hart am Gartenrand.

*Epimeleia.*

EPIMELEIA: Zu Hilfe, Vater, starker, allgewaltger Mann.

EPIMETHEUS *aufspringend*: Entsetzlich stürzt
Stillschwärmendem sich Jammer zu.
ELPORE: Hier zu erfreuen, dieses arge Mal mißlangs.
*Elpore ab.*
EPIMELEIA: Aus bittern Nöten laß mich, Vater, zu dir
fliehn.
*Phileros.*
PHILEROS: Vergebens. Am geflochtnen Haarschopf greif
ich dich.
EPIMELEIA: Im Nacken, weh, des Mörders Atem spür ich
schon.
PHILEROS: Des Rächers Dolch im Nacken spüre alsobald.
EPIMETHEUS: Her! Schuldig, Tochter, oder schuldlos rett
ich dich.
EPIMELEIA: O Vater du. Ist doch ein Vater stets ein Gott.
EPIMETHEUS: Und wer, verwegen, stürmt aus
Morgendunst dich her?
PHILEROS: Beschütze nicht des frechsten Weibs
verworfnes Haupt.
EPIMETHEUS *Epimeleien unterm Mantel bergend*: Sie schütz ich,
Wüster, gegen dich und jeglichen.
PHILEROS: In welche Nacht sie ihre Schande birgt, sie
stirbt.
EPIMELEIA: Sicher beim Vater bin ich, nirgends sicherer.
EPIMETHEUS: Zurück, Schirm unterm Mantel schafft der
Vater ihr.
PHILEROS: Der Vater, unfest, schwachen Fußes steht er
selbst.
EPIMETHEUS: Ehrwürdig bleibt des Gottumsorgenden
Gewand.
PHILEROS: Ehrwürdig, doch durchbohrbar.
EPIMETHEUS: Was, durchbohr-
bar?
PHILEROS: Tuch.
EPIMETHEUS: Und bildhaft Zeichen heilger
Unangreifbarkeit.
PHILEROS: Dann trügen Zeichen. Ungehindert greif ich an.
EPIMETHEUS: Gesetz dann birgt sie, das zu geben mir
obliegt.
PHILEROS: Dem ich nicht folge. Untertänig bin ich
Besseren.

EPIMETHEUS: Du irrst. Als Priester Achtung und als König nicht
Allein begehr ich. Wisse denn: ich bin dein Ohm.
PHILEROS: Einer Verrufnen weiß ich, daß du Vater bist.
EPIMETHEUS: Des Menschen Leib ist schonenswert, voran des Weibs.
PHILEROS: Ha, Weiber. Schaden, treffen will ich, und mit Lust.
EPIMELEIA: Hilf stärker, Vater, Weises redend hilfst du nicht.
EPIMETHEUS: Wie kann ich? Diesem ist mein Mantel Mantel nur.
EPIMELEIA: O Jammer, Jammer.
EPIMETHEUS: Weh uns, Hilfe. Weh uns, weh.

*Prometheus.*

PROMETHEUS: Welch Mordgeschrei, im friedlichen Bezirke tönts?
EPIMETHEUS: Zu Hilfe, Bruder, Armgewaltger, eile her.
EPIMELEIA: Beflügle deine Schritte. Rettender, heran.
PHILEROS: Vollende, Klinge. Rettung schmählich hinke nach.
PROMETHEUS *dazwischentretend*: Zurück, Unselger. Töricht Rasender, zurück.
Phileros wieder. Bube, diesmal halt ich dich.
An diesem Griff, Unbändiger, der starken Faust
Empfinde, wie erst Übeltat den Menschen faßt
Und Übeltäter weise Macht sogleich ergreift.
Hier morden? Unbewehrte? Geh zu Graus und Krieg
Hin, wo Gewalt Gesetz macht. Denn wo sich Gesetz,
Wo Vaterwille sich Gewalt schuf, taugst du nicht.
PHILEROS: Laß, Vater, los. Ich ehre deine Gegenwart.
PROMETHEUS: Abwesenheit des Vaters ehrt ein guter Sohn.
PHILEROS: Du weißt die Tat erst, kennest nicht gerechten Grund.
PROMETHEUS: Grund wäre, Überwiesener, Gerichteter,
Grund für ein Toben, das der Sitte Element
Zum Grenzenlosen hinwärts brausend überstürzt?
Wo ich will Reue finden, such ich Gründe nicht.
PHILEROS: Wie falsches Maß legt starres Recht der Liebe an.

PROMETHEUS: Die Leidenschaft, die strengen Urteils selbst bedarf,
Kann nie zum Richter taugen. Singen, Küssen, Mord
Hat sie zur Leitschnur, alle Art verschwelgter Zeit.
Von Maß nicht rede Jugend, die sich aufwirft, mir.
PHILEROS: Die Ketten, jene grobgebildet ehernen,
Geschmiedet für des wilden Stieres Hörnerpaar
Und für den Ungebändigten des Männervolks,
Sie sollen mir die Glieder lasten, klirrend hin
Und wider schlagen, meinem Gang Begleitungstakt,
So du, mich hörend, mich verdammest und nicht die.
PROMETHEUS: Kannst du mich hören machen, was ich anders sah?
PHILEROS: Heilloses ja berichte ich, Strafwürdigstes.
PROMETHEUS: Und Wahres. Mörder, weiß man, lügen sonder Scheu.
PHILEROS: Von dieser, die aufjammernd schreiet über mich,
Von ihr, der Klägrin, was mich reiniget, vernimm.
– Ist wahr, du, daß die Fieberhände, die du ringst,
Die Arme, die entgegen du dem Himmel wirfst,
Die Arme, Hände, die mich einst umfingen, sind,
Daß einst auf meinen diese Lippen zitterten?
EPIMELEIA: Machst du mir das zum Vorwurf?
PHILEROS: Rede.
EPIMELEIA: Das ist wahr.
PHILEROS: Und daß so angeschworne Liebe du verrietst?
EPIMELEIA: Du sagst es.
PHILEROS: Und du leugnest nicht?
EPIMELEIA: Wenn du es sagst.
PHILEROS: Gesteh, seltsame Deutung läßt dein Schweigen zu.
EPIMELEIA: Seltsame? Herzzerreißendes bedeutet es.
PHILEROS: So hört. Als bei der halben Helle ich der Nacht
Zur da noch Liebsten hoffend kam, doch unverhofft,
Des Riegels ledig fand ich, unversperrt, das Tor.
EPIMELEIA: Kein Ding enthüllt dein Augenzeugnis als, was ist.
PHILEROS: Da ich zum Garten eintrat, stark erbebte sie.

EPIMELEIA: Erbebte stark. Hierinnen und am ganzen Leib.
PHILEROS: Sank, fiel sie nicht mir an den Busen, wandte sich,
Unschlüssig, welchen Ausweg wählen, eher weg.
EPIMELEIA: Es stimmt genau. Unschlüssig, aber eher weg.
PHILEROS: Da nahm ich schwach ein Bündel wahr in ihrem Arm,
Zerrungen und zergraben, doch erkannt ichs wohl:
Als eines Schülers faltenreiches Schleppgewand.
EPIMELEIA: Kaum auch ist zu mißkennen ein zerrungenes.
PHILEROS: Wo, rief ich, hinversteckst du den Verruchten, wo?
Ich forschte, wühlte, doch vergebens, im Gebüsch.
Dann packt ich sie, die steinern, scham- und tränenlos,
Wie sie noch tut, mich ansah, mindster Regung bar.
Wer ist, um dessen feinerer Verführungskunst
Ich nicht geliebt bin? Wohin floh er? Gib ihn her!
Sie immer, wie sie jetzt tut, schwieg. Der starre Blick
Lag auf mir, grausam Obacht haltend und, ich schwörs,
Im Grund vergnügt des heimlichst Unerratbaren.
Ich zog den Dolch, die Dirne floh.
EPIMELEIA: Du zogst, ich floh.
PHILEROS: Nichts, dessen ich sie zeihe, widerlegt sie mir.
EPIMELEIA: Du kannst mich zeihen, widerlegen kann ichs nicht.
PHILEROS: Vermöchtest dus, zu deinen Knöcheln fiel ich hin.
Kein Gegengrund, ein Wort nur, einen Wink. Und schon
Macht Wahn mich wieder glauben, will ich blindlings dich
Treu wieder nennen, blindlings dich die Treueste.
Als einzig treues feiern von den Weibern will
Ich dich, es braucht nur eines: daß du sagst, du seists.
EPIMELEIA: Mein Herz, Phileros, eben das verbietet es.
PHILEROS: Du findest keinen Umstand, mindernd deine Schuld?
EPIMELEIA: Wo ihn nicht deine Liebe findet, keinen, nein.
PHILEROS: So stirb. *Er verwundet sie.*
Die Schärfe irrte, traf nicht tief genug.
Wollüstgen Mord, ich wünschte ihn gelungener.
*Phileros ab.*

PROMETHEUS: Zum letzten Mal: schmollst du beleidigt oder dreist?
Die Eidvergeßne rüge nicht Selbsthelfenden.
EPIMETHEUS: Bestürzt gewahr ich scheußlich uns Begegnendes.
Die Welt, mit allen Zungen spricht sie wider dich.
Doch ich, bekannt mit deinem Wesen und der Welt,
Vertraue dir. Du strömest furchtbar Blut aus. Komm.
Den Schnitt verschließe väterliche Sorgekunst.
EPIMELEIA: Laß bluten. Blut, gerinnend, stillet leicht sich selbst,
Und eigne Heilkraft überharscht den äußern Riß.
Doch Herzensblut, im wunden Busen stockendes,
Wird es je wieder liebefließend regen sich?
Wirst je du schlagen wieder, gramerstarrtes Herz?
EPIMETHEUS: So seufzt der Unschuld Leiden, nicht die Pein der Schuld.
EPIMELEIA: Ach, wohlerworbne Liebe missen schmerzt so sehr.
EPIMETHEUS: Wenn wohlerworben, aber schwerlich wohlbewahrt.
EPIMELEIA: In Neigung ja unwankend immer lebt ich ihm.
EPIMETHEUS: Wie, was wir sahn, Teilnehmenden erklärst du dann?
EPIMELEIA: Viel wagte ich, was Mädchenkeuschheit selten wagt.
Den Schalter ließ ich offen, angelehnt den Zaun,
Denn seines Kommens Stunde nannte mir das Herz,
Das unbetrüglich wissende. Kann ich dafür,
Daß es, als, was es wußte, eintraf, so erschrak?
Auch hatt ich ihm erborget jenes Schülerkleid.
Denn so sehr gegen Sitte, Stamms und Hauses Recht,
Begehrte ich fremdbürtig braunen Jünglinges,
Hier nicht willkommen, hochwillkommen nur bei mir,
Daß ich ihn fälschen wollte, daß er, so vermummt,
Mehr höflich scheine, ähnlicher den Unseren.
Solch schweren Fehls verklag ich mich. Sehr sorgte ich,
Ob er nicht tadeln würde allzu kecke List,
Sehr drum in Zweifel harr ich seiner, tiefer Scham,
Die Losspruch nur von seiner Wonne hoffen darf.
Da auf mich ein mit Schäumen, Schelten gräßlich dringt,

Mit Liebe, umgewandelt ganz in Raserei,
Phileros. Bebend über Strauchwerk stürz ich hin
Und Beetgesims. Das Gatter, ragend, setzt der Flucht
Ein Ende, doch befitticht hebt mich Angst empor.
Ich bin im Freien, gleich drauf er, er fällt mich an,
Das andre wißt ihr.
EPIMETHEUS: Welche Marter littest du.
PROMETHEUS: Gesetzt, dies sei. Doch doppelt stumm begegnetest
Des Sohnes Vorhalt und des Vaters du, weshalb?
EPIMELEIA: Und blauet nicht die zartste Ader durch die Haut?
Und jenes Strömen, das im Innern pulst und wogt,
Sollte nicht lesbar sein, dem Aug der Liebe nicht?
EPIMETHEUS: So gröblich ist verraten, die du untreu nennst.
PROMETHEUS: Nicht untreu? Schlimmer allerdings als untreu dann.
Nichts ist am Weibe schätzbar, das der Mann nicht schätzt.
Auch Eigensinn des Schmerzes heiß ich Eigensinn,
Nicht Tugend Tugend, die zur Maske dient dem Stolz.
EPIMELEIA: Laßt mich beiseite, Väter, mich vor Eos mich
Verbergen, die, der Liebste nicht, mich glühen macht,
Vor Helios, grausam überhellend Pfad um Pfad,
Den er mir nicht zurückkehrt. Zürnt der Armen nicht.
Laßt sie nur endlich weinen. Das ist Frauenlos,
Still liebehauchend Pressung dulden oder Zwang
Der Männerwelt, mit Leiden einzig allbegabt.
*Epimeleia ab.*
EPIMETHEUS: Was blickst du der Gereinigten verdrossen nach?
PROMETHEUS: Hierin gereinigt, mißbehaglich bleibt sie mir.
EPIMETHEUS: Nicht rührt dich Schönheit, Jugend? Nicht ihr Kummer dich?
PROMETHEUS: Dem Glück der Jugend gilt mir das der Schönheit wert,
Auf Gipfeln weilt so eines wie das andre nicht.
Und daß er Kummer kräftig trage, lebt der Mensch.
Der Frau gleicht, die ich einstmals kannte, diese Frau.
Pandoren gleicht sie, schmeichelhafter scheint sie noch

Und süßer, und sie widerstrebt mir stark. Wer ists?
EPIMETHEUS: Pandorens Tochter, meine Tochter rühm ich sie.
Epimeleia nennen wir die Sinnende.
PROMETHEUS: Mit solchem Vaterglücke, Bruder, alles was
Hier peinlich zustieß, schufest du dir selber zu.
Mit Üblem Übles zeugend: mit dem Weib das Weib.
EPIMETHEUS: Dem Weibe gern gibt flacher Unmut zänkisch Schuld.
Ist der, dein Sohn, ein Weib denn, der hier mordete?
PROMETHEUS: Vor schlechtem Mann zu retten, war ich Manns genug.
EPIMETHEUS: Ja, vor dem ungebetnen, ungebeten selbst.
PROMETHEUS: Auch er ist von den Schlacken nicht der Mutter frei.
EPIMETHEUS: Der Mutter? Auch? Vollende: welcher Mutter auch?
PROMETHEUS: Entsprungen ist Phileros aus Pandorens Schoß.
Dies eine, weitum Hörender, erfuhrst du nicht?
Es sind Jahre, daß ich beilag der Gefährlichen.
EPIMETHEUS: Der Himmlischen. Unvorgedachtes stößt mir zu.
Du lebest fern dem Orte, fern dem Wesen nach.
Entdecke dich. Ob nähern möge Wortetausch
Entschiednes Recht entschiednem Rechte lindernd an.
PROMETHEUS: Hast forschend nimmer du erwogen, wer vor dir
Mit jener üppig waltete im Herrscheramt?
EPIMETHEUS: Mit Wort nicht noch Gedanken. Wissend war ich doch,
Daß nach mir keiner ihre Liebe teilen wird.
PROMETHEUS: Ich war der. Eignen Haders voll verschwieg ichs dir,
Doch riet dir von dem Tempel, daß du miedest ihn.
Du solltest wissen, grundlos geb ich keinen Rat.
EPIMETHEUS: Den Rat vernahm ich. Laß den Grund vernehmen jetzt.
PROMETHEUS: Der Grund war Zeus. Der ewger Ränke Kundige
Warf dieses Bauwerks Kunstgebild als Netz mir aus,

Ein ködernd Werkzeug mitten inne, weißer Wurm.
Was soll ich viel berichten, wie ich mich verfing?
Ich traf sie, da, von meinen Menschen rings umfolgt,
Ich stroman wandert. Unerratend, wer sie sei,
Begehrt ich ihrer. Um wes halb nicht Herr hier sein?
Ich wards, ward König unter ihr, gewöhnte mich
An die still lächelnd webend mich Umgebende.
Fast war mein Eigenwille weggelächelt, fast
Mein Stolz und Mut mit Zaubergarnen ganz umstrickt,
Da, meiner allzu sicher, kam sie mit dem Krug.
Sieh dieses kostbarst schatzbehausende Gefäß,
Den Menschen ist es heilig zubestimmt und dir,
Von Göttern, sprach sie, bin ich, Götter schenken es.
– Von Göttern du? Hochfestlich da sprang Mißtraun auf.
Ich, raschen Geistes tiefdurchschauend Götterlist,
Ergriff den Knaben, den ich kräftig ihr gepflanzt,
Entrann der Flüsterstimme, floh die Lockgestalt
Und fand, nebst meiner Stammverwandtschaft besserm Teil,
Den Tempel hoch in Bergen mächtger Arbeitslust,
In dem mich zu begnügen und mit meinem Sohn.

EPIMETHEUS: Pandorens Frieden also brach Pandorens Sproß.

PROMETHEUS: Nicht ihrer, meiner. Ich erzog ihn voll zu mir.

EPIMETHEUS: Gewalt, unmenschlich, eigner Schwester tat er an.

PROMETHEUS: Weil sie verstockt im edlen Irrtum ihn beließ.

EPIMETHEUS: Ja, beider Artung, Vätererbteil trennet sie.
Und doch in einer Mutter sind sie, einem Geist
Gezeitigt. Es ist vorbestimmt. Es soll, es muß.
O schlichte, Ahnherr, kindlichen Verbündnisses
Streitbaren Ausdruck: lieberfüllter Schwester gib
Zum teuren Mann den Bruder, doppelt liebenswert,
Und mir, dem Vater, von Pandoren einen Sohn.

PROMETHEUS: Gemach. So Ernstes regelt rascher Einfall nicht.
Sag an, wie kam, daß törich du nachliebtest mir,
Wie konntest du sie nehmen, meinem Wink zum Trotz?

EPIMETHEUS: Wie konntest, Unbegreiflicher, du lassen sie?

Es war geschehn, vollzogen, als vors Aug mir trat,
Was gleich zu schaffen allzu engen Fleißes du
Versäumt: das liebste, holdste, erste Menschenweib.
PROMETHEUS: Das Weib zu bilden, sehr verständig ließ ich es,
Das schädlich unter wegbestimmenden Männern wohnt,
Das Wohlsein gern zu teilen, ungern saure Not.
Der Mensch, ich wollt ihn rüstig. Ihn zur Arbeit hin.
Im Nein mir zum Gefährten und im Götterhaß.
Ich machte ihn aus Erde, Bruder, nicht aus Fett.
EPIMETHEUS: Und höchster Schmuck blieb deinem Werke unverliehn.
PROMETHEUS: Ich rate fast, auf welchem Weg du irrend gehst.
EPIMETHEUS: Ich irre nicht, das Schöne führt auf rechte Bahn.
PROMETHEUS: In Fraungestalt nur allzu leicht verführet es.
EPIMETHEUS: Zu widersprechen meid ich. Was in Herz geprägt
Und Sinn mir ruht, zwei Bilder, sie vertreibst du nicht:
Pandorens und des Hochgefäßes Weltgewinn.
PROMETHEUS: Des Krugs! Sagst, Schlummerblöder, sagst, Verruchter, du,
Daß du den reizend wohlverwahrten öffnetest?
EPIMETHEUS: Sonder Bedenken, wollt es doch Pandora so.
PROMETHEUS: Nicht schwer, scheints, fiel Alluntat, ward die Urschuld dir.
EPIMETHEUS: Entgegen brach sich selber der Verschluß mir auf.
PROMETHEUS: Man glaubt, in Elend bis an ferner Tage Rest
Die Welt zu stürzen, Mühe kosten müsse das.
Es kostet eine Handbewegung. Es ist just
Das Leichteste. Leicht hebet sich der Deckel ab
Von Zwist und Drangsal, der Verheerungen Gesamt.
EPIMETHEUS: Rede, doch rede nicht in Jähe, nicht in Wut.
PROMETHEUS: Ich warnte dich vor jener. War das genug? Doch wohl.
Doch eigens Sorge trug ich, vorbedenkliche,
Entschleusung zu verhindern jedenfalls des Krugs.
Und ich verbot dirs. War nun das noch nicht genug?
Nein, ich betonte des Verbotes Schwere noch.

EPIMETHEUS: Ich war es nicht mißhörend, doch ich liebte sie.
PROMETHEUS: Rache, erläutert hatt ichs, brütet der Olymp.
EPIMETHEUS: Du hattests unermüdlich, doch ich liebte sie.
PROMETHEUS: Die oben sind im Übelwollen einzig treu.
Nichts sein darf, was von denen kommt, von denen nichts.
EPIMETHEUS: Dies gilt mehr oder minder. Doch ich liebte sie.
PROMETHEUS: Die alten Neider, wunschaufregend töten sie.
Denn zu gewissem Straucheln führt zu hohes Ziel.
EPIMETHEUS: Das Wahre triffst du, wie es ziemt Erfahrenem.
PROMETHEUS: Es stürzt der wild Verlangende zumeist ins Nichts.
EPIMETHEUS: Wohl und jedennoch: beste Menschenweisheit lehrt
Zielsetzend, hoffend streben nach dem höchsten Gut.
PROMETHEUS: Das höchste Gut? Mich dünken alle Güter gleich.
EPIMETHEUS: Mitnichten, eines übertrifft. Besaß ichs doch.
PROMETHEUS: Nur fort. Erdulden muß ich trübsten Weitergang.
Wie bot des Kruges Inhalt sich, in welcher Form?
EPIMETHEUS: Allschönst geordnet, Schmuck gereiht aus Schmückendem.
PROMETHEUS: Was ward mit jenem Plagenmengsel, wo verbliebs?
EPIMETHEUS: Hinschwand im Unergreiflichen verblassend es.
PROMETHEUS: Mein alter Zeus. Zu nehmen einzig schenkt er nur.
EPIMETHEUS: Den Rauch gern mißt ich, währte nur die Priestrin mir.
In ihrem Kuß umfaßte ich das All des Alls.
Sie gab, die Hehre, solche Weihe meinem Leib,
Daß jeder Faser Fühlen heilger, würdiger
Und alle Hoffnung stets mir gegenwärtig war.
Auch hatte ich das Muster wohl im Sinn verwahrt
Des Fortgeschwundnen. Emsig schildernd hielt ichs fest,
Mit farbgen Erden tränkend frischen Kalkbewurf,

Wobs auch dem Rauschen horchend der Kythare ein.
Die Gattin sah und hörte freundlich, was ich schuf,
Mitleidend fast, nicht ohne Wohlgefallen an.
Wenig entbehrend wohnte ich, erfüllt von ihr.
PROMETHEUS: Wie kam das Ende? Deutlich ist mir, daß es kam.
EPIMETHEUS: Am schönsten Tage, blühend regte sich die Welt,
Erschien sie mir. In Lilienarmen wiegte sie
Und zeigt mir vorgehoben Töchterzwillinge.
Epimeleia nenne die, Elpore die.
PROMETHEUS: Elporen kenn ich, Blinden schwatzt sie Bilder vor.
EPIMETHEUS: Die eine schalkisch äugelt mir vom Schleiersaum,
Die andre, ruhig gegenteils und schmerzlich fast,
Als jener Blick den meinigen zuerst erwarb,
Sah stät herüber, hielt mein Auge fest und fest
In ihrem innig, ließ nicht los, gewann mein Herz.
In Vaterwonne beide schloß ich an die Brust.
Nicht achtend stand ich, daß Pandora, still von uns
Sich lösend, in des Polsterns Richtung weiterschritt.
Der Ferngewichnen endlich rufend folgt ich nach.
Sie aber, stärker eilend als der Eilende,
Warf mit der Hand ein deutlich Lebewohl mir zu
Und ließ allein und mit der Frage mich zurück:
Wozu dann alles! Nimmer sah ich sie seit dem.
PROMETHEUS: Untreue denn benamt die erste Stufe sich
Im Gange des Verderbens. Selbstisch in Verdruß,
Begaukelter, und Klagenfülle stieß sie dich.
EPIMETHEUS: Ja wohl. Denn seit zum ersten Mal vergiftet mir
Der Mond aufglomm, verloren bin ich. Eitles Mühn,
Sich zu vergegenwärtgen Ferngeschiedenes,
Unwiederherstellbares, dürstend im Gemüt,
Und Mühn gleich eitel, kräftig zu vergessen auch.
Wie Todessiechtum, durch Gewöhnung unschmerzend,
Doch leidig höhlt, markzehrend dennoch Spannung raubt,
So schauerlich unfühlbar martert Sehnsuchtsqual,
Die du vergraben unter bösem Gleichmut hast.

PROMETHEUS: Zerrinne nicht, o Bruder, grämlich aufgelöst.
Erhabnen Stammes, hoher Jahre sei gedenk.
Die Kinderträne, schuldgen Greis entstellet sie.
EPIMETHEUS: Der Tränen Labung, sie versöhnt die grimme Pein.
Sie fließen glücklich, wenns im Innern heilend schmilzt.
PROMETHEUS: Vergiß des Glücks, im Unglück bist du selbstgewählt.
EPIMETHEUS: Im Unglück wähnst du reichsten Kleinods Eigner, mich?
PROMETHEUS: Verloren ist das Kleinod, weg, erwiesner Trug.
EPIMETHEUS: Die Liebe missen heißt sie kennen immerhin.
PROMETHEUS: Ein schwacher Trost, des Mangels noch bewußt zu sein.
EPIMETHEUS: Trostlos zu sein ist Liebenden der schönste Trost.
PROMETHEUS: Du hast geliebt. Nicht liebend, leidend bist du jetzt.
EPIMETHEUS: Ich liebe. Nur vom Toten sprich: er hat geliebt.
PROMETHEUS: Wie du es drehst, entronnen bleibt Entronnenes.
EPIMETHEUS: Die Schönste, die Geschmückteste, die Meine ists.
PROMETHEUS: Wie seltsam kühn du auf Unsicherstem bestehst.
EPIMETHEUS: Ich gab mich selbst ihr, gab mich ihr für alle Zeit.
PROMETHEUS: Und leider so auf ewig dir entriß sie dich.
EPIMETHEUS: Und sie gehört auf ewig mir, die Herrliche.
PROMETHEUS: Wer bist du, hoffend Witwer, blutend Liebender?
EPIMETHEUS: Glaubenden füglich nenne mich und Wartenden.
PROMETHEUS: Du dauerst mich, und doch belob ich dein Geschick.
Zu dulden ist. Seis tätig oder leidend auch.
EPIMETHEUS: Nicht ohne Heils Verheißung gehend ließ sie mich.
Nein, halb gewendet, holdsten Mundes sprach sie noch:

In Hortes Näh zu weilen ziemt Horthütender.
Du aber, Lieber, im verwaisten Tempel treu
Beim klaffenden Behältnis harrend halte aus.
Kehrt erst dir meine Gabe wieder, so dann ich.
PROMETHEUS: Auf längste Zeit doch Abschied nahm sie solcherart.
EPIMETHEUS: Zum Schmerz Gewißheit fügte sie: sie kommt zurück.
PROMETHEUS: Du meinst bestimmt zu wissen, weil du innig wünschst.
EPIMETHEUS: Du denkst zu niedrig, von Pandoren und von mir.
PROMETHEUS: Woher die Überzeugung, starke Zuversicht?
EPIMETHEUS: In ihren Kindern uns zu Händen gab sie ja
Der mütterlichen Rückkunft höchstes Unterpfand.
So leb ich fort, entgegen ungenauer Zeit,
Gestärkt an meiner Tochter zart besorgtem Sinn,
Die nun bedürftig meiner Eltersorge ward.
O höre bestem Vorschlag nicht noch immer weg.
Gib uns dein Ja. Erlaube, klug und gut, was ist,
Zusammen füge, was zusammen längst besteht.
PROMETHEUS: In Wassertales Tochter, Feuergipfels Sohn
Sich gattend finden, zeugend paaren, willst du, soll
Entzweiter Väter wurzeltiefer Widersatz,
Was Alten hochverderblich, zum Heil sein Späteren?
Es ist wunderlich zu denken, es rührt mich dennoch an.
Die Hochgestalt aus altem Dunkel tritt auch mir.
Nicht sonderbar soll jedem scheinen, was geschieht,
Vereint er sich Dämonen, gottgesendeten.
EPIMETHEUS: Blick auf aus deinem Zweifel. Schau, das Dämmer weicht.
Die Nichte, Eos, unaufhaltsam strebt sie an,
Sprungweise, mädchenartig, rosig übertaut
Den Arm, den Fuß. Aus gelben Schleierbahnen läßt
Sie Knospen rinnen. Wie an jedem Wolkensaum
Sie lieblich morgend blühen, wechseln mannigfach.
So tritt sie kosend, immerfort erfreulich, vor,
Gewöhnet Erdgeborner trübes Auge sanft,
Daß nicht erblind vor Helios' Pfeilen schwach Geschlecht,
Bestimmt, Erleuchtetes zu sehen, nicht das Licht.

PROMETHEUS: Seinsollendes beschreibend schwärmst du wieder. Was,
Verfehlet Eos wohlgewohnten Pfades heut?
Von Mittag dorther drohet Purpurglut empor.
Ein Brand in deinen Wäldern, deinen Wohnungen
Steht riesig im Entflammen. Siehe doch, was ist.

*Elpore.*

ELPORE: Hofft, hofft, so unbedenklich ihr vermöget, hofft.
EPIMETHEUS: Was, her dich werfend, Tochter, bringst du, Günstiges?
ELPORE: Es ist Schlimmes leider, wo zumeist man mich bedarf.
EPIMETHEUS: Berichte, daß wir Schlimmstes auch gewärtig sind.
ELPORE: Ich wills. Doch, was ihr höret, hoffet immerhin.
Der staunend ortdurchwimmelnde Barbarenschwarm,
Gefertigtes begehrend, Seltnem huldigend,
Doch unschuldvoll erlaubten Sehnens ungewohnt,
Er setzt vergröbernd Wohlgefallen um in Tat,
Und so im Zugriff tölpelhaft, daß aus Altars
Geweihter Flamme Brandnot scheußlich überspringt.
Erzitternd stehen, unbeschirmt die Götter jetzt.
Und aller Scheu entkleidet, sind sies leider bald
Des Festgewandes, Kronenschmuckes, Ziergeräts.
EPIMETHEUS: Zerstört die Zeichen insgemein des Heiligen!
Wie ohne Zeichen kann das Heilge fortbestehn?
Welch grausiges Gefolge, Bruder, führst du mit?
PROMETHEUS: Getrost. Erfordert ist und wohlvorhanden Kriegerzucht.
EPIMETHEUS: Mehr edel lässet zuchtvoll Handeln Friedlichen.
PROMETHEUS: Durch Obsicht nur ist Frieden. Gegenwart des Herrn
Wehrt allem Unmaß, steuert möglichem Verlust.
Ein einzig Machtwort zügelt jene dreiste Schar,
Die zum Gehorsam sich bereithält wie zur Wut.

*Chor.*

CHOR: Welch Beuteandrang, Kriegsgut, Schätzeüberfluß.
Mehr Krüge stehn in Häusern wölbig hier gereiht
Als in den Hütten, drin wir zahlreich sie gebrannt.
Auch erzner Schalen Fülle, die im Formsand wir

Gerinnen machten, künstlich gruben, glätteten.
Aus Obsidian Geschmeide glänzt, aus Karneol,
Von uns dem First entrissen, uns, den Schürfenden.
Hier ist es hin. Zu Hauf hier sämtlich türmt es sich.
Kommt weiter, einzusammeln Langverlorenes.

PROMETHEUS: Was wagt ihr, Raub? wo richtend ich zugegen bin?

CHOR: Geraubtes ists, das raubend Volk sich wiederraubt.

PROMETHEUS: Einhalt gebiet ich, Unterordnung mahne ich.

CHOR: Du hießt uns spotten alter Frommbedenklichkeit,
Wolltest uns Krieger, willst du Kinder uns zugleich?
Der Welt Gesamt uns Menschen weisend zum Besitz,
Erzogst du uns als Plündernde.

PROMETHEUS: Als Schaffende.
Dem Luchs, dem Wolf entgegen, grimmer Feindbegier,
Dem schroffen Berg auch, der sein Innres barsch verschließt,
So gegen jedes, das in Recht durch Bosheit setzt,
Erzog ich euch zu Wackern, zog zu Kämpfern euch.
Siegt nützlich. Wendet Kraft an Krafterhöhendes.
Mißbraucht nicht Härte, diebisch zu verweichlichen.

CHOR: Du hast uns hergerufen, hergezwungen schier.

PROMETHEUS: Holz zu besorgen, daß es brennend tue Dienst.

CHOR: So riefest du. Wir haben, pünktlich in all dem,
An Holz besorgt die Menge und, nicht faul, verbrannt.

PROMETHEUS: Ich sehe Säulen brennen, längst besorgtes Holz.

CHOR: So, Säulen? Säulen, Bäume, beides zählt uns gleich.

PROMETHEUS: Ganz ungeschickt behandelt ihr, was ihr nicht kennt.

CHOR: Es ähnelt, brennend, traulich uns Bekanntem schon.

PROMETHEUS: Nicht freudig unbelehrtem Eifer sagt man Dank.

CHOR: An deiner wolkenthronenden Feinde Erdensitz
Den Funken zündend deiner Lehre warfen wir.
Vom Drang entfacht, in hohen Flocken schlägt er auf,
Hereingesogen zugetretnen Feuersturms.
Das Schilfdach loht mit Prunkgebärde schnell empor.
Es stehn, aus innrer Flamme leuchtend, Pfeiler noch,
Von grünem Aufwind ränderum bezüngelte,

Dann ragen schwarz mit Häuptern weißer Asche sie,
Wie greise Mohren, bis an Brandes Krankheit erst
Der Stoff vergeht, dem folgend, wie sie muß, die Form
Ihr Recht verwirkt und einwärts prasselnd niederfällt.
In roten Tropfen aber urbeschaffnes Erz,
Wiedergeschmolzen schwellenüber wälzt es sich.
Der Tempel ward zum Meiler. Lohn erheischt die Tat.
PROMETHEUS: Ahndung erheischt die Schandtat, die unfaßbare.
CHOR: Der Feuerreiber, Leute, kann kein Feuer sehn.
EPIMETHEUS: Verliert euch nicht in Hader, stellt den Streit hintan.
Was zählen Gärten, Hallen, Heiligtümer selbst,
Das brenne dort, die Eile gelte Näherem.
Helft eines Vaters tränerstickter Neubegier:
Ich zweifle bang um einer Jungfrau Not und Los.
CHOR: Behoben ist der Zweifel um die Jungfrau schon.
EPIMETHEUS: So traft ihr in dem Grauenhaften lebend sie?
CHOR: Der Feuervolle, unser aller Bester, traf,
Phileros, die, nach der du, Alter, scheint uns, fragst.
EPIMETHEUS: So, Lieben, sprecht: wo irrend weilt die Jungfrau jetzt?
CHOR: Die Jungfrau, welche?
EPIMETHEUS: Versteh ich euch? Er zwang sie, tat Gewalt ihr an?
CHOR: Besitz ergriff er, prägend, Nachdruck übend auch.
EPIMETHEUS: Habt ihr dies Greuel gesehen oder bloß gehört?
CHOR: Wir sahens, nahmen zuzusehn uns gern die Zeit,
Wie er an ihr sein Mannesglühen zischend löscht
In einem Aschenwirbel, aufgerührt von Lust.
Sie nahm sehr krumm, die vorschnell Hilfeflehende,
Da ihr auf solch sehr andre Art geholfen ward.
Von Harz ein Balsam, flammenkrachendem Gesparr
Enttropfend, sprenkelt den gewälzten Schenkel ihr,
Indes den Schein der Hintere des Feuermeers
Beweglich spiegelt. Brenzlich roch es da und süß.
Das war zum Lachen. Eingangs schrie sie, dann nicht mehr.
EPIMETHEUS: Mit welchem Atem weiterfragen! Ist sie tot?
CHOR: Tot, Mann, wovon denn? Blicket, sie gesellt sich uns.

*Phileros, Epimeleia.*
Dem Herrscher jauchzet, Ruhmgeschrei umtöne ihn.
PHILEROS: Dem ziemts, der sich und allen Nötiges errang.
EPIMETHEUS: Erwiderst so du milde Gastgerechtigkeit
Des Greises und des Mädchens? Reißest du das Herz
Entzwei der liebestrunken Schwergescholtenen,
Zum tiefsten Leide häufend allertiefstes Leid?
EPIMELEIA: Laß, Vater, nimmer rüge doch Geschehenes.
EPIMETHEUS: Am Kinderleibe messend rohe Körperwucht?
EPIMELEIA: Die Frau, Raubopfer, Männerbeute ist sie stets.
EPIMETHEUS: Nein, Unhold, Martern, Tode fügtest du ihr zu.
EPIMELEIA: Nicht eben, Vater, vorlängst ging zu Grund ich schon.
EPIMETHEUS: Rasch gib heraus so unstatthaftesten Erwerb.
EPIMELEIA: Er griff nur, was ihm zubehörte als Geschenk.
EPIMETHEUS: Die Gernbeglückte, unglückselig ward sie dein.
EPIMELEIA: Nicht Glück zu finden, um zu lieben, liebt die Frau.
EPIMETHEUS: Weshalb so willig Eigen noch erniedrigen?
PHILEROS: Ich lehrte sie mich lieben. Mensch, es ist genug.
Du hörest, siehest. Keifend dennoch fährst du fort.
PROMETHEUS: Des Mannes Unzucht hat zum Anlaß stets das Weib.
Wie er bei ihr, der Schlechte in die Schlechtere,
Sich einkrallt, durch Pandorens Dirne ganz ihr Sohn.
Ihr aber, bieder anspruchslose Mannschaft ihr,
Tut von euch, was euch fesselt, sprengt der Einflüstrin
Verderbliche Gespinste, höret.
PHILEROS: Was bedarf
Das Volk zu hören?
PROMETHEUS: Angeredet bist du nicht.
Dir gilt mein Fluch, erschaffnen Menschen mein Befehl.
CHOR: Einige sind wir, brüderlich Erneuerte.
PROMETHEUS: Ich auch weiß manches Neue, murrt ihr fernerhin.
PHILEROS: Die edle Wut der Menge, halte sie nicht auf.
PROMETHEUS: Du baffst und belferst. Rede sinnreich, schweige sonst.
CHOR: Wir leiten selbst uns, fremder Einrede abhold.

PROMETHEUS: Nicht schlechtern Rat euch wahrlich wüßt ich als von euch.
PHILEROS: Selbstsein ist ehrenvoller als Beratensein.
PROMETHEUS: Du sprichst noch? Hier vergesse keiner, wo er ist.
CHOR: Gut, daß du uns erinnerst. Packet, machet fort.
PROMETHEUS: Versteht: wer jenen kränket, kränken muß er mich.
PHILEROS: Befreit vom Vaterdrucke handeln Mündige.
CHOR: Die Tempel fallen und die Vögte, du und der.
PHILEROS: Jetzt steht ihr staunend, sehet stumm und mißvergnügt
Der Menschen Schar zur Reife grausam aufgediehn,
Gewesne Sklaven eitler Herrenlaune nun
Auf ungehemmter Wollenshöhe Könige.
Begreift, Titanen, endlich: nachtentrissen ward
Zu ewger Niederlage euer Unglücksstamm.
Geht endlich heim, gebrauchet eines Schlafrocks, setzt
Euch eine Zipfelmütze auf. Lebt ziemlicher.
Dir, Alter, grüblerischer Hirnbeschaffenheit,
Folgte im Aberglauben knechtisches Geschlecht,
Dir, grimmer Treiber, rastlos Werkbesessener,
Aus Furcht und Zwang, gewisser Volkskraft unbewußt.
Allein aus Liebe fortan folgen wird es mir.
– Rafft, Männer, schatzet. Ladet über, gattert auf.
Die Wohltat fühlet kraftbeherzten Herrschersinns.
Kein Teil enthalt ich euch des Muttererbes vor.
Nehmt, jeder kräftig seines. Ich auch habe meins.
Folgt mir, sackt ein. Nehmt, was sich läßt, und liebt mich sehr.
*Phileros ab mit Epimeleia.*
PROMETHEUS: Mich, Menschen, laßt ihr, der euch bildete ureinst?
CHOR: Großes begannst du. Groß vollenden wirst du nicht.
*Chor ab.*
ELPORE: Hier bin ich, bei so mißbeschaffnen Dingen, fehl.
Ich gehe lieber ab, zuschanden wie ich bin.
Doch bleibt gewogen, nicht für lang vertreibt man mich.
*Elpore ab.*
PROMETHEUS: Wie schleunig Unwert Anhang findet! Götter, ja,

Der Hieb saß gründlich, unbewunden geb ichs zu.
Vorhersehn müssen ganz besonders hätt ich dies:
Sieg war euch, wie Gemeinem immer, zubestimmt.
– Du seufzest, Bruder? Hobest nicht den Deckel du
Und magst nun seufzen, nun der Sud entgegenquillt?
EPIMETHEUS: Das ist des Krugs geschauter Inhalt nimmermehr.
O wärst du, daß du rettetest, Pandora da.
PROMETHEUS: Nicht siehst du Narr die Täuscherin zum andern Mal.
Ihr Werk, das Übel, vollauf wahrlich ists besorgt.
EPIMETHEUS: Sie kehrt noch wieder. Gottbeschwornem trau ich fest.
PROMETHEUS: Du Unglücksträumer, tatvermeidend Schädlicher,
Ich wollt dich hassen, es ist zu spät. Tu, was du mußt.
Flieh oder bleibe. Greine, hoffe, keines gilt.
EPIMETHEUS: Nach anderm Maß den Ewigen verstreicht die Zeit
Als denen unten. Es mißkennt der Rasche oft
Im Ungestüm das Handeln des Gelassenen.
Viel ist, das sie uns sagen, und wir hörens nicht.
Viel, das sie uns verschweigen, und sie wissens doch.
Geringern Eifer, kleinern Zorn ans Menschenlos
Verschwendend, als du wähnest, lenken sie die Welt.
In Demut einzig, fügsam bessrer Übersicht,
Dem Wert erhabnen Planens werden wir gerecht.
Das ist mein hohes Götterwissen. Nimmer könnt
Ich erdbewohnend fortbestehen ohne das.

## Zweite Handlung

*Norden. Gelände des Epimetheus. Ein Landhaus im griechischen Geschmack, die Vorhalle mit Gartenmöbeln; dahinter eine Flußgegend. Epimetheus, Prometheus.*

PROMETHEUS: Ungern, höchst lustlos, Langgemiedenen treff ich dich.
EPIMETHEUS: Kommst du nicht gerne, kommst du also, weil du mußt.

PROMETHEUS: Richtig, herzwang mich deine hämische Klageschrift.
EPIMETHEUS: Schrift ernster Mahnung eher, hochgerechten Grolls.
PROMETHEUS: Mich mahnen, mich, der einzig Mahnung nicht bedarf?
EPIMETHEUS: Reines Gewissen, der Gewissenlose hats.
PROMETHEUS: Ich mag dich nicht, und keinen mag ich deiner Art.
Die Menschheit stets im Munde und das Höhere,
Bekümmern sie sich eitel leidend bloß um sich.
Störer zumeist, wo Förderliches frisch sich rührt.
EPIMETHEUS: Den Aufgestörten Störer nennen, wagst du das?
PROMETHEUS: Was solls, auch Worte bester Feindschaft sind zu viel.
EPIMETHEUS: So ists. Entzweiung gelte von Äonen her
Für genug erprobt. Wir beiden, traurig Übrige
Aus götterebenbürtig hohem Kraftgeschlecht,
Sind Brüder, nur empfindlicher zu hassen noch.
Auch ich begehre deiner alten Reden nicht.
Das Neue melde, dessenthalb du sträubig nahst.
PROMETHEUS: Unflat beim Herrscher meinetwegen gabst du ein.
Er überließ den Vorgang zur Besorgung mir.
Dein Recht erhältst du, alles, was Gesetz befiehlt.
EPIMETHEUS: So handle, spare peinlichste Begegnung uns.
PROMETHEUS: Nicht stattzugeben des Gekränkten Bittgesuch,
Mit dem zu sprechen heischet strenger Wohlgebrauch.
Trag denn deins vor, daß es denn vorgetragen sei.
EPIMETHEUS: Von Anfang anbeginnen will ich, nicht in Hast,
Vielmehr mit Sorgfalt manches fügend zum Bericht.
Hier stand, wie wenig lange noch ist, daß sie stand,
Die Böschung reich bewipfelt, einer Düne mild
Allseitig sich zur Mitte hebende Gestalt.
Da kamen, Kiefern, Birken rodend, etliche.
Und stachen so die halbe Menge ab des Bühls,
Daß er zur schartgen Klippe hingestümmelt ragt,
Von einem Ginster einsam überhangen, der,

Sich halb im Leeren haltend, dorrender Wurzel noch
Entrißnen Lebensboden nachverlangend sucht.
PROMETHEUS: Umständlich sprichst du. Eine Straße ward gebaut.
EPIMETHEUS: Die Quere durch den Hügel? Um wes willen das?
PROMETHEUS: Kies ist der Stoff zu Straßen. Straßen sind aus Kies.
Der Hügel breitet sinnreich sich zur Straße jetzt.
EPIMETHEUS: Weh, dem entgegen eine Straße führt von dir!
Schwarz wimmelnd herwärts regten deine Horden sich.
Der Muskeln Wut durch Krane grauenvoll vermehrt,
Der Seelen Wildheit mittels staatverliehner Macht,
Den schönsten Strich, umgatternd, zeichnen sie zum Tod.
Und Sand und Land vom hohen Wald entgrünen sie,
Wie er seit Urzeittagen drüben rauschete.
PROMETHEUS: Kaum Unbekanntes, eigne Tat erzählst du mir.
Errichtet ward das Kraftwerk, Ursach, Feuergrund,
Durch Druck und Dehnung, der Gewerke insgesamt.
Wirfst du mir vor, daß alte Ödnis nutzbar ward?
EPIMETHEUS: Wald Ödnis? Wald? Der Weihestätten älteste,
Und jetzt entwürdigt. Du alleinzig schufest ihn
In Ödnis um wie jeden Grund, den du betrittst.
PROMETHEUS: Des Landes Werkfleiß, eingefaßt in meiner Hand,
Entwachsen ist er roher Willkür Mißgebrauch.
Nicht steht, Finger wie Tatzen, stinkend mehr der Schmied
Am Rand des Ofens, nicht begegnet zänkisch sich
Gewerkshaus mit Gewerkshaus, wie es dermals pflog,
Im Kampf zermalmend Völkerwohlfahrt, Männerglück,
Sondern die Kräfte dienen der Erzeugung, ganz
Vom Menschenwillen ausgesöhnt, dem Menschenstamm.
Die Folgen wägend, jedem Anspruch schonungsvoll,
Im Leuteleeren baut ich, hier, wo keiner ist.
EPIMETHEUS: Ich bin hier. Reuen wird dich, daß du spät mich sahst.
PROMETHEUS: Was setzest siedelnd ins Entlegne du dich hin?

EPIMETHEUS: Gedanken und Gedichte reifen nicht im Lärm.
Aus der Vergleichung blühn sie dessen, was geschieht,
Mit einem höchsten Bilde, unbegreiflich dem,
Der nie desgleichen schauete. Der Weise denkt
Und dichtet im Vereine nicht mit anderen.
PROMETHEUS: Doch wenig Ohren öffnen sich Umeinsamtem.
EPIMETHEUS: Bist du nicht einsam, Titan?
PROMETHEUS: Ich lebe nicht einsam.
Was quengelst du? Dein Hofhalt dauert unzerstört,
Dein Gut und Eigen, keiner doch beseitigt es.
EPIMETHEUS: Beseitigt ist des Tales Stille. Das Gehöft,
In frech berührter Landschaft ist es doch zerstört.
PROMETHEUS: Wenn du so zärtlich fühlen mußt, ich nehms dir ab
Zu Kauf und Tausch. Wertvollre suchen Wohnung hier.
EPIMETHEUS: Ich kann dies nicht verlassen, nichts entreißt mich dem.
PROMETHEUS: Was hält dich, wo nur schmollend du verweilen kannst?
EPIMETHEUS: Pandorens harr ich. In Erwartung leb ich nur.
PROMETHEUS: Du wartest noch, entgegen aller Tunlichkeit,
Hinfällig Leiden päppelnd, wie man Greise nährt?
EPIMETHEUS: Leid ist hier Hoffen. Gebet, Götter, Stärke mir,
Daß ich niemalen müde werde dieses Leids,
Daß immer neu, nach ihrem Bilde auszuspähn,
Mein Blick entbrenne, jenem Tage hin, da sie
Zum Göttertische heimkehrt in ihr Heiligtum.
PROMETHEUS: Ihr Heiligt... Wie, blödsichtger Taumler, nennst du das?
EPIMETHEUS: Dies Bauwerk, stromgelegen, Wind und Düften frei,
Gen Mittag über Uferhainen sanft erhöht,
Es ist Pandorens Heiligtum, das hehre ganz,
Auch wenn durch manchen Übergriff unähnlich nun.
PROMETHEUS: Unähnlich, ja. Um so viel minder ähnlich wohl,
Als es sich selber nimmer irgend ähnelte.
Lieber, in nördlich kalter Wüste hausen wir,

Im Segensleeren, unter Himmels hohlstem Fleck,
Dem von der Sonne Lauf umgangnen und des Monds.
Hier, fand ich, eigne Sonnen dreist zu zünden, sei
Der rechte Ort und kam so her. Wie aber du?

EPIMETHEUS: Nach Norden wallte die Erflehte, als sie ging.
Geliebter Fußspur folgend, hergelangte ich,
Da du aus ihrem ersten Tempel mich verdrängt,
Den du in dem zum zweiten Male niederbrennst.

PROMETHEUS: Ein Tempel dies jetzt?

EPIMETHEUS: Zweifle nicht.

PROMETHEUS: Ein Tempel dies!
Die Säulenreihung, tragend weder, weder schön,
Der Giebel griechelnd, schlechterinnert wiederholt,
Hier Kappadozien? Solchen schalen Selbstbetrug,
Solch taubes Heilges, Wehmutkrankem teuer, ich,
Der keines Tempels achtet, schonen soll ich den?

EPIMETHEUS: Entsagung weiß, wie gleichnisartig Vieles gilt,
Da Tatwahn gläubig taubem Zweck sich unterwirft.

PROMETHEUS: Blind schlagend wiederhöhnend reizest du mich kaum.

EPIMETHEUS: Du schiltst mein Fühlen, schelten darf ich deine Tat.

PROMETHEUS: Mein Nutzen, meiner Werkstatt Ausstoß weist ihn aus.

EPIMETHEUS: Zwar, was dich Werkstatt dünket, dünkt Müllhalde mich.

PROMETHEUS: Mutter von Gütern ragt sie, zählbar zahllosen.

EPIMETHEUS: Ein Müllschoß denn, nicht erst nur Mülls Bestimmungsort.

PROMETHEUS: Erst im Gebrauch verstorbnes Gut wird Müll benamt.

EPIMETHEUS: Und wie dann wohl das unbrauchbar geborene?
Wenn diesen würdelosen Unrat, vorgeprüft
Von keiner Herkunft, dienlich keiner Gegenwart,
Und keinen Hinweis bergend menschlichem Selbstgebrauch,
Wenn, dem so Wesen fehlt wie Dauer, dir ein Gut
Beliebt zu nennen, wohl, dann nenne Abfall Schatz,

Den Trümmerfriedhof Wiege nenne, rühme dich
Solch müllgebärend unfruchtbarer Fruchtbarkeit.
PROMETHEUS: Vergangnem Angenehmen trödelnd hängst du nach.
EPIMETHEUS: Das Rechte, wo er ihm begegne, ehrt mein Sinn.
PROMETHEUS: Das Viele längst zieht Neuzeit Allzurarem vor.
EPIMETHEUS: Sofern es nutzt, sonst schwindet Vieles hin zu nichts.
PROMETHEUS: Du tadelst, launisch schmähend, Selbstveranlaßtes.
EPIMETHEUS: Ich hätte je Entbehrliches mit Lob bedacht?
PROMETHEUS: Anhob, Urmangel stillend, ich, im Herzen froh,
Denn was Bedarf dem Stoffe abringt, freuet nur.
Zum Überleben eben taugen Irdische.
Frei leben ist: in Mühen hinbehelfen uns.
Und eine Not zu wenden, kraftbegabter Faust,
Ist rühmlicher, als einen Erdteil ohne Not
Im Wollen zu beschließen. Da, dreinmischend dich,
Kamst du. Den Menschen gleich die Grillen wiesest du
Des im Verlangen unermüdenden Gehirns.
Begehren pflanztest, Süchte senktest du in sie,
Das Märchen vom Gesamtglück, wieder ging es um.
Und die Geschaffnen, meine Toren, hörten dich.
Was du mir heute vorwirfst, Minderwertiges,
Da nämlich, dann nicht wieder, stellte ich es her.
Ein Mensch, wie sehr nach Pfusch das klingt. Jahrhunderte
Am Menschen flicken: Weltgeschichte heißt man das.
Wozu Geschichte? Nur ein Pfuscher flickt am Pfusch.
Titanenfehde schlaffen Göttern sagt ich an
Um seinet, meiner ungelungnen Arbeit halb.
Der Mensch, für den ich aufstand, brachte mich zu Fall.
So trag ich freilich alle Schuld an deiner Schuld.
Das ist hinreichend lustig, dünkt mich, wie es ist.
Drum deines Spotts bemühter Milde kaum bedarfs.
Ich sehe selbst die Güter, die ich schaffen muß,
Getrieben von erfolgverschlingendem Erfolg.
Schein sind, von keiner Eignung, meine Waren? Die

Glücksschatten, von Pandora spiegelnd vorgeführt,
Die sind die. Kennst du sie nicht wieder? Wirklich nicht?
Nicht den geschminkten Äther im geschminkten Müll?
Es kann nicht anders. Aus Bösem wird Gutes nie.
Ein Falsches abgewendet, folgt mehr Falsches stets,
Solch tollen Wechsels ist kein Ende als der Welt.
An dieses Werk, von mattstem Sinne nie besonnt,
Dies wüste, tote, schrecklich rauchende Gebirg,
– Die Felsenschrunde jenes andern Kaukasus
Herberge gegen das –, an diesen Krater, der,
Wie ungefragte Weiber leere Worte spein,
Den reichen Bettel würgend immer speit ins Nichts,
Hab ich mich selbst, der Menschenschmied, geschmiedet mich,
Ewig zu hängen im höchst Inhaltlosen dort,
Und wills nicht besser. Thronenden Schicksals Machtgebot
Verneint im kältsten Trotze der Bejahende.
Drum laß den Urgrund unbesprochen. Komm zum Punkt.
Denn auf Verständnis rechnen mögen Schlechtere.
Teil volle Schuld aus. Einzustecken bin ich hier.
Welch Hochverbrechens, schweren Unrechts zeihst du mich?
EPIMETHEUS: Das Feuer ists, das friedelose, allzu oft,
Das holden Wandel unter Elementen stört.
Mit Schwaden mengt es himmelsklare Lüfte durch,
Es brennt die Erde nieder und der Erde Flor,
Endlich dem Wasser weiß es zu obsiegen auch.
PROMETHEUS: Den Dingen näher rede, minder allgemein.
EPIMETHEUS: Ein großer Fluß geht unten durch die Heide dort.
In sohlenwandelnder Gletscher alter Mulde strömt
Bedächtig er, unhüpfend, in die Länge hin.
PROMETHEUS: Er wars, der mich herbeirief. Wasser frommt dem Schmied.
EPIMETHEUS: Was für ein Meister, der so besten Knecht erwürgt.
Dein glühnder Meiler, mit verlorner Wärme jetzt
Dem Fluß die Frische raubend, fügt er ihm
Was wie ein faules Fieber zu. Zu bald erhitzt,

Gebieret Leben, Leben über Leben er,
Dumpft, sich von Kräften grünend, schleppt, ein Algensumpf,
Aufstoßend üblen Brodem, sich von hinnen, bis
Er an der eignen Überblüte sterben muß.
Verurteilt, was naturgewollt in ihm sich regt.
Der Hecht erstickt, der moosge Karpfe, dann der Schley,
Am Ende zeigt die gröbere Karausche selbst
Den fahlen Bauch, und, Brackgut, treibt, was Schöpfung war.
Dies – meiner Klage Inhalt bündig denn vernimm –
Ist übers Maß und ferner nicht erträglich mir.
PROMETHEUS: Erträglich deinem Zartsinn oder nicht, es ist.
EPIMETHEUS: Ist denn kein Mittel, zu beheben solches Bild?
PROMETHEUS: Zwei Mittel sind. Das Wasser, künstlich aufgeheizt,
Geht künstlich abzukühlen, oder du ziehst aus.
EPIMETHEUS: Den Strom zu kühlen, Gabenreicher, du vermagsts?
PROMETHEUS: Betriebskunst kann das Meiste. Also zieh du aus.
EPIMETHEUS: Weshalb von beiden Mitteln dies, das schäbige?
PROMETHEUS: Es ist das billigere. Antwort stand ich dir
Nach Volksgesetzes unbeugbarer Forderung.
Dich so befriedigt, geh ich, lieber als ich kam.
EPIMETHEUS: Nein. Wiederhols. Daß ich dir fluchen lerne recht.
Auf ewig hast du Heiles zu verderben vor?
PROMETHEUS: Wer sprach von ewig? Jenes Flusses Leichnam wird
Zu munterm Dasein eines spätern Tags erweckt.
EPIMETHEUS: Doch rühret eine Stimme sich im Busen dir?
PROMETHEUS: Ja. Neue Werkanlagen plane ich stromab,
Die werden reinen Wassers dann benötigen.
*Prometheus ab.*
EPIMETHEUS: Wes war ich mich versehend? Sieges? Sieg blieb aus.
Aber auch Trauer. Seltsam, Trauer auch blieb aus.
Der Streit, er lässet unerwartet mich gefaßt.
*Epimeleia.*

Epimeleia: Hob er sich weg, dem niemals ich geneigt sein kann,
Weil er dem Gatten ähnelt als ein Roherer?
Räumt er den Platz, der Barsche, ging davon für ganz?
Epimetheus: Er ging für ganz, ja. Anders diesmal schien er als
In ungeheuren, streitgebärenden Tagen mir,
Schien minder noterregend, tiefer selbst in Not.
Doch unerhofft erfreulich trittst du mir ins Haus.
Kommst du zu bringen, Seltne, zu verlangen du?
Epimeleia: Braucht denn der Tochter Heimkehr Grund? Doch bring ich viel.
Phileros, als er deinen Hilferuf erhielt,
Entscheidungsschwer die Herrscherbraune zog er kraus.
Prometheus' dreistes Lassen, unverschämtes Tun,
So zürnt er, ward zur Plage allgemach dem Land;
Dies jüngste Hausen, Unart aber übersteigts
Zur Untat hin, des festen Zügels nun bedarfs.
Und so schon heute, kurz gebunden, wie er ist,
Eilt er zu dir, für aufgedeckten Übelstand
Den Dank zu sagen, Schlimmes gleich zu bessern auch.
Epimetheus: Vernünftges, wo es eintritt, wundert jeglichen.
Doch ist Gedeih des Ganzen Staates altes Amt,
Und daß ders denn besorge, glaublich immerhin.
Sprich, mir als Freudenbotin, mir als Tochter lieb,
Weshalb alleine, ohne Gatten, zeigst du dich?
Kamst du geschwind, zu doppeln Vaters Hochgefühl,
Des Glückes Nachricht heiter tragend vor dem Glück,
Wie? oder harrt er unfern, weilt nahbei, und du
Bereitest Gramgewohnten zärtlich sorgend vor?
Epimeleia: Weh der Verlornen! Du vernahmest, frage nichts.
Epimetheus: In Ach und Zähren, Liebe, auch dies frohe Mal?
Epimeleia: Er weilt nahbei, und dennoch bin ich ohne ihn.
Epimetheus: So in Erwartung steht er deines Winks gewiß?
Epimeleia: Ach! ach! längst hat gewunken eine andere.
Epimetheus: Hält er vom Öffentlichen fern die Ehefrau?
Epimeleia: Er hält die Frau vom innigst Ehelichen fern.
Mein Recht, mein Eigen, seine Liebe schenkt er fort.

EPIMETHEUS: In Argwohn oder in Gewißheit sagst du das?
EPIMELEIA: Ein Ferngespräch gab Aufschluß todbleich
Hörender.
Welch Lispeln und welch Gurren: Reise mit, wir sind,
Wie lang die Fahrt ist, desto länger ungestört.
Und gleich zu mir drauf, lehnend in der halben Tür,
Im gleichen Lispeln, gurrenden Klang, von keiner Schuld
Die biedre Gattenmaske mindestens entstellt:
Die alte Plage des Geschäftsgangs, plötzlich ruft
Sie mich zu deinem Vater; Wetterunbestand
Und andre Wegbeschwerden plagen doch recht arg;
In Angst um dich ertrag ich, ohne dich zu gehn.
EPIMETHEUS: Das Mißliche, kaum überraschend kam es
doch?
EPIMELEIA: Ich ahnte nichts. Vertrauen schließt der Liebe
Aug.
Was da zusammenstürzte! Schonungsvollen Tons
Sprach meiner Seele er das Urteil bittern Tods.
EPIMETHEUS: Du seufzest übermäßig. Finde dich zu dir.
EPIMELEIA: O tröste mich, die allzeit ich untröstlich bin.
EPIMETHEUS: Untröstbare zu trösten, zahlt sich ja nicht aus.
EPIMELEIA: Drum lieber Vorwurf spendest du
Vielduldender?
EPIMETHEUS: Du warest stets von allzu leicht beschwertem
Mut.
EPIMELEIA: Was sucht er denn bei jener als mein
Herzeleid?
EPIMETHEUS: So kennst du sie als unwert, wissend, wer sie
sei?
EPIMELEIA: Ich kenne sie als unwert. Wer sie aber ist,
In wenig Augenblicken wissen werd ich es.
Und fühlen wirds, erfuhr ichs, das Verräterpaar.
Du steh mir bei, dein flehend Kind umklammert dich.
EPIMETHEUS: Laß los. Ich habe keinen Königsmantel mehr,
Mich dran zu zupfen. In Gezänk stets ziehst du mich.
EPIMELEIA: Ist nötig, dich hineinzuziehn? Ein Vater, kann
Der abseitsbleiben bei der Qual des gleichen Bluts,
Wo jeder einspräng, unbekanntem Weib zulieb?
EPIMETHEUS: Nicht Mitqual dir versag ich. Du berührst
mich stark.
EPIMELEIA: Ich ekle dich. Verachtet wird, dem Unrecht wird.

Auch du bist, Vater, ein Unfühlender, ein Mann.
Was kümmert dich der Frauentage Kummerlauf?
Ach! wo mich bergen, eine Frau in einer Welt,
Wo selbst von Vätern Töchter selbst verlassen stehn?
EPIMETHEUS: Dein kleiner Zweck, Gefährdung droht er meinem Zweck.
Ich helfe dir. Gelegen kommt mir all das nicht.
*Beide ins Haus ab.*
*Phileros, Elpore.*
PHILEROS: Der Liebe Freund, Phileros, kennt mich männiglich.
Und ist nicht sträflich, einen, keck wie ich, vertreibt
Von Haus ein Elend, fliehend hier zu Hause zu sein?
ELPORE: Denk nicht der Gattin, heute nicht an was dich quält.
PHILEROS: Ihr schmächtger Busen unerschöpft von Ächzen voll.
Ihr blasser Ausdruck krustig von dem eignen Salz.
Was will sie denn, daß meine Laune sie zerbrockt?
Gleich kalt wie mich läßt seltenste Umarmung sie,
Wenig vermißt mit meinem Leib sie, meinen Kuß
Nennt scheltend sie Gewalttat und besteht auf ihm.
Warum, statt holdre Kurzweil, naschend da und dort,
Zu suchen, barmt sie? Sie bedarf mich in der Schuld.
ELPORE: Auf Hausfraunweise klagerufend liebt sie dich.
PHILEROS: Sie liebt, um mich zu martern. Ihre Lieb ist Wut.
Mich liebend, nimmt sie Rache, daß sie lieben muß.
ELPORE: Ich kann der Schwester deinen Trübsinn nicht verzeihn.
Eh du so hinwelkst, besser wiesest du sie fort.
PHILEROS: Ihr Geist geht dunkel. Hoffnung ist ihr ganz verwehrt.
Verstieß ich sie, zum Grabe stieß ich sie gewiß,
Und, eines Mörders, meine Gattin wärest du.
ELPORE: Ich deine Gattin? Die das Werkzeug führt des Zwangs
Wie Besen oder Nadel? Nimmer wünsch ich das.
Ich habe deine Liebe, unvermischt mit Pflicht,
Ich habe Frist, dir nachzuträumen, ungestört
Durch deine viele Gegenwart. Je minder oft
Du kommst, um desto gültiger der Augenblick,

Heißer dein Schenken, unverbrauchter dein Vulkan.
Zu währen hat das Abenteuer nur den Reiz.
Willst du mich halten, nimmer sprich von Ehe mir.
PHILEROS: Dich, Herz, am Herzen, freier blick ich gleich zurück
Und freier auch entgegen Unerquicklichstem.
ELPORE: Wie sie, dein Vater gleichwie meiner, plagen dich.
PHILEROS: Zu gern der Unentbehrlichen entbehrt ich wohl.
Doch schwer, daß ichs gestehe, sagt sich denen das
Ins Aug hinein, das fester ist als andre und
Zu unfest, Urteils Funken zu verbergen doch.
Die alten Götterfresser sind sie immer noch,
Die alten Widerbeller des Betulichen.
In ihrem vorwurfsvollen Mißbehagen sind
Sie jedem heitern Taglauf runzelnd quergestimmt.
Sie gehen immer hochbeladen mit der Welt.
Ihr besserwissend tugendhafter Altersgrimm
Kennt nicht des Maßes schönen Punkt. Selbst rücksichtslos,
Nach Rücksicht brüllen, nie genommner, hört man sie.
Der Welt zum Scheusal wandelt der Begabtere.
ELPORE: Du bist der Herrscher. Zeige endlich auch den Herrn.
PHILEROS: Solch frisches Handeln, süßes Vorrecht bleibts der Frau.
Nicht aber ziemet Männeramte Unvorsicht.
Von jenen kommt dem Lande reichlich fernher Ruhm,
Der freilich ihnen eher als dem Lande gilt.
Das nutzen sie, sich herzuzeigen, weidlich aus
Im bittern Dünkel ihrer Vorgezogenheit.
ELPORE: Der stolze Mut, Erpressern gibt er niemals nach.
PHILEROS: Fürwahr. Doch der besonnene erzürnt sie nicht.
Der Feind zumeist des Staatsmanns ist die eigne Tat.
Der Allerklügste ist durch Nichtentscheiden klug.
Wo andre den Titanen sehen, sehe ich
Den eitlen Greis, schon glättet sich das Borstige,
Denn nichts ist leichter täuschbar als gefühlter Wert.
Erhabnem Nörgeln komme ich mit Lob zuvor,
Befugtem Zorn mit Ehrfurcht, scheinbarem Gehör,
Nie aber ihre rostgen Waffen nehm ich auf,
Verdienst und Gründe. Daß ein Wort nichts gilt und ist,

Sie fassens nimmer. Sich verfinsternd immer mehr,
Bleiben sie ratlos Sieger in vermeinter Schlacht,
Behaupten mächtgen Willen, der nur nie geschieht,
Bis reißend sich, von keinem Widerstand gewetzt,
Der Hauzahn ihnen in die eigne Lippe krümmt.

ELPORE: Die Schrecklichsten, Ohnmächtigste ja nennst du sie.

PHILEROS: Es sind Übrige. Ein abgelebter Schlag aus lang
Versunknem Zustand: welteinrichtend Einzelne.
Wie zäh sie sind, sie sterben einmal doch wohl aus.

ELPORE: Dies dorten ist des Vaters Villa. Dies der Weg.

PHILEROS: Sei das der Weg, doch Staatskunst zieht den Umweg vor.
Ich komme zwar, daß er nicht sagt, ich käme nicht.
Nach außen hin dem Kraftwerk aber bin ich Gast,
Daß er nicht sagt, gekommen sei ich seinethalb.
– Schon tritt hervor erwartungsvolles Arbeitsvolk.

ELPORE: Mach kurz. Schick sie bald weiter. Laß mitsammen bald
Uns lachen. Lachend küsse ich die Welt dir fort.
Die Lebzeit, die du ihnen gönnest, raubst du dir.

PHILEROS: Mein dreistes Weibchen. Sorge nicht, du weißt mich rasch.

*Chor*

CHOR: Aus Winkelhöhlen, gängereichem Irrgebäud,
Von Wänden widerhallend Feuers und Hammers Lärm,
Drängt unbestimmte Herzenstrauer uns heraus,
Daß des Erwählten seltnen Leib antasteten
Mit Augen, Ohren, tröstlich mit den Sinnen wir.
An Aufschluß nämlich vielfach fehlets. Unklar ist
Des Erdballs Wundertreiben, Völker Hin und Her,
Des Staates Gliederspiel, und unklar leider auch
Das Erst und Nächste: unser Alletagewerk.
Auf steilem aber, mehr erhöhtem Orte wohnt
Der, weiter schauend, besser Unterrichtete,
Der freundlich auflöst unser Unberatensein,
Wo wir und was und letztlich gar, warum wir sind.

PHILEROS: Du, edler Bund der wahren Landesherren, Volk,
Des Teil und Mitglied ich, der Beste, immer bin,
Dir schuld ich offne Rechenschaft. Viel besser steht
Verschiednes heut als gestern. Wo das Treffliche

Man sucht, gefunden wird es sicherlich bei uns.
Aufrichtig redet. Redet rühmend oder fragend auch.
Steht alles trefflich, alles rings zum Besten, ja?
Bin ich geliebt? Wo Liebe Lenkung eint und Fleiß,
Herrscht Zutraun, strömt allregester Gedankenfluß.
Fragt! Wer als erster? Fraget alles, sonder Scheu.

CHOR: Der äußre Freund, von unserm Vorteil zehrt er mit.
PHILEROS: Dann kündgen wir Gefolgschaft Falschestem sogleich.
CHOR: Doch mächtgen Schutz, es wär möglich, dann verweigert er.
PHILEROS: Aufs Innigste, befehl ich, schließet ihm euch an.
CHOR: Der äußre Feind mengt schmeichelnd sich in Brauch und Recht.
PHILEROS: Uns scheide, will ich, sittentrennende Haßgewalt.
CHOR: Freilich bei Kasse ist er, handelswillig stets.
PHILEROS: So fügen wir uns, wiederschmeichelnd, seiner Art.
CHOR: An vielen Plätzen mangelt der beschlagne Mann.
PHILEROS: Den Hebel führe jeder, des er kundig ist.
CHOR: Doch fremd oft lebt der Werteschaffende dem Staat.
PHILEROS: Treue muß Vorrechts einzige Bedingung sein.
CHOR: So bliebe, der die Arbeit leitet, ungeehrt?
PHILEROS: Verfügt sei: macht an Gütern den und Ehren groß.
CHOR: Und die im kleinen Maßstab still sich Mühenden?
PHILEROS: Erhöht auch jene. Jeder werde jedem gleich.
CHOR: Zeugt nicht im Elend schlimmstes Elend Gleichheit meist?
PHILEROS: Almosenspendend steuert milder Staat der Not.
CHOR: Aus welchem Vorrat schöpft der, welchem Gabenschatz?

*Sirene.*

Betriebsschluß. Aus der Arbeitszeit in eigne Zeit
Entlässet uns des Feierhornes Himmelston.
Verdrießlich ging es brotverzehrender Menschen Schar,
Wenn Abende nicht wären und der Schlaf der Nacht.

*Chor ab. Übrig bleibt Epimeleia, welche hinter dem Chor verborgen aufgetreten.*

EPIMELEIA: Weh mir, Elpore! Zarte, Schwache, Ärmste ich!
Wie viel zu tragen leider ward mir Riesenkraft.

Elpore: Du packtest sie mit schönbemessen raschem Wort.
Phileros: Aus tiefer Kenntnis, weltumfangendem Begriff
Springt rechtes, ungesuchtes Wort behende vor.
*Epimetheus.*
Epimeleia: Endlich, der Vater. Höchsten Mittlers jetzt bedarfs.
Elpore: Der Vater. Jetzt den Graukopf frisch noch abgetan.
Phileros: Gespeist mit Sprüchen bäldest sende ich ihn heim.
Epimetheus: Willkommen sei und unwillkommen, Brudersohn.
Zur Rede, schuldaufwerfend, stehen mußt du mir
In öffentlichster Sache, dann in sonstiger.
Ratsuchenden erhoffen wir den Jüngeren,
Und Tadel ist nur herber Ausdruck milden Rats.
Phileros: O nenne, der du Bruders Sohn mich nennst, mich Sohn,
Gleich wie dich Vater Bürgermeinung liebend nennt.
Die Tochter zwar, nach deren Bild dein Auge fragt,
Epimeleien, jene Gute bring ich nicht,
Am ungeklärten Übel wieder kränkelt sie,
Die Lust verbot sich rascher Fahrt Unpäßlicher.
Doch Ausgleich in Elporens Holdheit führ ich mit.
Du siehst so gern die eine wie die andre wohl.
Epimeleia *hervortretend*: Du freilich siehst sie lieber. Vater, Weisester,
Du ordne, regle, nicht allein besteh ich dies.
Phileros: Epimeleien zeigt man, Fallen stellt man mir?
Elpore: Wie aufgelöst, wie grämlich, wie durchaus verzagt.
Epimetheus: Das unerfreulich spürbar sich Andeutende,
Besprochen seis nach seinem Rang zu seiner Zeit.
Doch rat ich, Lieben, Herzenshändel reiht hintan.
Wie schmerzlich dies sich darstellt, lösbar oder nicht,
Entschiednen Vorrang habe allgemeiner Schmerz.
Epimeleia *zu Phileros*: Du stets auf Fragen unversäumt Erwidernder,
Ob du auch zweien Kummerströmen Antwort weißt?
Elpore: Wie abgebraucht, wie wenig munter, wie von einst.
Phileros: Jammernd verleumdet, weinend immer zetert sie,

Dem Mann zum Vorwurf überschwemmend Tisch und Pfühl.
EPIMETHEUS: Ihr plappert, wie zu plappern man dem Kind erlaubt,
Zu dritt, jedoch, als sei er einzig, jeglicher.
EPIMELEIA: Mir eine andre vorgezogen, kann das sein!
PHILEROS: Wohl jede andre wäre besser mir gemäß.
EPIMELEIA: Die Nahgeborne, deren Umgang Brauch vergönnt,
Weil schon Natur gebietend dir den Abstand setzt!
PHILEROS: Der Staatsmann, der empörerisch umlauerte,
Aus Vorsicht vielfach sucht er Lust im engen Kreis.
EPIMELEIA: Die machst du mir zum Abscheu, die die heilge Milch
Mit mir des Mutterbusens Wang an Wange sog!
ELPORE: Sprich nicht von Abscheu. Liebevoll erkenne mich.
EPIMELEIA: Die einzge Schwester, keine Fremde, kränktest du.
ELPORE: Fremd oder unfremd, Schwester ist mir jede Frau,
Und nicht der Kränkung zeihe kühn Behilfliche.
In schnürende Ketten hattest du dich ganz verstrickt.
Ich wars, die deine Ehefessel lockerte,
Auf daß du wiederfändest Wert und Frauenstolz.
EPIMELEIA: Mein Stolz ist Lieben. Meine Fessel nenn ich Glück.
PHILEROS: Ja, Lieben klingt wie Würgen gleich in diesem Mund.
EPIMETHEUS: Wie weit die Ebene sinken läßt man des Gesprächs!
Einkehr verlange, Selbstgewinnung fordre ich!
Die ihr Pandorens Wesen spiegelt alle drei,
Elpore freudig, Ungewohntem schnell vertraut,
Epimeleia, Edles tief erfühlend, und
Im Tun, Phileros, im Ergreifen ungestüm,
Setzt eifernd nicht entgegen, was sich traut ergänzt.
Wo Tugenden sich reiben, schlichtet Hochverstand.
Zuvörderst aber … Mindres stehe … Dies nicht jetzt!
EPIMELEIA: Die Fessel, erst gelockert, ist nicht Fessel mehr.
Sie klirre hin. Nicht fürder binde Ehe mich.
PHILEROS: Was, Scheidung? Nimmer solchem Undank geb ich statt.

EPIMELEIA: Der Sorge unwert, aus der Sorg entlassen sei.
PHILEROS: Trennung, mag hingehn. Aber laut von Trennung nichts.
Ein Volk, mir liebend zugewogen, keine soll
Es sehen, die zu fühllos, mich zu lieben, ist.
EPIMELEIA: Ich litt dich, wie du warest. Ist das matt gefühlt?
Ich stimmte wissend deinen Freveltaten bei,
Oft lindernd, vieles heilend, nie in Worten mich
Entäußernd noch Gebärden unerhörter Qual.
Die andre Neigung suche, länderauf und ab,
Die, dich dir zu vergeben, duldekräftig wär.
Wär meine Liebe schmäler, minder unbedingt,
Sie könnte teilend hingehn mit der Weltklugheit.
Nun stößt mich, was mich festhielt, starkes Lieben ab.
Epimeleia, fliehend hat sie ganz geliebt.
PHILEROS: Es ist eine Unbill. Unbilden ertrug ich mehr.
Nicht mich wird man verachten, schmähen wird man dich.
ELPORE *zu Epimeleia*: Entschieden hast du. Im Entschlusse unbedrängt,
Räumst du den Platz mir eingeständig ein der Frau,
Den niemals ich beansprucht je mit Wink noch Wort,
Obgleich gewiß in höherm Maße wohlverdient.
Im Vorrecht mit dem Gatten wohnend lebtest du.
Ich fallweis angefordert, immer dienstbereit,
Getreu dem Treuvergeßnen, stät dem Seltenen,
In einer Lieb, die keine Morgenstunden sah.
Wen rühmten billig Prüfende beständiger?
Nun ich mich rechtens Gattin nenne, ists der Lohn,
Den Zufall manchmal zuwirft dem Verzichtenden.
PHILEROS: Dich, Schwägrin, willst du Gattin nennen neuerdings?
ELPORE: Neu klingt der Name, Gattin nämlich bin ich längst.
PHILEROS: Dich ehelich ketten, freier Kür begeben dich?
ELPORE: Ich, in dem Seelengrunde eine Freie, darfs.
PHILEROS: Die Luft mir rauben, jene kaum gewonnene?
ELPORE: Und sollt ich lichtscheu als Geliebte, willst du das,
Des Unvermählten harren wie im Ehebruch?
Du willst das, so? Meinthalben bleib es, wie du willst.
PHILEROS: Ich will es nicht. So lichtscheu, das behagt mir nicht.

ELPORE: Als Weib nicht, als Geliebte nicht? Dann sag, als was?
PHILEROS: Als gar nichts. Ledig deiner bin ich gern wie der.
Die dringt mit Saugen, leimger Güte störend an,
Die grob mit Geilheit, dreistbegehrlich viel zu oft,
Die stets von einer Laune, alles trüb in trüb,
Die närrisch wieder, sinnlos tausendfach gelaunt,
Schmeißfliegen beide, übers Maß behelligend.
In Lebetagen nimmer duld ich Ähnliches.
Satt ewgen Gebens klüglich ward der rauhe Mann.
EPIMELEIA: Gleich arm steht so Leidschaffende wie Leidende.
ELPORE: Gesteh nur, wer ist jene dritte, folgende!
PHILEROS: Sei still. Nicht Weibern irgend bin ich länger Freund.
Ein Weib am Leibe fassen, und aus keinem Grund,
Als daß es nackt kein Mann ist! Was sonst ist am Weib?
Ich sag ihm ab. Es ist eine ekle Albernheit,
Mit einem Weib sich anzubinden zu nem Paar
Oder mit vielen Menschen klettend zum Verein
Oder mit Göttern heilerpicht zu einer Welt.
Nein, daß der Mensch zusammenhänge, ist nicht gut.
Lieblose Zeiten sollen werden, leichtere.
Die Weiber und die Götter, Schwachmut hat sie nur
Erfunden, weil er glaubt, da muß was Großes sein.
Da muß nichts Großes sein.
EPIMELEIA: Her, Mitgekränkte, gräme dich in meinem Arm.
ELPORE: O finde dich zu ganzem Ausdruck, keimende Wut.
EPIMELEIA: Hört keiner unsrer Herzen allzu stillen Ruf?
ELPORE: Ich will ihn haben. Haben oder meucheln ihn.
EPIMELEIA: Gelaßner, scheint es, geb ich fast mich drein als du.
ELPORE: So jäh verkürzt mein Streben, so mein Traum verletzt.
Weh dem, der hiervon Täter ist. Den rohsten Schlag
Führt abgebrochnes Möchten.
PHILEROS: Ich gehe dann. Wie überlang vermißt ich das,
Eine Zigarre und, wohin du schaust, kein Weib.
EPIMETHEUS: Du darfst so knappen Fußes jetzt des Wegs nicht fort.
PHILEROS: Dem Vater folg ich. Hochverständig tat der Mann,

Als er Pandoren von sich schüttelte und ging.
EPIMETHEUS: Vergleicht der Feige ehrenfestem Vater sich,
Der hochbeherzten Mutter diese Wimmerbrut?
– Ich tue klug zu schweigen. – Unbesprochen ist,
Um des halb ich dir Ladung sandte und du kamst.
PHILEROS: Kaum glücklich, Alter, deinen Planen dientest du,
Als töricht du vor Arglist mich Entscheidenden
In deiner Sippe Wehleid, Trieb und Aufruhr zogst,
In Weiberdinge, hohem Zweck unförderlich.
EPIMETHEUS: Doch dies hier, unbehoben dauern kann das nicht.
Mit meines Flusses, meiner Hofstatt Not vertagst
Die Not des Lands du, der Gesittung Überstand.
PHILEROS *umarmt ihn*: Letztendlich, Vater, habe ich dich aufgesucht.
Draus läßt sich eine Menge machen vor der Welt.
*Phileros ab.*
ELPORE: Du warte, Schwager.
EPIMELEIA: Langsam, Mann, wir müssen mit.
*Beide ab.*
EPIMETHEUS: Weg, schlechter Tagtraum. Du inzwischen, Traurigem
Wie früh du sänkst, nie raschgenügend dunkelnd, sei
Willkommen, hochgelegen zeitge Dämmerung.
Bei weggehüllten Dingen rückerinnernd will
Der Gattin ich mich freuen, rufend tief hinab.
Pandorens Bild, nichts anderes ist wichtig. Wie?
Du kommst nicht, zögerst, weigerst holdestes Antlitz mir?
Zutraulich nicht wie immer leuchtend hebest du
Von raumlos graulich schwadenlösendem Hintergrund
Dich vor; mitsamt den sonstigen, gemeineren,
Den Schattenscheiben in das Nebelartige
Zerschwimmest, rinnst du, löschest liebendem Blick dich aus?
Der Lieb entfallen, Götter, wäre, was sie liebt!
Des Sehnens Inhalt Sehnendem hinweggeraubt,
Und Sehnsucht bloß geblieben nach der Sehnsucht noch!
Gedächtnis steigt noch alter Tage deutlich auf.
Jene entlegen ungestalte Aufbruchswelt,

Wo Japets Kinder, der Titanen Bruderschaft,
Bestrebten Willen setzten mit dem Götterplan
Höchst kriegrisch in Vergleichung. Als die Liebste kam,
Das weiß ich, kam sie, schien mir, zu verkündigen
Die heilge Stunde vollversöhnten Kräftestreits.
Ich weiß dich ganz, Pandora, sehe nur dich nicht.
Die Welt hob, eine Prob auf meine Langmut hob sie an.
Ich harrte aus, anhangend vorgesetztem Ziel.
Ich sagte starr, unrückenden Ingrimm nährend, nein,
Der Bruderfeind, gleich unverrückt, nicht froher, ja
Zu all dem peinlich Neueren, im Festsein groß
Wir beide und im Irrtum auch. Das Ja, das Nein
Sind keine klugen Silben. Weiser, halte hier.
Fühle genauer, traure mehr erfindungsreich.
Dem Sinn im Abschied ahnend bist du auf der Spur.
Nur unvollständig, höchsten Falles, gleichen kann
Versunknes Künftig-Freudigem. Die Züge heißts
Genoßnen Glücks vergessen, die Begabung des
Entbehrens schlage morgendliche Richtung ein,
Anders bleibt schale Wehmut. Vorn, Pandora, dort
Im Ungewesnen, werdend bist du seiend mir.
– Wer unterbricht?

*Chor.*

EPIMETHEUS: Was heißt euch füllen diesen Ort?

CHOR: Viel muß geschehen, rüttelnd an dem Weltgewölb,
Eh sich der Tiefsinn einmal überlaufen sieht.
Unschlüssigkeit herrscht, Irrtum waltet, kommt uns vor,
Bis tief hinein inzwischen in die Körperwelt.
Kaum fällt, so stumpf, als habe Zeit sich selber satt,
Der Dämmrung Dichte trübend nieder, schon sogleich
In wunderlichem Rücklauf mittagartig zeigt
Das Zwielicht sich entdüstert. Wer mißursacht hier?
Wer läßt den Abend anders enden als in Nacht?
Dies stammt nicht von natürlichen Gestirnen her.

EPIMETHEUS: Als Brunst doch schließlich wieder, von euch selbst geschürt,
Erklär ichs, gelber Arbeitsfeurung Widerschein,
Auf Kraftwerks Kuppeln, erzverstrebtem Turmverhau
Und wehenden Schmauchen glimmernd fackelnd hin und her.

CHOR: Wohl werkentquillend unverkennbar wälzt es sich.

EPIMETHEUS: Oft mit der Sternenmutter ja, der Abendglut,
Verwechselt ich der Neuzeit rußige Hespera.
CHOR: Doch nicht ist alter Schlote wohlbekanntes Glühn
Dies andre Licht, das Vieles neu beleuchtende.
EPIMETHEUS: Wahrhaftig, gleißend immer höher dringts
und dringts,
In Wellen, Wellen überrollend von Helligkeit,
Strahl, Strahlen überlagernd diamantenhaft.
Vergrößert stieben Funken. Körpern gleich von Licht,
Des Himmels Breite übersternend, ordnen sie
Zu einem Glanzgefüge reinlichster Klarheit sich.
Schweigt. Schweiget alle. Gebet mir zu fassen Raum.
Ich kenn es, kenn es wieder. Ja! das Muster ists.
CHOR: Ein Muster, ein entstandnes oder kündendes?
EPIMETHEUS: Das Muster. Es. Des überm Maß Unendlichen
Einfältig schöne allenthaltende Gestalt,
Die nie zu sehn umschauendem Menschen ist vergönnt,
Außer in Gipfelstunden Hochbegnadetem.
CHOR: Sage, wovon du stammelst. Bang berührt dein Wort.
EPIMETHEUS: Ich will euch lehren. Ehrfurcht ist, nicht
Angst, am Platz.
*Prometheus.*
PROMETHEUS: Nicht Mildrung einzuleiten, nah ich,
strenger Not,
Sondern zum Schlimmsten nachzutragen Schlimmeres.
Die Töchter, deiner Jahre Stütze, meinen Sohn,
Ein Zufall, in der Blüte sämtlich traf er sie.
CHOR: Sprich, was geschah an Schrecklichem, und wie
geschahs?
PROMETHEUS: Die Brücke fehlend, scheiterten sie uferab.
CHOR: Als Opfer wohl merkwürdigster Verfinsterung?
PROMETHEUS: Nein, dann die Helle war es, die sie blendete.
Wie gottvergessen, über alle Schilder weg,
Durch Wiesen, Koppeln, Sinnbetäubte, rasen sie,
Bis dann der alte, große, unrattragende Strom
Zum Grab wird den sich mehrmals Überstürzenden.
Das Fahrzeug aber, seitlich teils, bauchoben teils,
Der Lach' ein glasig Totenaug enttunkend, schwimmt
Mit den Karauschen meerwärts und dem andren Flott.
EPIMETHEUS: Dies paßt. Jetzt fügt sich jedes rasch zum
übrigen.

PROMETHEUS: Du klagst gemäßigt. Dauern sie so wenig dich?
EPIMETHEUS: Dich denn? Dein Schreien klingt eher förmlich, Botenbrauch.
PROMETHEUS: Ich mocht sie nie. Du aber wirkest schier erfreut.
EPIMETHEUS: Unschwer entrat ich ihrer, misse sie fast gern.
PROMETHEUS: In ihren Kindern liebtest nicht Pandoren du?
EPIMETHEUS: Warum in jenen? Sie lieb ich, die Kommende.
PROMETHEUS: Die Kommende? Voreilig wieder bist du froh.
EPIMETHEUS: Voreilig schien, als ich verdrossen war, dir auch.
PROMETHEUS: Ja, dein Gemüt folgt weltentferntem Eigensinn.
EPIMETHEUS: Der scheinet weltfern, welchen Künftiges bewegt.
Als erster bebt, als erster fühlt er Zuversicht.
Und nach vorauserlittner Unlust steh ich nun
Heilfroher Lust gewärtig, lustig im Voraus.
PROMETHEUS: Von was geht deine Wunderrede, welcher Lust?
EPIMETHEUS: Nur eine zählt: Pandorens sichre Wiederkunft.
PROMETHEUS: Dein muntrer Wahn graust stärker als der düstere.
EPIMETHEUS: Nicht seicht sein, Bruder. Da die Zeit Sinngebender
Nicht reif, nicht würdig anstand, ließ sie gehend noch
Dreifache Aufzucht, jenen Tausch zum Schlechtern uns,
Dies halbe Fühlen, halbe Hoffen, halbe Tun,
Nur eben gut, die Segensleere aushilfsweis
Zu überbrücken grauenvollster Zwischenzeit.
Die Götter, nun sie diese abtun, sagen sie:
Ihr Zweck ist um, kein Mangel ferner heischt Ersatz.
Aufs Eigentliche deuten alle Zeichen hin.
PROMETHEUS: Wie ist die Lage? Alle stöhnen, nichts gelingt.
EPIMETHEUS: Im Unbemerkten sammelt sich Entscheidendes.
PROMETHEUS: Dem Unbekannten freilich bist du wohlvertraut.
EPIMETHEUS: Dem Augenblick verfallen und dem Anschein du.

PROMETHEUS: Nie war wie heute ihrem Ende nah die Welt.
EPIMETHEUS: Du auch sprichst von Pandoren, fühlst Pandoren so.
CHOR: Wer ist Pandora? Rettung weissagst du von wem?
EPIMETHEUS: Sie wissen, jene Menschen, von Pandora nichts
Und kennen, ach, Pandorens Kinder kennen sie.
PROMETHEUS: Hofft nicht mit ihm. Sein Hoffen folgt aus langem Gram.
EPIMETHEUS: Nicht endlos Unglück nähren kann der Denkende.
PROMETHEUS: Zum Glück ist mehr erfordert als Entschluß zum Glück.
EPIMETHEUS: Der Glückentschloßne, Glückswink sieht er zeitiger.
PROMETHEUS: Pandoren, wer wohl, darf man fragen, ruft sie her?
EPIMETHEUS: Du tatests schon, Prometheus, Ehrenvollster du.
PROMETHEUS: Ich? Ihre Säulen, wo ich hindrang, riß ich ab.
EPIMETHEUS: Und bautest ihren Göttersitz unwillentlich.
In meinem Hause, damals, als ich sie verlor,
Beim leeren Kruge, liebend, sprach sie, warte mein;
Wenn sich der Inhalt wiederfindet einst zur Form,
Bin ich auch dir zurückgegeben und der Welt.
PROMETHEUS: Das war ein Trost auf nimmer. Nie erfrischt sich dies.
EPIMETHEUS: Du mißbegreifst mich, wie ich lange mißverstand.
Dort ragt, nicht hier, Pandorens Tempel sichtbar auf.
Es war dein Haus, Gewerksherr, meines nicht gemeint.
Der Krug, von deinen Händen steht er hochgefüllt,
Den Götterauftrag, Tat um Tat vollzogst du ihn.
PROMETHEUS: Der Fertigung umdampfte Stätte, jener Bau,
So traulich lobbar, rühmenswürdig dir, seit wann?
EPIMETHEUS: Seit du mir sagtest: alle Drohung deines Werks
Getilgt durch spätrer Werke Anspruch wird sie doch.
Ein Werk erwürgt den Flußlauf, drei beleben ihn.
Da schlaghaft war mir Zwiespalts Ende absehbar.
Wenn so Erzeugung Arzt ist eigner Todsgefahr,

Werkfleiß kein Schrecknis aufwirft, das nicht Werkfleiß stillt,
Heißt Heilung: Arbeit, grüß ich dich Heilbringenden.
PROMETHEUS: Mein altes Wort, ganz grämlich hör ich es von dir.
EPIMETHEUS: Es ist nicht das alte, unerhört ists, völlig neu.
Es ist zur rechten Stunde. Vor der fehlte eins.
PROMETHEUS: Was wärs, das immer mangelte und plötzlich ist?
EPIMETHEUS: Das Muster fehlte, leuchtend von dem Himmel dort.
PROMETHEUS: Was gehen Erdgebundnen Himmelsdinge an?
EPIMETHEUS: Des Musters Erdenwahrheit, Reichtum nennt man die.
PROMETHEUS: Hat nicht der Reichtum alle Übel erst gezeugt?
EPIMETHEUS: Nie werde Reichtum übel, Übles reich genannt.
PROMETHEUS: Die Welt beschmutzt er, Menschenkraft vergeudet er.
EPIMETHEUS: Schmutz triffst du und Vergeudung bei dem Armen nur,
Sparsam und sauber halten sich Vermögende.
Unendlichkeit der Mittel: mindrer Aufwand nicht
Bringt edle Anmut, reicher Einfalt Glanz hervor.
PROMETHEUS: Zu groß stets waren deine Träume für, was ist.
EPIMETHEUS: Sie warens. Die von dir vermehrte Erde ist
In sie hineingewachsen, und Pandora kommt.
CHOR: Pandora! Von Uranfang, scheint uns, ahnungsvoll
Entbehrende, Pandoren immer suchten wir.
Pandora: Hoffnung, endlich nicht mehr namenlos.
EPIMETHEUS *zum Chor*: Gehorchet jenem, ihren Zug beschleuniget!
*Zu Prometheus*: Gebiete jenen, ihrer dann gebietest du!
PROMETHEUS: Fortfahren in dem alten Tone kann ich nur.
Längst abgediente Worte selbstbeweglich reiht
Die Zunge noch, vom innern Urteil ungeglaubt:
Bemühet Kräfte, zeiget Leistung, zwingt den Stoff,
Es ist euer Muß. Als jenes Ding, den Menschen, ich
Geschaffen, kehrte sich die Erde wider ihn,
Die um altliebes Eigenrecht betrogene,

Mit Staub und kalten Winden. Da im Himmelssaal,
Nach götterüberthronenden Schicksals Hochentscheid,
Vermählten zwei, der Witz sich kriegrisch mit der Not,
Und in dem Brautbett, von dem Elternpaare ward
Gezeugt der Arbeit vielvermögende Wesenheit,
Alleinzig uns gewogen der Unsterblichen.

Wer ist freundlich wie du, Grausame,
Heilig Häßliche, zornig Nötige,
Hundertarmige Schönheit, die
Hohe Stirn in den Rauchen?

CHOR:
Auf zum Befehl hebest den
Finger, den rissigen, du,
Erwägend Völkerendgeschick,
Mahnest unewiges Werkvolk uns,
Daß wir bändig, zweckfügig dir machen
Unstoff, Unkraut, Untier.
Keuchenden Busens, erschöpfter Schulter,
Schleppen den Kampfpreis Ächzende.

Aber des Stoffs sträubige
Vielgestalt höherzuziehn
Aus seiner Schwerheit Fremdgesetz,
Reichet gutwilliger Armschweiß nicht.
Des Gedankens lastrückenden Hebels
Gleichfalls, ach! bedarf es.
Geistige Prüfungen leider sind der
Menschlichen Schwäche auferlegt.

EPIMETHEUS: Einfallen laßt mich, künden darf ich Tieferes.
Denn eine Tochter göttlich wiederum gebar
Die Göttin, so gelinde jene wie die streng.
Pandora, wahrlich, ist der Arbeit Hochgeburt.

CHOR:
Arbeit, gelobte, Glückbrauchendem endlich
Der Wünsche erfreuliche Menge immer erfüllst du.
Zwang übst, Spiele zeugst,
Dienst heischst, Lust gewährst
Du der Seele, der leibbewohnenden.
Und die Zeit uns raubend, beschenkst du

Uns mit tieferer Zeit und
Fülle der Stunden.

EPIMETHEUS:

Nimmer ohne der Mutter Müh wäre die
mildwirkende Tochter,
Ohne die Tochter nimmer die Mutter mütterlich.
Aber auf andere Art ernst
Ist des Erzeugnisses,
Ist des Erzeugens Genuß.

CHOR:

Mutter Pandorens, schwerleibge, im Rußbett,
In hämmernden Wehen die Faltenlose gebierst du.
Liebreiz atmet sie,
Leibspracht glänzet sie,
Wenn die Brüste, die schöngebildeten,
Unter Vogelsang sie besonnet
In dem wiesigen Hain und
Halmreichen Grasland.

PROMETHEUS: Da seht, der Höhe festliche Erscheinungen,
Von oben näherflammend, senken sich herab.
EPIMETHEUS: Das Muster west. Nicht unerwartet tritt
dies ein.
PROMETHEUS: Der Sonne weder oder ihres Spiegelsterns,
Noch gar der hilfreich unzulänglichen Sternenwelt,
Hier brennt ein Feuer, dem Prometheus unbekannt.
CHOR: Bei solchem Lichte Wohlgefallen an uns selbst,
Uns feierlich verwundernd, endlich finden wir.
Die Tage alle, waren Nächte die vor dem?
PROMETHEUS: Ins Rund ausflutend, kuppelbildend stellet
sich
Der Himmel Gleißen. Drüben, sehet, seht, des Werks
Umstrahlter Tempel, seine Tore tut er auf.
EPIMETHEUS: Es ist an dem.
*Abgesondert, versunken:*
Ein Letztes, Äußerstes geschieht
Mir darzutun, mehr sagen läßts, als säglich, mich,
Daß Urverborgnes kundbar sei durch meinen Mund.
Mutter Pandorens, Menschenherrin, Arbeit, bist
Du wechselweis nicht deine Tochter selber auch?
Du Allgebietrin nicht die All-Erhörende,

Du Harsche nicht die Sanfte? Kreiset ihr nicht um
In gottgebräuchlich heiliger Verwandelung?
Dem eine fremdblieb, nimmer sah die andre der.
Der die nicht ehret, jener Huld gewinnt er nie.
Das Freuen und das Schaffen trennet nur das Wort,
Denn Not und Freiheit, letzten Endes sind sie eins.

Wenn Pandora, heim sich wendend, hinab
Ins nächtige Reich wandelet,
Pandora der Werkstätten,
Würdig entstellt regt sie und freut
Hauptzerfurchender Arbeit sich.

Aber wenn die Alte wieder des stoß-
erschütterten Orts Erzgebälk
Verlässet: das Kind wieder,
Reizend verjüngt, mädchenzart geht
An die Arbeit des Freuens sie.

CHOR: Hervor die Mauer, im Weiten wallend dieses Lands,
Regt eine Frau sich, strebend stetig immer her.
EPIMETHEUS: Was vom entfernten Standort schon erkennet ihr?
CHOR: Des Kleides Feld ihr wellenschimmernd woget nach.
Die Brust umspannend, schöne Mulden weisend auch,
Hüllend enthüllets göttergleichen Gliederbau.
EPIMETHEUS: Wie ist ihr Gang, vermöget ihr den auszuspähn?
CHOR: Ein Schwebegeist, die Knöchelschlanke, beuget sie
Gelenke Sohlen, goldne, schrittbefördernde.
Kaum rühret bürdeloser Fuß den Boden an.
EPIMETHEUS: Des Haars, es müßte kenntlich sein, gedenket nun.
CHOR: In Flechten glänzend schmieget sich der Wunderwuchs,
Der, freigegeben, lockig vorn die Wange schlägt.
EPIMETHEUS: Ist sie geschmückt mit Reichtums Zierden und der Kunst?
CHOR: Kostbarsten Schmucks ausdrücklich zu bedürfen, ist
Der reizbegabte Körper Kleinod sich genug.
Die Perlenstirn ein Perlendiadem hinab,
Die Braune kreuzend, bis zur Nasenwurzel hängts.

Dem Aug hat strichgeübten Pinsels Schmuckgewalt
Mit Lack geschwärzt den Umriß und das Lid behaucht
Mit Goldstaub, fließend in geriebnen Malachit;
Der Wimpern schattensüßes Dach, noch überdacht
Von einem zweiten aber ists von Marderhaar.
Dies holde Aug, von Anmut schön und Wissenschaft,
Gunstreich herschimmernd lächelt es Erlaubnis dir.

EPIMETHEUS: Nicht mir. Ihm. Jenem deutlich blickt die Wandelnde.

PROMETHEUS: Mir? Höchstes Glück mir glückverwerfend Schuldigem?

EPIMETHEUS: Dir Tätigem. Erworbne Habe fällt dir zu.
Geschaffen hast die Menschheit du zum andern Mal
In deinem Werk. Du streiche ein, was dorther stammt.
Zupackend Rüstgem eignet Frauenneigung stets.

PROMETHEUS: Das Ende düster kriegdurchtoster Männerzeit,
Vorläufger Kämpfe, engen Eiferns, dummer Hast,
Der es erfocht, genießen wird ers nicht, nicht er.
Den Unverdruß, die Niederlagen durchzustehn,
Die zu dem Siege leiten, hat der Blinde nur.
Empfange du mein Angehäuftes, Schauender.
Nicht unstolz auf Vergangnes, schlag ich Künftges aus.
Das Angenehme, meine Sache war es nie.

EPIMETHEUS: Dir drum gebührt Pandora. Du hast sie verdient.

PROMETHEUS: Dein Anspruch wiegt millionenfach, du liebest sie.

EPIMETHEUS: So ist es, Bruder, und du weißt es, sagst es nun.

CHOR:
Anmutiglich, erhaben, herzberührend auch,
Hochüberragend hoffende Erinnerung,
Den Pfad erschreitet
Die Erdenhimmlische,
Und setzt den Fuß der Schwelle zu,
Und geht, und setzet
Den abstandverringernden Fuß noch.
Sie ist in Wahrheit Menschen uns zugegen.
Sie ist sehr nah, sie kommt,
Sie tritt zu uns herein.

*Epimetheus wendet sich Pandoren entgegen. Das Ende.*

VOLKER BRAUN

# Die Übergangsgesellschaft

Komödie

Personen:

WILHELM HÖCHST, *Rentner*
FRANZ, *Fahrer*
WALTER HÖCHST, *Betriebsleiter*
OLGA, *Lehrerin*
MASCHA, *Historikerin*
IRINA, *Telefonistin*
DR. BOBANZ
ANTON, *Schriftsteller*
METTE, *Schauspielerin*

*Alter Garten. Hinten ein trüber dampfender Fluß. Eine Terrasse, halb von Müll verschüttet. Tisch mit leeren Flaschen und Gläsern. Unter Gazetüchern liegen/sitzen leblos Personen. Vorn, unbedeckt, Wilhelm in einem Gartenstuhl, liest Zeitungen. Aus den Büschen Franz, mit einer Dienstmütze, sieht umher, fällt in den Liegestütz, schaut unter den Tisch. Auf Wilhelm zu.*

FRANZ: Ich kenne Sie. *Wilhelm blickt nicht auf.* Sie stehen unter Kriegsrecht. *Wilhelm blättert in der Zeitung.* Keine Bewegung.

WILHELM: Woher denn. Setzen Sie sich. Zigarette. *Franz pafft.* Nie gesehn. Gehe nicht mehr hinaus, mit den Knochen. Wozu. Kommt alles ins Haus, Zeitung und aus der Röhre. Hab ich alles gratis, muß nur den Kopf hinhalten. Weiter passiert nichts, wir haben alles im Nischel. Ratatata peng-peng. Alles hinein, kapier das. Mir platzt das Gehirn. Mir zerreißen die Eingeweide. *Reißt sein Kleid auf.* Die Tagesschau. Weiter passiert nichts. *Lacht.*

FRANZ *erhebt sich halb, leise*: Alles hört auf mein Kommando.

WILHELM *liest*: Eine Untersuchung zur Lage in Guatemala besagt, daß die Indios einer rasenden und systematischen Unterdrückung durch das Militär ausgesetzt sind. Die Repressalien begannen in der Provinz Alta Verapaz und wurden systematisch ausgeweitet, nachdem hier transnationalen Erdölgesellschaften Förderrechte zugesagt wurden. *Nimmt Franz die Mütze weg.* Dummkopf.

FRANZ: Meine Mütze. Ich bitte um meine Mütze.

WILHELM: Was suchst du. Was siehst du. Nichts siehst du. Es wimmelt von Dingen ... von Personen.

FRANZ *zivil*: Ich heiße Franz. Ich bin der Fahrer.

WILHELM: Die DDR tritt für ein Verbot aller Arten von Waffen im Weltraum ein ... teilt die Mehrheit der Staaten diese grundsätzliche Position. Angesichts ... Schlachtfeld der Zukunft betrachtet wird, sei es vordringlich, daß ... Wessen Fahrer.

FRANZ: Der Fahrer von Genossen Höchst.

WILHELM: Genosse Höchst bin ich selbst. Höchstselbst. *Franz schüttelt den Kopf.* Du mußt es im Kopf haben, im Kopf. Hier steckts. Da schau nach. Ereignisse, Daten. Übriggebliebene Personen ... Mumien, Theaterleichen. Die Bühne voll. *Lachanfall.* Das Stück, das die Zensur überlebt hat ... und sich nun selbst verbietet. Das Elend. Die Hoffnung. Das Elend. *Hält sich die Augen zu.*

FRANZ: Meine Mütze. Ich mache es nicht wieder. *Dreht sich um sich.* Ich habe nichts damit zu tun.

WILHELM: Das beweise mal.

FRANZ *ernsthaft*: Weg bin ich, weg. *Geht ab, trällert:* Ich wars nicht – Ich wars nicht –

WILHELM *lacht*: Idiot. *Will über die Terrasse ins Haus, bleibt stehn.*

ANDREJ *knirscht mit den Zähnen, regt sich in der Hülle*: Meine lieben Schwestern, teure Schwestern, glaubt mir nicht. Wo ist meine Vergangenheit? Warum werden wir, kaum daß wir angefangen haben zu leben, langweilig, grau, uninteressant, faul, gleichgültig, unnütz, unglücklich. Da ist nicht einer, der anders wäre als die anderen. Die Gegenwart ist widerwärtig. Aber dafür, wenn ich an die Zukunft denke, wie gut das tut. Da wird einem leicht, und in der Ferne leuchtet Licht auf, ich sehe die Freiheit, ich sehe, wie ich und meine Kinder frei werden vom Müßiggang, vom Kwaß, vom Gänsebraten mit Sauerkraut, vom Mittagsschläfchen, vom elenden Schmarotzen.

WERSCHININ: Nun ... Ich danke Ihnen für alles ... Verzeihen Sie mir, wenn manches nicht so war wie ... Ich habe viel, viel zu viel geredet – Was kann ich Ihnen noch sagen. *Lacht.* Das Leben ist ... und doch muß man zugeben.

WILHELM *hält sich die Ohren zu*: Ist doch egal. Alles egal. Hier doch nicht. Interessiert mich nicht. *Usw. das folgende immer lebhaftere Geschwatz höhnisch kommentierend.*

WERSCHININ: daß es immer klarer und leichter wird, und offensichtlich ist die Zeit nicht fern, wo es ganz heiter sein wird. *Sieht auf die Uhr.* Ich muß los, es ist Zeit. Die Menschheit ist auf leidenschaftlicher Suche, und natürlich wird sie finden. Hoffentlich bald. Jetzt wird es aber wirklich Zeit für mich.

KULYGIN: Meine liebe nette Frau. Ich bin glücklich, das ist der modus vivendi, was auch immer gewesen. Ich beklage mich nicht, ich mache dir nicht den geringsten. Da, Olga ist Zeuge. Wir werden wieder wie bisher leben, und ich werde mit keinem Wort, mit keiner Andeutung und danke meinem Schicksal. Jeder Mensch hat ein anderes Schicksal. Ich bin immer gleichermaßen zufrieden.

MASCHA: Ich verliere den Verstand. Ein fehlgeschlagenes ... ein Leben. Nun brauche ich nichts mehr. Ich beruhige mich gleich. Ist ja alles egal. *Weint.* Wo sind mein Hut und mein Cape. Man muß leben. Muß leben.

IRINA: Es kommt die Zeit, da werden alle erkennen, wozu das alles, wofür diese Leiden, nichts mehr wird verborgen sein, aber vorläufig muß man leben ... man muß arbeiten, nur arbeiten. Jetzt ist Herbst, der Winter überschüttet alles mit Schnee, ich werde arbeiten, werde arbeiten.

OLGA: Die Musik ist so lustig, und man möchte ... O mein Gott. Die Zeit geht vorüber, und wir werden für immer verschwinden, man wird uns vergessen, wird unsere Gesichter vergessen, unsere Stimmen, und wieviele wir waren, aber unsere Leiden wandeln sich in Freude für die, die nach uns ... Glück und Frieden wird werden auf der Erde, o liebe Schwestern, unser Leben ist noch nicht zuende. Wir werden ... die Musik ist so lustig, und mir scheint, nicht mehr lange, und wir erfahren, wozu wir ... wozu wir ... Wenn man nur wüßte, wenn man nur wüßte.

*Alle knirschen mit den Zähnen, röcheln.*

WILHELM: Das ist das Ende der Vorstellung. *Schwankend ab.*

DAS, WAS WIR AUSÜBEN, BLIND, SÜFFISANT, IN DEN ANZÜGEN VON KÜNSTLERN ... ICH LAUFE MORGEN IN EINEN BETONKLOTZ UND ORGANISIERE MIR EINE INSZENIERUNG VON ... DASS WIR SO GUT AUFGEHOBEN SIND IN SO REICHEN INSTITUTIONEN, DASS ES UNS UNMÖGLICH IST, IRGEND ETWAS NEUES, EIGENE ENTDECKUNGEN ZU MACHEN ... ES IST LANGWEILIG, BELANGLOS, ERLERNBAR. ABER KEIN ÜBERGANG, KEINE VERWANDLUNG ... ICH GLAUBE, THEATER KANN IN EINEM ZIMMER STATTFINDEN, AN EINEM ORT, DEN WIR BESTIMMEN MÜSSEN, UND EINER ZEIT, DIE UNS IST.

## Grund-Stück

*Wohnung, Fernsehgerät/Auslandsberichte/. Wilhelm davor in einem Sessel, schläft. Olga, korrigiert Schulhefte. Mascha, mit dunkler Brille, liest. Irina, liegt halb auf dem Tisch.*

OLGA: Heute vor einem Jahr, genau, ist Vater gestorben, an deinem Geburtstag, Irina. Es war kalt, Schnee. Sie trugen ihn hier hinaus, alles still. In Friedrichsfelde schossen sie Salut, und alle standen stumm da, alle still. Es schneite und regnete ... Seitdem ist es still um ihn, als hätte er nicht gelebt. *Schweigen.* Es ist ebenso kalt ... In Moskau war es oft so warm, alles blühte in den Straßen, sonnenüberflutet. Es ist elf Jahre her, daß wir zurückgekommen sind –

IRINA: Undsoweiter, undsoweiter, das kennen wir doch. Wen interessiert das noch. Willst du in Moskau leben. *Klappt wieder zusammen.*

OLGA: Nein ... Diese Fehler. Sie können nicht das einfachste Deutsch. Wir bilden Analphabeten aus. *Hält sich den*

*Kopf.* Ja, alles ist gut, alles ist von Gott, wie die Moskauer sagen ... Was wir werden konnten, sind wir geworden, in Frieden, Frieden. Aber ein Mann wie Vater war – So einen Mann find ich nicht.

*Irina sieht sie ermüdet an.*

MASCHA *liest*: HAB ICH MIT DEN LEUTEN SORGEN?/MIT DEN LEUTEN HAB ICH KEINE/GESTERN, HEUTE NICHT UND MORGEN:/DER GEMEINE SCHÄTZT GEMEINE.

*Leises Sirenenheulen, das gleich wieder auf den Grundton zurückfällt, abbricht.*

OLGA: Unser Bruder wird uns heute besuchen. Er hat angerufen. Er will aus der Sitzung schleichen. *Lacht.* In den Wagen springen. *Lacht.* Und ... Wie sitzt du da, Irina.

MASCHA: Ich habe ihn eine Ewigkeit nicht ... Seit er Betriebsleiter ist. *Zieht den Mantel an.*

IRINA: Willst du gehn?

MASCHA: Ach so ... Ich weiß nicht. Mein Mann will herkommen. *Steht hilflos.* DER GEMEINE SCHÄTZT GEMEINE.

*Die Sirene hebt immer wieder stärker oder schwächer an.*

WILHELM: Bin ich eingeschlafen. Mitten in der Sendung. *Setzt einen spitzen Strohhut auf.* Meine Irina, ich habe, ja, ein Geschenk für dich. *Ab.*

OLGA: Wilhelm – seit Vater tot ist, ist er wie umgewandelt. Man schämt sich. Er spielt Gitarre. Ich lasse ihn nicht aus dem Garten.

MASCHA: Er ist wieder lustig ... Der ist lebendiger als wir.

OLGA: Den interessiert nichts mehr. Er sieht nur fern. Auslandsberichte, bis in die Nacht. *Empört:* Und er singt.

WILHELM *kommt, einen Globus hinter dem Rücken*: Das ist das Schwerste, was ich besitze. Ich habe es immer mit mir herumgeschleppt, das heißt wenn ich auf freiem Fuß war. Das ist die ganze Welt.

IRINA: Onkel, wozu das Ding –

WILHELM: Ich gebe sie dir. Sie ist rund, siehst du. Sie dreht sich. Sie ist groß.

IRINA: Ich kann doch nicht reisen!

WILHELM: Ja ... aber wir, wir sind nur dieser Fleck, dieser winzige, dieser grüne Fleck. *Unwillig:* Nicht reisen – *Der Globus fällt zu Boden.* Sie ist heil geblieben. Das nächste Mal ... paß auf, sie ist aus Pappe.

*Anton in der Glastür.*

OLGA: Was wollen Sie?

ANTON: Ist Walter hier, und Mette?

OLGA: Bringt er die ... mit?

ANTON: Anton. Europa. Sie wollen ausziehn hier?

OLGA: Woher wissen Sie das. Möchten schon – Er lebt also mit ihr.

ANTON *tritt ein*: Ja, das zu erhalten ... Ich habe Ihnen etwas mitgebracht.

*Wilhelm setzt sich vor den Fernseher.*

IRINA: Wie aufmerksam.

MASCHA: WEST-ÖSTLICHE GEDICHTE. Paul Anton. Eben hatte ich ein anderes von Ihnen – Ein Zufall!

ANTON: Der Zufall, aufgrund der Planung, gewinnt an Bedeutung. Uns kann nur ein Zufall retten.

MASCHA: West-östliche, wie ist das gemeint?

ANTON *sieht sich um*: Interessant.

OLGA *hysterisch*: Walter hat diese Frau.

ANTON: Ja, und drei Schwestern, die haben ihn auf den Geschmack gebracht. Obwohl drei Schwestern reichen sollten. Haben Sie vielleicht ein Bier im Haus.

OLGA *schroff*: Sehn Sie – ich korrigiere. Ich korrigiere und korrigiere und korrigiere!

MASCHA: Sie können wohl einen Moment mal trocken stehn.

ANTON: Korrigieren Sie ... retten Sie etwas. Scheren Sie die Burschen über den Kamm der Grammatik. Die deutsche Groß- und Kleinschreibung ist staatserhaltend.

*Walter und Mette.*

MASCHA: Walter ist da.

*Olga läuft auf ihn zu, bleibt stehn.*

WALTER: Tag. *Zu Anton:* Das ist Olga, das ist Mascha, das ist Irina. Ich habe etwas mitzuteilen.

ANTON: Olga, Mascha, Irina?

IRINA *mustert Mette*: Wissen wir schon.

WALTER *zu Olga*: Deine Schule kriegt Vaters Namen. Walter Höchst.

OLGA *verblüfft*: Ach.

*Wilhelm jodelt.*

WALTER *sieht ihn erbittert an. Fröhlich:* Es ist schon beschlossen.

OLGA *aufgeregt*: Setz dich, in Vaters Sessel. Was willst du trinken, Walter. Knöpf die Jacke zu. Wenn Vater das erlebt hätte – an seinem Todestag.

WILHELM: An seinem Todestag ... ist er tot.

ANTON: Dann heißt die Schule ja wie du: Walter Höchst.

METTE: Ja eben ... Anton, worüber schreiben Sie?

WALTER: Nach uns würde man keine Klitsche nennen. Ich mach mir keinen Namen. Ich mach die Arbeit. Heute verschwindest du in der Masse. Wer wird noch bekannt, wenn er was für die Sache tut.

ANTON: Worüber? Worunter. Wo. Wo schreibe ich. Wir sehen immer nur die eine Welt, und ringsum Wände.

METTE: Nach Anton wird man Plätze nennen.

ANTON: Den Müllplatz, wie. Ein verkommenes Ufer bei Strausberg.

METTE *nimmt Irinas Buch*: Im Ernst –

WALTER *gewaltsam*: Ich zeige dir das Haus, Mette.

ANTON: Und mir.

*Walter zieht Mette hinaus.*

OLGA: Diese Verführerin.

ANTON: Eine sehr gute Schauspielerin, an einem sehr schlechten Theater.

OLGA: Eine ... Ohne Bewußtsein. Ohne politische – Sitz doch gerade! Die nimmt er nicht.

IRINA: Ihr ödet mich an.

ANTON: Mascha, Olga, Irina – alles russische Namen.

MASCHA: Ja, sehn Sie ... alle drei. Weil Vater in Moskau war. Im Exil. Und dann wieder. Nur Walter heißt – Olga die Älteste ist dort geboren.

*Anton sieht zu Wilhelm hin.*

OLGA: Nein, das ist Wilhelm, sein Bruder ... Nein nein nein. Er war in Spanien. *Schroff:* Er ist alt.

*Wilhelm jodelt.*

METTE *aus dem Nebenzimmer*: Laß. Laß.

*Die Tür geht auf, Mette fällt rückwärts herein, Walter hinterher, knöpft sich die Hose zu.*

OLGA *schreit*: Stell doch leiser, Willi!

WALTER: Immer der blöde Westen. Mach den Kasten aus.

*Will rabiat den Stecker ziehn, das Kabel reißt ab.*

OLGA *zu Walter*: ... Kämm dich ordentlich. Vater war ordentlich.

WALTER: Vater ist doch tot.

OLGA: Nein, er lebt – Hier lebt er. Es herrscht Ordnung hier.

*Mette lacht unvermittelt.*

ANTON: Jetzt fällt es mir ein. Tschechow. Olga, Mascha, Irina. Bei Tschechow wollen sie alle nach Moskau, und sind todtraurig, wenn die Soldaten abziehn. *Lacht laut auf.*

*Bobanz mit Blumen. Irina erhebt sich träg.*

BOBANZ *zu Mascha*: Ich habe dir etwas … Ich habe dir –

*Mascha scheint ihn nicht zu erkennen. Wilhelm ab.*

OLGA: Dein Mann, Mascha.

MASCHA: Ja?

BOBANZ *lacht*: Ich mußte sie auswickeln. So ein Typ im Garten verlangte, demgemäß … es sei Vorschrift.

MASCHA: Gib sie Irina. Sie hat Geburtstag.

WALTER: Du hast Geburtstag, Irina?

METTE: Sie haben Geburtstag, Irina?

WALTER *zu Bobanz*: Hätte er eine Mütze auf? *Hält die Hand vor die Augen.* Dann ist es Franz. Wenn er die Mütze aufhat –

METTE: Sie sollen glücklich sein.

ANTON: Ich schließe mich an, und ein.

METTE: Sie haben genug Glück, Anton.

WALTER: Dann ist er gefährlich.

ANTON *zu Mette*: Auf welcher Ebene?

METTE: Sie können reisen.

ANTON: Und weiter?

IRINA: Was weiter.

WALTER: Frauen tut er nichts. Dabei hat er nie einen Krieg gesehn.

ANTON: Ich pfeife auf die Privilegien. Das heißt, ich setze sie voraus.

BOBANZ: Ich arbeite, offen gestanden – ich beschäftige mich mit dem Kapitalismus, und habe ihn nie gesehn. *Stellt sich vor:* Dr. Bobanz.

ANTON: Meister Anton.

BOBANZ: Ich … ich bin im, wenn es erlaubt ist, wir machen … demgemäß … Es ist eine –

ANTON: Ich verstehe nicht? Was arbeiten Sie?

*Bobanz schweigt.*

WALTER: Was ist das dauernd für ein Ton?

ANTON: Ich höre es auch. Es klingt wie ein ... ein Heulen.

IRINA: Das ist der Kriechstrom. Die Sirene der Schule. Bei feuchtem Wetter –

ANTON: Interessant.

MASCHA: Das ist gräßlich.

BOBANZ *auf Mascha zu*: Ich bin eher los, unter uns gesagt, um dich nicht warten zu lassen, demgemäß.

*Mascha ignoriert ihn, geht vorbei.*

METTE: Was ist mit Ihren Augen los, Mascha?

MASCHA: Ja ... Ich sehe mitunter nichts. Ich weiß nicht? Am Morgen ist alles klar und deutlich. Auf Arbeit, über den Dokumenten, ich sitze im Archiv ... als ob es verschwimmt. Am Abend seh ich fast nichts –

METTE: Sie müssen zum Arzt gehn.

OLGA: Ich wollte einen Kuchen backen, ich bin nicht – *Lacht.* – dazu gekommen.

MASCHA: War ich ... es liegt nicht an den Augen. Die Augen sind gesund. Es wird immer schlechter.

ANTON: Verzeihn Sie, aber warum dann – diese dunkle Brille?

MASCHA *lächelt*: Es ist nur eine Sonnenbrille, gewöhnliches Glas.

WALTER: Ich kenne den Kapitalismus auch. Ich habe ihn gesehn, ohne Brille.

METTE: Davon weiß ich nichts –

WILHELM *mit Gitarre und einer an der Schulter befestigten Mundharmonika*: Ich singe heute für dich, Irina. *Singt LA PALOMA.*

OLGA: Jetzt geht das wieder los.

METTE: Was hast du dort gemacht? *Auf Wilhelm:* Ist der schön.

WALTER: Das ist lange her. Zum Vergnügen war ich nicht dort.

BOBANZ: Und wie, offen gestanden, wenn ich fortfahren darf, fandest du ihn?

ANTON *zu Olga*: Ein stabiles Haus. Überhaupt das Grundstück ... Die Literatur hat nur einen Sinn, das wieder wegzureißen, was die Ideologen hinbaun. Das schöne Bewußtsein. Das uns so viel kostet. Solange diese Fachschaft jubelt, muß die Literatur gegenhalten. Unsere Arbeit ist die Zerstörung. Ich würde auch lieber aus Lehm einen Menschen formen, aber nach wessen Bilde? Ich bin Abrißarbeiter. Krieg den Palästen. *Prüft zufrieden die Wand.*

*Olga schüttelt verwirrt den Kopf.*

WALTER: Beschissen. Natürlich beschissen. Der Kapitalismus kann alles. Für Geld stellen die dir die Welt auf den Kopf. Über meine Sorgen würden die nur grinsen. Aber sie haben keine Idee nicht mehr. Die wollen nur dasselbe besser, und erhalten, was sich erhalten läßt. Die sehen nichts vor sich.

BOBANZ: Er ist, so weit man sieht, keine Alternative, demgemäß.

WALTER: Wir haben eine Hoffnung investiert, wenn auch sonst nichts, eine Idee, wir haben noch ein Ziel.

OLGA: Wie hängst du herum, Irina. Wie eine – *Lacht.* – Marionette.

MASCHA: Das ist aber wahr.

WALTER: So kannst du im Fernamt lümmeln. Träg und gedankenlos ... Und wenn es nur das Ziel ist, den Kapitalismus einzuholen, vorderhand, das wird uns nicht geschenkt. Nimm meinen Betrieb. Wir versuchen, durch Rationalisierung eine überdurchschnittliche Zuwachsrate bei gleichzeitig hoher Aufwandsenkung zu sichern. Wir entwickelten beispielsweise eine relativ einfache, aber ökonomisch interessante Lösung, bei der allerdings, anders als beim bisherigen Verfahren, Schadstoffe anfallen, die unbedingt abgesaugt werden müssen. Das war uns zu aufwendig. Wir haben ein Wasserbad entwickelt, das diese Stoffe bindet, also den gleichen Zweck erfüllt. Wir sparen dadurch 145000 Mark pro Jahr. Das ist nur eine Position. Wir wollen aber 20 Arbeitsplätze und 20000 Stunden – und Fonds in Höhe – *Verlegen:* – interessiert euch das?

ANTON: Und trotzdem werden wir zur Dritten Welt. Wir merken es nicht, bevor uns nicht der Busch zwischen den Zehen wächst. Die Pampa im Leunawerk. Bald werden wir uns nicht mehr ernähren können. Die Städte sind schon Steppe. Von der Kultur zu schweigen, die wieder bei den Kulthandlungen angekommen ist.

WALTER: Wir sind unsere eignen Neger, meinst du.

ANTON *lacht laut auf*: Das ist der Garten? *Öffnet die Glastür.*

METTE: Alles verwachsen. Ein Gestrüpp. Ein verkommenes Grundstück.

WILHELM: Singt keiner. Da muß ich alter Mann für Stimmung sorgen. Bin leider etwas heiser und kann nicht mit ganzer Stimme singen. Das wird wieder. *Singt:*

Mit mir könnses ja machen
Ich hab so viel Geduld
Das ist ja zum Lachen
Geb ja keinem die Schuld
Ich mach mir nichts draus –

*Jodelt.*

WALTER *zugleich*: Obwohl, wenn es darauf ankommt – wir können auch handeln. Wir sind in der Lage, mein Lieber, rasch und entschlossen zu reagieren, wenn es die Situation erfordert. Ich kann meinen Betrieb binnen 24 Stunden auf den Kriegszustand umstellen. Da wirst du sehen, wie perfekt wir, ich mache nur die Faust zu, und alles läuft auf Kommando. Alle eingeschirrt. Du mußt doch damit rechnen, daß einer die Ölleitung, dann fliegt der Laden auf. Vorwärts Preußen.

ANTON: Interessant.

BOBANZ: Da muß ich, wenn es erlaubt ist, zustimmen. Das kann, unter uns gesagt, jederzeit passieren. Wir müssen, demgemäß, der Ordnung halber, alle Details –

WALTER: Und wenn alles in Scherben fällt!

ANTON *schließt die Tür*: Und was soll das Ganze kosten?

MASCHA *überrascht*: Was hast du mit dem Haus vor?

WALTER: Es ist zu groß für Olga, zu alt. Das alte Grundstück. Hier war keiner froh ... Irina wird heiraten.

WILHELM: Ich bin 76. Acht Jahre arbeitslos. Zehn Jahre im Knast, zusammen. Zusammen zehn Jahre. Kaltgestellt. Zwei Frauen verloren. Eure Mutter ist dabei ... Aber die Lieder hab ich mir gemerkt. Ich habe eure Mutter geliebt.

OLGA: Es ist ekelhaft. Bei Vater hätte er das nicht gesagt. Da war er besser aufgehoben! *Mascha geht auf sie zu wie blind.* Da herrschte Ordnung hier.

WILHELM: Dieses Lied habe ich vor ... mit zwanzig Jahren, jetzt bin ich ... vor sechsundfünfzig Jahren hab ich das gesungen. Da wart ihr alle nicht auf der Welt. *Singt IN EINEM KÜHLEN GRUNDE.*

*Mette setzt sich zu ihm, singt mit.*

WALTER *zu Irina*: Wo ist Frank? Wartest du auf Frank.

OLGA: Frank ist krank. Er hat sich entschuldigt in der Schule. *Lacht.* Er ist andauernd krankgeschrieben. Von den zwei Jahren hat er vielleicht – *Lacht.* – ein halbes unterrichtet.

MASCHA: Ruf ihn an, Irina.

OLGA: Er läßt sich andauernd – *Lacht.* – entschuldigen. Bei allen wichtigen Terminen – *Lacht.* – Feiern, Sitzungen. Er bleibt fern.
FRANK: KRANK. Er kommt in Sandalen in die Schule, ohne Strümpfe. – *Lacht.* – im Sommer und Winter. Mit kurzen Hosen. Ein Eigensinn. Er paßt nicht in die – *Lacht.* – Schule. Schon zweimal hat er gefehlt, weil – *Lacht.* – sein Onkel gestorben ist, er hat ihn totgesagt. Wilhelm nämlich – *Lacht.* – er mußte zur Beerdigung. Es ist gar nicht sein Onkel. *Lacht. Streng:* Ein unmögliches Verhalten.

MASCHA: Jetzt sag ich dir, du rufst ihn an.

IRINA: Wenn er nicht kommen will – Er schwindelt doch. Ich glaub ihm nicht.

OLGA: Richtig. Er ist es gar nicht wert. Er paßt nicht zu Irina, gut so. Ein Verlobter? Das ist ein Asozialer. *Irina schweigt. Mitleidig:* Ich rufe selbst an. Ich mache es schlauer. Ich melde mich als Kreisschulrat. *Wählt.* Ja, bitte, hier ist das Kreisschulamt. *Triumphierend:* Frank Kaspar, sind Sie es? Bitte? Wer spricht? Was sagen Sie? Was sagen Sie? *Steht entgeistert.*

IRINA *langsam*: Ich warte nicht auf ihn. Ich bin heute 26 Jahre. Ich kenne alles schon. *Walter prustet.* Was hier geschieht, macht mich nicht an. Die ENTWICKLUNG. Ja, „alles ist gut, alles ist vom Staat" – aber ich warte auf nichts. Hier ist nichts, das mir gefällt. Ich brauche ja nichts ... Wenn ich durch die Straßen geh, ROSA-LUXEMBURG-STRASSE, Schlafkästen mit Banderolen. Jede Freude muß man sich selber machen. Ich weiß nicht – wozu ich die Erde trete. Ich sehe auch keine andere Welt, aber deswegen kann ich mich nicht ... an diese ... klammern. *Lächelt.* Alles steht fest, man kann nicht etwas ... versuchen. *Schweigt.* Alles muß genehmigt sein. Muß in Ordnung sein. Ich weiß gar nichts selbst. Die toten Fische schwimmen mit dem Strom. Wir sitzen hier, wir ziehen den Kopf zwischen die Schultern und lassen den Regen regnen und hoffen, daß es kein Gewitter wird. Es wird schon an uns vorübergehen. *Plötzlich:* Ich würde etwas riskieren, einmal etwas wagen, etwas anstellen – ich würde leben.

*Walter prustet heftig, sie verstummt.*

OLGA: Frank ist tot, sagt er –

MASCHA: Wer sagt.

OLGA: Tot, tot. Sein Bruder. Er sei tot. Erst dacht ich: es ist seine Stimme. Er ist tot.

*Irina erhebt sich, steht kerzengerade. Mascha tastet nach einem Stuhl.*

BOBANZ: Hat er sich, demgemäß, unter uns gesagt –

WILHELM: Das ist ... So ein Arschloch, immer schiebt er mich vor, ich muß für ihn tot sein. So ein junger Mensch. *Lachanfall.* Jetzt ist er selber tot.

OLGA: Wir hätten uns kümmern müssen –

MASCHA: Er wurde nicht fertig mit sich ... Es ging ihm dreckig. Wer kümmert sich denn hier.

WALTER: Halt, Irina. *Schreit:* Du fährst nicht hin. Du weißt nicht einmal ... Du kennst nicht das Motiv. Du hast nichts damit zu tun. Wir sind nicht verlobt mit Lebensmüden.

METTE: Bestimmst du das? Herr Direktor. Kommandierst du hier auch? Einer – unterdrückt alle!

OLGA: Einer muß es doch tun.

IRINA: Ich habe ihn nicht geliebt. Aber ich hab es ihm nicht gesagt. *Froh:* Ich habe es nicht gesagt. Ich kann gar nicht ... lieben, wie macht man das? *Laut:* Wie macht man denn das?

*Alle beginnen zu lachen/zu heulen.*

WILHELM: Alles Unglück kommt, weil alle falsch zusammenstecken.

*Franz an der Glastür, mit Mütze.*

WALTER *rasch zu ihm*: Franz –

FRANZ *undeutlich*: Wenn Sie mir etwas mitzuteilen haben, dann in der Arbeitszeit.

BOBANZ: Das ist der Typ, demgemäß ... die Blumen –

FRANZ: Wenden Sie sich an meinen Sekundanten.

WALTER *außer sich*: Nehmen Sie Haltung an. *Franz gehorcht. Walter nimmt ihm die Mütze ab.* Du wartest draußen.

FRANZ *verwandelt*: Ja gewiß, Herr Höchst. Aber gern, selbstverständlich. *Freundlich ab.*

ANTON *zu Mette*: Jetzt machen wir den Vorhang zu und warten, wie es weitergeht.

MASCHA: Auf Moskau, wie. Auf den Frieden. Daß die Soldaten abziehn.

*Schweigen.*

WILHELM: Es gibt mehr als 800 Millionen Analphabeten auf der Welt. *Langes Schweigen.* Die Zahl der Hinrichtungen hat weltweit zugenommen. Die Ursache für diese Entwicklung –

*Mette springt auf, läuft an eine Wand.*

BOBANZ: Dem gemäß ...

METTE: Wir werden uns nicht verstehen, wenn wir uns nicht unsere Träume sagen.

WALTER *zu Anton*: Willst du ein Bier? *Nimmt zwei Flaschen aus dem Kühlschrank.*

OLGA: Ich träume von fehlerfreien Heften.

METTE: Das ist kein Traum. Ein Traum muß erfüllbar sein.

BOBANZ: Von einer Flugzeugentführung.

METTE *zornig*: Ach.

ANTON: Ja, was sonst.

MASCHA: Und wo landen wir?

ANTON: In dem Land, das wir uns wünschen.

OLGA: Und was wäre das? *Lacht.*

METTE: Jeder hat seins.

OLGA *hysterisch*: Ich mache das nicht mit. Diese Verführung –

WALTER: Entführung.

METTE *schreit*: Habt doch keine Angst. Fliegt doch ab!

*Der Sirenenton wird, langsam anschwellend, zum Motorengeräusch.*

MASCHA: Wozu denn! Wozu!

WALTER: Theater.

METTE: Wenn ihr Rücksicht nehmt ... ist es Heuchelei. *Verächtlich:* Du mußt ehrlich sein.

MASCHA *zerzaust sich das Haar*: Nein, ich weiß nicht. Unsinn.

OLGA: Nein nein nein!

Der Flug

*Lang anhaltendes, immer lauteres Flugzeugdröhnen. Stille. Wilhlem sitzt, als sähe er fern auf die Szene.*

IRINA *tonlos*: Sind wir jetzt da.
METTE: Dort wo du sein willst.
WALTER: Ich sage nicht, wo ich bin.
BOBANZ: Wo denn, unter uns gesagt.
IRINA: Ich glaube ihm nicht, daß er tot ist. Ich will es nicht glauben. Ich will fort sein. *Läuft auf Mascha zu, die sieht nichts.*
METTE: Komm hierher, Irina. Lehn dich an. Ich sage dir, was die Liebe ist. Mehr ist es nicht. *Irina schlingt die Arme um sie.* Wie häßlich du bist. Ah, wie häßlich. Du hast ihm nichts gegeben. Du hast es nicht gebracht. Du hast kein Gesicht. Man sieht dich nicht. Zeige dich doch, zeige doch dein Gesicht! Da ist nichts.
*Irina steht fassungslos.*
MASCHA: Mette, halt –
METTE *verwirrt*: Ich bin angekommen ... *Atmet durch.* Immer rede ich nett. Zu allen nett, in der Kantine, auf der Probe, immer EIN NETTES WORT FÜR DIE KOLLEGEN, ich kann mich nicht mehr hören, es ekelt mich an. Ich will nicht an mich halten. Ich will alles herauslassen. *Breitet die Arme.* Was der Körper kann und der Kopf denkt. Ich will mich verschwenden. In jeder Arbeit. Ich will auf nichts verzichten. Ausleben dieses Fleisch verbrauchen spüren. Das Land braucht keinen Namen. Ich bin dort. Wohin läufst du, Irina. *Lacht glücklich.*
*Irina schluchzt, geht zu Walter, der sich Anton zuwendet.*
WALTER: Soll ich es sagen. Soll ich dir sagen, Anton, wo ich bin. Ich stehe auf der Schwelle meines Betriebes, liebe Kolleginnen und Kollegen, wir haben wieder eine Schlacht geschlagen und den Plan erfüllt, fragt mich nicht wie: ich rede die Sprache der Dokumente, die es besser wissen als es ist, ich sage nichts von Stillstandszeiten Sonderschichten vom Loch in der Planung, die Hauruckaktion ist mein Lebensstil, meine Qualifikation die Selbstkritik, wir holen die Reserven aus dem Anzug, wir werfen das Bewußtsein in die Debatte als das letzte Argu-

ment vor der Prämie, der obligatorischen Bestechung, die Arbeiterklasse sitzt am längeren Hebel, aber ich kann zaubern, ich schüttle die Prozente aus dem Ärmel, bleich vor Scham und Beschiß, Hans Wurst als Leiter, der gewählte Arsch, und jetzt: ich sehe die Gelegenheit, sie kommt nicht überraschend, es ist nur ein Schritt und ich bin draußen, siehst du – ich verlasse den Betrieb VEB STOLZES BANNER und stehe unter den Antipoden. Plötzlich rollt das Material, liegt das Ersatzteil auf der Palette, rauscht die verbindliche Mitteilung durch die Rohrpost, plötzlich geht alles leicht – siehst du, ich schwebe, ich bewege mich vom Fleck. Kannst du mir folgen, Anton. Es muß gelebt und gearbeitet werden. Hier kriege ich was ich brauche. *Spreizt sich aufs Sofa.* Hier laß ich mich verwöhnen. Nicht wahr, meine Damen.

OLGA *kichert*: Walter ... Was macht er dort? Was macht er dort?

METTE *fröhlich*: Walter in der Klarsichtfolie.

WALTER: Ich bin entführt worden.

OLGA: Ich komme nur hier entlang – und treffe dich. *Kichert:* Was macht er hier? *Beginnt sich zu entkleiden.*

WALTER: Warum soll es mir schlechter gehen als dem Feind. Wenn ich die Wahl habe. Wir schlagen ihn mit seinen Waffen. Das BESSERE LEBEN ist unsre Domäne, wir haben ein Anrecht darauf. Wir haben dafür gerackst.

BOBANZ: Seht euch Olga an.

WALTER: Wenn das verheißene Land aus einer andern Richtung schimmert – mach was, Genosse, der Globus dreht sich. Wir können uns den Kapitalismus nicht abschneiden, vor er verfault ist.

METTE: DIE DEUTSCHE POST BITTET, STETS RICHTIG FREIZUMACHEN!

WALTER: Eine Revolution, die nicht überzeugen kann, ist keine Bewußtseinsfrage. Sie soll sich in aller Bescheidenheit an die Lokomotive hängen, die das Kapital auf die Reise schickt. Die Herrschaft der Armut ist nur eine universalere Unterdrückung und eine unnötige Grausamkeit der Geschichte, die die Gäule wechselt: statt eines blinden einen lahmen Gaul. Aber privat geht vor Katastrophe. Wenn das Neue nicht fliegen kann, muß das Alte seine Krücke leihn und so weiter und so weiter gehe ich einen Schritt aus dem Werktor, der große Chef, der wertvolle Kader, der Kandidat aller Ehren, und frage mich, warum ich meine Kraft hergebe meinen Namen für das Neue, das nicht das Bessere ist, jedenfalls nicht solange ich lebe, das mich das Leben kostet den Schlaf die Hoffnung, die ich einatme röchelnd aus der Zeitung, Olga, was ist das für ein Sack der zur Stange hält, der seine Pflicht erfüllt, für ein höheres Wesen, für ein Idiot, für ein Neuer Mensch. *Weint.*

*Olga umarmt ihn. Irina läuft zu Anton, er hält sie an einer Hand, an der andern Mascha.*

ANTON: Ich habe immer die Wahl. *Lacht laut auf.* Ich steige auf dem Aeroporto Leonardo da Vinci aus dem Flugzeug und atme den Himmel Italiens. O WIE FÜHL ICH IN ROM MICH SO FROH! GEDENK ICH DER ZEITEN,/DA MICH EIN GRAULICHER TAG HINTEN IM NORDEN UMFING,/TRÜBE DER HIMMEL UND SCHWER AUF MEINE SCHEITEL SICH SENKTE,/FARB- UND GESTALTLOS DIE WELT UM DEN ERMATTETEN LAG.

BOBANZ: Sie ist nackt, offen gestanden. *Hält die Aktentasche vor die Augen, nimmt sie wieder weg.* Nur eine Minute. Peepshow, demgemäß ... Ich sehe nichts –

ANTON: Aber, Irina, Mascha, meine privilegierten Schuhsohlen tragen einen unfrohen Wanderer. Dieser Mann, dieser trostlose Paddler, ist der Mann meiner Frau, aber davon abgesehn – der Bürger meines Staates. Dieser Mann ist mein Unglück. Ich entkomme ihm keinen Fußbreit, er schmeichelt mich in den Schleim zurück, aus dem ich gekrochen bin. Ich befinde mich, meinen Anlagen zum Trotz, im embryonalen Zustand, ich nähre mich aus der Mutter, die mich unter dem Herzen trägt. Paul Anton, DDR. Ich sehe nicht aus ihrem Loch, meine Augendeckel sind zugeklebt, ich komme mit den Signalen aus, die sie mir sendet. Es reicht für die Nationalliteratur. Meine Frau übrigens ist eine Liebe, mit langen weichen Armen, die sie um dich wickelt, und einer eingebauten Langspielplatte DIE LIEBE HÖRET NIMMER AUF! Mein Leichenspruch. Dabei begreife ich nicht, was sie an diesem erlegten Insekt reizt, das sie aufgespießt aufbewahrt. Wenn es an den Spitzen ihrer Brüste wäre. Sie liebt mich in der Öffentlichkeit. Wir vögeln nur, wenn es jemand sieht, und wenn es die Kinder sind. Darin wieder wie der Staat – es zählt, was eine Meldung wert ist. Das Leben ein Bericht. WIR WOLLEN WIRKEN IN DIESER ZEIT, jedenfalls sind wir auf Wirkung aus. Ich stehe auf der Plaza Navona, auf der Fifth Avenue und spüre einen stolzen harten Blick auf mir – mein eignes Auto, das meine Regungen registriert meine abweichenden Gefühle.

METTE: ICH BIN EHRLICH DU MIR OFFEN/WAS WOLLEN WIR NOCH HOFFEN.

ANTON: Kann man sich selber gesund machen. Ich gehe zum Arzt, statt in meinem Körper zu leben: ich höre auf die Rezensenten. Ich hänge an diesem graulichen Himmel, um seine Farbe anzunehmen. Ich esse das Blei der Zeit. Ich laufe in das Messer der Verhältnisse, um den Schmerz zu fühlen. Ich begebe mich in den Clinch, soll es mich zerreißen und ich will ihre Klauen zeigen, ihre Tyrannenfresse, ihre fürchterliche Macht.

MASCHA: Sie sind nicht weit gekommen, Paul Anton – mit Ihrem Flug. Reden Sie weiter, reden Sie weiter!

ANTON *läßt beide los*: Ja wohin? Wir haben etwas vergessen, wir müssen zurück ... Es mag vorwärtsgehen, aber es ist da kein Land für uns. Es ist besetzt, hier *schlägt sich an den Kopf* eine Kolonie. Wir zahlen Tribut, an die tote Zukunft. Ja, einmal war es richtig, es war alles richtig. Wir haben die Morgenröte entrollt, um in der Dämmerung zu wohnen.

*Irina läuft zu Wilhelm, er wehrt sie ab und starrt auf das Bild.*

MASCHA: Weiter, reden Sie! Versuchen Sie es. O ich sehe ein Land, ein warmes Land ... *Erstaunt:* Ich sehe wirklich, ich sehe Sie, Paul. Ich sehe Eberhard, Dr. Eberhard Bobanz, meinen nichts sagenden Gatten: weil er schweigt, ist er Philosoph geblieben. Ich habe einen Jungen, der weiß mehr von mir als er. Er ist acht Jahre. Manchmal sieht er mich schon an wie ein Mann. Er betrachtet mich mit großen Augen und sagt: du bist schön. Er spürt, wenn etwas anders ist an mir, am Geruch, wenn ich den Eisprung hab. Er weiß schon, daß ich eine Frau bin. Eberhard liefert seine Erkenntnisse in den Panzerschrank, vorfristig, um die Sache hinter sich zu bringen. Liebend schnell, weil er seine Arbeit haßt, die getan wird, um nicht gedacht zu werden. Die Zweckleuchte, König der Einsichtigen: ich sehe ihn über den Fakten, er kennt mehr Dinge zwischen Himmel und Erden als wir ahnungsvollen Engel, er redet mit zwei Zungen, ohne die eigene zu brauchen. Mit seiner ehrlichen Haut kann er sich sehen lassen. Aber ich kann ihn nicht ansehn, er merkt es nicht ... Er ist verrückt. Wenn ich mit ihm zum Arzt ginge, sie würden ihn dortbehalten. Sie würden ihn nicht wieder laufenlassen.

IRINA: Mascha ... ich halte es nicht aus! *Läuft erregt umher.*

*Bobanz brüllt dumpf auf.*

METTE: Ja, jetzt bist du da, Mascha.

MASCHA: Ich sehe ... Ich sehe einen heilen Menschen. Ich sehe ein warmes Land. Es duftet nach Pinien. Die Zikaden lärmen. Ein Land ohne Soldaten. O WIE BIN ICH IN ROM SO FROH. Die Welt war düster ... *Geht auf Anton zu.* Jetzt sehe ich.

OLGA: Wissen Sie, Anton, wem dieses Haus gehörte. Einem Rüstungsfabrikanten. Sie sehen noch die Safes in den Wänden – da lagerte er Wein. Es war sein Landhaus, eine Absteige, Sie können auch Bordell sagen. Die wußten zu leben. Als er enteignet war, zog hier Ordnung ein. Wir fanden noch die Spuren seiner Vergnügungen, sie wurden unter Führung unserer Mutter in den Müll befördert. Kein Gedanke an eigene Verwendung. Das Himmelbett ein Raub des Gärtners, mit aufatmender Duldung unserer Erzeuger. Sie hatten auch nur eins im Kopf, aber etwas anderes. DEUTSCHE AN EINEN TISCH aber nicht in ein Bett. Entsagung hieß die große Losung. LASST UNS PFLÜGEN LASST UNS BAUEN LERNT UND SCHAFFT WIE NIE ZUVOR. Warum singst du nicht, Wilhelm. UND DER EIGNEN KRAFT VERTRAUEND STEIGT EIN NEU GESCHLECHT EMPOR. Die Hymnen des Anfangs die Pornographie der Nachwelt. Wollen wir das Haus seinem ursprünglichen Zweck zuführen, Anton. Es wurde nur geringfügig umgebaut. Die Vergangenheit überholt die Zukunft – kannst du das Spiel noch, Walter: der Gezogene schnellt am Ziehenden vorbei und zieht ihn. Wer ist jetzt vorn. Wenn man das wüßte. Sind wir hier oder dort. Die Toten hatten eine Position. Fest wie das Grab. Sie hatten eine Zukunft. Sie gingen in den

Tod. Sie haben Blut an den Händen, aber sie konnten handeln. Sie haben noch immer Möglichkeiten, von denen die Lebenden nur träumen können. Den Toten öffnen sich jetzt noch die Türen, wir rennen uns den Schädel ein. Die Toten haben einen Namen, wir brauchen Stempel und Papier. Vor den Toten steht man stramm ... Wir müssen ihnen das Glück aus den Zähnen reißen und wenn es zu Asche geworden ist, wir wollen es schmekken. *Kampf mit Walter.* Du bist stark, wie Vater. Schlag mich doch.

WALTER: Bist du von Sinnen.

OLGA: Schlag mich, schlag mich. Wir wollen zu unserem Glück gezwungen sein.

MASCHA: Sehn Sie mich, Paul. Ich stehe vor Ihnen auf einem hellen Platz, Rom oder Potschappel ... er liegt in der Sonne. Dieses gnadenlose Licht. Alles wird zugrunde gehn. Alles bleibt nicht mehr das Gleiche. Ein anderes Land, ein Land in dem wir sind. Alles ist möglich. Wollen wir unsere Uhren vergleichen, es sind so viele Zeiten. Wir wollen uns nicht verfehlen. Wenn die Uhren der Welt eine Stunde schlügen, das sollte ein Hochzeitsläuten sein, daß die Welt in die Wochen kommt. Wenn wir die Zeichen lesen könnten an ihrem zerrissenen Leib. Wir wagen sie nicht anzusehn nach unsrer blinden Umarmung. Wollen wir uns im Blick halten, damit uns Wiesen unter der Stirn lodern. Wo sind Sie, Paul. Lassen Sie doch Ihre Jacke los. Sehn Sie mich nicht. Warum sagen Sie nichts. *Greift sich ins Gesicht.* Sie wagen nicht zu denken, was sie wissen. Sie sind vollauf beschäftigt zu vergessen, um nicht handeln zu müssen. Sie wissen sogar schon die Tat, die nötig wäre, aber sie – *Wankt.* – sie sehn – *Lacht wirr.* – sehen Sie – *Umklammert Anton plötzlich.*

*Wilhelm steht auf.*

WALTER: Wo sitzt du, Doktor. Was gräbst du dort. Wo bist du gelandet.

BOBANZ: Nirgends.

WALTER: Hast du dir nichts vorgestellt.

BOBANZ: Das schon. Mallorca. Die Alpen, offen gestanden. Aber ich bin abgestürzt. Immer wenn die Maschine zur Landung ansetzte, ist sie heruntergeknallt. Hahaha. Bruchlandung. Auf den Teppich, demgemäß.

METTE *lächelt*: Das ist ein Ausflug. Wie klein diese Punkte sind, zwischen denen wir unsere Linien ziehn jeden Tag mit dem Lineal, wie die Schulkinder, diese Wahrheiten, und nicht darüber hinaus. Punkt Punkt Komma Strich fertig ist das Mondgesicht. Die Strichmännchen der Planung. Ja, Maria, wir sind diese Hülsen nicht. *Umarmt sich.* Mein Mann, dein Bruder, ist ein Chef, mit Amt und Kragen. Er ist wild nach mir. Ich liebe ihn, aber ich brauche ihn nicht. Ich brauche ihn nicht! Ich bin nur bei ihm, weil ich ihn liebe. Das erträgt er nicht. Er möchte, daß ich ohne ihn nicht atmen kann. Daß ich seine starken Arme brauch. Er will die Macht. Es macht ihn rasend, daß mich sonst nichts hält. Er vergewaltigt mich, er kann es gar nicht anders ... Vergewohltätigt sollte ich wohl sagen. Aber ich bin frei. Ich bin an mir selber froh. Ich stehe offen da. Greift doch in mich hinein! Ich will alles aus mir holen, meine Angst meine Lust meine Scheiße mein Blut. Ich will Tag und Nacht sein. Ich will über die Grenze gehn. Nehmt doch diese Gesichter weg. Wir wollen unsre Haut abreißen. Ich will nackt sein.

WILHELM *es hält ihn nicht länger*: Frauen. Frauen. Jetzt erzähl ich euch. *Umarmt Mette.* Jetzt sag ich dir meinen Traum. Mein Leben. Wo habe ich ihn. *Rauft sein Hemd auf.* Jetzt sag ich es.

WALTER *mit verzerrtem Gesicht*: Ruhe. Keiner rührt sich von der Stelle. *Stößt Wilhelm in den Sessel. Stille.* Es geht auch anders. Es geht los. *Nimmt eine „Waffe". Olga lacht verblüfft.* Maul halten. Eine andere Sprache. Versteht ihr das. *Mascha tastet nach dem Tisch. Er wirft ihn um.* Du kannst stehn. *Setzt sich auf die Tischkante.* Aufgrund der Situation, ich brauche euch nicht zu erklären, es ist jetzt nicht die Zeit danach, ihr habt das so entgegenzunehmen, stellen wir den Betrieb um. Jetzt wird auf Weisung gehandelt. Die Bestimmungen des Kriegsrechts sind für alle bindend.

WILHELM: Ist das Walter.

WALTER *zu Mette*: Was willst du aufführen hier. Eine Revolte. Soll das eine Kommune werden. Du hast nicht das Wort. Du kennst die Unterstellungsverhältnisse nicht. Jeder mit jedem und eine mit allen, wie. Du Hure. Hast du mit dem Regisseur geschlafen. *Zieht die Gardine zu, die Stangen lösen sich und reißen die Tapeten mit herab.* Der reine

Zunder. Ein Leichtsinn. *Läßt die Rolläden herunterrasseln.* Wir haben Maßnahmen getroffen. *Olga lacht wieder. Panzerketten. Irina hält sich die Ohren zu. Walter kippt den Sessel um, so daß Wilhelm darunterliegt. Sofort zu Irina:* Wohin willst du. Zu dem toten Schwein. Dem Deserteur. Distanzier dich, Mädchen. *Irina schüttelt den Kopf.* Der ist hinüber. Abgehaun, der Schecks. Willst du ausreisen, wie. Das erfahren wir. Du hast einen Antrag gestellt. Gib deinen Ausweis ab.

METTE: Hör doch auf – Mann!

WALTER *zu Mascha*: Seid ihr denn blind?

BOBANZ: Laß sie in Ruh – Mascha ist, offen gestanden, krank.

WALTER: Ach krank?

BOBANZ: Sie ist ... wenn es erlaubt ist, wir haben ... Es ist eine –

WALTER: Was hat sie denn. *Packt ihn.* Los, was weißt du.

BOBANZ *lächelt*: Sie ist nicht normal.

WALTER: Das wird ja immer schöner. Eine Idiotin. Wie ihr euch entpuppt. *Zu Olga:* Isoliere sie.

OLGA: An allem ist Mette – *Lacht.* – schuld. Sie hat uns – *Lacht.* – verführt. Die Verführerin. *Lacht. Streng:* Ein unmögliches Verhalten.

*Walter schiebt das Bett als Barriere vor Mette, Mascha und Irina. Olga faßt mit an. Anton weicht aus, sieht zu.*

WALTER: Es ist alles lösbar. Es kommt nur auf die Menschen an. Die meisten meinen, es sei nur eine Spielerei, aber in Europa wird es gleich ein Krieg mit allen Mitteln.

WILHELM *unter dem Stuhl*: Wie Walter, wie sein Vater, er ist ... Sein Vater. Walter Höchst. So haben sie es gemacht. So hat er die Feinde ... seine Genossen –

OLGA: Einer muß es doch tun.

WALTER: Sträfling. Anarchist. Du bist rehabilitiert, mein Guter. Du kriegst deine Rente. Du putzt mir die Schuhe dafür. Kanake. Zurückgebliebener Neger. Nimm Schuhcreme, ordentlich schwarze Creme.

ANTON *läßt seine Jacke fallen*: Genug.

WALTER: Was willst denn du. Wolltest du einem Fabrikanten die Villa abkaufen. Einem Kriegsverbrecher. Schweig. Willst du kaufen.

ANTON: Ja.

WILHELM: Neger. Ein Neger, hat er gesagt. Schuhwichse.

WALTER: Dann sei ganz still. Willst du hier dichten, in der Festung. Willst du hier bleiben. *Gibt ihm ein Bier.*

WILHELM: Ich bin ein Neger, ein Rentner. Unterentwikkelt.

WALTER: Da mußt du mehr zeigen, Tschechow. Prost. Häng den Feigling auf.

ANTON: Wen.

WALTER: Der meine Schwester verraten hat. Häng ihn auf wegen Feigheit vor dem Feind. Du hast die Wahl, Anton.

BOBANZ: Schwager, erlaube, wenn ich fortfahren darf, es reicht mir.

WALTER: „Unter uns gesagt", Doktor, du bist eine Null. *Brüllt:* Leg den Juden um. *Anton grinst, drückt Bobanz den Hals zu. Mascha und Mette schreien. Irina starrt Anton an.* Jetzt ist es dein Haus. Jetzt schreibe hier. Jetzt hast du Stoff, Meister. *Panzerketten lauter.* Hier hält die deutsche Spitze. Artillerie! *Reißt Mette an sich.*

*Wilhelm erhebt sich, mit schwarzem Gesicht. Geht langsam, die Fäuste erhoben, auf die Gruppe zu.*

ES WAR AN EINEM NOVEMBERABEND. WIR VERSAMMELTEN UNS UM EIN FEUER./MEIN NAME: BELEIDIGT. MEIN VORNAME: ERNIEDRIGT. MEINE HAUT: DES NEGERS: MEIN ALTER: DIE QUAL, O DAS NEIN, DAS WIR NICHT SAGEN DÜRFEN./PLÖTZLICH DURCHFUHR LÄRM DIE STILLE. DAS HERRENHAUS BRANNTE./ICH TRÄUME, DASS ICH SPRINGE. ICH SCHWIMME. ICH ERKLIMME DIE MAUER. ICH BERSTE VOR LACHEN. ICH ÜBERSPRINGE DIE SPREE (THEMSE, TIBER)./WIR KROCHEN IM FELD, IN DER FAUST DAS MESSER./ICH TÖTE DEN MENSCHEN: DEN KOMPLIZEN./DAS ZUCKERROHR ZERSCHNITT UNS DAS GESICHT MIT BÜSCHELN GRÜNER KLINGEN./JA: DAS IST EIN FRUCHTBARER UND ÜPPIGER TOD./WIR WAREN AUFGESPRUNGEN, WIR: DER MIST, WIR: DIE TIERE MIT DEN GEDULDIGEN HUFEN./DIE LETZTEN WERDEN DIE ERSTEN SEIN./DER SCHWEISS UND DAS BLUT ERFRISCHTEN UNS, UND DIE FLAMME BERÜHRTE UNSERE WANGEN./MANGELS ANDERER WAFFEN MUSS DIE GEDULD DES MESSERS GENÜGEN./WIR TRATEN DIE TÜREN EIN.

DU BIST ES, SAGTE DER HERR GANZ RUHIG. ICH BIN ES, SAGTE ICH, DEIN SKLAVE. PLÖTZLICH WAREN SEINE AUGEN ZWEI FURCHTSAME SCHABEN IN DER REGENZEIT. ICH SCHLUG ZU, DAS BLUT SPRITZTE: DAS IST DIE EINZIGE TAUFE, AN DIE ICH MICH HEUTE ERINNERN KANN.

*Der Garten. Morgen. Stille. Auf der Terrasse/im Müll stehen Olga und Walter. Am Tisch Wilhelm, reibt das Schwarz aus dem Gesicht, und Anton, den Globus zwischen den Füßen. Im Gras sitzen Mascha und Mette nebeneinander. Bobanz am Fluß.*

WALTER: Eine Luft.

OLGA: Wie in Moskau. So kühl. In Moskau war es im März ... Wir sind einmal früh um sechs in den Gorkipark –

WALTER: Chemie. Ich muß längst los. *Sieht zu Mette.*

WILHELM: Das geht nicht mehr ab. Die Farbe der Anarchisten. Mit Geduld und Spucke.

OLGA: Wo Irina bleibt. Sie hat sich eingeschlossen. Daß sie nichts anstellt!

WALTER: Ich muß um zehn beim Minister sein. Soll ich abfahren, allein. Soll sie den Zug nehmen ... Ich begreife nichts.

OLGA *russischer Tonfall*: Der Morgen ist klüger als der Abend.

METTE *sieht mit geschlossenen Augen zum Himmel. Zu Mascha:* Nein, sage nichts.

WILHELM: Mitteldeutschland, 1921. Keiner über uns und keiner unter. Der Märzaufstand. Ich hatte 20 Zentner Sprengstoff requiriert.

ANTON: Interessant.

WILHELM: Statt das Leben eines Arbeiters zu opfern, war es besser, eine Villa in die Luft zu sprengen. Ein Haus wie dieses – eine Staubwolke, die sich eine halbe Stunde hält. Es ging um die neue Welt.

ANTON: In Leuna?

WILHELM: In der du vorhanden bist. Ein freier Mensch.

ANTON: In Leuna brauchst du Kulis, Facharbeiter.

WILHELM: Nicht 1921 ... wenn du kämpfst.

OLGA: Ich werde zu Frank gehn ... zu seinem Bruder. Wie

sich das Unglück, warum er, er war mein *lacht* Kollege. *Faßt sich an den Kopf.* Ich hab es nicht gemerkt. Ich hab nur immer … drauf, drauf. Korrigieren, korrigieren! *Schweigt.* Ich will es wissen.

WALTER: Ja fahre, Olga. Franz soll dich fahren. *Erbittert:* Ich warte hier, bis Mette –

OLGA: Dummkopf. *Schweigt. Hysterisch:* In welcher Welt lebe ich. *Ab.*

MASCHA: Deine Stirn ist schwarz. – *Verblüfft:* – und deine Knie.

WALTER *ruft Olga nach*: Franz soll wiederkommen.

*Mascha umarmt Mette.*

METTE: Ich weiß, daß ich verrückt bin.

WILHELM: Im Grunde suchen alle die Liebe. In der Revolution suchen wir die Liebe. Es geht auf etwas zu … das heißt die Verhältnisse zerbrechen. Du läßt hinter dir, was du hast. Vor dir steht eine Frau. *Anton dreht den Globus. Walter hinten neben Bobanz.* Aber wenn die Lust … nur … im Bett zu haben ist und nicht in der Tätigkeit – dann siehst du diese Schweine, Verbrecher. Monster.

MASCHA: Auch deine Brust ist schwarz. *Schaut Mette ins Kleid. Sie lachen.*

WILHELM: Übrigens, die Literatur, die nur niedermacht, und die Ideologie, die etwas vormacht, sind gleich weit von der Wahrheit entfernt. Sie haben beide das Leben nicht. *Mette breitet eine Zeitung vor sich aus.* Ich habe diese Frau, es ist Wahnsinn, ich habe die ganze Nacht mit ihr – Wären Sie in die Kirche gegangen, Missis, entgegnete der wilde Räuber und fuhr fort.

ANTON: Ich bin nicht losgeflogen. Wohin. Einen anderen Globus.

WILHELM: Ich habe ihr gesagt, was wir wollten … Wir wollten … die Einheit. Wir waren zwei Brüder. Wir traten die selbe Erde ab. Wir liebten die selbe Frau.

ANTON: Entschuldigen Sie. Meine Frau erwartet mich.

WILHELM: Geh in der Reihe. Folg der Direktive./Wir wollen freie Menschen sein./Die Partei die Partei hat immer recht./Wir sind nur unserm Gewissen verpflichtet./Die Disziplin ist die Mutter der Porzellankiste./Wir kämpfen nicht, um vom Porzellan der Herrschaft zu speisen./Du bist ein Bombenleger, sagte er./Du bist ein Bonze./

Brandstifter./Bürokrat. BRÜDER ZUR SONNE ZUR FREIHEIT BRÜDER zum Posten empor. Wir diskutierten bis aufs Messer. Von den anderen Brüdern rede ich nicht …

ANTON: Von den Schwestern, und wer redet von den Schwestern?

WILHELM: Wir liebten die selbe, mehr als brüderlich. 33 mußten wir uns trennen. Der Untergrund hat schmale Betten. Dann sahn wir uns in Moskau unter Brüdern. Sie trug ein Kind von mir, ihr erstes … Was macht man unter Brüdern mit dem Feind. *Sieht, daß Anton schreibt. Nimmt ihm das Blatt weg.* BRÜDER IN EINS NUN DIE HÄNDE BRÜDER DAS STERBEN VERLACHT. Als sich die Tür auftat in Brandenburg: mein Bruder, neben ihm eine blasse Frau. Jetzt war es seine. *Gibt Anton das Blatt zurück.* Ich fiel ihm um den Hals, und mit den Händen – *Geste des Erwürgens.* – Deutsche Sprache schwere Sprache. Wilhelm Sowjetfeind. Dann wars die selbe Zeile, aber ich war frei. *Schweigt, breitet die Arme.*

ANTON: LIEBE SCHWESTER TANZ MIT MIR BEIDE HÄNDE REICH ICH DIR. Ich muß jetzt unauffällig gehn. Die Einheit, jetzt ist sie … erstritten.

WILHELM *zerstreut*: Welche Einheit.

ANTON: Der Partei.

*Schweigen.*

WILHELM: Ich habe die Welt nicht verändert. Ich habe mein Leben vertan. Sieh sie dir an. Ich hab sie verschenkt. *Hebt den Globus auf den Tisch.*

METTE *schlägt auf die Zeitung*: Gebetsteppiche aus Hohenstein-Ernstthal. Rund 400000 Gebetsteppiche in 16 verschiedenen Dessins gehören jährlich zum Produktionsprogramm der Volkseigenen Plüschwerke … Plüschwerke. Sie werden vor allem von arabischen Ländern gekauft.

WILHELM: Noch einmal beginnen, mein Leben beginnen. ÜBER DIE GRENZE GEHN. Mit ihr leben. Es ist ein Traum, nicht wahr. Die bessere Welt ist, wo man kämpft. Aber ich habe ihn ihr erzählt.

BOBANZ *nähert sich Mascha, streicht dann Mette über den Kopf*: Ein Schauspieler … müßte am Ende des Lebens, unter uns gesagt, ein großartiger Mensch sein, nach all den Sätzen, Haltungen, Charakteren – aber er ist am Ende vielleicht ein Arsch. Er mußte nur immer Rollen spielen, in Übereinstimmung mit der Idee oder dem sogenannten Gang der Handlung. Wenn ich so sagen darf.

WILHELM *ruhig*: Die Revolution kann nicht als Diktatur zum Ziel kommen.

ANTON: Moment. Die Revolution kann nicht als Diktatur zum Ziel kommen.

WILHELM *sieht, daß Anton schreibt. Konzentriert:* Wenn wir uns nicht selbst befreien, bleibt es für uns ohne Folgen. *Anton schreibt nicht, sieht seinen Stift an, Schweigen.* Für vergangenes Unrecht gibt es keinen Ausgleich. *Schweigen.* Die Menschheit wird nicht alt, nur die Gesellschaft. *Schweigen. Singt sachte*:

O du schöne Hobelhobelbank
Heute wird gehobelt
Morgen bist du blank.

*Sinkt auf den Tisch.*

ANTON: Wilhelm, was ist. *Schreibt schnell noch etwas auf. Sieht, daß Wilhelm tot ist.*

METTE: Bisher wußten wir, daß die Materie über große Räume gleichmäßig verteilt ist. In den letzten Jahren sind in mühseliger Kleinarbeit rund zwei Prozent der Himmelskugel genauer durchmustert worden ... Einige Entdeckungen waren so unerwartet, daß ... Es gibt Supercluster, riesige Trauben von Galaxien, und es gibt riesige Leerfelder im All.

WALTER: Ich fahre. Mette.

METTE *steht auf, läßt die Zeitung zuboden schweben*: Ich komm nicht mehr mit dir.

*Anton erhebt sich starr vom Tisch. Irina, läuft rasch auf die Schaukel zu und stellt sich darauf.*

IRINA: Walter, stoß mich ab. Walter, wie früher. *Schwingt allein. Zu Mette hin:* Ich kann es jetzt. Ich kann es jetzt. Es ist nur ... daß man sich in ihn hineinversetzt. Man muß nur in ihn ... übergehn. *Schwingt weit.* Frank. Frank. Frank. Frank. Frank.

MASCHA *liest zugleich aus Antons Buch*: ICH BLEIB IM LANDE UND NÄHRE MICH IM OSTEN./MIT MEINEN SPRÜCHEN, DIE MICH DEN KRAGEN KOSTEN/IN ANDERER ZEIT: NOCH BIN ICH AUF DEM POSTEN./IN WOHNUN-

GEN, GELIEHN VOM MAGISTRAT/UND ESS MICH SATT, WIE IHR, AN DER SILAGE/UND WERDE NICHT FROH IN MEINER CHEFETAGE/DIE BLEIBE, DIE ICH SUCHE, IST KEIN STAAT.

*Sirenenalarm.*

## Finita la comedia!

BOBANZ: Das Haus brennt. Das Haus brennt weg.

ANTON *vergißt Wilhelm*: Man muß es retten!

WALTER: Morsches Holz. Zurück.

BOBANZ: Brandstiftung, offen gestanden, demgemäß.

*Irina, an Anton vorbeischwingend, lacht. Olga, sieht das Feuer, bleibt angewurzelt stehen.*

OLGA: Ich habe bei ihm geklingelt, und es wurde – *Lacht.* – aufgemacht, und in der Tür stand – *Lacht.* – in der Tür stand, in der Tür stand er – *Lacht.* – Frank, und lebt – *Lacht.* – und machte: Pst! ich bin nur für die Schule tot. Ein unmögliches – *Will auf das Feuer zu. Walter hält sie zurück.*

*Irina von der Schaukel, wankt. Weint.*

WALTER: Doktor, Anton, kommen Sie! *Mit Bobanz ab.*

*Anton nimmt seine Jacke. Tappt in eine andere Richtung. Mascha sieht ihm erstaunt nach. Mette entdeckt den Toten.*

METTE: Wilhelm –

*Geräusch des einstürzenden Hauses. Sie werden nach hinten geweht.*

OLGA: Vater ... Euer Onkel. Er war alt! Frieden Frieden. Ich bin nur für die Schule tot ... Jetzt verbrennt das Diktat.

METTE: Er ist über die Grenze gegangen.
*Umarmt sich.*

*Irina hört zu weinen auf.*

MASCHA: Frank lebt.

IRINA: Ich habe in der Stube gesessen. Ich habe in den Spiegel gestarrt. Ich wollte mein Gesicht sehn. Ich fror. Die dicke weiße Haut. Ich bin durch das Haus gegangen, auf den Boden hinauf. Die Dielen knirschten. Der Staub in den Ritzen. Ihr müßt mich auf die Polizei bringen. Ich habe deine Kleider, Olga, auf die Terrasse gelegt. Ich brauche nichts. Ich bin da, da.

*Mascha hält sich die Augen zu, sieht dann lächelnd vor sich. Nach einer Weile quert Franz die Bühne.*

FRANZ *heiter:* Ich wars nicht. Ich wars nicht.

CHRISTOPH HEIN

# Passage

Ein Kammerspiel in drei Akten

Personen:

PAUL JOLY, *Bürgermeister*
ROSA GRENIER
MARIE GRENIER, *ihre Tochter*
LISA
LENKA
DR. HUGO FRANKFURTHER
KURT
OTTO, *genannt Philippe Matin*
ALFRED HIRSCHBURG
VON STUDNITZ
KISTNER

*Die Szene:*
*Das hintere Zimmer eines Cafés in einem französischen Dorf an der Grenze zu Spanien; eine Tür geht zum vorderen Café und eine zur Küche, eine Treppe führt nach oben.*

## Erster Akt

*Dr. Frankfurther und Kurt spielen Schach.*

FRANKFURTHER: Bleiben Sie bei dem Zug?
KURT: Ja.
FRANKFURTHER: Überlegen Sie noch einmal. Sehen Sie, ich müßte mit dem Läufer jetzt Ihren Turm nehmen, bedrohe im übernächsten Zug Ihre Dame und schlage diesen Springer. Denken Sie noch einmal nach.
KURT: Ich will nicht. Es ist für mich aussichtslos.

FRANKFURTHER: Geben Sie nicht gleich auf. Lassen Sie uns zusammen überlegen. Sie stehen ja nicht schlecht.

KURT: Schluß. Ich will nicht mehr. Sie haben gewonnen. *Wirft Figuren um.*

FRANKFURTHER: Dummheiten. Denken Sie nach. Zwei, drei Züge voraussehen, alle möglichen Reaktionen des Gegners einplanen, das ist alles. In unserer Situation ist es lebensnotwendig, das zu lernen.

KURT: Ich kann nicht bemerken, daß Ihre Schachkenntnisse Ihre Situation verbesserten. Alles was ich sehe ist, daß Sie genauso tief und genauso aussichtslos in der Scheiße stecken.

FRANKFURTHER: Bitte, vermeiden Sie doch diese Ausdrücke.

KURT: Entschuldigung. Es war nicht so gemeint. Ich denk mir nichts dabei.

FRANKFURTHER: Jaja, ich versteh Sie. Ich bin es nur nicht gewohnt. Eine Überempfindlichkeit. Ich wäre Ihnen trotzdem sehr verbunden.

KURT: Schon gut. Ich werde mich bemühen. Ist Otto am Bahnhof?

FRANKFURTHER: Ja. Noch ein Spiel, Kurt?

KURT: Nein. Gehen Sie auch zum Bahnhof?

FRANKFURTHER: Sie wissen doch, Lisa wünscht es nicht. Wir sollen in dem Dorf so wenig wie möglich auffallen. Und auf einem Provinzbahnhof, wo täglich kaum vier Züge halten, müssen Leute, die nichts tun als warten, eine sehr auffällige Erscheinung sein. Das war in Marseille etwas anderes.

KURT: Ein wahres Wort. Haben Sie schon jemals in Ihrem Leben in einem so verlassenen Dorf gewohnt?

FRANKFURTHER: Ja, als Schüler. In den Sommerferien. Meine Mutter fuhr jedes Jahr mit meinen Geschwistern und mir in ein Seebad. Es war eigentlich sehr schön.

KURT: Ein Seebad jedes Jahr, ja, das muß schön sein. Und Sie im Matrosenanzug, wie?

FRANKFURTHER: Wahrscheinlich. So war damals die Mode.

KURT: Nun bin ich ja auch in einem Seebad gelandet. Sogar an der Mittelmeerküste. Nur der Matrosenanzug fehlt mir. Und daß ich nur nachts an den Strand gehen kann.

FRANKFURTHER: Ich erinnere mich an die Seebrücke in dem Bad. An wunderliches Treibholz. An ein sehr, sehr dünnes Mädchen in einem roten Badeanzug. An meine Mutter mit einem riesigen Strohhut. An die Kinder der Wirtsleute, die mich jeden Morgen am Strand erwarteten, sie fischten mit ihrem Onkel. Und das jedes Jahr, zwei lange Monate. Nur mein Vater war nie dabei. Er brachte die Familie an die Ostsee und holte sie am Ende des Sommers wieder ab. Da war er dann für drei, vier Tage jeweils bei uns. Länger nie. Er mußte in Berlin bleiben, er war ein hoher Beamter im Außenministerium.

KURT: Und hat sich den Sommer über mit der Sekretärin vergnügt.

FRANKFURTHER: Was sagen Sie? Daran habe ich nie gedacht. Es ist mir selbst heute unvorstellbar. Ich kann nicht in einem solchen Zusammenhang mich meines Vaters erinnern. Es ist für mich undenkbar. Verstehen Sie das?

KURT: Es soll auch in Ihren Kreisen vorkommen, hörte ich.

FRANKFURTHER: Das bestreite ich nicht. Ich sagte nur, es ist mir nicht denkbar.

KURT: Sie sind merkwürdig, Herr Doktor.

FRANKFURTHER: Ich weiß.

KURT: So etwas wie Sie habe ich noch nie kennengelernt. Sie sind, entschuldigen Sie, so unbeholfen. So unpraktisch. Ich muß Ihnen sagen, ich kann Sie mir mit einer Frau zusammen nicht vorstellen.

FRANKFURTHER: Das müssen Sie mir nicht sagen, und das müssen Sie sich nicht vorstellen. Es geht Sie nichts an.

KURT: Hab ich Sie beleidigt?

FRANKFURTHER: Nein, nein. Ich will nur nicht darüber sprechen. – Sie sagen, ich bin ein merkwürdiger Mensch. Nun, es freut mich, das zu hören. Ein halbes Leben habe ich damit verbracht, zu versuchen, nicht merkwürdig zu sein, nicht aufzufallen, wie alle anderen mich zu benehmen. Ein halbes Leben lang habe ich Zeit und Kraft geopfert, nur damit die anderen mich als ihresgleichen ansehen. Aber das sind Dummheiten. Ich bin merkwürdig. Und Sie sind es auch. Sonst wären Sie heute nicht hier. Wären Sie nicht merkwürdig, könnten Sie in Deutschland leben. Haben Sie den Mut, so merkwürdig zu sein, wie Sie sind. Sie haben ein Recht darauf, Kurt.

KURT: Ist das wieder chinesische Philosophie, Herr Doktor? Ich weiß nicht, ob das für uns so geeignet ist. Die Chinesen sehen ja alle gleich aus, für mich jedenfalls. Und es gibt so viele von ihnen. Da ist es vielleicht nützlich, merkwürdig zu sein. Aber wir tun besser daran, nicht aufzufallen. Für die Polizei daheim wie hier will ich nur irgendeiner sein. Einer, bei dem es sich nicht lohnt, ihn anzuhalten, ihn auszufragen, ihn mitzunehmen. Bei dem es sich nicht lohnt, ihn anzusehen.

FRANKFURTHER: Im Moment ist es wohl angebrachter.

KURT: Im Moment? Was ist denn für Sie ein Moment? Ist das Philosophie? Ich bin seit acht Jahren auf der Flucht. Das ist fast mein halbes Leben. Mit siebzehn Jahren mußte ich losrennen und bin noch heute unterwegs. Haben Sie bitte die Freundlichkeit, auch mal daran zu denken, bevor Sie wieder von einem Moment quatschen.

FRANKFURTHER: Entschuldigen Sie, Kurt. Sie haben völlig recht. In den letzten Jahren bin ich immer mehr zu der Überzeugung gelangt, daß alles, was ich sage, allein für mich gilt. Ich bin nicht klug genug, anderen raten zu können. Und manchmal denke ich, vielleicht ist es das, was wir Weisheit nennen. Warum lachen Sie nicht, Kurt? Lachen Sie nur. Sie sollten wissen, ich wäre gern weise. Schon als junger Mann schien mir nichts erstrebenswerter, als weise zu sein. Ich glaubte, das heiße, alle zu verstehen, fast alles zu verzeihen, nie mit lauter Stimme zu sprechen, sondern stets gelassen zu bleiben. Viel zu wissen, um anderen raten zu können, das schien mir, weise zu sein. Darum lernte und studierte ich. So kam ich zur Philosophie und den alten Chinesen. Ist das nicht komisch, Kurt? Und heute weiß ich endlich, daß ich keinem anderen Menschen raten kann. Daß ich schweigen sollte. Vielleicht ist das Weisheit.

KURT: Das ist jämmerlich, Herr Doktor. Entschuldigen Sie, aber manchmal machen Sie mich wahnsinnig. Wie kann ein kluger, studierter Mann so viel Unsinn von sich geben. Schweigen! Wir haben zu reden. Wir haben die Wahrheit zu sagen. Wenn Sie nur schweigen wollen, hätten Sie Deutschland nicht verlassen müssen. Schweigen kann man immer in Deutschland. Also wirklich, Herr Doktor, manchmal reden Sie wie ein Waschweib.

FRANKFURTHER: Wie alt sind sie, Kurt? Fünfundzwanzig, nicht wahr? Ich bin vierundfünfzig.

KURT: Ja und?

FRANKFURTHER: Wenn Sie da keinen Unterschied bemerken wollen, ist das sehr freundlich von Ihnen. Freundlicher Unsinn.

KURT: Haltung ist keine Frage des Alters, denke ich.

FRANKFURTHER: Mein lieber Junge …

KURT: Ich bin nicht Ihr lieber Junge.

FRANKFURTHER: Natürlich, natürlich. Entschuldigen Sie.

ROSA GRENIER *kommt aus dem vorderen Café*: Ich öffne jetzt das Café.

FRANKFURTHER: Ja. Gut.

ROSA GRENIER: Wenn Sie etwas benötigen … Sie wissen ja.

FRANKFURTHER: Seien Sie unbesorgt, wir klopfen an die Küchentür. Keiner wird uns sehen.

ROSA GRENIER: Wenn Sie etwas wünschen …

FRANKFURTHER: Ja, ich würde gern einen Kaffee trinken. Und eine Ihrer schönen Pizzas essen. Und Sie, Kurt, einen Kaffee? Ich lade Sie ein.

KURT: Einen Kaffee, gern. Danke.

ROSA GRENIER: Den Kaffee will ich Ihnen gern bringen. Aber die Pizza … Sie wissen doch.

FRANKFURTHER: Ach ja. Und ein kleines Croissant? Oder ein Stück Brot? Wäre das möglich?

ROSA GRENIER: Das ist das gleiche.

FRANKFURTHER: Aber der Bürgermeister hat uns Brotkarten versprochen, das wissen Sie doch.

ROSA GRENIER: Ja, vor vier Tagen. Aber gebracht hat er noch keine. Und ich muß abrechnen.

FRANKFURTHER: Ich verstehe Sie. Es ist nur, weil wir Hunger haben. Und den ganzen Tag nur Obst essen, mein Magen verträgt es nicht.

ROSA GRENIER: Ich bringe Ihnen ein Stück Brot.

FRANKFURTHER: Danke, Madame.

KURT: Ich brauche keins. Mir genügt der Kaffee.

FRANKFURTHER: Was gibt es noch, Madame Grenier?

ROSA GRENIER: Verstehen Sie mich bitte nicht falsch, aber ich wünsche, daß der junge Herr Marie in Frieden läßt.

KURT: Wir haben uns nur unterhalten.

ROSA GRENIER: Ich wünsche es nicht.

KURT: Wir haben ein paar Worte gewechselt, das war alles.

ROSA GRENIER: Sie haben gestern mit ihr gesprochen, Sie haben vorgestern mit ihr gesprochen. Seit Sie hier sind, sehe ich Sie mit meiner Tochter zusammen. Ich will das nicht. Lassen Sie das Mädchen in Ruhe.

KURT: Ich lasse sie in Ruhe. Ich habe Marie nichts getan.

ROSA GRENIER: Verstehen Sie mich bitte. Es ist meine einzige Tochter. Ich weiß nicht, was Sie vorhaben, Herr Kurt, aber Sie sind ein Flüchtling. Sie müssen über die Grenze, was weiß ich wohin. Ich habe Mitleid, und ich helfe Ihnen, obgleich ich das nicht darf und es im Dorf nicht gern gesehen wird. Ich will Ihnen auch weiter helfen. Aber ein Mann wie Sie hat kein Recht, mit meiner Tochter zu sprechen.

KURT: Ich denke, Marie ist alt genug. Sie weiß selbst, was sie zu tun und zu lassen hat.

ROSA GRENIER: Ich mach Ihnen jetzt Kaffee. *Geht in die Küche.*

KURT: Was geht das die Alte an. Die soll sich um ihr Café kümmern. Um jedes Stück Brot muß man sie anbetteln. Dabei ist es teuer genug. Und dann tut sie, als ob sie uns hilft. Die Brotmarken, die Brotmarken, die wird sie schon bekommen. Was sagen Sie denn dazu?

FRANKFURTHER: Was kann ich dazu sagen.

KURT: Finden Sie das etwa richtig? Wieso habe ich kein Recht, mit Marie zu reden? Habe ich die Krätze?

FRANKFURTHER: In gewisser Weise sind wir aussätzig, Kurt, das wissen Sie selbst. Kaum geduldet, sieht man lieber unsere Absätze als unsere Gesichter. Lästige Bettler, nicht geladene Gäste, unerwünschte Ausländer.

KURT: Wir sind Antifaschisten.

FRANKFURTHER: Gewiß, für die Faschisten. Hier sind wir lediglich „auf Verlangen auszuliefern". Artikel neunzehn, vergessen Sie den nie, Kurt.

KURT: Die sind nicht besser …

FRANKFURTHER: Still, seien Sie still. Sagen Sie nichts, was Sie später bereuen müßten. Wir haben nichts zu fordern, und wir haben nicht zu schreien. Wir dürfen bitten, das ist alles. Bitten und abwarten.

KURT: Ich bin keiner Ihrer chinesischen Philosophen, Herr Doktor.

FRANKFURTHER: Das habe ich bemerkt. Aber Sie tun ihnen unrecht. Kennen Sie Wang Yang Ming? Er wurde von einem kaiserlichen Eunuchen denunziert, wurde ausgepeitscht und jahrelang verbannt. In der Verbannung, in einer Wüste, mußte der gelehrte Mann als Pferdeknecht arbeiten. Aber dort fand er auch seine Philosophie. Er fand in der Verbannung seinen Gleichmut, seinen Humor, sein inneres Maß. In der Verbannung erst wurde er zu dem großen Philosophen.

KURT: Ich will kein Philosoph werden. Sie gehen mir mit Ihren Chinesen auf die Nerven. Mit diesen weisen Sprüchen kommen wir nicht über die Grenze.

FRANKFURTHER: Diese weisen Sprüche können über manche Grenze hinweghelfen. Auch das werden Sie noch erfahren.

KURT: Diese alte Hexe. Die hat nur Angst um ihr Geld.

*Lenka kommt die Treppe herunter.*

LENKA: Wie geht's Ihnen? Hallo, Kurt. Habt ihr Nachrichten? Gibt es etwas Neues?

KURT: Otto ist noch am Bahnhof.

LENKA: Und Lisa, hat sie sich gemeldet?

KURT: Nein.

FRANKFURTHER: Es ist erst elf. Sie wollte mittags vorbeikommen.

LENKA: Habt ihr etwas gegessen? – Der Bürgermeister hat die Brotmarken noch nicht gebracht? – Ich werde mit Madame Grenier sprechen.

FRANKFURTHER: Bitte tun Sie das nicht, Lenka. Ich werde etwas bekommen.

KURT: Ich will nichts geschenkt.

LENKA: Aber Sie müssen essen.

KURT: Ich habe genügend Zigaretten. Und für den Kaffee braucht man Gottseidank noch keine Marken.

LENKA: Wir müssen essen. Wie wollen Sie über das Gebirge kommen, durch ganz Spanien, wenn Sie nichts essen?

KURT: Zum Glück ist Sommer. Überall wächst etwas.

LENKA: Ich werde dann mal in die Küche gehen. Es ist Zeit für mich.

KURT: Und Sie bitten sie um nichts, Lenka, nicht für mich.

LENKA: Ich hab verstanden. Stolz ist ein sehr sperriges Gepäck, wenn man auf der Flucht ist. *Geht ab in die Küche.*

KURT: Lenka hat Glück. Kann in der Küche arbeiten. Da fällt bestimmt hier und da etwas ab.

FRANKFURTHER: Nicht in diesen Zeiten. Da kommt nichts zurück, da bleibt nichts übrig.

KURT: Ein kleiner Brotkanten findet sich in jeder Küche.

FRANKFURTHER: Gönnen wir es ihr.

KURT: Hab ich etwas anderes gesagt? Natürlich gönn ich es ihr. Soll sie, soll sie. Ist ja eine Frau, hält nicht so viel aus wie unsereiner. Was werden sie heute kochen?

FRANKFURTHER: Für uns? Vegetarisch, wie immer. Nach strengster Diät.

KURT: In Deutschland soll es Kuren geben, wo reiche Leute viel Geld ausgeben, um dann jeden Tag so ein Essen zu bekommen wie wir hier. Verrückt, was?

FRANKFURTHER: Wir leben wie die Millionäre.

KURT: Geld haben wir schließlich genug. Nur daß man sich dafür nicht einmal eine Brotrinde kaufen kann.

FRANKFURTHER: Ich denke, heute wird man in Deutschland nicht besser essen. Das Deutsche Reich wird auch Diät halten müssen.

KURT: Vermutlich.

FRANKFURTHER: In den Plänen der großen Führer hat ein Volk heldenhaft zu sein und treu und selbstlos. Mit einem Heer von Feinschmeckern ist kein Staat zu machen.

KURT: Otto müßte längst zurück sein.

FRANKFURTHER: Wissen Sie, ich habe gern gekocht. Auch für mich allein. Zu Hause besitze ich eine Sammlung von Kochbüchern. Es ist das einzige, was ich wirklich sammle. Das heißt, ich besaß sie. Wer weiß, was daraus geworden ist. Mein letztes Kochbuch kaufte ich in Paris, in der deutschen Buchhandlung am Montparnasse. Ein sehr merkwürdiges Buch. Schon der Titel klang bedrohlich: Schmalhans kocht trotzdem gut, Berlin neunzehnhundertvierzig. Ungewöhnlich war auch das Register: fast alles fand man unter dem Buchstaben E, E wie Ersatz. Ersatzbrühwürfel, Ersatzmehl, Ersatzmandeln, Ersatzkaffee, Ersatzleber, Ersatzmarmelade. Ersatzkakao, Ersatzschnitzel …

KURT: Hören Sie auf, mir läuft das Wasser im Mund zusammen.

FRANKFURTHER: Ich habe das Buch in Paris liegengelassen. Ich konnte nur das Allernotwendigste mitnehmen. Da waren schwierige Entscheidungen zu treffen. Heute denke ich, daß ich das Schmalhanskochbuch hätte mitnehmen sollen. Mit Ersatz wird heute in halb Europa gekocht. Möglicherweise ist es das einzige deutsche Buch, was international von Bedeutung ist.

KURT: Wozu brauchen Sie ein Kochbuch, Herr Doktor? Demnächst bekommen wir sogar das warme Wasser nur auf Marken. – Hören Sie, das Café füllt sich.

FRANKFURTHER: Bleiben Sie von der Tür weg. Madame Grenier will es nicht.

KURT: Jaja. Im Dorf weiß ohnehin jeder Bescheid. Man weiß, wer wir sind, wohin wir wollen. Es ist sinnlos, es verheimlichen zu wollen.

FRANKFURTHER: Madame Grenier will es aber so. Und Lisa sagte auch, es sei besser, wenn wir uns nicht sehen lassen.
KURT: Und die Bauern dürfen uns anglotzen. Wie im Zoo ist das hier. – Na, wann kommt der erste an die Klappe.

FRANKFURTHER: Still, Kurt. Setzen Sie sich hin.

LENKA *kommt aus der Küche mit Kaffee und zwei Weißbrotstükken*: Der Kaffee, meine Herren. Madame hat für jeden ein Stück Brot gegeben. Sie schreibt es auf.

KURT: Ich nehme nur den Kaffee. Ich habe kein Brot bestellt.

LENKA: Essen Sie's, Kurt. Ich habe Madame Grenier nicht darum gebeten. Sie hat es von allein dazu gelegt. Ich habe kein Wort gesagt. Madame ist nicht so schlecht wie Sie denken.

KURT: Ich habe keinen Hunger.

LENKA: Dann stecken Sie sich's ein. *Setzt sich zu ihnen.* War die Post schon da?

FRANKFURTHER: Ja.

LENKA: Und? Kein Brief? Für keinen?

FRANKFURTHER: Nein, Lenka.

LENKA: Hoffentlich lösen sie das Lager rechtzeitig auf. Bevor die Deutschen kommen. Ludvik hatte Dysenterie, er ist noch sehr schwach.

FRANKFURTHER: Er wird es schaffen. Die Franzosen haben alle Lager noch rechtzeitig geöffnet. Sie werden doch nicht Antifaschisten in die Hände der Nazis fallen lassen.

LENKA: Und Les Milles? Man hat das Lager an die Deutschen ausgeliefert. Haben Sie das vergessen?

KURT: Ja. Und das Lager Gurs? Auf Verlangen ausgeliefert. Und Le Vernet? Fünfhundert Antifaschisten auf Verlangen ausgeliefert.

FRANKFURTHER: Ihr Mann wird es schaffen, Lenka. Ich weiß es. Glauben Sie mir.

LENKA: Wieso sind Sie so sicher, Hugo?

FRANKFURTHER: Weil ich es geschafft habe, Lenka. Und Ludvik ist so viel kräftiger und lebenstüchtiger als ich.

LENKA: Er ist nicht kräftig, Hugo, er ist klug, aber nicht kräftig. Wenn ihm nur einer hilft. So vielen hat er geholfen. Und nun? Unser Haus war für alle offen. Wie viele begabte Leute gingen bei uns ein und aus. Das war eine schöne Zeit. Allen hat Ludvik geholfen. Armen Schriftstellern, die heute berühmt sind. Musikern, die bei uns Konzerte gaben. Und die vielen Maler. Alle Maler in Prag kannten unser Haus. Wir hatten immer Gäste, mittags, abends. Es waren merkwürdige Leute dabei, ein bißchen verrückt. Sie brauchten ständig Geld für Erfindungen, für Projekte, die Millionen einbringen sollten. Ludvik hat nur gelacht und Geld gegeben. Ludvik ist der großzügigste Mensch. Ich weiß nicht, wie viele Abende wir beide mal allein waren. Langweilig war es mit ihm nie. Wenn ihm nur einer hilft.

FRANKFURTHER: Man wird ihm helfen.

LENKA: Manchmal bete ich. Ich weiß nicht, ob Gott auf das Gebet einer Ungläubigen hört. Aber Antifaschist wird er doch auch sein?

FRANKFURTHER: Es ist wenig darüber bekannt. Aber alles, was wir von ihm wissen, erlaubt die Vermutung, daß Gott Antifaschist ist.

KURT: Er läßt es sich nur nicht anmerken.

*Otto kommt aus der Küche.*

LENKA: Otto, waren Sie erfolgreich? Was haben Sie gehört?

OTTO: Philippe Matin, bitte.

LENKA: Verzeihung. Aber hier, unter uns ...

OTTO: Was heißt: unter uns, Lenka. Es gibt Prinzipien der illegalen Arbeit. – Ich habe eine Überraschung für euch. *Öffnet die Tür zur Küche.* Kommen Sie bitte.

HIRSCHBURG *tritt ein*: Meine Dame, meine Herren. Erlauben Sie, daß ich mich vorstelle. Hirschburg. Hauptmann, a. D.

KURT *erschrocken*: Ein deutscher Offizier?

HIRSCHBURG: Ja. Außer Diensten.

KURT: Wie kommen Sie hierher? Was wollen Sie hier?

HIRSCHBURG: Dieser Herr war so freundlich, mich zu führen. Ich habe eine Verabredung.

KURT: Wer hat Sie geschickt? Kommen Sie aus Berlin? Sind Sie ein Faschist? – Wie konntest du den hierher bringen?

OTTO: Beruhige dich, Kurt.

HIRSCHBURG: Sie haben viele Fragen auf einmal, junger Mann. Ja, ich komme aus Berlin. Lebte in den letzten drei Jahren jedoch in Paris. Nationalsozialist bin ich nicht. Und hierhergeschickt haben mich zwei Herren aus Marseille. Ist Ihr Verhör nun beendet?

OTTO: Eddi Thomson hat ihn geschickt, das Komitee. Er soll mit uns gehen. Er hat ein Danger-Visum für die USA. Sogar sein Schiffsplatz in Lissabon ist gebucht und bezahlt. Er wird noch vor uns aus Europa heraus sein. – Herr Hirschburg, das ist Lenka, das ist Kurt, das ist Hugo. Mein Name ist Philippe Matin. Mehr brauchen Sie nicht zu wissen, das ist besser für alle.

HIRSCHBURG: Philippe Matin? Ich glaubte, Sie sind Deutscher. Ich hatte auf Hessen getippt.

OTTO: Ich bin Franzose. Ich habe allerdings ein paar Jahre für meine Firma in Frankfurt gearbeitet.

HIRSCHBURG: Sie sprechen ein fabelhaftes Deutsch. Kein Mensch vermutet, daß Sie ein Franzose sind.

*Kurt lacht.*

OTTO: Das hoffe ich nicht.

HIRSCHBURG: Sie hassen die Deutschen, natürlich. Das ist nach dem Einmarsch verständlich.

OTTO: Sie verstehen nichts, Herr Hirschburg.

HIRSCHBURG: Hauptmann Hirschburg, wenn ich Sie bitten darf.

LENKA: Ist dieser Titel wirklich so wichtig für Sie, Herr Hauptmann?

HIRSCHBURG: Ich habe ihn nicht geschenkt bekommen, Frau Lenka.

LENKA: Aber Sie waren in der deutschen Armee?

HIRSCHBURG: Natürlich. Selbstverständlich. Ich bin Deutscher. Ein deutscher Offizier.

KURT: Und in diesem Krieg konnte die deutsche Heeresleitung auf Ihre Dienste verzichten, Herr Hauptmann?

HIRSCHBURG: Ich bin hierhergekommen, weil ich von hier aus über die Grenze gebracht werden soll. Alles andere ist derzeit ohne Belang.

KURT: Das ist alles mehr als merkwürdig. Ein paar Fragen werden Sie mir wohl noch beantworten müssen.

HIRSCHBURG: Was berechtigt Sie, mir Fragen zu stellen?

KURT: Nichts.

HIRSCHBURG: Dann werde ich Ihnen auch keine beantworten.

OTTO: Es ist nicht unsere Sache, Kurt. Marseille hat entschieden, den Rest hat Lisa zu verantworten.

KURT: Er gefällt mir nicht. Ein Flüchtling läuft nicht wie ein Bourgeois herum. Mit einer Krawattennadel.

OTTO: Interessiert euch gar nicht, was es Neues gibt?

LENKA: Erzählen Sie.

KURT: Aber verschone uns mit Gerüchten.

OTTO: Gerüchte? Das sind alles bestätigte Tatsachen. Ich habe schließlich verschiedene Quellen. In Marseille werden drei Schiffe erwartet, die Flüchtlinge aus Europa herausholen sollen.

KURT: Nein, Otto, nicht schon wieder.

OTTO: Ich versteh nicht.

LENKA: Sie haben uns schon so oft von Schiffen erzählt, Otto …

OTTO: Aber diesmal ist es völlig sicher. Mehrfach bestätigt.

KURT: Jaja, Otto.

FRANKFURTHER: Verzeihen Sie, Herr Hauptmann.

HIRSCHBURG: Ja, bitte.

FRANKFURTHER: Verzeihen Sie, besitzen Sie Morphium?

HIRSCHBURG: Wie bitte?

FRANKFURTHER: Oder Schlaftabletten?

HIRSCHBURG: Halten Sie mich für einen Apotheker?

FRANKFURTHER: Haben Sie denn überhaupt nichts? Ich bezahle jeden Preis. In jeder Währung, die Sie wünschen.

HIRSCHBURG: Was wollen Sie denn von mir? Ich habe ein paar Schmerztabletten bei mir. Und etwas Wundpuder. Wenn Sie etwas benötigen, steht es Ihnen zur Verfügung. Kostenlos, selbstverständlich.

FRANKFURTHER: Ich zahle in jeder Währung, die Sie wünschen. Auch Dollar.

HIRSCHBURG: Lassen Sie mich in Frieden.

FRANKFURTHER: Verstehen Sie doch, in Marseille wurde mir mein Morphium gestohlen. Es ist doch nur, daß man unbesorgt sein kann.

HIRSCHBURG: Gehen Sie. Lassen Sie mich in Frieden.

OTTO: So lassen Sie ihn doch in Ruhe, Frankfurther.

FRANKFURTHER: Es ist doch nur, weil es mir gestohlen wurde. Dafür muß man Verständnis haben. Es ist doch verständlich, daß ich etwas für meine Sicherheit brauche.

OTTO: Wie Sie sehen, ist das nicht nur mir unverständlich. Es gibt auch Menschen, die sich nicht beständig rückversichern. Die Haltung haben und die Haltung zeigen.

LENKA: Hören Sie auf damit, Otto. Fangt nicht schon wieder an zu streiten.

OTTO: Ich streite nicht mit ihm, Lenka. Ich rede mit ihm überhaupt nicht.

LISA *kommt aus der Küche*: Grüß dich, Lenka. Guten Tag, Hugo. – Ihr habt Besuch?

HIRSCHBURG: Hauptmann Hirschburg.

LISA: Sie sind Offizier der deutschen Wehrmacht?

OTTO: Er kommt aus Marseille. Das Komitee hat ihn geschickt. Er soll mit uns über die Grenze gehen.

LISA: Sie kommen von Thomson?

HIRSCHBURG: Ja.

LISA: Hat er Ihnen eine Nachricht für mich mitgegeben?

HIRSCHBURG: Er bittet Sie, mich über die spanische Grenze zu bringen. Alles weitere schaffe ich allein.

LISA: Sonst nichts? Weiter hat er nichts gesagt?

HIRSCHBURG: Nein.

LISA: Er hat Ihnen keinen Brief für mich gegeben? Keinerlei Nachricht?

HIRSCHBURG: Er sagte, es sei zu gefährlich, etwas Schriftliches mitzuschicken. Wenn man mich mit einem Brief aufgegriffen hätte, es wäre sehr unangenehm, nicht nur für mich.

LISA: Es ist seltsam, daß Thomson Ihnen nichts für mich gab.

KURT: Das stinkt, Lisa, nicht wahr. Der Kerl ist nicht astrein. Wer sind Sie wirklich? Gestapo?

LISA: Warte, Kurt. Überlegen Sie bitte, Herr Hirschburg, hat Thomson Ihnen überhaupt nichts mitgegeben? Irgend etwas?

HIRSCHBURG: Hier, ein Päckchen Gauloises soll ich Ihnen geben. Es war schon angerissen, als er es mir gab. Ich bin Nichtraucher.

LISA: Geben Sie her. *Sie untersucht das Päckchen.* Es ist alles in Ordnung. Er kommt wirklich von Thomson.

HIRSCHBURG: Das sagte ich Ihnen ja.

LISA: Entschuldigen Sie mein Mißtrauen, aber es ist notwendig. Ich hatte Thomson gebeten, mir keinen mehr zu schicken. Keinen, so lange die spanische Grenze nicht wieder geöffnet ist und hier noch so viele warten.

KURT: Sie sind Nichtraucher? Dann brauchen Sie die Zigaretten nicht?

HIRSCHBURG: Bedienen Sie sich.

LISA: Warte. Ich geb dir die Zigaretten. Die Schachtel will ich gleich verbrennen. – Was haben Sie für Papiere?

HIRSCHBURG: In Lissabon liegt für mich ein amerikanisches Visum. Und eine bezahlte und gebuchte Schiffspassage.

LISA: Mich interessiert nur, was Sie jetzt für Papiere haben. Welche Papiere können Sie den spanischen Behörden vorweisen?

HIRSCHBURG: Alles, was nötig ist. Transitvisen für Spanien und Portugal, ein französisches Ausreisevisum und ein Einreisevisum für China.

LISA: Das Ausreisevisum, können Sie's mir bitte zeigen. Wo wurde es ausgestellt?

HIRSCHBURG: In Marseille.

LISA: Spanien erkennt die Visen aus Marseille nicht mehr an. Sie verlangen ein Visum aus Paris, aus der besetzten Zone.

HIRSCHBURG: Ich kann aber nicht nach Paris fahren.

LISA: Natürlich nicht. Wir müssen warten. Die Lage kann sich von Tag zu Tag ändern. Auch in Spanien. Ich bekomme aus Port-Bou Bescheid, sobald Spanien die Bestimmung zurücknimmt. Solange müssen wir hier warten. Deshalb habe ich Thomson dringend gebeten, mir keinen weiteren Reisenden zu schicken. *Im Hintergrund des Zimmers wird eine Klappe geöffnet.* Seien Sie bitte still. Sagen Sie jetzt kein Wort.

HIRSCHBURG: Ich verstehe nicht ...

OTTO: Still. – Es ist der schönste Ort, um sich zu erholen. Die Weinberge, die dunklen Bergketten. Dazu das Meer und der Himmel von einem unvorstellbaren Blau. Man kann es nicht malen, es ist zu unwirklich.

KURT: Ja, und vergessen wir nicht die bezaubernden Einwohner. Reizende Menschen, hilfsbereit, zuvorkommend, freundlich. Mit einem Wort: wahre Freunde.

*Die Klappe wird geschlossen.*

LISA: Das war unnötig, Kurt.

KURT: Es war mehr als nötig, Lisa.

HIRSCHBURG: Was bedeutet das?

LISA: Haben Sie die Klappe bemerkt? Vom vorderen Café aus kann man sie öffnen und hereinsehen. Die Bauern erlauben sich gelegentlich diesen Spaß. Dann haben wir die Touristen zu spielen. Unbedarfte Sommerfrischler.

HIRSCHBURG: Und die Bauern glauben das?

OTTO: Natürlich nicht, seien Sie nicht naiv. In einem so kleinen Dorf weiß jeder Bescheid, die Bauern, die Behörden, selbst die Grenzer. Das Ganze ist ein Spiel. Wir spielen Sommerfrische, das Dorf spielt den Ahnungslosen. Solange sich alle daran halten, geht es uns gut. Wenn uns einer der Bauern anzeigt, wird uns Vichy auf Verlangen ausliefern. Und der Bürgermeister und Madame Grenier werden viel Ärger bekommen.

HIRSCHBURG: Ein Spiel, nennen Sie das?

OTTO: Wir sollten nach Marseille zurück. Wenn Spanien die Grenze nicht mehr öffnet, sitzen wir hier in der Falle. Und in Marseille laufen in zwei Wochen drei Schiffe unter amerikanischer Flagge ein. Die Vereinigten Staaten wollen alle Flüchtlinge aus Europa herausholen.

FRANKFURTHER: Gerüchte.

OTTO: Die drei Schiffe werden nur für den Flüchtlingstransport eingesetzt.

LENKA: Und Sie glauben das?

OTTO: Ich kenne sogar die Namen der Schiffe. Es ist die „Montreal", die „Nyassa" und die „Winnipeg".

KURT: Und die USA wollen alle Flüchtlinge aufnehmen?

OTTO: Einen Teil. Andere kommen nach Mexiko, nach Martinique, Cuba und Brasilien.

KURT: Wer sagt das?

OTTO: Ich habe es eben am Bahnhof gehört. Von verläßlichen Leuten.

KURT: Jeden Tag kommst du mit einem neuen Gerücht an. – *Zu Hirschburg:* Sie kommen doch aus Marseille. Haben Sie dort von den Schiffen gehört?

HIRSCHBURG: Kein Wort. Ganz im Gegenteil.

KURT: Da hast du's.

OTTO: Was erwartest du? Daß die Petainpresse darüber schreibt? Wir werden sehen. Ich überlege jedenfalls ernsthaft, nach Marseille zurückzugehen. Es ist sinnvoller, als hier zu warten. – Wieso soll das mit den Schiffen nicht stimmen? Die Welt kann uns schließlich nicht verrecken lassen. Man kann doch nicht tatenlos zusehen, wie wir an die Nazis ausgeliefert werden.

FRANKFURTHER: Die Welt muß nicht zusehen. Sie wird schlicht und einfach weggucken.

OTTO: Sie sind ein Feigling und ein Opportunist. Wie Ihre ganze Partei. Ihre Ansichten interessieren mich überhaupt nicht, Herr Doktor Frankfurther. – Was hast du von Thomson gehört, Lisa? Er muß doch wissen, was die Amerikaner unternehmen wollen.

LISA: Nicht viel. Und nichts Gutes. Die USA haben die Einreisequoten nicht heraufgesetzt, wie das Komitee erwartete. Im Gegenteil. Derzeit läßt es kaum die Hälfte der gesetzlich erlaubten Einwanderungen zu. Das Komitee hat in Washington mehrmals protestiert. Alles erfolglos.

LENKA: Wer holt sich schon gern ein Häufchen Elend ins Land.

OTTO: Das können sie nicht tun.

KURT: Wieso nicht? Warum sollen sie dich retten? Weil du ein Kommunist bist? Da sei nur schön still. Oder weil Lisa und der Doktor Juden sind? Davon haben alle Länder genug. Kein Bedarf zur Zeit. Für die sind wir nur Deutsche. Und Deutsche sind vielleicht Spione. Auf jeden Fall unerwünschte Ausländer.

OTTO: Und die Schiffe, Lisa? Thomson muß doch davon gehört haben, daß die „Montreal" in Marseille Flüchtlinge aufnehmen soll.

LISA: Ach, Otto. Jetzt müssen wir erst einmal Herrn Hirschburg unterbringen. Ich werde Madame Grenier fragen. Ich muß Ihnen sagen, es fällt mir schwer. Ich komme immer nur mit Bitten zu ihr. Wir sind zu viele für ein so kleines Dorf. *Geht an die Küchentür.* Madame Grenier, kann ich Sie einen Moment sprechen.

ROSA GRENIER *kommt aus der Küche*: Bitte.

LISA: Wir haben ein Problem, Madame Grenier. Ein neuer Gast …

ROSA GRENIER: Ich kann ihn nicht aufnehmen.

LISA: Lassen Sie mich erklären …

ROSA GRENIER: Bitte erklären Sie mir nichts. Ich nehme ihn nicht auf. Es ist unmöglich. Und ich möchte nichts von ihm hören. Ich sehe ihn gar nicht.

LISA: Aber was soll ich tun, Madame Grenier?

ROSA GRENIER: Ich habe ihn nicht eingeladen. *Geht ab, kommt zurück.* Ich tu mehr als ich darf. Diese Herrschaften sollten drei Tage hier wohnen. Und wie lange wohnen sie jetzt bei mir? Der Bürgermeister hat Lebensmittelmarken versprochen. Wo sind die? Wie soll ich Essen kochen ohne Marken? Und was machen Sie, Frau Lisa? Sie bringen mir einen neuen Deutschen ins Haus. Ich sehe ihn nicht. Ich will nichts von ihm wissen. *Sie geht in die Küche, tritt wieder auf.* Lenka, können Sie mir helfen?

LENKA: Natürlich. Ich komme.

ROSA GRENIER: Das Essen ist fertig. Wenn Lenka den Tisch gedeckt hat, können Sie in die Küche kommen. *Geht mit Lenka ab.*

HIRSCHBURG: Ich bedauere, Ihnen Unannehmlichkeiten zu machen …

LISA: Ach was. Wir finden schon etwas. Lassen Sie mich überlegen.

OTTO: Wir müssen über die Grenze, Lisa. Wir müssen es versuchen. Wir können nicht mehr warten. Wir müssen nach Spanien gehen oder nach Marseille zurück.

LISA: Das ist ganz, ganz großer Unsinn, Otto. Werd bitte nicht hysterisch. Ich bin für euch verantwortlich, und ich sage, wann wir gehen. – Was mache ich nur mit Ihnen, Herr Hirschburg?

HIRSCHBURG: Bemühen Sie sich bitte nicht. Ich kann notfalls im Freien campieren. Es ist warm, und ich bin es gewohnt.

LISA: Das ist ausgeschlossen. Das ist ein Grenzort. Man würde Sie in der ersten Nacht aufgreifen und in ein Lager bringen. Ich werde mit Paul sprechen, mit dem Bürgermeister. Warten Sie bitte hier. Verlassen Sie nicht das Zimmer. *Geht ab in die Küche.*

FRANKFURTHER *zu Hirschburg*: Verzeihung, verstand ich recht, Sie haben ein Einreisevisum für China?

HIRSCHBURG: Ja.

FRANKFURTHER: Für China? Wieso ausgerechnet für China?

HIRSCHBURG: Was stört Sie daran?

FRANKFURTHER: Nichts. Es ist nur ungewöhnlich. Aber Sie wollen, wie ich hörte, in die Vereinigten Staaten. Wieso dann ein Einreisevisum für China?

HIRSCHBURG: Das ist schnell erklärt. Mein Visum für die Staaten liegt in Lissabon. Aber um Frankreich verlassen zu können und bis Lissabon zu gelangen, benötige ich ein Einreisevisum, irgendeins. Also kaufte ich das billigste, das man mir anbot. In Marseille kostet ein Visum für die Staaten achthundert Dollar, für Martinique immerhin noch siebentausend Francs. Das chinesische Visum wurde mir für hundert Francs angeboten. Daraufhin entschied ich mich für China. Überdies kenne ich China ein wenig.

FRANKFURTHER: Sie waren in China?

HIRSCHBURG: Ja. Vor vierzig Jahren war ich einige Zeit dort.

FRANKFURTHER: Und Sie verstehen chinesisch?

HIRSCHBURG: Kein Wort.

FRANKFURTHER: Darf ich Ihr Visum sehen, Herr Hauptmann?

HIRSCHBURG: Warum?

FRANKFURTHER: Ich kann chinesisch, ich bin Sinologe. Und mir wurde in Marseille auch ein billiges chinesisches Visum angeboten.

HIRSCHBURG: Bitte. *Übergibt Frankfurther ein Papier.*

FRANKFURTHER: Das habe ich mir gedacht.

HIRSCHBURG: Eine Fälschung?

FRANKFURTHER: Nein, nein, zweifellos echt. Mir hat man es für hundertzwanzig Francs angeboten. Ich verzichtete und kaufte mir für tausend Francs ein Visum für Thailand. Darf ich Ihnen den Text übersetzen? „Dem Inhaber dieses Dokumentes ist es strengstens untersagt, weder jetzt noch zu irgendeinem späteren Zeitpunkt und unter welchen Umständen auch immer den Boden Chinas zu betreten." Für hundert Francs kann man heutzutage wohl nicht mehr verlangen.

HIRSCHBURG: Tatsächlich? Das ist die korrekte Übersetzung? Nun, ich hatte mir so etwas gedacht. Für den Preis war nicht mehr zu haben. Aber ich kann kein Chinesisch, und ich war sicher, bei den französischen Grenzbeamten auf keinen Sinologen zu stoßen. Das Papier hat bisher seine Schuldigkeit getan. Bis Lissabon wird es mich bringen.

KURT: Ihr Chinesisch hat Ihnen nicht viel geholfen, Herr Doktor. Sie hätten viel Geld gespart, wenn Sie nicht chinesisch lesen könnten.

FRANKFURTHER: Es scheint so.

KURT: Es ist keine sehr praktische Wissenschaft, nicht wahr?

FRANKFURTHER: Für einen, der auf der Flucht ist, gibt es nützlichere Berufe. Ich hatte allerdings nie die Absicht zu fliehen. Ich hatte eher an ein stilles Bibliothekszimmer gedacht in irgendeiner kleinen Universitätsstadt. – *Zu Hirschburg:* Wo waren Sie in China?

HIRSCHBURG: In Ho-ghu und Pauting-fu.

FRANKFURTHER: Pauting-fu, Provinz Tschili.

HIRSCHBURG: Der Name sagt Ihnen etwas?

FRANKFURTHER: Pauting-fu besitzt meiner Ansicht nach die schönste Stadtmauer Chinas. Sie ist fünfzehn Meter breit, nicht wahr?

HIRSCHBURG: Ganz recht. Sie waren auch dort.

FRANKFURTHER: Nein. Ich war nie in China. Ich konnte mir das nie leisten, leider. Ich kenne China nur aus der Literatur. Pauting-fu, Provinzhauptstadt im Süden Chinas, eins der Zentren des Boxeraufstandes. Sagten Sie nicht, Sie waren vor vierzig Jahren dort gewesen?

HIRSCHBURG: Ja.

FRANKFURTHER: Das war die Zeit des Boxeraufstandes. – Ich verstehe. Sie waren dort mit den deutschen Truppen. Um China zur Kolonie zu machen. Kein Ruhmesblatt Ihrer Armee.

HIRSCHBURG: Sie meinen, militärisch?

FRANKFURTHER: Nein, das meine ich nicht militärisch. Militärisch war es wohl ein voller Erfolg.

HIRSCHBURG: Ich bezweifle, daß Sie das beurteilen können. Wir haben dort Deutschland verteidigt.

KURT: In China?

HIRSCHBURG: Ja.

KURT: Und hier in Frankreich, da verteidigt Hitler auch Deutschland?

HIRSCHBURG: Ich werde mit Ihnen nicht darüber diskutieren.

KURT: Sagen Sie mal, auf welcher Seite stehen Sie eigentlich?

OTTO: Das würde auch mich interessieren.

HIRSCHBURG: Ich bin Deutscher.

KURT: Ein deutscher Offizier, das haben wir gehört. Und warum wollen Sie nach Lissabon? Und nicht beispielsweise nach Berlin? Zum Oberkommando der Wehrmacht?

HIRSCHBURG: Daß ich auf der Flucht bin, ist die Folge eines unglückseligen Mißverständnisses.

KURT: Ach, so ist das. Und warum gehen Sie dann nicht nach Berlin und klären dort dieses unglückselige Mißverständnis?

HIRSCHBURG: Nach dem Krieg werde ich es tun, seien Sie dessen versichert. Aber wenn eine Armee kämpft, ist keine Zeit für Diskussionen. Wenn Sie je gedient hätten, würden Sie das verstehen.

FRANKFURTHER: Erlauben Sie, was ist das für ein Mißverständnis, das Sie klären wollen?

HIRSCHBURG: Vor fast vier Jahren wurde ich in Berlin zu Unrecht verhaftet. Nach einem halben Jahr wurde ich aus der Haft entlassen, ohne jede gerichtliche Untersuchung. Vierzehn Tage später erhielt ich die schriftliche Aufforderung, mich auf einem Stellplatz in der Oranienburger Straße einzufinden. Ich sollte in ein Konzentrationslager gebracht werden. Daraufhin entschloß ich mich, nach Paris zu fliehen. Es gelang mir, aber nur durch die Hilfe ehemaliger Frontkameraden, die noch im aktiven Dienst stehen.

OTTO: Ja, und weiter? Wo ist das Mißverständnis, das Sie klären wollen?

HIRSCHBURG: Eine zu Unrecht erfolgte Verhaftung, eine zu Unrecht beabsichtigte Internierung in einem Straflager, wie würden Sie das nennen?

OTTO: Das ist Terror, guter Mann, aber kein Mißverständnis.

HIRSCHBURG: Wenn ein deutscher Offizier ...

OTTO: Na, Sie sind mir eine Nudel. Warum pochen Sie denn so auf den deutschen Offizier? Sind Sie nicht Jude, Herr Hirschburg?

HIRSCHBURG: Ich bin jüdischer Abstammung, gewiß. Ein Deutscher jüdischer Abstammung. Ich habe in zwei Kriegen für Deutschland gekämpft. Ich wurde mit drei hohen Orden des Deutschen Reiches ausgezeichnet. Keine Nation der Welt wird die Verteidiger des Vaterlandes zu Unrecht kränken und verfolgen lassen, schon gar nicht die deutsche Nation. Ich bin Opfer eines Mißverständnisses.

OTTO: Na, dann klären Sie das mal. Gehen Sie nach Berlin, sprechen Sie mit Hitler.

HIRSCHBURG: Ihr Spott kann mich nicht kränken. Ich bin ein Deutscher, und ich bleibe ein Deutscher. Und ich weiß, daß Deutschland niemals zulassen wird, daß die Verteidiger des Vaterlandes ...

OTTO: Sie sind wirklich ulkig, Herr Hauptmann. Aber wenn Sie Ihr Mißverständnis klären, dann legen Sie doch bitte ein gutes Wort für mich ein. Ich bin nämlich auch nur durch ein Mißverständnis hier. Es ist bei uns allen ein Mißverständnis. Klären Sie doch bitte bei Hitler diese hunderttausend Mißverständnisse auf.

KURT: Begreifen Sie denn nicht, was derzeit in Deutschland passiert?

FRANKFURTHER: Herr Hirschburg, das ist kein Mißverständnis, glauben Sie mir. Wir sind auf der Flucht, weil wir Juden sind.

HIRSCHBURG: Ich bin ein deutscher Offizier.

OTTO: Halten Sie endlich den Mund, Mann. Deutsche Offiziere sind nicht allzu beliebt in Frankreich. Ich weiß zwar nicht, ob Sie das verstehen können. Aber wenn die Franzosen Ihnen bei der Flucht helfen sollen, dann würde ich an Ihrer Stelle nicht so oft betonen, daß Sie ein deutscher Offizier sind.

LENKA *kommt aus der Küche*: Kommt essen.

HIRSCHBURG *zu Otto*: Sie sind kein Franzose, nicht wahr? Sie sind ein Deutscher. *Geht mit Lenka, Otto und Frankfurther in die Küche.*

MARIE GRENIER *kommt aus dem vorderen Café mit einem Einkaufskorb*: Du bist allein?

KURT: Sie essen.

MARIE GRENIER: Und du? Hast du keinen Hunger? Nimm das. Stecks weg.

KURT: Ich will das nicht. Ich brauch keine Almosen.

MARIE GRENIER: Steck es weg, ehe es jemand sieht.

KURT: Danke. Du warst lange auf dem Markt, Marie?

MARIE GRENIER: Es gibt nichts zu kaufen. Überall muß man sich anstellen. Ist Mutter in der Küche?

KURT: Ja.

MARIE GRENIER: Was hast du, Kurt?

KURT: Sie hat mir verboten, mit dir zu sprechen.

MARIE GRENIER: Sie hat Angst um mich, Kurt. Weißt du jetzt, wann ihr geht?

KURT: Keine Ahnung.

MARIE GRENIER: Du schreibst mir, wenn du in Amerika bist?

KURT: Jeden Tag, Marie.

MARIE GRENIER: Amerika, das ist weit.

KURT: Ich komme ja zurück.

MARIE GRENIER: Aus unserem Dorf sind auch viele nach Amerika gegangen, damals, vor dem Krieg. Zurückgekommen ist keiner.

KURT: Ich komm zurück.

MARIE GRENIER: Auf dem Markt hat mir eine alte Frau etwas hinterhergerufen. Ich habe es nicht verstanden, aber ich habe ihr Gesicht gesehen. Es war irgendein schlimmes Wort.

KURT: War's wegen mir? Wegen uns? Aber wir sind keine Nazis. Das müssen die Bauern doch begreifen.

MARIE GRENIER: Nazis oder nicht, man will hier keine Deutschen. Man will hier überhaupt keine Ausländer. Vor vier Jahren kamen die Flüchtlinge aus Spanien in das Dorf. Jetzt aus Deutschland, Österreich, aus halb Europa. Das verstört die Bauern. Es stört ihre Ruhe.

KURT: Wir sind hier nicht freiwillig.

MARIE GRENIER: Was wirst du tun in Amerika?

KURT: Kämpfen, Marie. Auch in Amerika werde ich gegen Hitler kämpfen.

MARIE GRENIER: Den ganzen Tag?

KURT: Natürlich. Was soll die Frage?

MARIE GRENIER: Aber du hast doch auch einmal Feierabend.

KURT: Im Kampf gegen Hitler gibt es keinen Feierabend.

MARIE GRENIER: Aber du wirst dir doch auch Amerika ansehen, die Städte, New York. Du wirst in die Cafés gehen, dir die amerikanischen Mädchen ansehen.

KURT: Ich geh nicht nach Amerika, um mir dort die Mädchen anzusehen.

MARIE GRENIER: Und wenn sie dir über den Weg laufen? Wenn sie dich ansehen?

KURT: Mädchen, die mich ansehen, guck ich gar nicht an.

MARIE GRENIER: Ich werde es ja merken.

KURT: Komm mit und paß auf mich auf.

*Rosa Grenier kommt aus der Küche.*

MARIE GRENIER: Das geht nicht, Kurt. Ich kann Mutter nicht verlassen.

ROSA GRENIER: Marie. Komm. *Sie geht mit Marie Grenier in die Küche, Kurt schlägt mit der Faust gegen die Wand, die Klappe zum vorderen Café wird geöffnet und nach kurzer Zeit wieder geschlossen.*

OTTO *kommt aus der Küche*: Komm essen, Kurt.

KURT: Kein Hunger.

OTTO: Laß das Mädchen in Frieden.

KURT: Was geht dich das an.

OTTO: Du gefährdest uns. Wir sind auf Madame Grenier angewiesen. Laß das Mädchen in Frieden, Kurt.

BÜRGERMEISTER *tritt mit Lisa durch die Tür zum vorderen Café auf*: Wo sind die anderen?

OTTO: Der Herr Bürgermeister. Guten Tag. Haben Sie die Marken für uns?

BÜRGERMEISTER: Wo ist der Neuankömmling?

OTTO: In der Küche.

BÜRGERMEISTER: Wie stellt ihr euch das vor? Wollt ihr mich möglichst rasch vors Militärgericht bringen?

LISA: Wir haben ihn nicht hergeholt, Paul. Marseille hat ihn geschickt, trotz meiner Nachricht.

BÜRGERMEISTER: Ich kann hier kein Flüchtlingslager eröffnen.

OTTO: Haben Sie Lebensmittelmarken für uns?

BÜRGERMEISTER: Ich habe Lisa etwas gegeben. Aber ihr dürft sie im Dorf nicht gebrauchen. Die Marken sind gefälscht.

LISA: Ich werde in Perpignan einkaufen. In der Stadt fällt es nicht auf. Paul hat uns Büchsen gegeben, Milch und Gemüse. Teilt sie untereinander auf. Die Marken behalte ich. Ihr könnt nicht nach Perpignan fahren.

OTTO: Danke, Herr Bürgermeister.

BÜRGERMEISTER: Ich will den Neuen sehen, diesen Offizier.

OTTO: Ich schick ihn raus. – Komm essen, Kurt. *Geht mit Kurt in die Küche.*

BÜRGERMEISTER: Lisa, Lisa, ihr bringt mich in Teufels Küche. Duldung illegalen Grenzübertritts, Weitergabe gefälschter Marken, fortgesetzter Verstoß gegen das Waffenstillstandsabkommen, undsoweiter, undsoweiter. Das kann mich mehr als nur mein Amt kosten.

LISA: Und ich, Paul? Sag ein Wort. Verbiet es mir, weitere Flüchtlinge über die Grenze zu bringen, und ich verschwinde mit dieser Gruppe. Und wenn du es mir verbietest, ich wär irgendwie erleichtert.

BÜRGERMEISTER: Schon gut, Lisa. Ich bin nervös heute.

*Hirschburg kommt aus der Küche.*

LISA: Das ist Herr Hirschburg. Das Paul Joly, der Bürgermeister.

HIRSCHBURG: Guten Tag.

BÜRGERMEISTER: Wie alt sind Sie?

HIRSCHBURG: Sechsundsiebzig Jahre.

BÜRGERMEISTER: Trauen Sie sich einen Fußmarsch über die Pyrenäen zu?

HIRSCHBURG: Ich bin Militär.

BÜRGERMEISTER: Das ist keine Antwort. Sie sind ein alter

Mann, und es ist ein schmaler, manchmal kaum begehbarer Pfad, den Lisa Sie führen wird.

HIRSCHBURG: Es wird keine Probleme mit mir geben.

BÜRGERMEISTER: Probleme mit Ihnen gibt es bereits. Wir hatten Marseille dringend gebeten, keinen mehr zu schikken.

LISA: Für zwei Tage wird der Bürgermeister Sie unterbringen.

HIRSCHBURG: Danke.

BÜRGERMEISTER: Das wird nicht sehr bequem für Sie. Heute abend um neun, nach Einbruch der Dunkelheit, wird Lisa Sie abholen und zu mir bringen. Wo Sie übermorgen schlafen, weiß ich nicht. Auf meinen Hof kommen die Pflücker zur Weinlese, dann können Sie sich dort nicht sehen lassen.

HIRSCHBURG: Ich verstehe.

BÜRGERMEISTER: Bis heute abend. Wenn Sie gläubig sind, beten Sie bis dahin. Und ziehen Sie sich um.

HIRSCHBURG: Bitte?

BÜRGERMEISTER: Ziehen Sie sich andere Sachen an. Das ist ein Dorf von Weinbauern. Wenn man nicht auffallen darf, dann läuft man hier nicht herum wie in der Pariser Oper.

HIRSCHBURG: Es ist mein einziger Anzug.

BÜRGERMEISTER: So geht das nicht. Ich werde etwas für Sie heraussuchen. Und gelbe Schuhe, das geht auch nicht. Für wen soll man Sie ansehen?

HIRSCHBURG: Es sind meine einzigen Schuhe.

BÜRGERMEISTER: Unmöglich. – Auf Wiedersehen, Lisa. *Geht ab in das vordere Café.*

HIRSCHBURG: Er war sehr unfreundlich.

LISA: Das wundert Sie? Thomson war sehr leichtsinnig, Sie zu uns zu schicken.

HIRSCHBURG: Auch in Marseille ist die Lage hoffnungslos.

LISA: Gewiß. Aber Marseille ist eine Großstadt. Es ist viel leichter, sich dort zu verstecken. Ich hoffe nur, Thomson schickt uns vorläufig keinen mehr. Hat er etwas gesagt?

HIRSCHBURG: Nein.

LISA: Aber? Sie verschweigen mir etwas, Herr Hirschburg.

Hirschburg: Ein Mann wird noch kommen. Nicht sofort, vielleicht in vierzehn Tagen. Er ist noch in Paris.
Lisa: Kennt er meinen Namen?
Hirschburg: Ja.
Lisa: Von wem hat er meinen Namen bekommen? Sie haben nach Paris meinen Namen gemeldet? Wissen Sie, was Sie da gemacht haben?
Hirschburg: Ich konnte nicht anders. Bertoldt Deutschmann war dreißig Jahre mein Telegraphist. Aber beruhigen Sie sich, die Nachricht war verschlüsselt.
Lisa: Sie sind, verzeihen Sie bitte, Herr Hauptmann, Sie sind ein … ich weiß nicht.
Hirschburg: Ja. Aber ich konnte nicht anders. Er ist fast mein Bruder. Bertoldt Deutschmann und ich haben das halbe Leben zusammen verbracht.
Lisa: Gehen Sie in die Küche. *Hirschburg geht ab in die Küche.* Jeder denkt nur an sich.
Rosa Grenier *tritt auf*: Haben Sie die Marken?
Lisa: Ja. Nein. Ich bringe Ihnen morgen Brot. In Perpignan werde ich etwas bekommen.
Rosa Grenier: In Perpignan? Mir soll's recht sein, Marken oder Brot. Was Sie alles tun für diese Leute.
Lisa: Und Sie, Madame Grenier?
Rosa Grenier: Man ist ja ein Mensch. Aber wohin das führen soll, das weiß ich nicht. Essen Sie einen Teller Suppe mit uns?
Lisa: Gern.
Rosa Grenier: Angst habe ich nur um Marie. So ein junges, dummes Ding. *Geht mit Lisa in die Küche.*

## Zweiter Akt

*Frankfurther, Otto, Hirschburg und Kurt*

Hirschburg *jetzt mit derber Arbeitskleidung und seinen gelben Schuhen*: Gehen Sie heute nicht zum Bahnhof?
Otto: Später. Es ist noch zu früh.
Hirschburg: Wenn Sie heute nicht gehen wollen, gehe ich.

OTTO: Nein. Das ist meine Aufgabe.

FRANKFURTHER: Lassen Sie ihn, Herr Hirschburg. Der Bahnhof gehört ihm. Er wird ihn mit keinem teilen.

OTTO: Was säuseln Sie? Es ist meine Aufgabe, die Zeitung zu holen, Erkundigungen einzuziehen, nützliche Kontakte zu knüpfen. Und meine Aufgaben erfülle ich, ich bin das so gewohnt. Wir sollen uns so wenig wie möglich blicken lassen, und mich kennt das Dorf. Wozu etwas verändern?

HIRSCHBURG: Ich wollte Sie nicht verärgern. Ich dachte nur, ich tu Ihnen einen Gefallen. Vielmehr, es wäre mir sehr lieb. Ich hätte dann vielleicht das Gefühl, etwas zu tun, etwas Nützliches.

FRANKFURTHER: Wollen Sie etwas lesen? Ich habe noch drei Bücher in meinem Gepäck.

HIRSCHBURG: Tatsächlich? Sie haben sogar noch Bücher bei sich? Im Verlauf der Reise habe ich alles, was nicht lebensnotwendig ist, verschenkt oder liegengelassen. Und jedesmal, wenn ich wieder irgendein Stück meines Gepäcks zurückgelassen hatte, stellte ich fest, daß ich es so dringend gar nicht brauchte. Erstaunlich, wie wenig man wirklich benötigt. Jetzt besitze ich nur noch einen kleinen, leichten Handkoffer. Und wahrscheinlich ist die Hälfte davon auch noch überflüssiger Ballast. Vor fünf Jahren hätte ich es mir nicht vorstellen können, auch nur ein Möbel, eine Vase, an die ich mich gewöhnt hatte, zu verlieren.

FRANKFURTHER: Für mich sind Bücher lebensnotwendig. Mehr als Sie besitze ich auch nicht. Aber ein Buch wird immer dabei sein.

OTTO: Sie hätten mehr gelernt, Herr Doktor, wenn Sie statt in Ihre Bücher mal die Nase in unsere Presse gesteckt hätten. Da wäre Ihnen vielleicht rechtzeitig ein Licht aufgegangen. Wir wußten schon neunzehnhunderteinunddreißig, was Hitler will. Und haben es geschrieben.

HIRSCHBURG: Was sind das für Bücher, Herr Doktor?

FRANKFURTHER: Tolstoi und Pascal. Aber das bedeutet nichts. Für die Auswahl entscheidend war, es sind Dünndruckausgaben in Leder, haltbar und leicht.

HIRSCHBURG: Bücher, na ja. Jeder hat so seinen kleinen Luxus. Ich schleppe noch immer meine Karten mit mir herum. Es sind gute Generalstabskarten. Für Kartographen so etwas wie der Schatz der Pharaonen. Warum ich sie nicht weggeworfen habe, weiß ich nicht. Luxus. Es macht mir Spaß, sie zu studieren. Sie regen meine Phantasie an. Ich werde mich wohl mit ihnen beerdigen lassen. Aber Bücher, lesen, nein. Mich mit erfundenen, ausgedachten Geschichten beschäftigen, wozu? Mathematik versteh ich und Physik selbstverständlich. Chemie ist nützlich, und die Medizin, na, meinetwegen. Aber was sollen Romane? Wenn ich wirklich Zeit und Muße habe, schaue ich in ein geschichtliches Werk. Das ist für mich spannender als eine Kriminalgeschichte. Und auch interessanter als Milton und Goethe und Shakespeare. Sie denken jetzt, ein Kulturbarbar, natürlich. Vielleicht haben Sie recht. Aber Kultur hat für mich einen praktischen Wert, sie muß hilfreich sein. Das sind die Erfindungen und die großen Entdeckungen, die haben der Menschheit geholfen. Aber Literatur, Poesie, die ganze Kunst, sie tröstet, das ist alles. Sie überspringt die Realitäten, um die Menschen zu trösten. Das ist auch nur Religion. Hilfreich, aber nicht real. Und damit eigentlich nicht hilfreich, denn sie erlaubt, die Welt anders zu sehen, als sie ist. Und für den, der sich von ihr trösten läßt, kommt ein schreckliches Erwachen.

OTTO: Opium fürs Volk, jawohl.

HIRSCHBURG: Haben Sie vielleicht ein englisches Sprachlehrbuch dabei? Das wäre nützlich.

FRANKFURTHER: Leider nein.

KURT: Nur ein chinesisches. Nicht wahr, Herr Doktor?

FRANKFURTHER: Sie haben recht. Eins ist allerdings ein chinesisches Lehrbuch.

LISA *tritt durch die Küchentür auf*: Ich habe eine Überraschung für euch. *Zu Otto:* Warst du schon am Bahnhof?

OTTO: Nein. Ich wollte eben gehen. Die Zeitungen kommen heute erst mit dem Zehn-Uhr-Zug.

LISA *legt ein Päckchen auf den Tisch*: Zwei Pfund Schweinefleisch. Der Metzger gab es mir. Ohne Marken.

KURT: Laß mich mal daran riechen. Tatsächlich, richtiges Fleisch. Mir wird ganz schlecht.

OTTO: Fleisch ohne Marken, wie ist das möglich, Lisa?

FRANKFURTHER: Sie sind eine Zauberin, Lisa, eine gute Fee.

LISA: Sie werden es essen, Hugo?
FRANKFURTHER: Natürlich.
LISA: Und Sie, Herr Hirschburg?
HIRSCHBURG: Ich verstehe Ihre Frage nicht.
LISA: Es ist halt Schweinefleisch.
HIRSCHBURG: Ja und? Ich bin Deutscher. Ich habe immer Schwein gegessen.
LISA: Gut. Dann geb ich's Lenka. Hat jemand einen besonderen Wunsch?
KURT: Wir lassen uns von Lenka überraschen.
OTTO: Und von Port-Bou, aus Spanien hast du nichts gehört?
LISA: Keine Nachricht. Nichts Gutes, aber auch nichts Schlimmes.
OTTO: Keine Nachricht, das ist schlimm genug. Dann werde ich mal zum Bahnhof gehen. *Geht mit Lisa durch die Küchentür ab.*
KURT: Zwei Pfund, das sind hundertfünfzig Gramm für jeden. Das ist ein schönes Stück. Hundert Gramm, das wär eine sehr dünne Scheibe, zum Durchgucken. Aber hundertfünfzig, da hast du was zwischen den Zähnen. Schade, daß ihr beide nicht strenggläubig seid. Dann wär's für mich eine verflucht dicke Scheibe.
HIRSCHBURG: Was haben Sie? Ich bin Deutscher.
KURT: Schon gut. War nur ein Scherz.
HIRSCHBURG: Meine Familie lebte schon immer in Deutschland. Vielleicht länger als Ihre Familie. Warum tun Sie, als sei ich etwas Besonderes? Was meinen Sie denn, was meine Heimat ist? Wie mein Vaterland heißt?
FRANKFURTHER: Beruhigen Sie sich bitte. Ich glaube, Kurt hat es nicht so gemeint. Natürlich sind wir Deutsche, das weiß er.
KURT: Ganz gewiß. Und bessere als die in den schwarzen Uniformen. – Ich werde hier noch wahnsinnig. Den ganzen Tag eingesperrt. Nachts in der kleinen Kammer, und den ganzen Tag hier drin. Ich muß irgend etwas tun, und sei's noch so sinnlos. Irgend etwas. Sehen Sie, Herr Doktor, wie meine Hände zittern. So etwas kannte ich gar nicht. Ich konnte einen halben Zentner mit ausgestrecktem Arm halten, da zitterte nichts. Und jetzt?
FRANKFURTHER: Früher nannten wir das süßes Nichtstun,

Mußestunden. Aber inzwischen ... Es ist wohl etwas zu viel des Guten. Das Zittern ist mir vertraut. In mir ist alles in Unruhe. Ich könnte immerfort umherrennen. Wie ein eingesperrtes Tier an den Gitterstäben. Sie wirken so ruhig, Herr Hirschburg. Wie machen Sie das?

HIRSCHBURG: Ich bin ruhig. Ich habe meine Aufgabe, ich kenne mein Ziel. In den nächsten Tagen habe ich für mich zu sorgen, um danach wieder für Deutschland einstehen zu können. Der Rest ist Disziplin.

FRANKFURTHER: Fast bewundernswert.

KURT: Ja, fabelhaft. Eine Aufgabe, ein Ziel, für Deutschland einstehen! Warum reden Sie so geschwollen? Wir wollen abhauen. Wir müssen alle abhauen, bevor wir geschnappt werden. Das ist alles. Dazu braucht man keine großen Worte, Herr Hauptmann.

HIRSCHBURG: Ich brauche sie, junger Mann. Ich brauche diese großen Worte.

KURT: So wie Ihre Krawattennadel und den steifen Kragen und diese unsäglichen Schuhe, wie?

HIRSCHBURG: Sehr richtig, Herr Kurt.

KURT: Da müssen Sie ja unbeschreiblich leiden, wenn Sie nun in den Arbeitsklamotten des Bürgermeisters umherrennen. Und in einem Hühnerstall schlafen.

FRANKFURTHER: Seien Sie still, Kurt.

KURT: Noch kann ich sagen, was ich denke. Und so laut, wie ich will. Noch ist ja nicht geöffnet, noch sind keine Besichtigungszeiten.

HIRSCHBURG: Es ist mir nicht angenehm, in solcher Kleidung umherzulaufen. Ich fühle mich wie kostümiert. Und in einem Hühnerstall zu schlafen, ist gewiß nicht kommod. Aber wenn es notwendig ist, kann ich auch Schlimmeres ertragen. Nur aufgeben werde ich mich nie. Im Gegenteil. Sehen Sie, meine Schuhe, die Sie so stören und die zu dieser Hose gewiß völlig unpassend sind, inkommensurabel sozusagen, aber ich habe viel größere Füße als der Bürgermeister, diese Schuhe sind schon mit Draht und Bindfaden repariert. Die ursprüngliche Eleganz ist wohl ein wenig dahin, dennoch putze ich sie Tag für Tag. Ich will die Schuhe nicht aufgeben, weil ich mich nicht aufgeben will. Mich nicht, und auch nicht die großen Worte.

Kurt: Aha. Dann passen sie nur gut auf Ihre Schuhe auf. Und auf Ihre großen Worte. Daß sie nicht in die Scheiße geraten.

Frankfurther: Kurt, bitte.

Hirschburg: Ich werde aufpassen, Herr Kurt.

Frankfurther: Die Zeit vergeht, Monate, Jahre. Wenn ich daran denke, was ich inzwischen alles hätte arbeiten können. Verlorene Jahre, die uns keiner zurückgeben kann. Wann werde ich endlich wieder an einem Schreibtisch sitzen. An irgendeinem Schreibtisch in einem winzigen Zimmer. Alles, was ich benötige, ist ein lächerlich kleiner Raum, ein paar Bücher und Ruhe. Das ist doch nicht viel. Ich halte das für sehr bescheiden.

Kurt: Irgendwann sitzen Sie wieder in Ihrem Zimmer, Herr Doktor. Dann können Sie weiter Ihre Bücher über China schreiben.

Frankfurther: Nicht über China, nur über chinesische Philosophie und Sprache.

Kurt: Und Ihr dickes Manuskript, das Sie mit sich herumschleppen, das handelt auch davon?

Frankfurther: Ja. Es ist das Ergebnis meines ganzen Lebens.

Kurt: Aber es liest sich nicht sehr spannend, Herr Doktor?

Frankfurther: Ich fürchte, spannend ist es nicht. Leider. In dem ganzen Werk geht es nur um einen einzigen Buchstaben, einen einzigen chinesischen Laut.

Kurt: Tausend Seiten über einen Buchstaben?

Frankfurther: Ja. Es ist jedoch ein besonders wichtiger Buchstabe, er hat über zweihundert Bedeutungen. Er ist so wichtig, daß ich von ihm ausgehend die Sprache und Philosophie der Chinesen erfassen kann.

Kurt: Und wer soll so ein Buch kaufen?

Frankfurther: Das weiß ich nicht.

Kurt: Vielleicht die Chinesen. Dann kann es ein Geschäft für Sie werden.

Frankfurther: Das ist ein guter Gedanke, Kurt. Ich werde darüber nachdenken.

Kurt: Wie machen Sie das? Setzen Sie sich hin und denken Sie sich dann ein Buch aus?

Frankfurther: So ungefähr.

Kurt: Und die Einfälle? Das ist alles ausgedacht?

FRANKFURTHER: Es sind meine Überlegungen zu einem Thema, ja.

KURT: Bei so einem richtig dicken Buch, da braucht man eine Menge Einfälle. Und die haben Sie jeden Tag?

FRANKFURTHER: Manchmal nicht. Dann ist hier oben alles leer und wie tot. Das sind nicht die angenehmsten Tage. Man sitzt verzweifelt vor dem Schreibtisch, starrt auf das Papier und martert sein Gehirn.

KURT: Es ist mir rätselhaft, wie Sie das machen. Ich habe schon Schwierigkeiten, bei einem Brief eine Seite vollzukriegen. Ich brauche nur den Stift in die Hand nehmen, schon weiß ich nicht mehr, was ich schreiben wollte.

FRANKFURTHER: Das ist mir vertraut, Kurt. Ein weißes Blatt Papier ist etwas Fürchterliches.

LISA *kommt aus der Küchentür*: Lenka wird euch das Fleisch braten. Madame Grenier hat ein paar grüne Bohnen und Kartoffeln dazu gegeben. Und Brot ist auch da. Ich hoffe, das Essen verbessert eure Stimmung. Ich geh zum Bürgermeister.

KURT: Was denkst du, wie lange wir noch warten müssen, Lisa.

LISA: Ich weiß es nicht.

KURT: Und wie lange können wir noch warten? Jeden Moment kann uns einer anzeigen. Ich bin seit drei Wochen hier. Ich wollte eine Nacht bleiben, dann in zwei, drei Tagen durch Spanien nach Lissabon. Heute wollte ich bereits in New York sein, mich dort nach irgendeinem Job umsehen.

LISA: Wir gehen, sobald es möglich ist, Kurt. Hab Geduld. – Herr Hirschburg, Hugo, kann ich Sie sprechen?

FRANKFURTHER: Natürlich, Lisa. Zeit haben wir genug.

HIRSCHBURG: So ernst, Frau Lisa?

LISA: Eine neue Verfügung macht mir Probleme. Vichy erlaubt allen Juden, die Frankreich wirklich verlassen, Dollar einzutauschen. Zum amtlichen Kurs. Jeder darf fünfhundert Dollar eintauschen.

FRANKFURTHER: Wunderbar. Leider kann ich das Angebot nicht annehmen. Ich habe nur noch dreitausend Francs.

LISA: Das ist nicht das Problem, Hugo. Aber wer umtauschen will, benötigt eine Umtauschbescheinigung. Dafür muß man nach Vichy fahren. Um nach Vichy fahren zu können, brauchen Sie jedoch einen Passierschein. Den müßten Sie in Marseille beantragen, denn unser Bürgermeister darf ihn nicht ausstellen. Sie sind hier nicht gemeldet, und Sie können sich hier nicht anmelden. Für Ausländer ist der Aufenthalt im Grenzgebiet verboten. Sie müßten nach Marseille fahren, um den Passierschein zu beantragen, dann nach Vichy, um die Umtauschbescheinigung zu erhalten, zurück nach Marseille, um das Geld umzutauschen, und schließlich wieder zu uns kommen. Ich weiß nicht, wie lange das dauert, sicher zwei Wochen. Und es ist nicht ungefährlich, Sie können einer deutschen Kontrolle in die Hände laufen. Und ob Ihre Papiere für den Umtausch ausreichen, weiß ich auch nicht. Sie brauchen die Dollar, ich weiß, und Sie haben ein Recht darauf. Aber ich wäre ruhiger, wenn Sie nicht fahren. Trotz allem sind Sie hier sicherer.

HIRSCHBURG: Ich habe alle Tickets und Papiere. Ich will so rasch wie möglich aus dem Land raus. Ich werde nicht nach Vichy fahren.

LISA: Und Sie, Hugo?

FRANKFURTHER: Eine Schiffspassage habe ich noch nicht. Die fünfhundert Dollar könnte ich dafür gut gebrauchen. Aber ich habe nicht mehr genügend Francs, um sie einzutauschen.

KURT: Sie bekommen die Dollar zum offiziellen Kurs.

FRANKFURTHER: Ja, aber ich kann sie nicht bezahlen.

LISA: Ach, Hugo. Sie sind ein unpraktischer Mensch. Verstehen Sie nicht, was das heißt: offizieller Kurs?

FRANKFURTHER: Ich kenne den Kurs nicht, aber er ist sicher korrekt.

KURT: Herr Doktor, hören Sie zu. Sie borgen sich sechzehntausend Francs, tauschen sie gegen fünfhundert Dollar ein. Neunzig dieser Dollar tauschen Sie auf dem Schwarzmarkt wieder zurück. Dafür bekommen Sie die sechzehntausend Francs, die Sie geborgt haben.

FRANKFURTHER: Ich bin nicht sicher, ob ich das verstanden habe. So weit sind wir gekommen, ein Goi muß einem Juden ein Geschäft erklären.

LISA: Der offizielle Dollarkurs und der Schwarzmarktkurs sind sehr verschieden, das ist alles.

FRANKFURTHER: Und ohne einen Pfennig aus der eigenen Tasche dazuzulegen, komme ich zu vierhundert Dollar?

LISA: Zu vierhundertundzehn Dollar, ja.

FRANKFURTHER: Phantastisch. Wissen Sie, wie viele Wochen ich arbeiten muß, um eine solche Summe zu verdienen? Vierhundertundzehn Dollar, mein Gott.

HIRSCHBURG: Das sind Schiebergeschäfte.

LISA: Gewiß, Herr Hirschburg. Aber es hilft den Juden, Frankreich zu verlassen.

HIRSCHBURG: Es ist kriminell.

FRANKFURTHER: Kriminell ist die Zeit.

HIRSCHBURG: Im Heer wurde Devisenschieberei schärfstens geahndet. In China haben wir zwei Soldaten standrechtlich erschossen, weil sie solche Tauschgeschäfte betrieben.

KURT: Haben Sie die Soldaten erschossen, Herr Hauptmann?

FRANKFURTHER: Vierhundert Dollar. Das könnte in Lissabon ein Schiffsplatz sein.

LISA: Wollen Sie nach Vichy fahren, Hugo?

FRANKFURTHER: Ich weiß es nicht. Inzwischen könnte Spanien die Grenze wieder öffnen. Andererseits warten wir seit drei Wochen. Und wenn es noch drei Wochen dauert, könnte ich inzwischen die Papiere und das Geld holen. Ich weiß nicht, was ich tun soll. Lisa, raten Sie mir.

LISA: Das kann ich nicht. Aber wenn Sie nach Vichy fahren, Hugo, sterbe ich hier tausend Tode.

KURT: Haben Sie die Soldaten erschossen, Herr Hauptmann? Warum antworten Sie mir nicht?

HIRSCHBURG: Ach, was reden Sie für Dummheiten daher.

FRANKFURTHER: Was haben Sie, Lisa?

LISA: Ich habe Angst.

FRANKFURTHER: Um mich?

LISA: Ja, Hugo.

FRANKFURTHER: Danke. Verzeihung, ich bin etwas gerührt. Ich weiß nicht, wann das letztemal sich ein Mensch um mich gesorgt hat. Ich meine, so wie Sie, Lisa.

LISA: Gehen Sie nicht nach Vichy.

FRANKFURTHER: Ich denke auch, es ist besser. Bei meinem Glück bekomme ich nicht vierhundert Dollar, sondern laufe der Gestapo in die Hände. Die soll ja auch im unbesetzten Teil aktiv sein.

LISA: Das ist wahr. In Marseille hat die Gestapo sogar ein Büro?

KURT: In Marseille?

FRANKFURTHER: Warum nicht, wenn Vichy es duldet.

KURT: Das ist ein Bruch des Vertrags.

FRANKFURTHER: Vielleicht. Vielleicht ist die Anwesenheit der Gestapo in Marseille sogar ein Teil des Abkommens. Ein geheimer, nicht veröffentlichter Teil, das hat's schon gegeben. Und Pétain ist es zuzutrauen.

HIRSCHBURG: Ist das Ihr Ernst?

FRANKFURTHER: Sie sind doch Militär. Ihnen dürften doch solche Geheimabkommen vertraut sein.

HIRSCHBURG: Sie machen sich gänzlich falsche Vorstellungen vom Militär. Wir haben einen äußerst strengen Ehrenkodex, einen ausnahmslosen.

KURT: Sie sind naiv, Herr Hauptmann.

HIRSCHBURG: Junger Mann …

KURT: Schenken Sie sich das. Und vergessen Sie nicht, warum Sie hier sind.

OTTO *kommt mit Lenka aus der Küchentür*: Komm rein, Lenka.

KURT: Was gibt es, Otto?

OTTO: Es tut sich etwas.

LISA: Kommst du vom Bahnhof?

OTTO: Ja. Eine Delegation vom Roten Kreuz ist im Dorf. In einem großen schwarzen Auto ist sie gekommen. Sie soll aus Perpignan sein.

LISA: Wie viele sind es?

OTTO: Zwei Männer und ein Fahrer.

KURT: Deutsche?

OTTO: Ich vermute es.

LISA: Hast du erfahren, was sie hier wollen?

OTTO: Es heißt, sie wollen feststellen, ob hier Deutsche gegen ihren Willen festgehalten werden.

KURT: Sie suchen nach Flüchtlingen. Nach uns.

OTTO: Wahrscheinlich. Einer der beiden ist ganz bestimmt kein Franzose. Er hat so einen Blick, so ganz Kimme und Korn. Am Bahnhof hieß es, die Heeresabteilung Abwehr hat ihre Leute in der Rot-Kreuz-Delegation.

LISA: Wo sind sie jetzt?

OTTO: Sie fragten nach dem Bürgermeister.

FRANKFURTHER: Wir müssen gehen, Lisa. Wir müssen sofort über die Grenze.

LISA: Ruhig, bleiben Sie ruhig, Hugo. Es wäre eine Dummheit, am hellen Tag loszulaufen.

HIRSCHBURG: Auch in der Heeresabteilung Abwehr gibt es Offiziere. Sie werden es nicht wagen, in der unbesetzten Zone ...

KURT: Ach, kommen Sie uns nicht mit dieser Leier, Mensch. Es sind Faschisten, Verbrecher.

LISA: Was weißt du noch?

OTTO: Einer der beiden fragte den Bahnhofsvorsteher nach Fremden und Obdachlosen.

LISA: Ja und?

OTTO: Der Bahnhofsvorsteher sah zu mir herüber, aber er schüttelte den Kopf. Mir fiel auf, daß der von der Kommission eigentlich nicht fragte. Es war ein Befehl.

FRANKFURTHER: Lisa, laß uns nach Spanien gehen. Sofort.

LISA: Mittags über die Grenze! Wir würden nicht einmal am Dorfposten vorbeikommen.

HIRSCHBURG: Einer von uns sollte zum Bürgermeister gehen. Wir müssen erfahren, was die Kommission hier will.

LISA: Ja. Aber keiner von uns. Ich werde Madame Grenier bitten oder Marie.

FRANKFURTHER: Es ist besser, wir brechen auf. Es wäre Wahnsinn zu warten. Was wollt ihr denn erfahren? Ihr wißt, was sie vorhaben.

LISA: Hugo, wir müssen jetzt alle sehr vernünftig sein. Vielleicht bedeutet die Ankunft der Männer überhaupt nichts. Wir werden es bald wissen. Ich spreche mit Madame Grenier.

ROSA GRENIER *kommt aus der Küchentür*: Frau Lisa. Können Sie einen Moment zu mir kommen?

LISA: Natürlich. Ich wollte Sie auch sprechen.

ROSA GRENIER: Es ist dringend. Die Sekretärin des Bürgermeisters rief an.

OTTO: Vom Bürgermeister? Sprechen Sie, das betrifft uns alle.

ROSA GRENIER: Ich weiß nicht ...

LISA: Sagen Sie es nur.

ROSA GRENIER: Er ist auf dem Weg hierher.

KURT: Wer? Der Bürgermeister?

ROSA GRENIER: Er und zwei Herren aus Paris. Es sind Deutsche. Ich soll es Ihnen bestellen.

OTTO: Mehr hat sie nicht gesagt?

ROSA GRENIER: Nein.

LISA: Danke, Madame Grenier. – Was gibt es noch?

ROSA GRENIER: Ich wünschte, Sie alle wären jetzt nicht in meinem Haus.

OTTO: Das wünschte ich mir auch.

LISA: Wir verstehen Sie, Madame Grenier. Und Sie wissen auch, wie dankbar wir Ihnen sind.

ROSA GRENIER: Ich werde Schwierigkeiten bekommen. Große Schwierigkeiten. Da wird mir Ihre Dankbarkeit nicht helfen.

LISA: Sie wissen nichts von uns. Wir sind zufällige Gäste, mit denen Sie nichts zu tun haben. Sie können sich auf uns verlassen, Madame Grenier.

ROSA GRENIER: Was immer jetzt passiert, Frau Lisa, wenn es vorbei ist, wünsche ich, daß Sie alle mein Haus verlassen. Verzeihen Sie mir, aber ich ertrage es nicht.

LENKA: Aber wo sollen wir unterkommen, Madame Grenier?

ROSA GRENIER: Sie können bei mir bleiben, Lenka. Eine Küchenhilfe darf ich beschäftigen. Aber die anderen müssen gehen.

LENKA: Wo sollen wir unterkommen?

ROSA GRENIER: Verzeihen Sie, ich stehe es nicht durch.

LISA: Wir haben jetzt keine Zeit, darüber zu sprechen. Bitte bringen Sie uns rasch Kaffee, für jeden eine Tasse. Und beeilen Sie sich bitte. Lenka, helfen Sie ihr. *Rosa Grenier und Lenka gehen in die Küche.* Setzt euch, Otto, gib jedem eine Zeitung. Wenn die Männer kommen, sind wir Cafehausgäste.

KURT: Ich hasse diese Frau.

OTTO: Halt den Mund, Kurt. Hier, lies.

KURT: Aus Feigheit bringt sie es fertig, uns der Gestapo auszuliefern.

FRANKFURTHER: Es war umsonst. Es war eine Flucht, die uns unserem Schicksal näher brachte.

OTTO: Nehmen Sie sich zusammen und jammern Sie nicht.

FRANKFURTHER: Ich klage nicht. Wie Sie sehen, bin ich ganz heiter. Es ist wie in einer antiken Tragödie: Wir laufen und laufen, um zu erreichen, was wir flohen.

OTTO: Hier, lesen Sie und halten Sie den Mund. Solange wir uns nicht aufgeben, sind wir auch nicht verloren. Aber das werden Sie nicht verstehen. Ihre Partei hat es nie gelernt zu kämpfen. Hat immer gezittert und klein beigegeben.

FRANKFURTHER: Ich werde nicht klein beigeben, Otto. Ich werde nicht aufgeben, ich verspreche es Ihnen.

OTTO: Sie werden gleich Gelegenheit haben, es zu beweisen. Und ich heiße Philippe Matin, vergessen Sie das bitte nicht.

*Lenka kommt mit Kaffeetassen und verteilt sie.*

LISA: Lenka, bitten Sie Madame Grenier, das Café aufzuschließen. Es ist besser, es ist geöffnet.

LENKA: Ich sag's ihr. Was sollen wir tun, Lisa, wenn sie uns aus dem Haus setzt? Ich muß auf Ludvik warten.

LISA: Sie bleiben hier, Lenka, Sie warten hier auf Ludvik.

LENKA: Und Sie?

LISA: Ich versuche, die anderen über die Grenze zu bringen. Heute nacht noch.

LENKA: Und Sie kommen zurück?

LISA: Wie immer. In Marseille warten noch viele. Wer soll sie über die Pyrenäen führen? Gehen Sie und bitten Sie Madame Grenier, sie möge aufschließen.

*Lenka geht in die Küche.*

HIRSCHBURG: Seltsam. Mein Necessaire, ich habe es seit Tagen vermißt, seit ich hier bin. Ich fürchtete bereits, es in Marseille vergessen zu haben. Und hier steckt es.

OTTO: Na, das wär ein Verlust.

HIRSCHBURG: Gewiß. Ich besitze es seit vierzig Jahren, und es hat mit gute Dienste geleistet. Es ist ein Teil von meinem Leben. Das mag Ihnen wunderlich erscheinen. Sehen Sie, diese kleine Schere habe ich tausendmal, vierzig Jahre Tag für Tag, in der Hand gehabt. Hätte ich sie wirklich verloren, ich wäre fast ein wenig traurig.

LISA: Ein Geschenk?

HIRSCHBURG: Ja.

Lisa: Dann verstehe ich Sie, Herr Hirschburg.

Otto: Wir haben andere Probleme.

Hirschburg: Natürlich, aber jetzt bin ich ruhiger. Es ist ein gutes Zeichen, daß ich das Etui gefunden habe.

Frankfurther: Lisa, Sie denken an meine Tasche, nicht wahr?

Lisa: Sie werden sie sicher über die Grenze bringen, Hugo, seien Sie unbesorgt.

Frankfurther: Ich sage es nur, falls irgend etwas Unvorhergesehenes passiert. Das Manuskript muß gerettet werden. Es ist wichtiger als ich.

Lisa: Wir werden Sie beide retten, Hugo. Sie und das Manuskript.

Frankfurther: Es ist wichtiger.

Kurt: Hast du etwas am Bahnhof gehört? Nachrichten aus Spanien.

Otto: Nichts. Nur dumme Gerüchte. Unvorstellbar dumme Gerüchte. Ein Fräulein aus Paris will gehört haben, daß die Juden in Deutschland umgebracht werden. Sie erzählte etwas von Autos, in die man die Juden steckt und dann Gas hineinläßt.

Hirschburg: Daß man Juden vergast?

Otto: Ja.

Hirschburg: Das ist unglaublich.

Kurt: Vergasen? Wie Ungeziefer?

Otto: Dumme Gerüchte. Ich möchte wissen, wer so etwas in die Welt setzt.

Hirschburg: Dumm und unverantwortlich. Die Nazis sind Verbrecher, unbestritten. Aber wer so etwas erzählt, beweist nur, daß er nichts von Deutschland versteht, nichts von seiner Kultur und Geschichte, von deutscher Geistesart.

Otto: Solche Gerüchte schaden unserem Kampf. Die Nazis sind Verbrecher, die man bekämpfen muß. Aber wenn wir die Welt über Hitler aufklären wollen, dann nicht mit unglaubwürdigen Scheißhausparolen. Wer soll uns denn noch ernst nehmen, wenn wir diese Märchen erzählen. Nein, diesen Gerüchten muß man entgegentreten.

Kurt: Wahrscheinlich will man damit das Ausland zwingen, gegen Hitler Stellung zu nehmen.

Otto: Ja, und erreicht das Gegenteil. Wir dürfen doch nicht

mit Greuelmärchen arbeiten. Die Wahrheit ist schlimm genug, die Lager, die Verfolgungen, der Krieg. Da muß man nichts erfinden.

FRANKFURTHER: Und wenn es wahr ist?

OTTO: Natürlich. Sie beginnen schon wieder zu zittern. Ihre Partei hätte sich das eher überlegen sollen. Als es noch Zeit war. Aber da habt ihr der braunen Pest in die Hände gearbeitet.

FRANKFURTHER: Lassen Sie das. Das ist Unsinn.

LISA: Hör auf, Otto. Lies deine Zeitung.

OTTO: Entschuldigen Sie, es war dumm von mir. Wir wollen es vergessen, einverstanden?

FRANKFURTHER: Einverstanden.

KURT: Sie kommen. Der Bürgermeister und zwei Männer.

LISA: Bleibt sitzen. Ganz ruhig.

FRANKFURTHER: Und was ist, wenn es wahr ist, Otto? Wenn sie die Juden in Deutschland umbringen? Wenn es kein Gerücht ist?

OTTO: Es ist unmöglich.

FRANKFURTHER: Ja, es ist gar nicht möglich. Es ist nicht möglich. Es ist so unmöglich wie Gott.

*Die Klappe zum vorderen Café wird geöffnet und wieder geschlossen; dann kommen der Bürgermeister, von Studnitz und Kistner durch die Tür zum vorderen Café.*

KISTNER: Im Hinterzimmer versteckt man sich.

BÜRGERMEISTER: Guten Tag. Das sind zwei Herren vom Roten Kreuz, vom Deutschen Roten Kreuz. Gemäß dem Waffenstillstandsabkommen sind sie berechtigt, im unbesetzten Teil Frankreichs nach deutschen Staatsbürgern zu suchen, die gegen ihren Willen festgehalten werden.

VON STUDNITZ *zu Otto*: Ihre Papiere, bitte.

OTTO: Ich bin Franzose, und ich bin freiwillig hier.

VON STUDNITZ: Ihre Papiere.

OTTO: Ich sage Ihnen doch, ich bin freiwillig hier. Ich werde nicht festgehalten.

VON STUDNITZ: Herr Bürgermeister!

BÜRGERMEISTER: Wir sind verpflichtet, der Kommission alle Deutschen namhaft zu machen und sie …

VON STUDNITZ: Sprechen Sie weiter, Herr Bürgermeister, bitte.

BÜRGERMEISTER: Und sie der deutschen Reichsregierung auf Verlangen auszuliefern.

VON STUDNITZ: Korrekt. Und nun Ihre Papiere, bitte. *Nimmt Ottos Papiere und gibt sie Kistner weiter.*

KISTNER: Wie heißen Sie?

OTTO: Sind sie Analphabet? Können Sie das nicht lesen?

KISTNER: Ich sehe hier nur schlechte Arbeit. Dilettantisch. Der Stempel ist nachgemalt. Nicht einmal die Farbe stimmt. Französische Wertarbeit. Wie ist Ihr Name? Ihr richtiger Name.

OTTO: Ich bin Franzose, das sehen Sie doch.

KISTNER: Das werden wir feststellen, Seien Sie unbesorgt. *Macht sich Notizen.*

VON STUDNITZ *nimmt Lisas Papiere entgegen*: Französin, Madame?

LISA: Ja.

VON STUDNITZ: Im Elsaß geboren?

LISA: In Strasbourg.

VON STUDNITZ: Straßburg ist endlich befreit. Und Sie, Madame, sind dadurch wieder eine Deutsche. Ich gratuliere Ihnen, Madame. *Macht sich Notizen.*

KISTNER: Deine Papiere behalte ich.

OTTO: Ich glaube nicht, daß eine Rot-Kreuz-Kommission berechtigt ist, die Personaldokumente eines französischen Staatsbürgers einzuziehen.

KISTNER: Wir sind berechtigt, mein Freund.

OTTO: Und vom Roten Kreuz sind Sie auch nicht.

KISTNER: Doch, doch. Unterabteilung Reichssicherheitshauptamt. Du verstehst?

OTTO: Gestapo.

KISTNER: Was hätte die Gestapo in diesem Teil Frankreichs zu suchen. Nein, mein Freund, wir sind Rotes Kreuz, eine bekannte internationale Hilfsorganisation. *Zu Hirschburg*: Die Papiere.

VON STUDNITZ: Bitte, Madame. *Gibt ihr die Papiere zurück.* Wie lange wollen Sie sich hier aufhalten?

LISA: Ein paar Tage nur.

VON STUDNITZ: Es ist Grenzgebiet. Der Herr Bürgermeister erlaubt Ihnen bedauerlicherweise nicht, hierzubleiben. Und die Heimat braucht Sie. Darf ich Ihnen einen Platz in meinem Wagen anbieten?

LISA: Ist das ein Befehl?
VON STUDNITZ: Aber, Madame.
KISTNER: Hirschburg. Jude?
HIRSCHBURG: Ich bin deutscher Offizier. Hauptmann a. D.
KISTNER: Ein Jude ist kein Deutscher. Und schon gar kein deutscher Offizier.
HIRSCHBURG: Ich bin Träger des deutschen Kronenordens mit Schwertern, ich besitze das Eiserne Kreuz erster und zweiter Klasse, ich habe im Weltkrieg ...
KISTNER: Den Weltkrieg haben wir verloren. Durch die Juden.
HIRSCHBURG: Ich bin Deutscher.
KISTNER: „Aus einem Juden einen Deutschen zu machen, dazu sehe ich kein anderes Mittel als das, ihm den Kopf abzuschneiden und einen anderen aufzusetzen." Das ist deutsch, Jude, deutsche Philosophie, Fichte.
VON STUDNITZ *zu Frankfurther*: Und Sie. Ihre Papiere. Ihre Papiere, bitte. *Stößt Frankfurther an, der fällt vornüber.*
LISA: Hugo.
KISTNER *beugt sich mit von Studnitz über Frankfurther*: Verdammte Scheiße.
VON STUDNITZ: Riechen Sie das? Blausäure. Geben Sie mir seine Papiere. *Kistner holt die Papiere aus Frankfurthers Jakkett und gibt sie von Studnitz.* Dr. Hugo Frankfurther, polizeilich gemeldet in Berlin. Eine Aufenthaltserlaubnis für Paris, ungültig. Ein Einreisevisum für Thailand. – Und das alles haben Sie nicht gewußt, Herr Bürgermeister?
BÜRGERMEISTER: Ich sehe diesen Mann zum erstenmal.
VON STUDNITZ: Wir gehen in Ihr Büro. – *Zu Kistner*: Sie haben von allen die Papiere?
KISTNER: Sofort. *Zu Kurt:* Die Papiere. *Kurt gibt sie ihm.* Das ist alles? Keine französischen Dokumente?
KURT: Nein.
KISTNER: Nicht irgendein gefälschtes Papierchen?
KURT: Sie haben alles.
KISTNER: Und Sie sind zur Erholung hier, nicht wahr? Genießen die Küste, das Meer? Und Sie haben nicht vor, das Vaterland zu verraten? Ins Ausland zu gehen, um dort Greuelmärchen über Deutschland zu erzählen?
VON STUDNITZ: Sie warten hier. *Zu Lisa:* Madame, mein Wa-

gen steht zu Ihrer Verfügung. *Geht mit Kistner und dem Bürgermeister ab.*

LISA *geht zu Frankfurther*: Hugo. Hugo.

HIRSCHBURG: Woher hatte er das Gift? Er hatte doch keins.

*Rosa Grenier, Marie und Lenka kommen aus der Küche.*

OTTO: Wir brechen sofort auf. Ohne Gepäck. Geld und die Papiere, die uns geblieben sind, mehr können wir nicht mitnehmen. – Madame Grenier, Sie sind uns endgültig los. Wir gehen.

LENKA: Was ist mit Doktor Frankfurther?

OTTO: Er ist tot. Er hat sich vergiftet. Madame Grenier, wenn ihn nicht die Gestapo holt, sorgen Sie bitte für sein Begräbnis. Das ist mein ganzes französisches Geld. Nehmen Sie es bitte.

HIRSCHBURG: Ich habe noch fünftausend Francs. Bitte, nehmen Sie.

MARIE GRENIER: Du gehst auch?

KURT: Ich muß.

MARIE GRENIER: Und wann ...

KURT: Das weiß ich nicht.

OTTO: Gehen wir.

HIRSCHBURG: Aber meine Karten. Meine Landkarten.

OTTO: Die können Sie jetzt nicht holen. – Kommen Sie mit, Lenka?

LENKA: Ich weiß nicht.

OTTO: Ja oder nein.

LENKA: Er ist tot?

OTTO: Ja. Entscheiden Sie sich.

LENKA: Ich habe meine Papiere oben.

OTTO: Wenn Sie mitkommen wollen, holen Sie sie. *Lenka geht nach oben.* Komm, Lisa. Ihm kannst du nicht mehr helfen. Wir müssen gehen.

LISA: Hugos Tasche, sein Manuskript, ich habe es ihm versprochen.

OTTO: Das sind Dummheiten, Lisa.

LISA: Ich habe es ihm versprochen. Ich hole sie.

KURT: Ich bringe sie dir. Komm mit, Marie. *Geht mit Marie die Treppe hoch.*

LISA: Leben Sie wohl, Madame Grenier. Ich werde nicht mehr zurückkommen, es geht nicht. Bitten Sie den Bürgermeister, unser Gepäck in Cerbère aufzugeben. Wir werden in Port-Bou darauf warten.

ROSA GRENIER: Es wird alles geschickt, Frau Lisa.

LISA: Danke, Madame Grenier. Danke für alles.

ROSA GRENIER: Guten Weg.

LENKA *kommt herunter*: Wir können gehen. Ich gehe nun doch mit, Madame Grenier.

ROSA GRENIER: Sie müssen wissen, was Sie tun, Lenka.

LENKA: Ich weiß es nicht. Mein Koffer steht noch in der Kammer.

ROSA GRENIER: Ich schick ihn nach Port-Bou. Kommen Sie, ich gebe Ihnen noch etwas für den Weg mit. *Geht mit ihr in die Küche.*

HIRSCHBURG: Meine Landkarten werden auch nach Port-Bou geschickt?

OTTO: Ja, sicher.

KURT *kommt mit Marie die Treppe herunter*: Wenn du es wirklich willst, Marie?

MARIE GRENIER: Ja.

KURT: Gut. Sehr gut, Marie. – Der Koffer ist nicht leicht. Ich habe hineingesehen, alles Papiere. Tausend Seiten über einen Buchstaben.

LISA: Gib ihn mir. Wir gehen durch den Garten zum Strand hinunter und erst hinterm Dorf ins Gebirge.

*Alle verlassen die Bühne durch die Tür zur Küche.*

ROSA GRENIER *kommt aus der Küche, läuft ins vordere Café, kommt wieder*: Marie! Marie! *Sie läuft die Treppe hoch, man hört ihre Stimme:* Marie! *Sie kommt herunter:* Marie! *Sie bekreuzigt sich, läuft in die Küche, man hört ihre Stimme:* Marie!

## Dritter Akt

*Rosa Grenier deckt zwei Tische ein, schließt dann sorgfältig die Fenstervorhänge; über dem leeren Stuhl, auf dem Frankfurther zuletzt saß, ist ein Schleier gebreitet.*

LENKA *kommt mit einer Küchenschürze aus der Küche*: Das Café ist leer?

ROSA GRENIER: Ja. Ich habe schon zugeschlossen.

LENKA: Der Salat ist fertig.

ROSA GRENIER: Gut, Lenka. Sie haben eine gute Hand für Salate.

LENKA: Wann wollte der Bürgermeister kommen?

ROSA GRENIER: Um zehn. Er wird gleich hier sein. Werden Sie heute nacht auch gehen, Lenka?

LENKA: Nein. Ich muß doch auf meinen Mann warten.

ROSA GRENIER: Aber gestern wollten Sie gehen.

LENKA: Ich war so überrascht. Die Deutschen und der Tod von Doktor Frankfurther ... Ich kam nicht zum Nachdenken. Dabei muß ich auf Ludvik warten.

ROSA GRENIER: Alle gehen. Sie werden allein hier bleiben. Haben Sie keine Angst?

LENKA: Ich bin nicht gefährdet. Mich suchen die Deutschen nicht.

ROSA GRENIER: Dann hätten Sie in Prag bleiben können?

LENKA: Ja, aber mein Mann nicht. Er hatte sich mit Emigranten angefreundet, mit Flüchtlingen aus Deutschland. Er hat ihnen geholfen, sich für sie eingesetzt. Es waren berühmte deutsche Schriftsteller dabei. Die sind schon längst in den USA, sind in Sicherheit. Ja, fast alle Freunde meines Mannes haben Europa längst verlassen. Nur wir kamen nicht weiter. Wir waren auf keiner Liste, wir bekamen kein Danger-Visum. Mein Mann ist nicht berühmt, keine prominente Person, kein Politiker. Wer sollte sich für ihn einsetzen? Wir flohen nach Frankreich. Aber als die Deutschen hier einfielen, internierten die Franzosen Ludvik im Lager Argelès-sur-Mer. Und nun hoffe ich, daß sie ihn rechtzeitig entlassen und ihn nicht an die Deutschen ausliefern.

ROSA GRENIER: Und Ihre Freunde, die in den USA, können die nichts für ihn tun?

LENKA: Gewiß. Sie tun, was sie können. Aber es ist schwierig geworden. Es sind zu viele Flüchtlinge. Kein Land will uns aufnehmen. Wir sind zu viele. Zu viele Fremde, zu viele Bettler. Man ist unser überdrüssig, überall.

ROSA GRENIER: Ja, es ist schlimm.

LENKA: Schlimm ist, von anderen Menschen abhängig zu sein. Um alles zu bitten. Und auch dann noch zu bitten, wenn es schon unanständig ist. Bitten zu müssen, weil es keine andere Möglichkeit gibt. Es ist schwer für mich, ich mußte es erst lernen. Daheim, nun, wir waren reiche Leute. Mein Mann besitzt ein großes Haus, ein Palais in einem der schönsten Viertel von Prag. Sie sollten es sich ansehen, Madame Grenier. Vielleicht besuchen Sie uns. Wenn alles vorbei ist.

ROSA GRENIER: Ein Palais?

LENKA: Ja. Achtzehn Zimmer, ein Salon, ein Atelier. Sicher werden jetzt deutsche Offiziere darin wohnen.

ROSA GRENIER: So viele Zimmer. Das macht viel Arbeit. Wie haben Sie das geschafft?

LENKA: Wir hatten drei Mädchen, eine Köchin, einen Gärtner.

ROSA GRENIER: So ein großes Haus. Was haben Sie nur mit den vielen Zimmern gemacht? Vermietet?

LENKA: Nein. Wir hatten ständig Besuch, jeden Tag. Und zum Schluß wohnten die Emigranten bei uns, drei deutsche Familien. Da war das Haus gar nicht mehr so groß. Und jetzt bin ich froh, daß ich eine kleine Kammer für mich allein haben kann.

ROSA GRENIER: Ich habe nichts anderes.

LENKA: Ich beklage mich nicht, Madame Grenier, ich bin Ihnen dankbar. Ich wollte nur sagen, wie merkwürdig alles wechselt. Noch vor zwei Jahren hätte ich es mir nicht vorstellen können, so zu leben. Daß ich einmal glücklich sein werde, in einer Küche abzuwaschen und Salat zu putzen.

ROSA GRENIER: Der Bürgermeister wird gleich kommen. Ich seh nach dem Fleisch.

LENKA: Ich komm mit.

ROSA GRENIER: Und Ihre Angestellten, die Mädchen, was ist aus ihnen geworden?

LENKA: Zwei Mädchen sind mit uns gegangen, nach Paris. Jetzt sind sie bei französischen Freunden meines Mannes untergekommen. Ich hoffe, sie mußten in kein Lager. Die anderen sind in Prag geblieben. Ich habe nichts von ihnen gehört. Der Köchin geht es sicher gut. Sie hat uns bei den Deutschen angezeigt.

ROSA GRENIER: Und jetzt sind Sie allein. Kein Küchenmädchen, kein Gärtner. Jetzt sind Sie einfach nur eine Frau, nichts weiter.

Lenka: Ich versteh Sie nicht.

Rosa Grenier: Ich geh in die Küche. Rufen Sie die anderen. Den Rest schaffe ich mit Marie.

Lenka: Warum sind Sie plötzlich so böse? So hart? Was haben Sie, Madame Grenier? Habe ich Sie verärgert?

Rosa Grenier: Ich schaff es allein. *Geht in die Küche.*

Lenka: Seltsam. Was hat sie nur? Wir sind ihr lästig, natürlich, das verstehe ich. Unerwünschte Gäste. Wenn man Tag für Tag auf einem fremden Stuhl sitzt, Tag für Tag etwas essen will, das ist schwer erträglich. Für alle.

Marie Grenier *kommt mit Brot aus der Küche, das sie auf die Tische stellt*: Ist noch keiner da?

Lenka: Ich rufe sie.

Marie Grenier: Sie gehen nicht mit?

Lenka: Nein. Ich muß auf meinen Mann warten.

Marie Grenier: Natürlich, Ihr Mann. Sie wissen wenigstens genau, was Sie tun müssen.

Lenka: Und Sie bleiben hier, Marie?

Marie Grenier: Ja.

Lenka: Das ist sicher besser. Hier sind Sie zu Hause, hier braucht man Sie. Hier ist immer ein Stuhl für Sie da.

Marie Grenier: Ich weiß nicht, ob es richtig ist. Aber gestern, als uns die Spanier zurückschickten, da merkte ich, ein zweites Mal bringe ich die Kraft nicht auf zu gehen. Ich fürchte mich davor.

Lenka: Wenn man nicht gehen muß, ist es sehr viel schwerer. Bleiben Sie hier, Marie.

Marie Grenier: Ich weiß es nicht.

Kurt *kommt die Treppe herunter*: Ist das Essen fertig?

Lenka: Ja.

Kurt: Unsere Henkersmahlzeit. Es sei denn, die Spanier haben die Grenze doch nicht aufgemacht. Soll ich die anderen holen?

Lenka: Nein, kommen und setzen Sie sich, Kurt. Ich ruf sie. *Geht die Treppe hoch.*

Kurt: Wenn du mich liebtest …

Marie Grenier: Ich liebe dich.

Kurt: Dann gingst du mit mir.

Marie Grenier: Ich schaff es nicht, Kurt. Allein ist es leichter für dich.

KURT: Diesmal gibt es keine Probleme. Du hast doch gehört, Spanien hat die Grenze wieder geöffnet. Das ist amtlich. In drei Tagen sind wir in Lissabon. Und dann: Adieu, Europa!

MARIE GRENIER: Ich werde auf dich warten, Kurt.

KURT: Wie viele Jahre wirst du warten?

MARIE GRENIER: Oder ich komme nach, wenn du in Sicherheit bist. Jetzt ist alles so ungewiß. Ich habe keine Papiere für Spanien, keine für Portugal, keine für die USA. Sie werden mich zurückschicken. Das sagen alle. Lisa und Otto sagen es auch.

KURT: Es findet sich immer ein Weg. Wenn man will.

OTTO *kommt pfeifend die Treppe herunter, nach ihm Lenka und Hirschburg*: Ich habe ein gutes Gefühl. Morgen früh sind wir in Spanien, ich bin ganz sicher. Das war auch zu dumm gestern. Den Spaniern direkt in die Hände zu laufen. Zu dumm. Und fünf Stunden später, wird die Anordnung aufgehoben. Fünf Stunden später, und wir wären längst drüben. Aber das hier, das sieht vielversprechend aus. Madame Grenier tischt auf, was Küche und Keller markenfrei hergeben.

HIRSCHBURG: Wann habe ich das letztemal an einem richtig gedeckten Tisch gesessen? Es ist vernünftig und wichtig, ordentlich zu essen. Der Weg über die Pyrenäen ist anstrengend. Aber seien Sie unbesorgt, ich schaffe es. Ich werde keinem zur Last fallen.

OTTO: Natürlich schaffen Sie es. Wieso auch nicht. – Lisa fehlt noch.

LENKA: Ja, und der Bürgermeister. Sie wollten um zehn hier sein.

OTTO: Wissen Sie jetzt, was Sie wollen, Marie?

KURT: Laß sie in Ruhe.

OTTO: Es wäre dumm und unverantwortlich. Eine grandiose Dummheit, die uns alle gefährdet. Das hier ist nämlich keine Liebesromanze, Fräulein Marie, hier geht es um unser Leben.

MARIE GRENIER: Ich will ja auch gar nicht …

KURT: Ich weiß nicht, ob das dich etwas angeht.

LENKA: Beruhigen Sie sich, Marie. Kommen sie, wir werden Ihrer Mutter helfen. *Geht mit Marie in die Küche.*

OTTO: Das Mädchen ist hier besser aufgehoben. Sie muß nicht fliehen.

KURT: Du kannst unbesorgt sein, Marie wird nicht mitkommen.

OTTO: Hoffen wir es.

HIRSCHBURG: Ich habe mir Nägel in die Schuhe geschlagen. Das gibt Halt.

OTTO: Nägel?

HIRSCHBURG: Ja, Nägel mit großen Köpfen. Sehen Sie, da rutscht man nicht ab. Sind fast wie richtige Bergsteigerschuhe.

OTTO: Die machen Sie mal wieder raus.

HIRSCHBURG: Aber das ist praktisch.

OTTO: Und auf dem Stein klingelts wie eine wildgewordene Pferdeherde. Und halten können Sie sich mit den glatten Nägeln auch nicht.

HIRSCHBURG: Meinen Sie wirklich …

OTTO: Na, gehen Sie. Ziehen Sie die raus. *Hirschburg geht die Treppe hoch.* Ein deutscher Offizier. Ein naiver Trottel. – Du hast jetzt Zorn auf mich. Naja, man verliebt sich, so etwas passiert. Aber wir sind auf der Flucht, Junge. Gestern hätten uns die Nazis fast gehabt. Und wie soll das Mädchen weiterkommen, ohne Papiere? Hast selbst nicht das Geld für eine Schiffspassage zusammen.

ROSA GRENIER *kommt aus der Küche*: Der Bürgermeister ist noch nicht gekommen?

OTTO: Nein.

ROSA GRENIER: Dann warten wir noch?

OTTO: Ja.

ROSA GRENIER *zu Kurt*: Und Sie, können Sie mir nicht in die Augen sehen?

KURT: Warum nicht. Ich habe mir nichts vorzuwerfen.

ROSA GRENIER: Sie sind ein Kind. Sie sind beide Kinder. *Geht in die Küche.*

OTTO: Wo werden sie die Leiche von Hugo hingeschafft haben? Was meinst du, Kurt?

KURT: Weiß nicht.

OTTO: Jetzt hacken alle auf dir herum, denkst du. Wart's ab, in zwei Wochen wirst du mir recht geben.

BÜRGERMEISTER *tritt mit Lisa durch die Tür zur Küche auf*: Wo ist Hirschburg?

Otto: Oben, in unserer Kammer. Ist was passiert?

Lisa: Hol Herrn Hirschburg bitte, Kurt. Es ist etwas passiert, ja.

Kurt: Ich beeil mich. *Rennt nach oben.*

Otto: Was ist, Lisa?

Bürgermeister: Dieser Idiot.

Lisa: Ich fürchte, Hirschburg hat eine unvorstellbare Dummheit gemacht. Und ich hoffe, daß wir sie nicht zu bezahlen haben.

Bürgermeister: Die werden wir bezahlen.

Hirschburg *kommt mit Kurt die Treppe herunter, einen Schuh hält er in der Hand*: Herr Bürgermeister, Sie wollen mich sprechen.

Bürgermeister: Ja.

Hirschburg: Entschuldigen Sie, ich war eben dabei ...

Bürgermeister: Kennen Sie einen Herrn Deutschmann?

Hirschburg: Bertoldt Deutschmann, ja. Er war mein Telegraphist. Ist er angekommen?

Bürgermeister: Haben Sie ihn hergeholt, ihn und seine Freunde?

Hirschburg: Seine Freunde? Ich weiß nichts von seinen Freunden. Aber Deutschmann habe ich allerdings meine Adresse geschickt. Er war dreißig Jahre meine Telegraphist. Er ist nicht weniger gefährdet als ich. Ich mußte ihm helfen.

Bürgermeister: Sie mußten?

Hirschburg: Sollte ich zusehen, wie er abtransportiert wird?

Bürgermeister: Und da lassen Sie ihn herkommen? Mit all seinen Freunden? Morgen früh wird hier die Hölle los sein. Morgen wird man das Dorf auf den Kopf stellen. Sie haben unsere Arbeit zerstört, Lisas, meine.

Hirschburg: Ich konnte nicht anders handeln. Was hätte ich tun sollen?

Otto: Vielleicht kommen sie ungesehen über die Grenze. Vielleicht bemerkt sie keiner.

Bürgermeister: Man hat sie schon gesehen. Wer soll auch fünfzehn alte Männer übersehen, fünfzehn uralte, unübersehbare Juden.

Hirschburg: Verzeihung, wer sagt, daß es Juden sind?

Bürgermeister: Wer das sagt? Hören Sie, Hirschburg, fünfzehn alte Männer mit langen Kaftanen, mit schwarzen Hüten, mit Schläfenlocken, was wird das sein? Mohammedaner?

HIRSCHBURG: Aber das kann nicht Deutschmann sein. Bertoldt Deutschmann würde nie einen Kaftan tragen. Er ist ein Deutscher wie ich.

BÜRGERMEISTER: Gehen Sie in mein Büro, Hirschburg. Überzeugen Sie sich und schaffen Sie sie weg. Ich kann nichts für sie tun.

HIRSCHBURG: Es kann nicht sein.

BÜRGERMEISTER: Gehen Sie endlich.

HIRSCHBURG: Ja. Gut.

LISA: Ziehen Sie Ihren Schuh an.

HIRSCHBURG: Danke. Ich danke Ihnen. Ich hatte es nicht bemerkt … *Zieht den Schuh an, geht ab durch die Küchentür.*

KURT: Er hat seinem Telegraphisten die Adresse gegeben. Das hat er gesagt.

OTTO: Wer hat sie gesehen? Wer hat die Juden gesehen, Herr Bürgermeister?

BÜRGERMEISTER: Jeder, der nicht wegsehen wollte.

LISA: Wie soll der alte Hirschburg sie verschwinden lassen?

BÜRGERMEISTER: Das weiß ich nicht. Das müssen Sie ihn fragen. Er hat sie hergeholt.

ROSA GRENIER *kommt aus der Küche*: Können wir jetzt essen?

BÜRGERMEISTER: Nein. Warten Sie noch. Ich kann jetzt nichts essen.

LISA: Wir warten, bis Hirschburg zurück ist.

ROSA GRENIER: Und wann wollen Sie gehen?

OTTO: Wir gehen heute nacht.

ROSA GRENIER: Ich will Sie nicht vertreiben …

OTTO: Wir haben verstanden. Seien Sie unbesorgt, heute nacht müssen wir gehen.

ROSA GRENIER: Ich muß mich ums Essen kümmern, es ist längst fertig. *Geht in die Küche.*

KURT: Das schöne Essen. Vermutlich vertrage ich es gar nicht. Ich hörte, der Magen schrumpft zusammen, wenn man lange Zeit kaum etwas ißt. Sehr vernünftig von der Natur. Ein Magen ist sehr überflüssig für Flüchtlinge.

BÜRGERMEISTER: Was reden Sie?

KURT: Ich spreche zu viel vom Essen, ich weiß. Vermutlich kommt es daher, daß ich immerfort daran denke. Wißt ihr, mit wem man sich gut über Essen unterhalten konnte?

LISA: Mit Hugo.

KURT: Ja. Woher hatte er nur das Gift.

BÜRGERMEISTER: Um vier Uhr bekam meine Sekretärin einen Anruf aus Perpignan, ich soll mich morgen vormittag auf der Präfektur einfinden. Ich ließ sie anfragen, warum. Man gab ihr keine Antwort. Fünf Stunden später standen die alten Männer vor meinem Büro, und ich wußte Bescheid.

LISA: Man wird Sie absetzen, Herr Bürgermeister?

BÜRGERMEISTER: Um mich abzusetzen, hätte auch ein Schreiben ausgereicht. Aber ich muß auf die Präfektur. Das bedeutet nichts Gutes.

OTTO: Und Sie fahren morgen nach Perpignan?

BÜRGERMEISTER: Ja. Ich werde allerdings einen Zug früher fahren. Und ich werde nicht in Perpignan aussteigen, sondern in Nîmes umsteigen. Ich fahre in die besetzte Zone, ich fahre nach Paris.

LISA: Nach Paris?

OTTO: Sie wollen ...

BÜRGERMEISTER: Ja. Ich geh zu den Francs-Tireurs. Im Grunde fühle ich mich erleichtert. Ich hätte längst gehen sollen. Sehr viel tun konnte ich hier ohnehin nicht, und meine Ablösung war nur eine Frage der Zeit. Und nun ist alles vorbei, und ich bin zufrieden. Dieser Esel Hirschburg, im Grunde meines Herzens bin ich ihm dankbar. Er hat mir die Entscheidung abgenommen: Nun muß ich gehen. Endlich und Gottseidank.

KURT: Sie gehen wirklich zum Widerstand, Herr Bürgermeister?

BÜRGERMEISTER: Ja.

KURT: Ich beneide Sie.

BÜRGERMEISTER: Ach, mein Junge, mit dem Neidischsein sollten Sie sich Zeit lassen.

OTTO: Dann alles Gute.

LISA: Wenn Sie gehen, dann ist hier die Grenze zu.

BÜRGERMEISTER: Das ist sie ab morgen früh in jedem Fall. Ich habe Marseille bereits Bescheid gegeben. Und ich hoffe, man begreift, daß hier keiner mehr über die Grenze kommt.

LISA: Und die alten Männer?

BÜRGERMEISTER: Warum fragen Sie mich? Ich kann nicht mit ihnen gehen. Als Bürgermeister habe ich dafür zu sorgen, daß sich keine Fremden hier aufhalten. Da kann ich sie nicht selbst über die Grenze bringen.

LISA: Aber sie müssen raus aus Frankreich.

BÜRGERMEISTER: Und Sie können auch nicht gehen, Lisa. Es sind zu viele.

OTTO: Und wenn ich gehe? Ich kenne den Weg.

LISA: Sie kennen den Weg nicht, Otto. Sie finden sich nachts im Gebirge nicht zurecht. Das ist ausgeschlossen.

BÜRGERMEISTER: Lisa hat recht. Den Schmugglerpfad finden Sie nicht. Das ist unmöglich.

MARIE GRENIER *tritt mit Rosa Grenier auf*: Kurt, komm bitte.

KURT: Was ist?

MARIE GRENIER: Ich muß mit dir sprechen.

KURT: Nicht nötig. Ich habe schon verstanden.

MARIE GRENIER: Komm. Bitte.

KURT: Wozu, Marie? *Geht zu ihr.*

MARIE GRENIER: Nicht hier. Komm, Kurt. *Geht mit ihm die Treppe hoch.*

BÜRGERMEISTER: Was wird Ihre Tochter machen? Wieder mit ihm über die Grenze gehen?

ROSA GRENIER: Nein. Sie hat es mir versprochen.

BÜRGERMEISTER: Zwei Kinder. Als ob dafür die Zeit wär.

LISA: Es ist nicht ihre Schuld.

BÜRGERMEISTER: Und nun?

ROSA GRENIER: Sie soll sich verabschieden. Mögen sie ein bißchen weinen zusammen, das wird ihnen helfen. *Geht ab in die Küche.*

OTTO: Na, ich an seiner Stelle würde jetzt nicht weinen.

BÜRGERMEISTER: Was macht dieser Hirschburg? Warum kommt er nicht zurück?

LISA: Wir müssen warten.

OTTO: Ja, warten, bis die Gestapo eintrifft.

BÜRGERMEISTER: Ich geb ihm noch zehn Minuten. Dann muß ich in mein Büro, die Papiere durchsehen. Und mir einen amtlichen Reiseauftrag nach Paris ausstellen. Schließlich bin ich noch Bürgermeister. Wenn einer von euch ein französisches Papier braucht, jetzt stelle ich alles aus.

LISA: Jetzt brauchen wir nichts mehr.

BÜRGERMEISTER: Ja, natürlich. Übrigens, beim Aufräumen meines Schreibtisches stieß ich auf den Namen Philippe Matin. Wer ist das? Haben Sie einen Philippe Matin über die Grenze gebracht, Lisa?

OTTO: Philippe Matin, das bin ich.

BÜRGERMEISTER: Sie, Otto?

OTTO: Ja. Es ist mein Pseudonym, mein nom de guerre. Unter diesem Namen lebe ich in Frankreich.

BÜRGERMEISTER: Ich hab es nicht gewußt, Otto. Auch meine Sekretärin kannte keinen Philippe Matin. Sie hätten uns das sagen müssen. Na, bald brauchen Sie kein Pseudonym mehr, Otto. Bald sind Sie in Sicherheit. – Und Sie, Lenka, bleiben Sie bei Madame Grenier?

LENKA: Ja. Ich will hier auf Ludvik warten.

BÜRGERMEISTER: Gut.

OTTO: Dann kommen Sie heute also nicht mit?

LENKA: Ich weiß es nicht. Wenn Ludvik da wäre, er könnte es sagen. Er weiß immer, was richtig ist.

OTTO: Ludvik, Ludvik! Er ist nicht da. Sie müssen selbst entscheiden, Lenka.

LENKA: Ich weiß, aber ...

OTTO: Sind Sie gefährdet, Lenka? Suchen die Deutschen Sie?

LENKA: Nein.

OTTO: Dann bleiben Sie hier. Sie warten hier auf Ludvik.

LENKA: Ja. Das ist das Vernünftigste.

OTTO: Und Sie haben sich jetzt endgültig entschieden?

LENKA: Ja, Otto. Ich bleibe, ich komme nicht mit.

OTTO: Sind Sie auch ganz sicher, daß Sie sich richtig entschieden haben?

LENKA: Ja.

OTTO: Gut. Und Sie wissen auch, warum Sie hier bleiben und warum Sie nicht mit uns gehen?

LENKA: Sie haben es doch mir gerade gesagt, Otto. Oder meinen Sie, ich soll doch mitkommen?

OTTO: Nein. Bleiben Sie hier. Warten Sie hier auf Ludvik.

LENKA: Danke, Otto. Sie haben mir geholfen.

OTTO: Ich verstehe Sie nicht. Ich versteh die Frauen nicht.

*Hirschburg tritt auf.*

BÜRGERMEISTER: Was ist?

HIRSCHBURG: Ich komme, um mich zu verabschieden. Ich danke Ihnen. Ich danke Ihnen allen, für alles. Und leben Sie wohl.

LISA: Was haben Sie vor?

HIRSCHBURG: Wir gehen nach Spanien.

BÜRGERMEISTER: Sie wollen mit diesen alten Männern über die Pyrenäen?

HIRSCHBURG: Ja.

BÜRGERMEISTER: Das ist, entschuldigen Sie, das Dümmste, was ich in meinem Leben je hörte.

HIRSCHBURG: Sie haben gewiß recht, Herr Bürgermeister. Aber kann uns Vernünftiges helfen? Sagen Sie. Dann muß uns etwas Dummes helfen.

BÜRGERMEISTER: Lassen Sie die alten Männer andere Sachen anziehen. Ein Kaftan ist nichts für einen Marsch durchs Gebirge.

HIRSCHBURG: Gott wird uns helfen.

BÜRGERMEISTER: Gott wird Ihnen auch helfen, wenn Ihre Leute die hier übliche Kleidung tragen. Sie fallen weniger auf. Und zum Klettern ist es praktischer.

HIRSCHBURG: Das ist nicht möglich.

OTTO: Wieso? Verbietet das Ihre Religion?

HIRSCHBURG: Diese Männer kommen aus Zator, aus dem Herzogtum Zator, aus Galizien.

OTTO: Das verstehe ich nicht, das müssen Sie mir erklären.

HIRSCHBURG: Es ist das alte Herzogtum Auschwitz und Zator.

OTTO: Auschwitz? Dort ist ein Arbeitslager.

HIRSCHBURG: Ja, ein Arbeitslager, so heißt es.

BÜRGERMEISTER: Ja, und?

HIRSCHBURG: Ich kann es Ihnen nicht erklären. Und Sie könnten es nicht glauben.

LISA: Aber Sie können die Männer nicht führen, Herr Hirschburg. Sie kennen sich im Gebirge nicht aus.

HIRSCHBURG: Gott wird uns führen. Er hat diese Männer durch Deutschland geführt und durch Frankreich. Er wird uns auch über diesen Berg bringen.

BÜRGERMEISTER: Und dann? Was haben Ihre Leute für Papiere? – Das dachte ich mir. Wenn Sie ohne ein Transit durch Spanien kommen wollen, da wär es besser, Ihr Gott würde Sie durch das Mittelmeer führen.

HIRSCHBURG: Wenn es nötig ist, wird er es tun. Leben Sie wohl. Ich will nur meine Tasche holen.

OTTO: Ich bring sie Ihnen, Herr Hirschburg. *Geht nach oben.*

BÜRGERMEISTER: Lisa, bitten Sie Madame Grenier, das Essen einzupacken. Hirschburg soll es mitnehmen.

*Lisa geht in die Küche.*

HIRSCHBURG: Danke.

BÜRGERMEISTER: Kommen Sie her, Hirschburg. Ich habe Ihnen den Pfad skizziert. Prägen Sie es sich gut ein. Sie verlassen das Dorf hinter dem Friedhof, dann gehen Sie durch die Weinberge bis zum Pic du Midi, dann den Pfad rechts. Sie werden sieben oder acht Stunden unterwegs sein. Nehmen Sie Wasser mit. Machen Sie regelmäßig kurze Pausen. Sprechen Sie leise. Essen Sie nichts von Früchten, die Sie nicht kennen.

OTTO *kommt mit einer Tasche die Treppe herunter*: Schön schwer, Herr Hirschburg. Wollen Sie alles mitnehmen?

HIRSCHBURG: Vielleicht sollte ich die schweren Karten hier lassen.

OTTO: Es wäre vernünftig.

HIRSCHBURG *packt die Karten aus*: Das hier, das war mein ganzes Leben. Verbrennen Sie sie bitte nicht. Es sind sehr gute Karten.

BÜRGERMEISTER: Die Frauen werden Ihnen etwas zu essen mitgeben. Und gehen Sie sofort los. Sie müssen über die Grenze sein, bevor die Sonne aufgeht. Kommen Sie.

OTTO: Alles Gute, Herr Hirschburg.

HIRSCHBURG: Danke. Auch Ihnen. *Geht mit dem Bürgermeister in die Küche.*

OTTO: Sie schaffen es nicht. Es ist unmöglich. Fünfzehn alte Juden. Sechzehn. Es kann nicht gut gehen.

BÜRGERMEISTER *tritt auf, nach ihm Lisa und Lenka*: Was sagten Sie?

OTTO: Nichts.

BÜRGERMEISTER: Sie sind durch ganz Deutschland und Frankreich gekommen. Sie werden es schaffen.

OTTO: Glauben Sie das wirklich?

BÜRGERMEISTER: Haben Sie noch etwas zu essen?

LENKA: Nur noch die Suppe. Und etwas Brot. Aber es ist eine sehr gute Suppe.

KURT *kommt mit Marie die Treppe herunter*: Ich dachte, ihr seid schon beim Essen. Ist Hirschburg noch nicht zurück?

LISA: Er ist mit den Männern losgegangen. Er bringt sie über die Grenze.

KURT: Hirschburg? In der Nacht? Ich glaube nicht, daß Hirschburg fähig ist ...

OTTO: Sei still, Kurt. Eine andere Möglichkeit gibt es nicht.

BÜRGERMEISTER: Machen Sie bitte das Licht aus. Ich öffne das Fenster.

*Kurt löscht das Licht, der Bürgermeister öffnet das Fenster, alle sprechen jetzt leiser.*

LISA: Sie müßten jetzt am Friedhof sein.

OTTO: Es ist nichts zu hören.

BÜRGERMEISTER: Natürlich nicht. Um diese Zeit steht dort kein Grenzer mehr. Es ist völlig ungefährlich.

LISA: Wenn sie nur den Pfad finden.

KURT: Und wann gehen wir?

LISA: In einer Stunde.

BÜRGERMEISTER: Ich werde in mein Büro gehen, meine Abreise vorbereiten.

LENKA: Essen Sie nicht mit uns?

BÜRGERMEISTER: Nein, es ist noch so viel zu tun.

LISA: Und Hugo? Wohin hat man seine Leiche gebracht?

BÜRGERMEISTER: Ich weiß es nicht, Lisa.

LENKA: Wollen wir das Fenster schließen und essen?

OTTO: Warten Sie noch.

MARIE GRENIER: Es wird kalt.

KURT: Es ist nichts zu hören.

OTTO: Was soll denn zu hören sein?

LISA: Es hat auch kein Hund angeschlagen.

BÜRGERMEISTER: Das ist ein gutes Zeichen.

LENKA: Sicher.

OTTO: Und in einer Stunde gehen wir.

LISA: In einer Stunde, ja.

BÜRGERMEISTER: Ich reise auch ab. Ich tauche in Paris unter.

OTTO: Es sind fünfzehn alte Männer?

BÜRGERMEISTER: Ja.

OTTO: Wie alt sind sie?

BÜRGERMEISTER: Sechzig Jahre, siebzig Jahre, ich weiß nicht. Jeder sieht aus, als sei er hundert Jahre.

MARIE GRENIER: Kurt?

KURT: Was hast du, Marie?

MARIE GRENIER: Ach, es ist nichts.

LISA: Aus dem Dorf sind sie raus. Jetzt könnte sie nur eine Streife in den Bergen aufgreifen.

BÜRGERMEISTER: Das ist zu unwahrscheinlich. Sie haben es so gut wie geschafft.

OTTO: Natürlich.

MARIE GRENIER: Wir werden uns wiedersehen?

KURT: Ja. Wenn du es willst.

LISA: Ein wenig warten wir noch. Dann gehen auch wir los.

OTTO: Ja, endlich. Endlich ist diese ewige Unsicherheit vorüber.

LENKA: Was haben Sie? Haben Sie was gehört?

LISA: Mir war so.

KURT: Das war nichts. Das sind die Nerven, Lisa.

BÜRGERMEISTER: Ja, es ist alles in Ordnung. In einer Stunde könnt ihr beruhigt losgehen.

OTTO: In einer Stunde. Dann haben wir es endlich hinter uns.

*Die Tür zur Küche öffnet sich, auf der Türschwelle steht Rosa Grenier.*

ROSA GRENIER: Wollen Sie jetzt essen?

LISA: Einen Moment noch, Madame Grenier. Einen Moment wollen wir noch warten.

*Ende*

JÜRGEN GROSS

# Match

Schauspiel

Personen:

SUSANNE, *Gärtnerin,* 19 Jahre
SPINNER, *Abiturient,* 18 Jahre
INA, *Schülerin,* 16 Jahre
GREGOR, *Stahlschmelzer,* 21 Jahre
BOMBER, *Bauarbeiter,* 22 Jahre

DAS MÄDCHEN
DER JUNGE
DIE FRAU
DER MANN
ALTE FRAU
DER POLIZIST
EIN TOTER HUND

*In einer Großstadt der DDR.*
*Heute.*

„Freilich, wenn ihr den Zweifel lobt
So lobt nicht
Das Zweifeln, das ein Verzweifeln ist!"

*Bertolt Brecht*

## Erstes Bild

*Ein kalter, unfreundlicher Platz.*
*Im Hintergrund das Bild einer großen Stadt. In der Nähe tönt Lärm aus einem Fußballstadion. Auf dem Platz steht eine alte Baubude. Diese Bude macht einen recht vergessenen Eindruck.*
*Ein Mädchen läuft über den Platz, bleibt aufgeregt vor der Bude stehen, kehrt in die verlassene Unterkunft ein.*

INA: Lieber Gott, steh mir bei! *Weint laut.* Mama! Ich bin ein anständiges Mädchen. Ich habe Zeugen. Was soll ich bloß tun?

*Ein junger Mann schlendert langsam über den Platz. Er entdeckt die Baubude, bleibt stehen, sieht sich auf dem Platz um. Plötzlich springt er in die Bude.*

SPINNER: Die Ordnung flüchtet heim. *Lacht angestrengt.* Nur ein Anstoß, sie kippt aus ihren Latschen ... Großmäuliger Pfortsschritt! *Taumelt gegen eine Budenwand.* Vorbei, vorbei, geliebte Lügen ... Vorbei ... *Spinner entdeckt Ina.* Was suchst du hier! Still. Aus dem Stadion?

INA: Ja.

SPINNER: Schon lange hier?

INA: Ich habe Zeugen.

SPINNER: Immer bereit.

*Ein Mann stolpert in die Baubude, in den Händen eine große Klubfahne und ein Signalhorn.*

GREGOR: Störe nicht lange ... Momentchen ... Oh, Match ... wunderbar. *Fahne und Horn gleiten ihm aus den Händen, er sinkt erschöpft auf eine lange Holzbank, stöhnt vor Schmerzen und streckt sich auf der Bank aus, auf seinem Gesicht Blutspuren.* Nur ein Momentchen ... pst, pst.

SPINNER: Willst du hier verbluten? Hau ab, Mann.

GREGOR: Keine Panik, Kollege, ein Momentchen.

*Vorsichtig nähert sich Ina dem Verletzten und legt rasch ihr Taschentuch auf seinen Schoß.*

INA: Da. Es ist noch sauber. Furchtbar.

SPINNER: Kennt ihr euch?

INA: Nein. Aber er blutet.

SPINNER: Die bluten jeden Samstag.

INA: Scheußlich ...

GREGOR: Meine Fahne, gib mir meine Fahne. *Ina lehnt die Klubfahne gegen Gregor.* Wir haben gesiegt.

INA: Und wenn einer kommt?
SPINNER: Auf dem Schlachtfeld im Frieden wird der Alltag ausgeschieden. Angst, was.
INA: Warum denn!
*Eine junge Frau stürzt in die Baubude. Sie betrachtet kurz die Anwesenden, schließt die Tür, setzt sich auf den Fußboden und starrt auf ihre Hände.*
SPINNER: Mensch, du wohnst wohl hier, was!
SUSANNE: Verloren. Ende. Tod.
GREGOR *fiebert*: Wir liegen vorn ... ganz weit.
INA *leise*: Tod? Wer?
SUSANNE: Älter schon.
INA: Warum!
SUSANNE: Er ist tot.
INA: Ob tot oder nicht tot, ich habe Zeugen ...
SPINNER: Ich rate euch Betschwestern ...
*Die Baubudentür wird aufgerissen, ein Mann stiert auf die Anwesenden und geht einen Schritt auf sie zu.*
INA: Ich nicht! Nein, ich habe mit dem Tod nichts zu tun. Dafür gibt es Zeugen. Ich sage die Wahrheit ...
SPINNER: Was wünschen Sie, mein Herr?
SUSANNE: Tür zu!
BOMBER: Ich.
SUSANNE: Quatsch dich zu Hause aus. Tür zu oder raus!
*Bomber schließt die Tür, drückt ein Brett unter die Türklinke und zündet sich eine Zigarette an.*
SPINNER: Was habt ihr vor? Wer seid ihr? *Pause.* Auf Stummfilm stehe ich nicht. Eine Verschwörung? Gegen wen? Ich kenne euch nicht.
SUSANNE: Mach keinen Wind, du. Wir sitzen in der Patsche. Also stell keine blöden Fragen, du.
GREGOR: Eines Tages ... Meister ...
SUSANNE: Hier.
*Bomber reicht Susanne seine Zigarette und zündet sich eine neue an.*
INA: Gib mir auch eine.
*Bomber reicht Ina seine Zigarette und zündet sich eine neue an.*
SPINNER *lacht unsicher*: Ein bürgerlicher Rahmen und zwei Stengel für die Damen.
SUSANNE: Besengt, was.
SPINNER: Erwartet ihr noch mehr Gäste?

SUSANNE: Die Polizei. Scheiße! *Drückt wütend ihre Zigarette aus.* Schöne Bescherung, ich muß verrückt sein.
BOMBER: Der ist tot wie einer.
SUSANNE: Ist ja alles Wahnsinn.
INA: Die Tür auf!
SUSANNE: Nein!
INA: Schlecht. Mir ist schlecht.
SUSANNE: Schmeiß den Kippen weg.
INA: Tür auf! Bitte.
BOMBER: Der ist tot wie einer.
INA: Bitte!
SUSANNE: Die Tür bleibt zu!
BOMBER: Dem hilft keine Polizei mehr.
INA: Ich bin kein Schwein ... bitte!
SUSANNE: Drück dich in die Ecke, los.
INA: Ich kann nicht mehr ... Oh! *Ina erbricht sich in einer Ecke der Baubude.*
SUSANNE: Auch noch gesoffen, was.
SPINNER: Wir sind eine lebensfrohe Gesellschaft. Ein Herz und eine Kehle, hahaha.
INA: Ich saufe nicht.
SUSANNE: Luft holen. Tief Luft holen!
INA: Vorher, vorher ... Geburtstag meiner Freundin ... Likör.
SUSANNE: Reg dich nicht auf, setz dich.
INA: Ja.
GREGOR: Auf fremden Boden Sieg. In Grund und Boden geschossen. Todsicher.
BOMBER: Der ist tot wie einer.
SUSANNE: Bist du übergeschnappt!
SPINNER: Ihr kennt euch?
SUSANNE: Ist das wichtig?
SPINNER: Dachte nur.
SUSANNE: Was?
SPINNER: Nur so.
BOMBER: Mein schöner Kredit. Alles hin.
SUSANNE: Dein was?
BOMBER: Ich habe einen Kredit doch. Ja.
SUSANNE: Verheiratet. Vergessen. Kinder?
BOMBER: Zwei schon. Aber wir wollten sie!
SUSANNE: Freu dich, schon gut.

BOMBER: Aber nicht wegen dem Kredit!

SPINNER:

Kredite vom Staat;
es wachse die Saat,
es blühe die Ehe,
es schmerze die Wehe.

BOMBER: Er ist tot wie einer und ich habe den Kredit. Wäre ich zu Hause geblieben. Ruiniert wie nichts. Ich!

SUSANNE: Mensch, hör endlich auf!

BOMBER: Ich sage nichts mehr. Nichts!

*Bomber steht regungslos neben der Tür, Ina hockt auf einer Holzkiste, Gregor liegt unruhig auf der Bank, Susanne beobachtet Spinner, Spinner kratzt Schmutz von der Fensterscheibe. Abenddämmerung über der Stadt.*

SPINNER:

Die Lichter brennen.
Die Kinder flennen.
Das Match ist aus.
Jetzt macht was draus.

SUSANNE: Arbeitest du?

SPINNER: Wer, ich?

SUSANNE: Ja, du.

SPINNER: Da draußen?

SUSANNE: Etwa hier.

SPINNER: Da draußen ... ja, also ... Abi, Fahne, Mikrobiologie, Nobelpreis und ... was fehlt da noch ... ach so, Banner der Arbeit. Ja.

SUSANNE: Was am Kopf, wie.

SPINNER: Ich heiße Spinner.

SUSANNE: Susanne. Von hier?

SPINNER: Deutsche Demokratische Republik!

SUSANNE: Völlig beknackt, Mensch.

GREGOR: Die Abwehr knacken! Über die Flügel! Positionswechsel! Schuß!

INA: Er fiebert. *Ina tupft mit dem Taschentuch Blut von Gregors Gesicht.* Bestimmt braucht er einen Arzt. O Gott, was wird das werden ... *Setzt sich neben Susanne.* Ich heiße Ina.

SUSANNE: Susanne.

INA: Glaub mir, ich war noch nie bei einem Fußballspiel. Heute, das war eine Ausnahme, weil meine Freundin Geburtstag feiert ... es sollte der Knüller für die Fete sein ...

wir sind schon zehnte … bloß ein Gaudi … Ich habe dafür Zeugen, eine ganze Menge.

SUSANNE: Ich bin nicht von der Polizei.

INA: Ich kenne bloß die Disko.

SUSANNE: Geht es da vielleicht netter zu?

INA: Du glaubst mir nicht.

SUSANNE: Bin ich deine Lehrerin! Hau ab, ich habe mit mir zu tun.

INA: Du bist schon älter …

SUSANNE: Laß mich in Ruhe!

GREGOR: Doppelpaß! Mitlaufen! Abdrücken! Treffer!

INA: Ich habe Angst.

SUSANNE: Schwirr ab.

INA: Hast du keine Angst?

SUSANNE: Mensch! *Pause.* Für einen neuen Fetzen. Ich blöde Kuh. *Lacht.* Watschel für fünfzig Eier in das Stadion … meinem Alten hinterher … mache Schmusischmusikätzchen für den Herrn Papa … lächelt hier und lächelt dort … bis die Lustmolche ihr Theater auf dem Spielfeld haben … schnupper schon am Fünfziger … für einen Pullover, einen Pullover … da geht es los … gegrölt und mittenmang … wie Wildsäue …

INA: Und du?

SUSANNE: Was, und du, und du!

INA: Können sie uns bestrafen?

SUSANNE: Geh mir von der Pelle. Endlich. Deine Jacke ist im Eimer, du. Die Seite und hinten. Du!

BOMBER: Was?

SUSANNE: Deine Jacke ist im Eimer.

BOMBER: Was!

SUSANNE: Die Seite und hinten.

BOMBER: Ein Sachse.

INA *lacht*: Ein Sachse.

SUSANNE: In der Naht, halb so schlimm.

BOMBER: Meine Jacke. Dem schlage ich die Beine gerade.

SPINNER: Denk an deinen Kredit, Meister.

*Bomber zieht umständlich seine Jeans-Jacke aus und betrachtet niedergeschlagen den Riß im Stoff.*

BOMBER: Dafür habe ich die letzten Bestände auf den Tisch geknallt. West! Ich kenne ihn wieder. Sachse, dich Hundesohn finde ich. Laßt mal.

SPINNER:

Zwei Währungen gehen um von Haus zu Haus.
Wie sieht dies Land von unten aus?
Wo stellt es seine Fragen hin
und läßt dem Anspruch seinen Sinn!

SUSANNE: Benachteiligt oder nicht benachteiligt, das ist heut die Frage, hahaha! *Susanne und Spinner lachen.*

INA: Ihr lacht, mich suchen sie bestimmt schon.

SUSANNE: Uns nicht, was?

INA: Doch nicht von der Polizei, Susanne. Ich spreche von meiner Freundin und den anderen.

SUSANNE: Mir egal.

INA: Ob sie durchgekommen sind?

SUSANNE: Spannend, was?

INA: Wenn sie der Polizei in die Arme gelaufen sind, stell dir das vor, schöne Geburtstagsfeier, was. ... es war doch nur ein Gaudi!

SUSANNE: Vorbei mit Gaudi! Im Stadion wurde einer ermordet, Püppchen. Hör mir zu, du, da waren wir alle hier, oder? Bitte.

INA: Aber ...

SUSANNE: Nichts mit Aber, die Polizei sucht einen Mörder, kein Geburtstagskind, Mensch. Kapiert?

INA: Ich will nach Hause. Auf der Stelle.

SPINNER *lacht*: Geh, Bürgerin, dir stehen alle Wege offen ...

SUSANNE: Zieh Leine. Viel Glück.

INA: Ich habe Zeugen. Ja!

SPINNER: Geh.

INA: Na und.

SPINNER: Hier ist die Pest, uh! Die Kopfpest. Der Pestkopf geht um, oah! Dort! Das Paradies aus dicken Büchern und lauter leeren Köpfen, hurra!

INA *weint*: Ich distanziere mich entschieden von den Ereignissen im Fußballstadion ... entschieden.

SUSANNE: Gratuliere.

INA *leise*: Ich bin es nicht gewesen.

SPINNER:

Ein unschuldiges Pfläumchen
fiel einst vom Bäumchen
ins weiche Gras
und wurde naß.

SUSANNE: Hast du vielleicht mal Sendepause!
SPINNER:

Meine liebe Jugend,
es ist eine Tugend,
das Maul zu schließen
und still zu verdrießen.

*Susanne und Ina lachen.*

INA: Ach, typisch Oberschule. Meine Freundin ging mit einem, du lieber Himmel. Er redete und redete. Von Geschichte! Geschichte. Stellt euch das vor! Aber sie fand einen richtigen Typ, hahaha. Er, er lehnt Geschichte ab wie die Volkssolidarität. Total! Steht wie verrückt auf Wasserski. So. *Pause.* Was denn?

BOMBER: Wenn das meine Maurerjacke wäre, ich würde ihn leben lassen.

INA: Ich hatte Glück ... Wieviele aus meiner Klasse auf die Kindergärtnerinnenschule wollen, denkt ihr gar nicht. Aber alle, geht ja nicht. Ich hatte eben Glück. Ein richtiges Studium soll das sein ... Ich Studentin, hahaha!

BOMBER: Einmal hört jeder Spaß auf ...

SPINNER: Dann bestimmt, wenn zwischen Ideal und Wirklichkeit ein Scheißhaufen wächst.

INA: Deine Witze begreife ich nicht.

SPINNER: Sind keine Witze, du! Lös mich ab.

INA: Ich?

SPINNER: Willst du studieren oder nicht! Sperr gefälligst die Augen auf.

INA: Mach ja schon.

*Spinner und Ina tauschen die Plätze. Ina beobachtet den Platz, Spinner geht in der Bude unruhig auf und ab. Bomber legt seine Jeans-Jacke mit betonter Sorgfalt zusammen.*

GREGOR: Sturmspitze!
Verteidigungsring!
Aufbrechen!
Alle Mann in den Angriff!
Aufbrechen!
Im Lauf schießen!
Volles Rohr!

BOMBER: Der Neid der Sachsen.

SUSANNE: Schöner Dreck. Mußt du mir durch die Gedanken latschen!

Spinner: Halt deine Gedanken kurz.

Susanne: Wir können hier nicht bis zum ersten Mai warten, du.

Spinner: Wieso nicht.

Susanne: Ob sie uns suchen?

Spinner: Wären wir sonst in diesem Schuppen.

Susanne: Ausgerechnet uns?

Spinner: Warum ausgerechnet andere? Kennst du die? Nein. Mich? Nein. Dich? Ich heiße Susanne und wollte mir einen Pullover kaufen …

Susanne: Quatsch nicht rum, Mann!

Bomber: Hundesohn. Sachse.

Susanne: Was sollen wir tun, Sprüchemacher?

Spinner: Was uns gesagt wird.

Susanne: Von wem?

Spinner: Unter fünf jungen Erbauern des Himmelreiches wird sich doch ein Obererbauer finden lassen. Selbst auf der Flucht vor der Polizei weiß einer den besten Weg. Frag doch mal herum. Schließlich wollen alle das Gute.

Susanne: Ist dein Alter Pfaffe?

Spinner: Im Gegenteil. Feind des Pfaffen und dessen Widerleger: Philosoph mit Professur, ein Menschenverderber von optimistischem Äußeren, kommentiert den Fortschritt wie ein Sportreporter und überläßt Reklamationen dem Großhandel, eines Tages ersetzbar durch eine optimistische Maschine, sein geschichtliches Verdienst besteht in einem enormen Papierverbrauch … Laß mich in Frieden.

Susanne: Ach, du liebe Marie, von der Preisklasse bist du!

Spinner: Lecker, wie! Macht, was ihr wollt, es interessiert mich nicht.

Susanne: Aber mich! Weil mir fünfzig Mark für einen Scheißpullover fehlten, bin ich in ein Verbrechen verwikkelt … so oder so …

Spinner:

> Will Gutes gedeihen,
> mußt Böses beleihen.

Susanne: Halt dich mit deinen Sprüchen nur fern, einer ist hops gegangen, gluckt man da rum wie ein Mörder!

Bomber: Man ist zu human.

SUSANNE: Mach mich nicht wütend, Spinner!

*Pause.*

SPINNER: Warum redest du so mit mir?

SUSANNE: Weil ich so mit dir rede, Mensch. Dämliche Fragen kannst du deinem Alten stellen!

SPINNER: Aber der ist doof und lügt.

SUSANNE *lacht aus vollem Hals*: Wirklich. Systemgeschädigt.

INA: Der Platz ist wie leergefegt. Polizeiautos, kein Polizist. *Ina verläßt ihren Platz, geht zu Susanne.* Keine Menschenseele. Ich warf nur einen Stein. So klein. Denkst du, da passiert was? Sag doch was! Und ich werfe wie ein Mädchen. So! Ha.

SPINNER: Scher dich zurück auf deinen Posten.

INA: Spinnst wohl! Wie bei den Soldaten ... *Ina kehrt zum Fenster zurück.*

BOMBER: Das hat man von seiner Schufterei. Einen Dreck wert. Man. Ich schwöre euch eins, die Jacke büßt mir der Sachse!

SPINNER: Dieses Rindvieh dreht bald durch.

SUSANNE: Maul, Spinner, er hat dich noch nicht gesehen.

SPINNER: Willst du mir Angst machen?

SUSANNE: Für den bist du ein rotes Tuch, kapiert.

SPINNER: Der Pöbel hängt am Plunder, wie der Hund am Herrn.

SUSANNE: Wovor versteckst du dich, Sprüchemacher?

SPINNER: Was fällt dir ein!

BOMBER: Wäre ich pfuschen gegangen, bliebe ein Sachse mehr am Leben. Ich übernehme keine Garantie. Nichts.

INA: Zwei. Da kommen zwei!

SPINNER: Weg.

*Ina und Spinner tauschen die Plätze. Ein Mädchen und ein Junge spazieren direkt auf die Baubude zu. Das Mädchen trägt eine große Tasche, der Junge hält einen Kassettenrecorder unter dem Arm.*

DER JUNGE: Ich bin nun mal nicht für Abschiede.

DAS MÄDCHEN: Mir ist so mulmig. Wie vor der Jugendweihe damals.

DER JUNGE: Was sind achtzehn Monate gegen den Dreißigjährigen Krieg? Ein Sprint, mein Bestes. Mußt du die Tasche ausgerechnet heute durch die Gegend bugsieren?

DAS MÄDCHEN: Nur so ... Ich dachte ...

Der Junge: Ist was damit? *Der Junge befühlt rasch die Tasche.* Für mich was?

Das Mädchen: Ja und nein ... Nicht so direkt.

Der Junge: Von deinen paar Kröten nehme ich keine Geschenke, damit fangen wir erst gar nicht an, mein Bestes.

Das Mädchen: Was du denkst ...

Der Junge: Ich sag's, wie es ist. *Pause.* Weißt du, was für mich eine glatte Freude wäre?

Das Mädchen: Sag es.

Der Junge: Wenn ich mir das so überlege, will ich es lieber von dir hören. Dann ist es echter, irgendwie, so wie es sein soll.

Das Mädchen: Ich meine ja nicht die Tasche, aber was drin ist.

Der Junge: Keine Tasche, keine Geschenke. Hör zu. Achtzehn Monate. Ich stiefel sie ab. Eine Tatsache, ich füge mich. Über den Sinn streiten wir danach. Aber! Was machst du die Zeit ... verstehst du mich ... wir sind bis heute nicht ... ich meine, was richtig zusammen war ja noch nicht ... in deinem Alter ... die Weiber aus meiner Klasse schieben so schon durch die Gegend ... wir dagegen ... wie Lebenskünstler, naja.

Das Mädchen: In der Tasche liegt ...

Der Junge: Deine Tasche macht mich völlig bekloppt.

Das Mädchen: Du läßt mich ja nicht ausreden.

Der Junge: Wie denn, wenn du dauernd deine Tasche strapazierst!

Das Mädchen: In der Tasche liegt eine Decke!

Der Junge: Eine Decke. Eine Decke. Wie du das so sagst, richtig wohltuend, ja.

Das Mädchen: Ich tat das noch nie.

Der Junge: Wie kann ich nur die Tasche übersehen! *Der Junge nimmt dem Mädchen die Tasche ab.*

Das Mädchen: Ich täte es lieber an einem schönen Ort, aber wir haben ihn nicht.

Der Junge: Ein Schloß kriegst du, mein Bestes. Später! So wahr wie ich morgen geschoren werde.

Das Mädchen: Ich vertraue dir.

Der Junge: Ist so wichtig wie der Lohnstreifen. Dort?

Das Mädchen: Wenn es geht.

*Der Junge rüttelt an der Baubudentür. Die Insassen starren gespannt auf die Tür. Bomber greift zu einer Eisenstange und holt zum Schlag aus, Susanne legt sanft ihren Arm um Bombers Schulter, Ina unterdrückt einen Weinkrampf, Gregor fiebert, Spinner beobachtet das Mädchen und den Jungen.*

DER JUNGE: Zu wie nichts!

DAS MÄDCHEN *lacht*: Mitunter richtet sich die Ordnung gegen den Menschen! Halt mich fest.

DER JUNGE: Immer, mein Bestes.

*Das Mädchen lehnt sich gegen den Jungen. Musik aus dem Kassettenrecorder.*

GREGOR: Tor!

DAS MÄDCHEN: Was war das?

DER JUNGE: Besoffener Schlachtenbummler, nichts.

*Spinner hält Gregor den Mund zu.*

BOMBER: Ich will hier raus. Ich bin ein ruhiger Mensch. Aber den Sachsen schnappe ich mir. Auf dem Bahnhof.

SUSANNE: Gibst du mir eine Zigarette?

BOMBER: Hier.

SUSANNE: Wie heißt du?

BOMBER: Auf dem Bau nennen sie mich Bomber.

SUSANNE: Wegen deiner Stärke?

BOMBER: Ach, ach, was du denkst, nein, nein.

SUSANNE: Aber du bist doch stark.

BOMBER: Klar. Doch nicht deswegen.

SUSANNE: Nein?

BOMBER: Eine Delegation schnüffelte auf der Baustelle. Mein Kalkkasten kippte um und der Kalk auf die geschniegelten Brüder. Seitdem heiße ich Bomber.

SUSANNE: Ich bin Susanne. Aber sie rufen Susi. Reine Gewöhnung, ach.

BOMBER: Meine Tochter heißt Monique, verstehst du.

SUSANNE: Schön.

BOMBER: Aber die Leute rufen Moni!

SUSANNE: Was du nicht sagst.

BOMBER: Mein Sohn heißt Gilbert.

SUSANNE: Toll.

BOMBER: Aber die Leute rufen Bert.

SUSANNE: Und du?

BOMBER: Ich auch.

DAS MÄDCHEN: Tanzen wir.

DER JUNGE: Hinter die Büsche, mein Bestes. Tanzen wir.

*Der Junge und das Mädchen tanzen gefühlvoll über den kalten unfreundlichen Platz.*

BOMBER: Die Musik? Ich sitze wie die Ratte in der Falle. Raus!

SPINNER: Susanne.

SUSANNE: Komm, tanzen wir.

BOMBER: Wieso denn hier tanzen?

SUSANNE: Leg deine Arme um mich, Bomber.

*Bomber läßt die Eisenstange fallen.*

BOMBER: Hier? Ach! Das soll wohl eine Orgie werden.

SUSANNE: Was du gleich denkst, Bomber.

BOMBER: Aber du guck weg, Klugscheißer.

SPINNER: In Ordnung, Meister.

*Spinner beobachtet das tanzende Paar auf dem Platz, Susanne und Bomber tanzen.*

INA: Wenn ich das meiner Freundin erzähle. Oh, ist so was scheußlich.

SUSANNE: Schlaf nicht ein, Spinner.

BOMBER: Traust dich wohl nicht, Klugscheißer!

SPINNER: Stampf zu, Bomber, jaja.

BOMBER: Ich stampfe!

SPINNER: Aber mit Eleganz.

BOMBER *lacht*: Mit Eleganz! Heiz ihm ein, Kleine.

Ina: Tanzen? Nachdem das passiert ist!

SPINNER: Wie es eben im Leben so ist. Los.

INA: Aber nur so.

SPINNER: Nur so.

*Ina und Spinner stehen auf der Stelle und bewegen rhythmisch ihre Arme.*

GREGOR: Offensive!

## Zweites Bild

*Dunkelheit auf dem kalten unfreundlichen Platz.*

*Die Großstadt ist auf Abendbeleuchtung geschaltet. Stille. In der Baubude leuchten Laternen.*

*Spinner rührt mit einem Stock in einem Kalkeimer. Ina hockt auf dem Tisch. Bomber sitzt zufrieden neben Susanne. Gregor erwacht.*

GREGOR *spricht ab jetzt deutlicher als im ersten Bild einen unmißverständlichen sächsischen Dialekt*: Nanu, wo bin ich? Oh, meine Birne! Was ist denn das! *Gregor wirft das blutige Taschentuch fort.* He, wer seid ihr, Kumpels? Ihr seid wohl auch nicht von hier, Kollegen? Ihr kommt wohl von hier? Meine Fresse. Nun? *Bomber verläßt seinen Platz, Susanne steht ebenfalls auf, Ina rutscht vom Tisch, Spinner läßt den Rührstock in den Eimer plumpsen.* Wollt ihr mich verprügeln, weil mein Klub ... Oh, meine Birne! Langsam, langsam, macht keinen Ärger, Kollegen ... Ich bin für die Klubfahne da, mehr habe ich mit nichts zu schaffen, glaubt mir doch! Ich schwöre, ich war nur wegen dem Match von meiner Elf hier, ich fahre immer mit, wenn ich keine Schicht habe, die Klopperei war eben schon im Gange, ich versichere beim Weltcup ... macht keinen Blödsinn, ein Lulatsch packte meinen Kragen und haute seinen Schuh in meine Gusche einfach rein. *Gregor schwankt zurück, findet Halt an einer Schuppenwand.* Mein Gottchen, wißt ihr überhaupt ... Ich fiel lang hin. Mit der Fahne. So. *Gregor wirft sich auf den Boden.* Und da ... Neben mir lag einer! Blut, Blut aus dem Mund, weiße Augen ... so dichte bei mir. Ich kroch durch die Beine und Kleider über mir, die Fahne und das Signal bei mir. Ich konnte nicht mal ermitteln, was dem Kollegen da fehlt ... nun kam auch gleich Polizei, da bin ich erst mal fort. Hierher.

BOMBER: Du! Du bist der Sachse.

GREGOR: Ich?

BOMBER: Du bist der Sachse.

GREGOR: Wieso denn das?

BOMBER: Meine Jacke! Sieh meine Jacke an. Neu. Echt! *Bomber schleudert Gregor die Jacke ins Gesicht. Gregor sieht ängstlich um sich.*

GREGOR: Wer seid ihr? Ich will hier raus, ja. Laßt mich raus! *Gregor kriecht schnell zur Tür, Bomber schleudert ihn zurück.* Au! Ihr könnt mir doch nicht an den Kragen, weil ich ein Sachse bin. Das ist verrückt ... Wo leben wir denn, ja!

BOMBER: Sieh dir meine Jacke an.

GREGOR: Schön, schön ... bis auf den Dreiangel.

BOMBER: Bis auf den Dreiangel, so.

GREGOR: Vielleicht habe ich damit was zu schaffen, vier gegen einen ... Willst du meine Jacke haben!

BOMBER: Sprich erst einmal deutsch, Sachse!
GREGOR: Ich schreie um Hilfe ... das geht doch nicht ... hört auf.
BOMBER: Du ersetzt mir den Schaden. In West!
GREGOR: Woher denn. Du verwechselst mich!
BOMBER: Schadenersatz. *Bomber schlägt Gregor. Der Geschlagene fällt zu Boden.*
GREGOR: Das muß ich mir nicht gefallen lassen. Dafür gehe ich zur Polizei!
BOMBER: Zur Polizei, ha!
GREGOR: Wieso verdiene ich das, he!
*Bomber reißt Gregor mit einem Ruck in die Höhe und zieht ihn dicht an sich.*
BOMBER: Na! Mein Sachse. Für diese Jacke zog ich ein ganzes Wochenende Zwischenwände. Ein ganzes Wochenende. Ich habe eine Frau, zwei Kinder und einen Kredit. Soll ich mir von einem Sachsen alles kaputtmachen lassen!
SUSANNE: Loslassen!
BOMBER: Der ist mein Unglück.
SUSANNE: Bomber!
BOMBER: Dagegen muß ich mich wehren.
SUSANNE: Du läßt ihn auf der Stelle los!
BOMBER: Ich bringe ihn um!
SUSANNE: Bring ihn um!
*Bomber schüttelt Gregor, lockert den Griff, Gregor in stummer Aufregung, Spinner hat ein Amüsement, Susanne um Bomber bemüht, Ina beobachtet neugierig die Szene.*
BOMBER: Meine Jacke hat einen Riß nicht verdient. Schon lange nicht von dem!
GREGOR: Sei vernünftig, Kollege.
BOMBER: Ich ... Da müssen schon andere kommen. Wer auf mir rumtrampelt ...
GREGOR: Du verwechselst mich!
SUSANNE: Bomber!
BOMBER: Immer Bomber, Bomber ... Ich laß nicht mehr los. Nicht mehr. Bomber, schieb ab. Bomber, halt den Mund. Was auf den Tisch kommt, wird gegessen! Bomber, Hände auf die Bank. Bomber, halt uns nicht auf. Ein Tunichtgut wird ein Taugenichts! Bomber, dein Alter macht Schulden. Bomber, deine Alte macht Bekanntschaften. Der Apfel fällt nicht weit vom Stamm! Bomber, spann die

Muskeln an. Bomber, friß Kalk. Lehrjahre sind keine Herrenjahre! Bomber, schieb ihn rein. Bomber, jetzt hast du Verantwortung! Früh gefreit hat nie gereut! Bomber, knabber Salzstangen. Bomber, mach alles neu. Von nichts kommt nichts! Na los, Bomber, wo gehobelt wird, fallen Späne! *Schreit:* Nein! *Bomber läßt mit dem Aufschrei von Gregor ab und sinkt erschöpft zu Boden.*

SPINNER: Der Bomber hat keine Bomben mehr.

INA: Fehlt ihm was ... krank oder besoffen?

SUSANNE: Mischt euch hier nicht ein, ihr.

*Gregor ordnet beeindruckt seine Kleider und setzt sich still auf eine Bank.*

GREGOR: Der Riß stammt nicht von mir. Wirklich nicht. Geht ihr mit fort, wenn ich fragen darf. Ein bissel ungemütlich ... Ich merk schon, ich störe. Muß eh heim. *Gregor nimmt Fahne und Horn, geht zur Tür.* Übrigens ... ich heiße Gregor. Stahlschmelzer. Vielleicht sehen wir uns beim nächsten Match ... Das war doch bestimmt eine Ausnahme, nicht wahr. Mit der Polizei, vorhin ... das war reine Notwehr, damit das klar ist. Ich ... ich kenne eure Sorgen nicht ... aber ...

SPINNER:

Wir suchen in der Geschichte
Platz für unsere Gedichte.
Wir beknutschen die Größen
und vertun uns in Schößen.

*Susanne lacht, Bomber steckt sich ruhig eine Zigarette an, Ina vergrößert die Distanz zu Spinner, Gregor zögert.*

INA: Macke, wie!

BOMBER: Kannst du noch so einen kieken lassen, Klugscheißer. Gegen den Moralischen, ach, elend ist einem.

SPINNER: Rauhreif pinkelt nach drei Tagen.

BOMBER: Meine Seele pißt wie die Dusche beim Nachbarn! *Lacht.* Laß noch einen kieken, Klugscheißer, du munterst mich auf ... Warum glotzt ihr mich an.

GREGOR: Nunja, bis zum nächsten Match.

BOMBER: Vergiß den toten Mann nicht, Sachse.

GREGOR: Ich murkse keinen ab!

BOMBER: Meinst du, ich? Oder der? Die? Die?

INA: Ich warf nur einen Stein. So!

*Pause.*

SUSANNE: Wolltest du nicht abdampfen, Genosse Stahlschmelzer.

GREGOR: Ich mach mich gleich fort, Sportsfreundin. Aber wegen dem Stein tät ich ein dummes Gefühl haben, nun gib's doch mal zu, Mädchen.

INA: Puh!

GREGOR: Mal im Ernst, ein Stein richtet alles mögliche an. Die Mannschaft siegt nach Toren, aber die Punkte, denk mal, die Punkte sind futsch wegen der unredlichen Steinwerfer. Die Elf kann da gar nichts für tun, aber ehrlich. Ich verstehe dein dummes Gefühl gut ...

INA: Wenn ich nicht traf!

GREGOR: Ändert gar nichts am Wesen der Sache, nichts.

INA: Ach, verschwinde, du Wimpelträger.

GREGOR: Ich will dir nicht zu nahe treten ...

INA: Stink ab.

GREGOR: Ein richtiger Sportsmann verabscheut einen unfairen Match. Auf dem Rasen und auf den Rängen.

INA: Sag bloß.

GREGOR: Reagierst du unsachlich, kann ich mit dir nicht über Fußball reden, das mußt du einsehen.

INA: Ich will mit dir nicht über Fußball reden! Überhaupt will ich von diesem blöden Fußball nichts wissen!

*Gregor setzt sich entschlossen neben Ina.*

GREGOR: Wenn der Mensch keine Ahnung von den Regeln hat, wie, frage ich dich, wie findet er dann ein Vergnügen am Match? Na? Wäre er doch meschugge, nicht wahr? Siehst du das ein? Na, bitte. Ich sags ja. Kopf hoch, Mädchen, ein Schaden macht auch klüger, na. *Gregor geht wieder zur Tür.*

INA: Und wenn es nur eine Ohnmacht war!

GREGOR: Ohnmacht, wieso?

INA: Es gibt so etwas!

GREGOR: Bei wem?

INA: Ich stand in einem vollen D-Zug-Wagen. Plötzlich fiel neben mir eine junge Frau um. Sie lag da. Zwei junge Männer taten einen weiten Schritt über sie. Zur Mitropa oder zum Klosett. Sie sah tot aus. Ein junger Mann und eine alte Frau zogen sie auf eine Sitzbank. Die alte Frau hielt eine Flasche Kölnischwasser, von uns, der jungen Frau unter die Nase. Sie schlug die Augen auf und weinte ... Vielleicht war der tote Mann ohnmächtig!

GREGOR: Ich rate euch, laßt der Polizei, was der Polizei ist.

INA: Jetzt ist er in ärztlicher Behandlung!

BOMBER *lacht*: Morgen ... Besuchstag!

GREGOR: Wozu spekulieren, Kollegen, konkret werden wir das nie erfahren.

INA: Die Polizei sollte das Schlimmste verhüten, klar!

SUSANNE: Schleimt euch aus, Mensch! In der Brust steckte ein Messer.

INA: Ein Messer?

BOMBER: Sachse, such dir einen Platz. Oder flitz der Polente in die Arme. Da! *Zeigt aus dem Fenster.* Dein Stehen macht mich nervös.

GREGOR: Du meine Fresse, ein Messer. In der Brust? Na, wie denn das?

SPINNER *schreit*: Setz dich!

GREGOR: Nun mal langsam, Kollegen, bloß keine Aufregung ... *Gregor setzt sich erstaunt in einiger Entfernung von den anderen auf eine Bank.*

INA: Ich. Einen Stein. Einen kleinen Stein. Ich habe einen kleinen Stein ... Ich warf einen kleinen Stein in die Menge. So! *Lacht.* Wie ein Mädchen. Aus Gaudi ... Ich bin unschuldig. Einen Menschen töten, ach, dazu gehört schon mehr. Kann soundso nicht jeder, ich wußte es gleich ... Ich bestimmt nicht. Ich bin ein kleines Licht. *Pause.* Jetzt können wir gehen. Warum geht keiner?

GREGOR: Ein Mord ändert natürlich die Lage.

INA: Wieso?

GREGOR: Sind hier Zeugen, müssen sie sofort zur Polizei gehen. Das ist klar, Kollegen, sie müssen.

BOMBER *lacht*: Die Bullen verteilen Ostseeschecks an die Zeugen!

SPINNER: Und ... wenn der Mörder ein Versteck hat ... zum Beispiel eine verlassene Baubude?

GREGOR: Na, na!

SPINNER: Diese.

GREGOR: Na, na!

INA: Einer von ... einer von uns?

SPINNER: Ich. Du. Du. Du. Du. Warum von uns keiner?

INA: Ich bin kein Assi!

BOMBER: Ich bin ein ruhiger Mensch, dafür habe ich einen Kredit.

GREGOR: Hört doch auf mit diesen Kindereien, aber wir waren tatsächlich allesamt im Stadion.

SUSANNE: Logo, Genosse Stahlschmelzer.

GREGOR: Dünne gemacht vor der Polizei haben wir uns auch. Ein Messer, sagst du?

SUSANNE: Aus Stahl!

GREGOR: Laß den Blödsinn, na! Wieso sahst du das Messer?

SUSANNE: Weil ich zwei Augen habe.

GREGOR: Dann warst du in der Nähe!

SUSANNE: Mittenmang.

GREGOR: Du?

SUSANNE: Stell dir vor.

INA *eifrig*: Ich auch ... nicht ganz so.

BOMBER: Wolltest in die Hosen pissen, stimmts!

INA: Ich kann mich beherrschen!

SPINNER:

Ein Schaudern in der Hose,
das Händchen voller Lose,
verlor sie auf dem Rummelplatz
den still gehaßten Jungfernschatz.

INA: Perverses Schwein!

BOMBER *lacht*: Klugscheißer ... Klugscheißer ... du gehörst ins Fernsehen rein, meine Kumpels liegen lang!

GREGOR: Ich kapiere euch nicht.

BOMBER: Bist du hier, weil du kapieren willst! Bitte. Der Mensch denkt nicht in einem Mauseloch, er wartet.

GREGOR: Worauf?

BOMBER *schüttelt sich vor Lachen*: Auf die Mäuse! War der gut, Klugscheißer, war der gut!

SUSANNE: Reiß doch gleich die Luke auf, Mensch.

BOMBER: Ich fühle mich auf einmal wie durchgewärmt, wird einer soundso nicht schlau draus, naja. *Pause. Bomber sieht froh um sich.*

GREGOR: Auf schönes Wetter warten, kann ich mir nicht leisten ... hm, ein Messer ...

BOMBER: Messer ist bei mir nicht drin. Mann gegen Mann. Ohne Klinge. Ich könnte euch Dinger erzählen, die kennt nicht mal die volkseigene Kripo. Glotz mich nicht so an, Klugscheißer! Ich habe mich geirrt, Sachse. Du bist nicht der Sachse. *Laut*: Schließlich bist du nicht der einzige Sachse!

GREGOR: Allerdings.

BOMBER: Warum läßt du dich für einen Stofflappen schlagen, Sachse. Nun mal ehrlich, raus mit der Sprache.

GREGOR: Was willst du denn von mir, he?

BOMBER: Ich zwing dich nicht, Sachse. *Lacht.* Schließlich bist du freiwillig hier!

GREGOR: Mein Lieber, meine erste Verpflichtung war meine Klubfahne, da spielt sich nichts ab, na. Da bin ich kurz fort ... an dem Toten vorbei ... aber ich besitze gar kein Messer und sah auch keins. Die Brüder müßte man alle hinter Gitter bringen. Jawohl!

BOMBER: Wen?

GREGOR: Ach, komm, ist ja gut. Du, ich weiß deinen Namen nicht ...?

SPINNER: Spinner.

GREGOR: Meinetwegen. Sorgen und Vorwürfe kann man sich immer machen, aber einen Mörder unter sich suchen, ist übel übertrieben. Mehr oder weniger sind wir doch alle kopflos hier rein, nicht wahr. Obendrein noch ein schlechtes Versteck, wenn es nicht so gut abseits läge. Ich glaube, ...

SPINNER: Mich interessiert nicht, was du glaubst.

GREGOR: Hör mal, wir sitzen alle in einem Boot.

SPINNER: Es sitzen nie alle in einem Boot.

GREGOR: In unserem Falle ja.

SPINNER: Du bist rechthaberisch, Jugendfreund.

GREGOR: Ich ...?

INA: Ich finde, hier aus freien Stücken sitzen ...

SUSANNE: Fünfzig Mark, ich säße nicht hier. So frei ist das! Idiotenleben. Alles greift nach Schmok. Wie sehe ich aus, Bomber?

BOMBER: Wie eine Sonderziehung, Susanne.

SUSANNE: Brauche ich einen neuen Pullover, was!

BOMBER: Nichts brauchst du, du siehst aus.

SUSANNE *erschöpft*: Wie saure Spucke ... Mein Alter zuckelte in die Schlacht. Ich wollte ihn raushalten. Unmöglich. Wie Wildsäue. Um nichts! *Pause.* Da lag der Mann mit dem Messer in der Brust. Plötzlich verschwand es … *Lacht leise.* Ich habe geschlagen. Ich spürte es deutlich. Wie die Müdigkeit. Ich muß schlagen. Ich kann schlagen, ich schlug. Wie von Sinnen. Völlig behämmert. Die Nähe der Menschen war wirklich nahe. Das Stadion drehte Kräfte aus meinem Körper, ich war nicht mehr ich … *Weint zuckend.* Ich vergaß die fünfzig Mark … den Pullover … meinen Busen … Berechnungen. *Pause.* Ich schäme mich so … ich war glücklich. *Weint stärker.* Der tote Mann. Der tote Mann gab mir den Verstand zurück. *Ruhig:* Ziehe Unkräuter, schneide Blumen, aber ich bringe mit diesen Händen keinen Menschen um. Ich weiß es nicht.

INA: Schau, du bist Gärtnerin. Wir sind jetzt zehnte, meine Freundin will Gärtnerin werden, weil sie sich für den Beruf interessiert. Wie kommt man da am besten ran? Zufälle gibt es! Die bleibt vor jedem Blumenladen stehen. Ich sage, was ist denn jetzt wieder. Du, die, die hört mich überhaupt nicht! Die steht da, sagt kein Wort, guckt und guckt, aber bloß Blumen. Die wird bestimmt mal eine gute Gärtnerin, was.

*Spinner springt auf, packt Ina.*

SPINNER: Halt's Maul … hier … Du Kröte. Quatschen … du Gaudiente.

INA: Blöd geworden!

SPINNER: Immer nur die eigene Scheiße riechen, nimm die Makrelenfresser mit, los. Hau ab!

INA: Verrückt, was!

*Spinner läßt von Ina ab.*

SPINNER: Für was versteckt ihr euch, für was? Für einen Müllhaufen Glück!

INA: Vielleicht noch Empfindsamkeit nach dieser Schweinerei.

BOMBER: Solange die Bude sicher ist, haben wir kein besseres Versteck, klar. Bei Mord kennen die Bullen keinen Spaß. Ich auch nicht, Klugscheißer! Noch so ein feiner Tip, wir schmeißen dich raus. Eigenhändig, was, Sachse!

GREGOR: Nur keine Aufregung, Kollegen.

INA: Wer so empfindlich wie mein Stabüpauker ist, vertuscht etwas. Mehr will ich nicht sagen. Mehr nicht.

SUSANNE: Halt die Klappe.
INA: Noch in Schutz nehmen, ha!
SUSANNE: Quatsch dich zuhause aus, Mensch!
INA: Denk ja gar nicht dran. Typen wie Spinner kenne ich, ha. Dutzendware!
SUSANNE: Du, ich schmier dir gleich eine.
INA: Spielen eine Woche Opposition, eine Woche Philosoph, ha. Aber im Grunde sind sie immer doof!
*Bomber und Gregor lachen, Ina lacht mit, Susanne erwartet von Spinner eine Erwiderung, Spinner verbirgt seine Wut.*
SPINNER:

Sie sah in sich ein kleines Licht!
Sie las betrunken ein Gedicht.
Und Flämmchen schlugen ihr empor!
Aus Dunkelheit den Neid hervor.

INA: Beim nächsten Wolkenbruch ersäufst du wegen deiner Hochnäsigkeit. So!
*Bomber und Gregor schütteln sich vor Lachen.*
GREGOR: Wer bist du, Kollege?
SPINNER: Ein Spinner.
GREGOR: Auf unserer Ofenbühne ist auch ein Spinner.
SPINNER: Wie beruhigend für mich.
GREGOR: Aber den versteht einer, na.
SPINNER: Soll vorkommen.
GREGOR: Unser Spinner redet wie ein Buch und kann den ganzen Faust auswendig, ein Wunder.
SPINNER: Was dem Schmelzer der Faust, ist der Revolution die Faust.
GREGOR: Wo ist denn da ein Unterschied, na? Ich spüre, ach, red mal mit meinem Kollegen ...
SPINNER: Worüber, über sein Quizwissen!
GREGOR: Über Faust und Faust. Er knüpft dir die Zusammenhänge, versprech ich dir.
SPINNER: Wozu? Faust hurt durch die Zeiten, die Faust ließ sich erschöpft pensionieren. Wozu, du Schlaumeier.
GREGOR: Du junger Hüpfer kennst dich anscheinend aus.
SPINNER: Du bist Schmelzer?
GREGOR: Denkst du, ich mache Sprüche am Ofen!
SPINNER: Ein Leben als Schmelzer! Ein ganzes Leben ... platzt dir da nicht die Haut?
GREGOR: Ich will dir mal was sagen, du Sprüchemacher.

SPINNER: Nun. Ich höre.

GREGOR: Schmier du erst mal selbst deine Stullen ...

SPINNER *lacht*:

Schon in der Frühe
übe die Mühe.
Erst in der Späte
prüfe die Nähte!

BOMBER: Laß den Sachsen in Frieden, Klugscheißer!

SPINNER: Eine proletarische Verschwörung unter braven Leuten! *Betont ironisch:* Gratuliere, Jugendfreunde. Die Kraft ist also da! Die entscheidende Voraussetzung für unseren Kampf. Aber! Schlagt nicht den Verbündeten, sondern euren wahren Feind. Der Feind ist unter uns! In uns! Wir selbst, Freunde, sind unsere Feinde! Ich verstehe eure fragenden Gesichter. Seht mich! Ich bin wie ihr, ihr seid wie ich. Ist das wahr? Eine Lüge! Aber. Ich finde meinen Feind, verfolge ihn ... und knall ihn meinen Projektanten vor den Latz. Sie ervögeln Mißgeburt und Neugeburt in einem, ihr Ausblick senkt sich vor dem eigenen Misthaufen. Und. Mit offenem Maule staunt es sich viel besser, unser Gestank soll ihnen die Nasen verschnüren. Aber. Ein Interesse von uns muß über den Misthaufen reichen ... Findet es, in euch. Druschba!

BOMBER: Junge, Junge ... Klugscheißer, deine Ader für Reden möchte ich mal haben ... Stell dir vor, du wirst Minister und sitzt heute mit mir in einem Schuppen. Die lachen mich aus, wenn ich das erzähle.

SPINNER: Wer?

BOMBER: Meine Kumpels. Kennst du noch so eine Nummer? Gute Reden fehlen uns wie saubere Kader, sagt unser alter Parteier. Klugscheißer.

SUSANNE: Sprüchemacher. Ehrlich, so einer ... du könntest was bestellen draußen, wozu drückst du dich hier rum ... wir knabbern den Kuchen von unten an, aber du ... Dein Alter ist Professor, ob für Philosophie oder für Außenhandel spielt doch keine Geige, er ist Professor, das zählt, nichts sonst. Du redest wie ein wichtiger Typ ...

GREGOR: Macht mal halblang, Kollegen! Der Spinner spinnt uns doch die Hucke voll. Außerdem zählt die Leistung, nicht der Titel, daran gewöhnt euch mal, liebe Zeitgenossen!

SUSANNE: Mit dir quatscht keiner, Genosse Stahlschmelzer.

GREGOR: Aber ich fühle mich angesprochen, Verehrteste! Woraus besteht der ... Misthaufen, na?

SUSANNE: Aus Mist!

GREGOR: Wacker, mein Fräulein, wacker. Er erspinnt einen aus Phantasie und Arroganz! Geht mir, ach.

SPINNER: Wo ich einen Misthaufen sehe, siehst du die Krokusse sprießen.

GREGOR: Red mir keine Zweifel in den Bauch, du akademischer Wichtigtuer, ich sehe, was ich sehe. Wir haben eben gute Seiten und schlechte Seiten.

SPINNER *lacht*: Der Regen fällt auch immer nach unten!

GREGOR: Dreh mir doch nicht den Gedanken im Maul um! Überwiegt eine Seite am Menschen, prägt sie ihn und macht ihn im Kollektiv bekannt. Dann bezieht er entweder Nackenschläge oder Verantwortung. Je nachdem. Weil der Mensch aber nicht gern Prügel kriegt oder den Rücken für andere hinhält, gibt es immer ein Dilemma. Damit müssen wir leben, jawohl! Illusionen machen uns genauso kaputt wie deine Zweifeleien, merk dir das.

SPINNER: Und wie kommst du aus deinem Dilemma raus?

GREGOR: Entweder halten wir alle die Nacken hin oder wir übernehmen alle Verantwortung, es gibt nur diese beiden Wege. Alles andere ordnet sich selbst zu, früher oder später.

INA: Dir sind wohl deine Sprüche abhanden gekommen, Spinner!

SPINNER:

> Leben quoll aus ihren Schenkeln,
> Neugeburt bei Marxens Enkeln.
> Jubel, Trubel, Heiterkeit!
> Hoffentlich wird die gescheit.

INA: Ich weiß ja nicht. Aber mit dem Gefühl komme ich dir langsam auf die Schliche. Wer weiß denn genau, wo du im Stadion warst!

SPINNER: Ich!

INA: Na und?

SPINNER: Ich war der Stein in deiner Hand.

BOMBER: Ha! Habt ihr gehört. Er war der Stein in ihrer Hand!

INA: Ich hätte dich nicht mal ... beachtet.

SPINNER: Sie warfen mich in die Menge. Die Gaudifans und die. Ich lag neben einer Pfütze. Halb trocken. Halb feucht. Mein Dreck klebt noch an deinen Händen, Jüngferlein. Öffne deine Hände und sieh in deinen Kopf. Erinnerst du dich an mich?

INA: Du hast wohl als Säugling ins Himmelbett geschissen!

SPINNER: Meine Mutti und mein Vati betteten mich auf Orden und schlugen mich mit Allwissenheit.

INA: Ha! Und stehst jetzt dumm auf der Erde herum!

SPINNER: Ich entdeckte, daß Orden und Verdienst, Allwissenheit und Wissen voneinander unterscheidbar sind wie Pilz und Baum.

INA: Jetzt bist du ein Hofnarr, ein Faxenmacher ... ich kann nicht mehr ... Alleinunterhalter ... Do it yourself man!

SPINNER: Ich fresse keine madigen Pfifferlinge. *Schreit:* Ich spucke sie aus!

INA: Na, hör mal, na, reg dich ab ... Junge, Junge, so was.

GREGOR: Bloß keine Aufregung, Kollegen. Hier ist genug passiert, mir reicht's für ein Quartal. Von den Rabauken im Stadion will ich gar nicht erst reden. Hundeelend kann einem werden bei euch. Sprechchöre wie im alten Deutschland.

SUSANNE: Betest du vielleicht unter deinem Wimpel!

GREGOR: Aber ich bin kein Rowdy.

SUSANNE: Genosse Stahlschmelzer. Warum sitzen Sie mit uns in dieser Scheiße? Mittendrin. Sie haben Grundsätze, Sie haben einen gefestigten Standpunkt und Sie haben eine Perspektive. Das ist doch was, oder! Also ... ich verstehe Sie nicht, schade um Sie.

GREGOR: Du verdrehst doch die Tatsachen, merkst du das nicht. Ich laß mir nicht dämlich kommen. Auch nicht von dir.

BOMBER *lacht herzerhebend*: Dir kommen sie noch anders! Ganz anders! Arbeitslager! Knast! Werkhof! Ordnungsstrafe! Konfliktkommission! Patenschaft! Kollektive Erziehung! Ich krepiere vor Lachen ... Susanne rette mich ... mein Sachse ist ein Traumtänzer!

GREGOR: Ich bin kein Rowdy.

BOMBER *lacht herzzerreißend*: Ich bin kein Rowdy! *Das Lachen bricht jäh ab.* Denkst du, Sachse, ich bin ein Rowdy.

GREGOR: Ihr seid ja nicht mehr bei Trost.
BOMBER: Ich glaube, du bist ein praktischer Mensch. Aber du fängst wieder an, Sachse.
GREGOR: Ich weiß auch überhaupt nicht, was komisch an dieser blöden Lage sein soll.
BOMBER: Mach dir keinen Kopf, Sachse. Meine neue Jacke ist schuld. Echt. Faß an. Die Jacke. Hätte ich die Jacke nicht, wäre ich zu Hause geblieben. Blick auf Kreditröhre aus Kreditsessel. So! Kapierst du. Zugesehen! *Zieht Ina mit einem Ruck an sich.* So! Die Kleine, meine Frau, geht los wie eine Rakete, neben mir. Eine Hand auf ihre Titten ...
INA: Nein! *Ina wehrt sich erfolglos gegen Bombers Griff.*
BOMBER: Die andere Hand an die ...
INA: Du Schwein!
GREGOR: Pfoten weg!
BOMBER: Ist doch nur Spaß.
INA: Hilfe!
GREGOR: Loslassen. Du Dreckskerl!
BOMBER: Was ist denn?
*Gregor schlägt Bomber mit einem Schlag zu Boden. Bomber steht verwundert auf, Gregor holt wieder zu einem Schlag aus, jetzt schlägt Bomber zurück. Eine Schlägerei.*
*Spinner und Susanne versuchen vergeblich, Gregor und Bomber zu trennen. Susanne kriecht in eine Ecke der Bude. Ina nimmt ein Brett und schlägt es einfach aber bestimmt auf den Tisch. Ein lauter Knall.*
INA: Schluß.
*Gregor und Bomber beruhigen sich, sie sitzen nebeneinander auf der Bank und schnappen nach Luft. Plötzlich springt Susanne aus ihrer Ecke hervor.*
SUSANNE: Der Mörder muß das Messer noch haben.
INA: Beruhige dich, Susanne.
SUSANNE: Das Messer riß er dem Mann aus der Brust.
INA: Lehn dich an mich, Susanne. Was soll werden. Geburtstag feiern sie auch ohne mich. Meine Mutter glaubt, ich schlafe bei meiner Freundin. Wird man uns verurteilen?
SUSANNE: Gib mir eine Zigarette, Bomber.
SPINNER: Es kommen zwei. Funzeln aus! Sie kommen hierher ...

*Ina löscht das Licht. Ein Mann und eine Frau gehen über den Platz. Stille.*

DER MANN: Eine warme Nacht, Inge.

DIE FRAU: Mir ist trotzdem kalt, Artur.

DER MANN: Komm unter meinen Mantel.

DIE FRAU: Gehen wir nach Hause.

DER MANN: Einen Augenblick, Inge.

DIE FRAU: Die ewige Versammlung, Artur.

DER MANN: Auch Funktionäre lieben den Feierabend, jetzt nicht.

DIE FRAU: Unsere Tochter ist allein.

DER MANN: Sorg dich nicht um die Kleine, Inge.

DIE FRAU: Sabine macht mich krank, Artur.

DER MANN: Die Luft tut gut.

DIE FRAU: Du bist nicht ernst.

*Der Mann hüllt die Frau in seinen Mantel ein, beide stehen eng umschlungen auf dem Platz.*

DER MANN: Küssen wir uns überhaupt noch, Inge?

DIE FRAU: Unser Kind ist dumm, Artur.

DER MANN: Die beste Schülerin der Klasse ist dumm, so.

DIE FRAU: Sabines Welt steht auf Urkunden und Einsen.

DER MANN: Du bist ungerecht, Inge.

DIE FRAU: Für sie leben im Sozialismus nur Sozialisten, Artur.

DER MANN: Sollen wir sie beunruhigen?

DIE FRAU: Im Kapitalismus nur Kapitalisten.

DER MANN: Ein logischer Irrtum, Inge.

DIE FRAU: Ich lachte sie deswegen aus, Artur.

DER MANN: Das war ein dummer Fehler.

DIE FRAU: Sie sagte, sei doch nicht so laut.

DER MANN: Sie dachte, sei doch nicht so dumm, Inge.

DIE FRAU: In ihrem Kopf leben abrufbare Gedanken, Artur.

DER MANN: Gesichertes Wissen macht rasch müde.

DIE FRAU: Aber sie versteckt sich vor uns.

DER MANN: Vielleicht versteckst du dich vor ihr, Inge.

DIE FRAU: Ich wünsche mir ihre Anerkennung, Artur.

DER MANN: Dann lerne von unserem Kind.

DIE FRAU: Meine Entwicklung ist mein Maßstab, sie klebt an mir.

DER MANN: Verbirg sie nicht vor unserem Kind, Inge.

Die Frau: Tue ich das wirklich, Artur?
Der Mann: Wenn das Erreichte Ziel deiner Entwicklung ist, ja.
Die Frau: Du tust mir weh, ich bin deine Frau!
Der Mann: Zeig deine Schmerzen unserem Kind, Inge.
Die Frau: Einem dummen Kind, Artur!
Der Mann: Es muß uns überwinden.
Die Frau: Was verlangst du von mir!
Der Mann: Vertrauen, Inge.
Die Frau: Mit den Erfahrungen, Artur?
Der Mann: Ja.
Die Frau: Vertraust du so … unserem Kind?
Der Mann: Ich muß, Inge.
Die Frau: Ach, du vertraust der Erziehung, Artur.
Der Mann: Trotz HJ vertraute mir ein alter Kommunist, wieso?
Die Frau: Er hatte keine andere Wahl.
Der Mann: Und wir erst recht nicht, Inge!
Die Frau: Ich will dir ja nichts vorjammern, Artur …
Der Mann: Küssen wir uns überhaupt noch?
Die Frau: Komm heim.
*Der Mann und die Frau verlassen den Platz.*
Spinner: Ihr! Bleibt doch … Warum redet ihr nicht mehr? Ich höre zu … Ich höre zu. Schert euch zum Teufel, ihr aufrichtigen Flaschen! Haut doch ab …
Susanne: Sprüchemacher.
Gregor: Du kennst die wohl, Spinner?
Bomber: Die Bude ist voll. Keine Zicken, Klugscheißer.
Ina: Sind sie weg? Palavern sie noch?
Susanne: Sie sind fort, hilf mir, Bomber.
Bomber: Mit der Kleinen da, Susanne, ich war wie weggerutscht … ohne schlechte Gedanken, kapier ich selbst nicht.
Susanne: Laß man, mach Licht.
*Bomber zündet die Laternen an, Licht.*
Spinner: Licht aus …
Ina: Schlafen kann ich zu Hause besser.
Bomber: Die Funzel brennt, Klugscheißer, klar.
Susanne: Was fehlt dir, Sprüchemacher?
Spinner: Ich kenn mich nicht aus … *Spinner flüchtet in eine Ecke und schlägt mit der Faust gegen die Wand.*

GREGOR: He, Spinner. Was ist denn los?

SPINNER: Mein Alter rülpst auf die Weltrevolution und schmust mit Mozart, meine Mutter legt ihm die Platten auf. Aus Einsicht in die Notwendigkeit! Ihr verlernt den Kuß beim Revolutionieren. Wer seid ihr ... Haut den optimistischen Schwatzgelehrten das Manifest um die Ohren, bis sie wieder die Internationale singen! Ich verweigere meinen Sonnenpächtern das Erbe und spinn mich auf den Hund ... so kann ich nicht werden und besser kann ich nicht sein. Ich kenn mich nicht aus ... Ihr ... ihr müden Ausnahmen, helft mir doch! Mensch, was ist geschehen ...

SUSANNE: Still, Sprüchemacher. Gafft nicht so, Mensch!

INA: Sind wir umstellt?

BOMBER: Der Klugscheißer flennt, ich freß meine Jacke.

GREGOR: Was ist so neu, Kollegen, daß Spinner laut in Rätseln flucht, na?

## Drittes Bild

*Nacht. Laternenlicht in der Baubude.*

*Bomber liegt auf dem Tisch und schläft. Ina und Gregor sitzen in einer Ecke, sie schlafen auch. Spinner kauert auf einer Bank. Susanne steht am Fenster.*

SUSANNE: Eine Stunde ... Wir können dann gehen, meine ich. Wozu uns quälen, der Mörder ist irgendwo. Nicht hier. Morgen läuft alles wieder geregelte Bahnen. Morgen, Mahlzeit, Wiedersehen. Deck dich mit der Jacke zu, ich brauche sie nicht. *Susanne zieht ihre Jacke aus und legt sie neben Spinner auf die Bank. Susanne kehrt zum Fenster zurück.* Sucht jemand nach dir?

SPINNER: Ich.

SUSANNE: Ein anderer Mensch!

SPINNER: Keine Ahnung, glaube nicht.

SUSANNE: Spinn nicht rum. Jetzt.

SPINNER: Meine doppelgesichtigen Pauker, meine Möchtenichts von der Penne, mein Folterstuhl am Lügentisch der Familie ... Plunder ohne Bedeutung.

SUSANNE: Wohin gehst du, wenn wir abziehen?

SPINNER: Hier richte ich mich ein und spare auf ein Westauto!

*Susanne lacht leise. Pause.*

SUSANNE *singt*:

Ein Rose wächst mir
unterm Fenster.
Soll sie wachsen.
Wenn sie wächst.

Ich werde die Rose brechen
und zwischen die Brüste stecken.
Er soll sie verlangen,
wenn er mich aufknöpft.

Brüste wachsen mir
unterm Hemd.
Sollen sie wachsen.
Wenn sie wachsen.

Ich werde die Rose brechen
und zwischen die Brüste stecken.
Er soll sie verlangen,
wenn er mich aufknöpft.

Küß mich, Sprüchemacher.

SPINNER: Ich?

SUSANNE: Du.

SPINNER: Was tat ich dafür, Susanne?

SUSANNE: Du möchtest mich nicht küssen?

SPINNER: Ich fühle mich krank … *Spinner kriecht in eine Ecke der Baubude. Susanne folgt ihm.*

SUSANNE: Ich weiß nicht warum. Ich will dich. *Susanne kniet vor Spinner und preßt vorsichtig ihren Körper gegen den stillen Jungen.* Bursche mit den wirren Sprüchen … Es gibt was in mir für dich. Ein Gefühl. … das Gießen einer schwachen Blume …

SPINNER: Ich hasse Mitleid!

SUSANNE: Nein. Kein Mitleid. Sinn ist da, so ein wortloser Sinn, Sprüchemacher. Küß mich.

SPINNER: Küssen, wenn unter uns ein Mörder ist.

SUSANNE: Wir haben keinen Mörder. Ich werde dich küssen. Spür mich doch.

SPINNER: Möglich, alles möglich …

SUSANNE: Nicht jetzt.
SPINNER: Gärtnerin!
SUSANNE: Du tust mir weh.
*Spinner stürzt sich auf Susanne.*
SPINNER: Die alten und die neuen Sonnenpächter verbrennen ihre Kinder, solidarisch, illegal, kriminell, im gemütlichen Keller des Fortschritts. Die Kinder müssen sich wehren, aber sie tanzen als leuchtende Fackeln herum auf der Sonnenpacht. Eins tanzt so, eins so, ...
SUSANNE: Du tust mir weh!
SPINNER: Susanne, wir illuminieren ihre Pracht und sollen einmal retten, was sie für sich gerettet haben ...
SUSANNE: Laß mich.
SPINNER: Sie vergraben ihre Geschichte und neiden uns Geschichte ...
SUSANNE: Sprüchemacher!
SPINNER: Sie sterben im Fortschritt fort, nicht ab ...
SUSANNE: Jetzt reicht es mir aber. *Susanne befreit sich geschickt aus Spinners Griff.* Wie kann einer bloß so fanatisch hassen? Auf mich hör nicht. Ich bin eine dumme Gans.
SPINNER: Susanne ...
SUSANNE: Sei ruhig. Komm her. *Spinner lehnt sich an Susanne.* Leg dich an meine Brust.
SPINNER: Susanne. Beine. Wärme. Morgentau. Milchautos. SFB.
SUSANNE: Was redest du.
SPINNER: Wären wir nicht hier, müßte es so sein.
SUSANNE: Ach, Quatsch, schlaf, Sprüchemacher, schlaf. Fahren die Polizeiautos ab, ist die Luft rein. Bleib liegen ... so, ja.
*Pause. Spinner schläft.*
SUSANNE *singt*:

Ich werde die Rose brechen
und zwischen die Brüste stecken.
Er soll sie verlangen,
wenn er mich aufknöpft.

Bin ich bescheuert? Schlucke wie eine Emotionsschleuse. Ha, ein Professorensöhnchen obendrein! Wenn es mich in der Stadt wiedersieht, hüstelt es verlegen Tackschön und verpißt sich ... Oder es steigt nachtens mit Samenkoller bei mir ab. Scheiße, ich habe mich verliebt. *Weint leise.*

*Ina erhebt sich, geht durch die Bude, öffnet eine unsichtbare Tür, schiebt unsichtbare Wesen auf unsichtbare Sitzplätze und stellt sich lässig vor den Unsichtbaren auf. Ina hat einen Traum.*

INA: So. Ihr wollt ein Märchen hören. Hm. Gut. Aber ich spiele in diesem Märchen mit, einverstanden? Gut, gut, ich bin die Prinzessin …

Auf einer kleinen Insel stand ein weißes Haus. Darin wohnten viele Menschen und ich, die Prinzessin. Alle Hausbewohner sprachen verschiedene Sprachen, aber sie verstanden sich trotzdem. Eines Tages wurde ich schwer krank. Die Ärzte sahen verlegen auf einen Fleck zwischen meinen Augen und ließen mich allein. Meine Inselfreunde riefen unsere Inselhexe. Sie trug mich an den Strand und zauberte alle Menschen vom Festland herbei, die ich kannte. Die Bekannten standen mißtrauisch auf einer langen Brücke, die nicht bis an das Ufer reichte. Als mich die Bekannten erkannten, liefen sie fort und fielen ins Meer. Ein Sturm zerhackte die Brücke. Ich, die Prinzessin, weinte um die toten Bekannten. Die Hexe sah mich böse an und schrie unverständliche Worte ins Meer. Da standen alle Bekannten vor mir, verneigten eilig ihre Häupter und machten sich an eine Arbeit. Kaum hatte ich begriffen, was sie taten, schwamm ein neues Boot auf dem Meer. Die Bekannten standen auf dem Boot und drehten mir ihre Rücken zu. Ich spürte, daß sie auf einen bestimmten Punkt starrten, aber ich konnte ihn von meiner Insel aus nicht erkennen. Über der Insel ertönte ein glückliches Hexenlachen, die Hexe küßte mich auf die Wange und geleitete mich ins Haus. Meine Inselfreunde lachten froh, denn ich war wieder gesund und bin deshalb nicht gestorben … *Ina tastet sich auf ihren Platz neben Gregor zurück. Stille.*

SUSANNE: Armes Würstchen. Ina. Hier muß ich weg. Die Rechnung macht sonstwo auf. Sprüchemacher. Wach auf.

SPINNER *schlafend*: Ich ersticke. Reiß mich auf. Mädchen.

SUSANNE: Mach mich nicht verrückt, Mensch.

SPINNER *schlafend*: Ein Heuschober mein Maul. Auswurf unter der Zunge, aufgelesen, ungewogen. Ich ersticke.

SUSANNE: Ist doch alles Macke, Mensch.

SPINNER *schlafend*: Sonnenpächter, wohin führt ihr mich auf ausgeträumter Schilderstraße!

SUSANNE: Pennst nicht mal im Schlaf, Wahnsinniger, oh.

SPINNER *schlafend*: Der Schorf schiebt sich mit dem Zipfel Wahrheit über eure Risse, in denen ihr uns verstecken wollt.

SUSANNE: Sprüchemacher, was zerhaust du in mir …

SPINNER *schlafend*: Ihr verkauft das Ziel für ein Gramm Sonne und schmelzt es auf eine Idee zusammen. Sonnenpächter, ihr sollt dafür verrecken …

SUSANNE: Schlaf, Sprüchemacher, schlaf. Wo lebst du, mein Junge? Ich verstehe dich nicht. Ich verstehe dich. Ich bin alt. Älter als meine Mutter. Im Schoß. Seit vierzehn. Ich beherrsche meinen Schoß. Aber Wünsche führen mich bergauf. Bergab. Von mir fort. Weit. Hierher? Vielleicht. *Lacht erschöpft.* Meine Wünsche sind … Bedürfnisse und kosten Geld. Habe ich schon gelebt? Vielleicht zwischen zehn und zwölf, ha! Dann kam ein Leben für Klamotten … Sei ehrlich, Susanne … mit Berechnungen. Unter Fetzen fand ich keinen Schatz. Hüllen. Immer Hüllen. Schöße darin. Schließlich. Feucht und trocken. Aufrecht und krumm. Da aufrichtig! 50 Mark zum Pullover bringen mich auf den Hund. Du, Sprüchemacher, kommst mir in die Quere wie der Zaunpfahl, zum Festhalten zu morsch, zum Ausgraben zu tief, abstützen will ich dich, du … Oh, Sprüchemacher, was tust du mit mir! Bei mir sterbe ich bald. Sich selbst wert sein, Kraft für dich spüren … Verstehen lernend, bis in den Schoß. Wärme, Angst. Wie nackt du bist, mein Junge. Verborgenes …

*Ina und Gregor erwachen.*

GREGOR: Mein Gottchen, ich habe geschlafen. *Gregor erhebt sich und schaut aus dem Fenster.* Unverändert, die Polizei stromert noch rum.

INA: Hast du schon mal im Freien geschlafen, Gregor? Eine ganze Nacht.

GREGOR: Nur über die FDJ. Aber in Zelten. Selbstverständlich.

INA: Heute ist meine erste Nacht.

GREGOR: Das war gar nicht so verkehrt, weißt du. Am Elbeufer. Enorm großes Lagerfeuer. Und gesungen, gesungen haben wir! So leise wie die Elbe fließt. Alle, verstehst du. Das war eine Gemütlichkeit, die lob ich mir …

INA: Ich war einmal betrunken. Richtig.

GREGOR: Fusel gibt es bei mir nicht, höchstens zum Anstoßen mal. Mein Vater rührt gar nichts an, stell dir vor.

INA: Mußt du das schwer haben, Gregor.

GREGOR: Na, wieso denn! Mein Vater ist doch krank, mit Niere und Blase. Cola und Limo vom Rezept, sonst könnte er sich gleich einsargen lassen.

INA: Ach so. Du arbeitest richtig, Gregor?

GREGOR: Das möchte wohl sein.

INA: Ist das schwer? Ehrlich.

GREGOR: Du gibst dir eben die größte Mühe.

INA: Immer?

GREGOR: Erst ist Arbeiten natürlich eine Viecherei, mit der Gewöhnung gehts dann schon besser.

INA: Schrecklich.

GREGOR: Schlechter als die Kumpels willst du nicht sein, na. Den Trick und den Trick guckst du dir bei den Alten ab, aber wehe, du versaubeutelst eine Schicht, gleich haben sie dich am Schlawittchen. Besoffen am Ofen, um noch einmal vom Fusel zu reden, den Ärger vom verlorenen Match mitschmelzen, kannst du dir überhaupt nicht leisten. Ist ja auch nicht der Sinn der Arbeit.

INA: Bei mir ist alles ganz normal. Meine Eltern sind geschieden.

GREGOR: Da sind wir wirklich Weltmeister!

INA: Meine Mutter fand keinen neuen Mann. Mein Vater fand keine neue Frau. Jetzt geht einer zum anderen. Mal so, mal so.

GREGOR: Ich mach doch noch ein Nickerchen, Ina. Hier werden wir ehedem nichts mehr bestellen. Aber so lernt man sich kennen … Das wunderlichste Match meines Lebens …

INA: Darf ich mich anlehnen, Gregor?

GREGOR: Selbstverständlich.

*Ina lehnt sich an Gregor.*

INA: Ich stellte mir das schlimmer vor.

GREGOR: Was?

INA: Die Scheidung.

GREGOR: Ja, ja. Schlaf nur noch, Ina.

*Spinner erwacht.*

SPINNER: Eine Bettdecke, Herr Professor.

SUSANNE: Sieh mich nicht so an.

*Spinner küßt Susanne.*

SPINNER: Ist das Liebe?

SUSANNE: Leck mich am Arsch.

SPINNER: Willst du mich adoptieren.

SUSANNE *lacht*: Wenn dein Alter die Unterhaltskosten zahlt …

SPINNER: Du brauchst Geld, nicht wahr?

SUSANNE: Schlaf weiter, ach.

SPINNER:

Im Sozialismus ist das Geld,
die Frage, die sich jeder stellt.
Und stellt er sie auch noch so leis,
er zahlt dafür zu hohen Preis.

SUSANNE: Mensch, du redest mir die Knochen weich! Dich haben andere gedüngert … bleib auf deinem Beet, komm mir nicht zu nahe …

SPINNER: Susanne?

SUSANNE: Weiß der Teufel warum, du machst dich wichtig …

SPINNER: Unwichtige Helden haben wir doch genug, oder!

SUSANNE: Vielleicht mußt du einfach mal bumsen. *Spinner schlägt Susanne eine Ohrfeige.* Leg deinen Schwanz auf Vaters Ordenskissen, aber rühre mich nicht an, du!

SPINNER: Ich wollte dich nicht schlagen.

SUSANNE: Hast du mich etwa gestreichelt mit deinen lateinischen Pfoten … ich dämliche Gans. *Lacht.* Du Knirps, du erinnerst mich an einen Zimmer-Kaktus … auf jedem Stachel ein Spruch! *Überlegt:* Ich habe mich in dich verliebt, Sprüchemacher.

SPINNER: Sei still. Wenn die dich hören.

SUSANNE *demonstrativ laut*: Ich habe mich verliebt, Genossen Fans!

SPINNER: Sei still, du … *Spinner hält Susanne den Mund zu, Susanne amüsiert sich.* Ich gehe zur Polizei … Ich werde sagen, wer der Mörder ist.

SUSANNE *ängstlich*: Wer?

SPINNER *läßt von Susanne ab*: Ein Bürger dieses Landes!

SUSANNE: Quatsch nicht so geschwollen, wer?
SPINNER *ruhig*: Susanne. Ich kenn mich nicht gut. Du sagst, …
SUSANNE: Sprüchemacher, ich habe Angst vor dir.
SPINNER: Warum verliebst du dich in mich?
SUSANNE: Warum versteckst du dich? Sprüchemacher!
*Ina schreckt auf, Gregor legt schnell einen Arm um sie.*
GREGOR: Ina.
INA: Da schrie jemand … wie Hilfe …
GREGOR: Spinner, war was?
SPINNER: Alles beim alten. Sie suchen ihren Mörder.
INA: Vielleicht haben sie einen, jetzt suchen sie das Messer.
SPINNER: Und das Motiv. Gute Nacht. *Spinner legt sich auf eine Bank und schläft.*
*Susanne geht unruhig durch die Baubude.*
INA: Mußt du mal?
SUSANNE: Was steht auf Mord, Schmelzer?
GREGOR: Paar Jährchen, je nach Umständen und so. Warum fragst du das?
SUSANNE: Fiel mir plötzlich so ein. Ich hau mich hin. *Susanne setzt sich in eine Budenecke und versucht zu schlafen.*
INA: Du, Gregor.
GREGOR: Na?
INA: Sind deine Eltern auch geschieden?
GREGOR: Hör mal. Meine Mutter schulte mit 38 auf Krankenschwester um, sie wäre heute glatt Witwe. Die halten zusammen …
INA: Bei mir ist alles ganz normal.
GREGOR: Ein Schmelzer aus meiner Brigade hatte eine Frau und ein Kind. Der Schmelzer wurde Soldat. Die Hälfte der Brigade machte sich über seine Frau her. Als der Schmelzer davon erfuhr, war er lange still, dann kämpfte er um sein Kind. Ein Mädchen.
INA: Wollte denn die Frau das?
GREGOR: Sie wollte es.
INA: Ich dreh durch.
GREGOR: Jedesmal wenn der Schmelzer auf Urlaub kam, lief er über die Ofenbühne und fragte die Kollegen, ob sie mit seiner Frau was gehabt haben.
INA: Irre.

GREGOR: Bis er die Liste voll hatte. Die Armee entwaffnete ihn in seiner Lage.

INA: So was gibt es nicht!

GREGOR: Na klar gibt es das! Er fragte.

INA: Und dann?

GREGOR: Er ging mit der Liste zum Gericht. Scheidung, Kind, peng!

INA: Ungeheuer.

GREGOR: So alt wie ich. Bei Tage besehen, sieht er so alt wie mein Vater aus.

INA: Wirklich?

GREGOR: Meine Mutter sagt das.

INA: Sie kennt deinen Kollegen.

GREGOR: Gut.

INA: Woher denn?

GREGOR *schreit*: Er ist ihr Sohn!

INA: Du? Du bist doch der verrückte Fußballfan, Mensch. Wieso denn du? Ich fürchte mich, Mann.

GREGOR *aufgeregt*: Nicht aufregen, Ina.

INA: Ihr seid gescheiterte Existenzen, ihr!

GREGOR: Laß uns darüber reden, Ina.

INA: Du. Der Jeansaffe. Der Spinner. Der Muttertyp. Quatscht mich nicht mehr an, ihr Schufte!

GREGOR: Laß sie schlafen. Bitte. Davon muß keiner was wissen. Sei still. Mein Bruder! Du verwechselst mich mit meinem Bruder, Ina. Ja.

INA: Verschone mich mit deinen Familiengeschichten. Ich will hier raus. So werde ich nicht ... ihr macht mich bloß verrückt ... *Weint.* Von dir dachte ich, daß du anständig bist. Wo hat denn dein Bruder das Kind?

GREGOR: Bei seiner Mutter.

INA: Und die richtige Mutter?

GREGOR: Tot. Sie war die beste Kranfahrerin. Nach der Scheidung dann ...

INA: Gestorben.

GREGOR: Sie sprang von ihrem Kran unter einen Schrottzug. Da war sie tot.

INA: Dreckige Geschichten. Das läuft in unserem Land herum. Pfui!

GREGOR: Du erfährst noch dreckigere Geschichten ... ob du willst oder nicht, du erfährst sie.

INA: Ich nicht.

GREGOR: Und das hier?

INA: Zufall, Kleiner. Mit dem toten Onkel habe ich soviel zu tun wie mit deinen dreckigen Geschichten. Du denkst, ich bin zehnte, weiß nicht, was ich will, ha! Diese Bude verlasse ich wie die Jungfrau das Abendmahl. Darauf kannst du Gift nehmen.

GREGOR *tritt hastig an das Fenster*: Ich muß heim. Ich kriege noch einen Zug. Ich wollte dich nicht beleidigen.

INA: Schieb ab. Besten Gruß an deinen Limopapa.

GREGOR: Du tust mir weh, Ina.

INA: Und einen Kuß für die Sittenstrolche aus deiner Brigade. Es sind prima Schweine, sag ihnen das.

GREGOR: Wie du dich veränderst, Ina.

INA: Glotz mich nicht an! Vielleicht ist der Tote aus dem Stadion einer von ihnen?

GREGOR: Halt den Mund.

INA: Der Schlimmste.

GREGOR: Nein.

INA: Jetzt ist er bei der toten Kranfahrerin.

GREGOR: Oh.

INA: Sie heiraten im Jenseits. Sie lachen über den dämlichen Doppelmörder …

GREGOR: Du bist wahnsinnig. *Gregor reißt das Brett unter der Türklinke weg.*

*Ina wirft sich gegen die Tür.*

INA: Wacht auf!

GREGOR: Du bist wahnsinnig.

INA: Wacht auf! Der Sachse haut ab!

*Bomber springt vom Tisch, zerrt Gregor in die Baubude zurück.*

BOMBER: Platz, mein Sachse. Verrammel die Tür, Klugscheißer.

SPINNER: Was hast du vor, Schmelzer?

GREGOR: Ihr seid übergeschnappt.

BOMBER: Mitgefangen. Mitgehangen.

*Spinner drückt das Brett unter die Türklinke.*

SPINNER: Geschlossene Veranstaltung.

GREGOR: Ich muß in die Frühschicht.

BOMBER: Ich auch.

GREGOR: Wie komme ich nach Hause, sagt mir das einer, na?

BOMBER: In der grünen Minna, wenn du türmst.

GREGOR: Wenn es sein muß, gehe ich mit Gewalt.

BOMBER: Spuck keine großen Töne, ich bin müde.

GREGOR: Die Polizei hat den Mörder längst eingelocht ...

BOMBER: Mein Sachse. Die Jacke im Eimer. Schlecht. Die Nacht im Eimer. Schlecht. Der Tag eine Blauschicht. Kann vorkommen. Aber zerreißt du mein Hemd, gnade dir Gott!

GREGOR: Ebensogut kann jeder von euch der Mörder sein.

SUSANNE: Kann, ja. Doch einer ist es.

GREGOR: Solange keine Tatsachen vorliegen ...

SUSANNE: Ist der tote Mann eine Erfindung!

GREGOR: Bomber! Du bist Arbeiter. Ich bin Arbeiter. Nicht wahr.

BOMBER: Aber du beleidigst mich.

GREGOR: Das stimmt nicht.

BOMBER: Mit achtzehn saß ich im Knast. Nachdem habe ich einen Anfang gemacht. Hast du schon einmal einen Anfang gemacht, Sachse? Nicht nötig, kapiere. Von der Wiege in den Sarg, immer picobello.

INA: Ihr kennt Gregor nicht.

BOMBER: Lieber die Frau zu Hause verprügeln, als auf der Straße einen Pfurz lassen! Willst du solch ein stinkender Hund werden, Sachse? Ich knall dir eins auf die Schnauze, wenn du so werden willst, mein Sachse.

GREGOR: Ich täte dir davon abraten, Bomber.

BOMBER *erstaunt*: Was?

GREGOR: Übernehme für nichts mehr die Garantie, ich schwöre es euch.

*Bomber und Gregor stehen sich lauernd gegenüber.*

SUSANNE: Bomber. Deine Frau. Deine Kinder. Dein Anfang. Dein Kredit. Verlier dich nicht. Das lohnt nicht. Machst nur den Affen für einen Mörder ... Er dreht uns durch die Mühle, die er durch hat. Übrig bleibt nichts. Außer Verzweiflung. *Krümmt sich unter einem Schmerz.* Oh, warum ist es wahr!

BOMBER: Aber ihr klugen Menschen denkt, Bomber denkt nicht. Bomber, ein Rindvieh, ein Mörder, warum nicht. Für Westzaster baut Bomber den Kunden schönen Pfusch.

GREGOR: Was weißt du, Susanne?
SUSANNE: Ich bin eine dumme Gans.
INA: Siehst du, was dein Scheißselbstmitleid anrichtet, Bomber. Susanne?
BOMBER: Sag das noch einmal.
INA: Du stinkst vor Selbstmitleid!
BOMBER: Du Mücke. Ich zertrete dich auf der Stelle.
GREGOR: Untersteh dich ...
INA: Na los, zeig allen, die noch nicht begriffen haben, daß du ein Bombenkerl bist.
BOMBER: Hat dich der Sachse rumgekriegt, du Biest?
INA: Und wie!
BOMBER: Hier?
INA: Was denkst du, wie das losging! Die Nummer kannte ich noch nicht! *Weint.* Diese Nummer war neu für mich ...
BOMBER: Das hätte ich dir nicht zugetraut, mein Sachse.
GREGOR: Ich mir auch nicht.
BOMBER: Mußt du denn heulen, wo ich mich beruhigt habe! Sachse.
GREGOR: Ich schlage vor, wir machen eine Mücke. Na? Einer geht vor, die anderen folgen. Na? In Abständen natürlich. Die Gruppe fällt zu leicht auf. Wer kennt sich hier gut aus? Na?
SPINNER: Ich.
GREGOR: Du führst uns, Spinner.
SPINNER: Wohin?
GREGOR: Na, weg.
SPINNER: Und dann?
GREGOR: Na, heim.
SPINNER: Den Weg findest du ohne meine Hilfe.
GREGOR: Gott, nein, was soll ich hier!
SPINNER: Suchen!
GREGOR: Ich bin kein Spürhund. Na, machen wir uns auf den Weg?
*Spinner reißt das Brett unter der Türklinke weg und stößt mit einem Fußtritt die Tür auf.*
SPINNER: Geht. Alle! Die sichersten Verstecke sind euch sicher. Geht. Die Mieten sind dafür niedrig gehalten. Stellt einer eine Frage, Bogen machen, auf keinen Fall ablenken lassen! Guckt lieber ein bißchen doof in der Gegend

rum, ihr steht euch nichts aus. Geht! Morgen läuft alles seinen uralten Gang. Keine Bange. Geht ruhig. Ihr seid der Stolz dieser Welt, über den sie eines Tages ins Stolpern kommt, weil eure Buckel noch so verschieden sind. Im Ernst, Jugendfreunde, geht euren Weg, am Ziel sitzt schon einer, der euch die Mühe lohnt. Geht. Sehr ihr, mein Buckel will nicht so recht, mein Schädel ist von Fragen zerfressen, ach, wißt ihr, Geschmeiß wie ich richtet sich am besten selbst für diese Fehler. Also kümmert euch nicht um mich … Polizei! *Spinner reißt die Tür zu. Susanne löscht das Licht. Stille.*

*Eine alte Frau geht mit einem toten Hund über den Platz, sie hält den Hund in ihren Armen. Den Hund bedeckt ein Wolltuch. Ein junger Polizist folgt der alten Frau.*

DER POLIZIST: Gute alte Frau, es ist Vorschrift, daß ich Ihre Personalien notiere.

ALTE FRAU: Mein Friedrich ist tot.

DER POLIZIST: Tut mir aufrichtig leid. Aber der Hund ist selbst schuld.

ALTE FRAU: Schämen Sie sich!

DER POLIZIST: Die Straße. Der Verkehr. Auch in der Nacht. Da paßt kein Hund rein.

ALTE FRAU: Woher wollen Sie das wissen!

DER POLIZIST: Verstehen Sie das endlich. Ich bin für Ordnung und Sicherheit im öffentlichen Verkehr verantwortlich.

ALTE FRAU: Das behaupten Sie!

DER POLIZIST: Gute Frau, glauben Sie, ich latsche mir meine Beine zum Privatvergnügen in den Bauch.

ALTE FRAU: Werden Sie für Ihre Verantwortung bezahlt?

DER POLIZIST: Wie kommen Sie darauf?

ALTE FRAU: Werden Sie oder werden Sie nicht?

DER POLIZIST: Denken Sie, ich lebe von Spenden!

ALTE FRAU: Dann arbeiten Sie gefälligst anständig!

DER POLIZIST: Mit Ihnen rede ich nicht.

ALTE FRAU: Halten Sie mich nicht auf, ich bin in Trauer.

DER POLIZIST: Ich mache Ihnen einen Vorschlag …

ALTE FRAU: Unterstehen Sie sich!

DER POLIZIST: Also gut. Der Hund ist tot. Der PKW-Fahrer blieb unverletzt. Aber ein Schaden ist entstanden.

ALTE FRAU: Ein Unglück ist geschehen.

DER POLIZIST: Ja. Doch das Auto hat einen Schaden.
ALTE FRAU: Scheren sie sich zum Teufel.
DER POLIZIST: Das kann ich nicht!
ALTE FRAU: Oder machen Sie meinen Friedrich wieder lebendig.
DER POLIZIST *ziemlich verzweifelt*: Ich bin nicht Gott!
ALTE FRAU: Wollen Sie sagen, Gott lenkte meinen Friedrich unter dieses gierige Auto?
DER POLIZIST: Quatsch, ich will Ihre Personalien. Bitte.
ALTE FRAU: Versündigen Sie sich nicht, junger Mann.
DER POLIZIST: Nein, aber helfen Sie mir.
ALTE FRAU: Womit?
DER POLIZIST: Ihre Personalien. Nur einige kleine Angaben für eventuelle Komplikationen. Sie verließen sofort den Tatort, wofür ich Verständnis habe, rein menschlich ... Aber ich bin im Dienst.
ALTE FRAU: So, dienen Sie, dienen Sie. Verhindern Sie in Zukunft gefälligst weitere Morde an Hunden. Haben Sie mich verstanden!
DER POLIZIST: Ich gebe mir die größte Mühe in Zukunft.
ALTE FRAU: Das sagt sich leicht, junger Mann.
DER POLIZIST: Ich verspreche es Ihnen, gute Frau.
ALTE FRAU: In Ihnen steckt noch ein guter Kern.
DER POLIZIST: Wie heißen Sie?
ALTE FRAU: Junger Mann, ich bin eine alte Frau!
DER POLIZIST: Ich ein junger Polizist. *Ziemlich erschöpft:* Ihr Friedrich ist mein erster Unfall mit Todesfolge ...
ALTE FRAU: Absolut kein Grund zur Einbildung, mein Herr.
DER POLIZIST: Warum verstehen Sie meine Lage nicht? Name, Adresse. Und Sie können in Demut, Anmut, Schwermut, ach, wie Sie wollen ... begraben Sie den toten Friedrich dann.
ALTE FRAU: Beisetzen!
DER POLIZIST: Bitte. Und ich rede auch am Grab Ihres Friedrich ein paar nette Worte zum Abschied, aber geben Sie mir Ihre Personalien.
ALTE FRAU: Was sind denn das für Schweinereien!
DER POLIZIST: Personalien?
ALTE FRAU: Ich möchte dieses schmutzige Wort nicht mehr hören, Sie Rüpel.

DER POLIZIST: Aber Personalien sind Ihre Angaben, verdammt noch mal!

ALTE FRAU: Meine Angaben. So.

DER POLIZIST: Ja.

ALTE FRAU: Wenn Sie Sittenstrolch nicht augenblicklich von meinen Personalien ablassen, übergebe ich Sie ihren Kollegen, die in dieser Nacht in Scharen um diesen Platz schleichen.

DER POLIZIST: Das ist ein anderer Friedrich. Ein Mensch!

ALTE FRAU: Kein Grund, mich anzuschreien, Sie.

DER POLIZIST: Schon gut, verzeihen Sie. Also!
Ihr Hund Friedrich, verstorben vor … 16 Minuten, verursachte vor 16 Minuten einen Verkehrsunfall. Dabei kam ein Auto zu Schaden. Der Fahrzeugführer geriet in seinem Auto gegen ein Verkehrsschild, weil er Ihrem Hund ausweichen wollte. Ohne Erfolg, das Auto hat ein Loch. Im Blech. In der Karosse. Der Fahrzeugführer konnte seine Fahrt fortsetzen und verlangt Schadenersatz. Demnächst. Da der Verursacher des Unfalls am Unfallort verschieden ist, belangt der Geschädigte den Eigentümer des Hundes … Können Sie mir folgen?

ALTE FRAU: Werden Sie nicht frech!

DER POLIZIST: Mensch, Mutter, der Kerl notierte sich meinen Namen.

ALTE FRAU: Sie werden eines Tages im Schuldturm enden.

DER POLIZIST *entschlossen*: Ihre Personalien.

ALTE FRAU: Bitte, halten Sie den toten Friedrich.

DER POLIZIST: Wieso? *Die alte Frau übergibt den toten Hund dem Polizisten.* Endlich kommen Sie zur Vernunft. Schreiben Sie Ihre Personalien auf. Hier, hier steckt Schreibzeug, bedienen Sie sich …

ALTE FRAU: Hilfe! Hilfe! *Die alte Frau läuft rasch weg.*

*Besorgt steht der Polizist auf dem kalten unfreundlichen Platz.*

DER POLIZIST: Du gerissenes Aas. Das mir. Der beschissene Autofahrer hat meinen Namen. Was tue ich jetzt? Erst einmal muß ich den Köter verschwinden lassen. Gott, ist mir elend … Die Bude. *Der Polizist öffnet die Baubude, wirft den toten Hund hinein, schließt die Tür und geht schnell fort.*

## Viertes Bild

*Dunkelheit in der Baubude. Die jungen Leute bewegen sich unruhig in ihrem Versteck.*

INA: Wir sind umstellt. Eine Bombe.
BOMBER: Keine Anspielungen.
GREGOR: Der Volkspolizist ist fort.
SUSANNE: Was ist das? Ein Körper!
INA: Pfui!
SPINNER *lacht triumphierend*: Ein Hund! Ein toter Hund! Der lebendige Beweis für die Zuchterfolge unserer Sonnenpächterherrlichkeit! Entzückend. Die Wahrheit auf vier toten Beinen!
INA: Mir ist schlecht ...
*Der Kalkeimer stürzt um, Ina erbricht sich wieder.*
BOMBER: Licht! Das schwangere Luder versaut meine Hose.
*Licht in der Baubude. Der tote Hund liegt auf dem Fußboden, halb vom Wolltuch bedeckt. Bomber steht steif da und sieht fassungslos auf seine Jeanshose. Die Hose ist stark mit Kalk verschmutzt.*
INA: Luft. Ihr bringt mich um.
GREGOR: Gespenstisch ... ein toter Hund.
BOMBER: Die Hose ersetzt du mir, Kleine.
GREGOR: Kalkdreck. Nicht die Welt, Bomber.
BOMBER: Das sagst du in deinen Filzhosen, Sachse!
*Spinner hebt den toten Hund vom Fußboden auf und legt ihn behutsam auf den Tisch. Mit betonter Sorgfalt breitet Spinner das Wolltuch über der Hundeleiche aus.*
SPINNER: Noch gestern wußte er nichts von heute. Nehmen wir Abschied. Hundegebell am Tage ist schon eine Plage. Hundeleiche bei Nacht ist auch keine Pracht. Nehmen wir also erleichtert Abschied und freuen wir uns der toten Hunde auf dieser Welt. Amen.
GREGOR: Red keinen Stuß, Spinner. Wieso versteckt die Polizei einen toten Hund? Einen Pinscher ... zugerichtet, na. Zum Ekeln!
BOMBER: Und wenn hier der Papst persönlich liegen würde, immer noch kein Grund. Willst du endlich die Kalkplempe von meinen Jeans wischen!
INA: Ich kann nicht mehr.

BOMBER: Die Tour kenne ich von meiner Mausi. Los!
INA: Ich kann nicht mehr!
BOMBER: Paß auf, wo du hinrennst, wenn dich einer angebumst hat.
INA: Hör auf, du. Du. Ich vergesse mich sonst. Du. Vor dir habe ich keine Angst mehr ... Ochsen und Männern wie dir sollte jedes Standesamt verboten sein, du beschissenes Mannequin.
BOMBER *betroffen*: Ich ...
GREGOR: Hier, nimm den Lappen.
BOMBER: Du bist ein praktischer Mensch, mein Sachse. Mannequin ... *Bomber säubert sich mit einem Lappen die Hose.*
*Susanne zieht Spinner in eine Ecke.*
SUSANNE: Sprüchemacher?
SPINNER: Mein Sonnenlanderklärer ließ mir seine Nickelbrillenweiber ab. Studienjahresweise. Hilfsassistenten für meine Erziehung zum erfolgreichen Schnabelhalter ... Du, Susanne ...
SUSANNE: Verscheißern kann ich mich allein, was hast du vor, Sprüchemacher?
SPINNER: Der Zynist mit Macke nimmt Abschied, geliebte Gärtnerin.
SUSANNE: Geh mit mir fort, du, ich will dich noch ...
SPINNER: Aber ich will nicht mehr, dumme Gans.
SUSANNE: Ich werde dich nie verstehen, Sprüchemacher ... Ich habe Angst um dich.
SPINNER: Natura non facit saltus. Also haben wir es nicht besser verdient. Oder? Sieh dir diese Lohnschlucker an. Im Stadion waren es zwanzigtausend. Sie sind auf der Erde, weil sie nach neun Monaten da waren. Was wollen sie, was? Moneten in die Pfoten, eine ruhige Kugel schieben und die Zusatzrente.
SUSANNE: Du irrst dich, Sprüchemacher. Gewaltig. Ich kann dir nicht mehr helfen ... *Susanne geht von Spinner fort und setzt sich ruhig auf eine Bank.*
BOMBER: Sieh dir diese Orgelpfeifen an, alles Klugscheißer.
GREGOR: Meinst du, ach.
*Bomber betrachtet zufrieden seine gereinigten Hosen, Gregor staubt die Klubfahne ab. Ina erholt sich mühevoll von ihrer Übelkeit. Susanne und Spinner beobachten Gregor und Bomber.*

*Bomber und Gregor lassen von ihren Beschäftigungen ab und ziehen sich zur Diskussion an den Tisch zurück.*

BOMBER: Leg ihnen einen gebratenen Eber auf den Tisch, das Maul voll Wasser, aber sie können nicht fressen. Sie grübeln über die Verdauung nach, kannst du mir glauben.

GREGOR: Ach.

BOMBER: Aber das Maul voll Wasser! Alles Klugscheißer. Und wir produzieren den Braten nach ihren Plänen. Wie Idioten, Sachse, wie solche Idioten.

GREGOR: Wozu haben wir unseren Grips, na?

BOMBER: Für die Lottotips, mein Sachse.

GREGOR: Ich bin kein Stück Werkzeug, Bomber.

BOMBER: Ha!

GREGOR: Das Zusammenspiel ist entscheidend, nur das Zusammenspiel …

BOMBER: Sie schenken dir den Glauben, in Wahrheit liegen die fertigen Pläne unter dem Tisch. Immer.

GREGOR: Du phantasierst, mein Bester.

BOMBER: Unser Jugendobjekt. Ja.

GREGOR: Was ist denn damit, na?

BOMBER: Jungs, ihr kriegt einen eigenen Bau. Warum nicht? Wo, fragen die Jungs. Da, sagen die Natschalniks von der Leitung und von der FDJ. Gut, sagen die Jungs, aber was? Das. Okey. Ihr kriegt einen alten Hasen in den Trupp für Schwierigkeiten.

*Ina setzt sich zu ihnen. Spinner legt sich betont gelangweilt auf eine Bank.*

SPINNER *um Ironie bemüht*:

Meine Träume sind gewaschen,
hebt auf eure Maschen.
Unsere Seelen sind wund,
hebt, Brüder, bis auf den Grund.

GREGOR: Halt gefälligst die Klappe, na.

BOMBER: Er zeigt uns, wie gebaut wird. Wir zeigen ihm, wie wir bauen können. Gentlemen's Agreement. Kapierst du.

GREGOR: Na, und weiter?

BOMBER: Der Bau steigt und steigt. In der Zeitung Fotos. Im Fernsehen unsere Gesichter. Herzbummern beim Rummel. Geld stimmt. Bau fertig. Fette Prämie. Nichts. Alles wieder beim alten. Was ist passiert, na?

GREGOR: Na, red schon.
SPINNER:

Aschgraue krumme Ärsche
lieben laute Märsche.
Legt zu einen Schritt,
sonst kommt ihr nicht mit.

BOMBER: Die Leitung, die FDJ hat sich bewährt.
GREGOR: Was?
BOMBER: Vor oben! Hör zu, Sachse. Damit sie das konnte, hat sie sich alles ausklamüsert. Vorher. Alles. Die passenden Jungs für das Objekt, den Bauplan, das Material, den Rummel, die Prämie, die Lobhudeleien. Alles für die eigene Bestätigung, daß sie weiter klugscheißen dürfen ... Und wir rammeln los wie die Idioten. Und nur für die Mäuse, nein, damit können sie die alten Knochen weichschlagen, die Mäuse fängt ein Bauarbeiter auch anderswo, sogar in West.
GREGOR: Ich arbeite an einem Jugendofen, Bomber. Jugendobjekt, aber anders.
BOMBER: Na und?
GREGOR: Anders. Mit Grips, na.
SPINNER:

Legt zu, ihr Irrlichter,
die Zeiten werden dichter und dichter.
Auf, auf, junge Garde,
mit Stolz die Parade!

GREGOR: Es tut mir leid, so kann ich nicht über meinen Ofen reden.
SUSANNE: Laß nur, Gregor.
BOMBER: Halt die Schnauze, Klugscheißer! Schieß los.
GREGOR: Bei den Alten wartest du, bis sie die Kelle schmeißen. Du schwitzt mit Schule und allem hinter dem Ofen. Abstich, Rinne bauen, Mädchen für alles. Unser FDJnik lief Sturm, wir bekamen einen eigenen Ofen mit Leuchtschrift. Jugendofen, klar? Die Alten wieherten vor Zorn, die Leitung taktierte, wir hingen durch wie reife Pflaumen. Wir schlampten nämlich rum wie die Stars. Das konnte nicht gut gehen, na? Der FDJnik freute sich schon auf die Versetzung in die Produktion, die Leitung schoß sich auf uns ein. Eine Beanstandung nach der anderen.

INA: Sie nahmen euch den Ofen wieder weg, stimmt's?

GREGOR: So leicht geben Stahlschmelzer nicht auf! Wir versammelten uns und kippten die ganze Problematik auf einem Biertisch aus. Da flogen die Fetzen wie bei einer Haushaltsauflösung, ich sage euch. Jetzt machten wir einen Vertrag mit der Leitung über unsere Zukunft am Ofen. Nun müssen wir einen Erfolg haben, wenn wir eine Zukunft haben wollen. Vielleicht wird der Ofen mal unsere Kaderschmiede, wer weiß. Jedenfalls ist der Schrottfresser endlich auf Touren gekommen, keine Bange.

BOMBER: Deinen Vertrag steck in den Ofen, Sachse.

GREGOR: Na, wieso denn?

SPINNER:

Tischt die guten Taten auf,
sonst kriegt ihr einen Knauf.
Zeigt her die Erziehung
und versteckt die Erfrierung.

BOMBER: Klugscheißer, du Affenkopp! Sachse, ich halte dich für einen praktischen Menschen, warum glaubst du an diesen Schwindel.

GREGOR: Ich sehe, was bei uns los ist.

BOMBER: Was?

GREGOR: Unser Ofen liegt vorn, nicht übertrieben.

BOMBER: Unser Bau auch.

GREGOR: Hättet ihr mehr rausholen müssen. Wir müssen rütteln, sonst wird der Gegenplan für dich mitgemacht, gleich im Büro.

BOMBER: Ich sehe, Sachse, du glaubst an diesen Schwindel.

GREGOR: Das ist unser Interesse, Mann!

BOMBER: Glaube du, ich glaube nicht. Schaffen wir die Hundeleiche unter die Erde.

*Spinner nimmt Gregors Signalhorn, bläst hinein, Töne.*

SPINNER:

Ich sags euch im Guten!
Tuten. Tuten. Tuten.
Zerrissene junge Gesichter
erschreckten stets alte Dichter!

GREGOR: Wo hast du bloß diesen Mist gesammelt. Gib her!
*Gregor reißt Spinner das Horn aus den Händen. Spinner lacht.*

*Bomber und Gregor reißen die Fußbodenbretter an einer Stelle auf und heben eine Grube aus.*

INA: Hier ist ein Spaten.

GREGOR: Danke. Na los.

BOMBER: Du bist eben doch ein praktischer Mensch, auch mit deinem Glauben …

GREGOR: Wer weiß, vielleicht hängen sie uns den toten Köter auch noch an. Mein Zug ist eh weg, jetzt hilft mir nur noch ein Arzt.

BOMBER: Ich habe meine Beziehungen, Sachse.

GREGOR: Auf meine Gusche kriege ich einen Schein, na?

BOMBER: Nicht die Politur, Sachse, die Beziehungen, kapito. Auf Familie stehst du nicht, was?

GREGOR: Ich?

BOMBER: Oder bist du motorisiert?

GREGOR: Ich?

BOMBER: Sachse. Was ist mit dir?

GREGOR: Nichts …

BOMBER: Du gefällst mir nicht. Was ist?

GREGOR: Geht vorüber.

BOMBER: Der Köter? Laß mich das machen. Sachse! Du heulst doch nicht wegen dem toten Köter! Sachse? Heul nicht. Ein praktischer Mensch heult nicht. Das hast du von deinem Glauben, Sachse. Du machst mich kaputt, Mann. Ihr. Steht nicht rum, der Sachse … So was habe ich noch nicht erlebt. Nicht mal im Knast … Soll sich der Köter selbst vergraben! *Pause.* Der Tote? Du kennst ihn nicht. Oder? Sachse, mein Arzt schreibt dich jeden Tag krank, hörst du. Du kennst den Toten … Du? Du bist der Mörder? Warum, Sachse, du hast doch einen Glauben! Mach endlich die Schnauze auf. Ich steige hier aus. Du.

*Pause.*

GREGOR: Ich bin kein Mörder. Ich habe sie geliebt. Sie riß mir die Haut herunter, bis ein Brand da war. Sie konnte nicht leben.

BOMBER: Von wem redet er!

GREGOR: Deshalb ist es mein Kind.

BOMBER: Der Sachse redet irre. Ihr!

GREGOR: Ich habe sie nicht umgebracht. Das Kind gehört zu mir.

BOMBER: Der muß wirklich zum Arzt ... Susanne, der Sachse ist doch nicht plemplem ...

*Geräusch abfahrender Autos. Ina springt zum Fenster.*

INA: Wir sind frei! Die Polizei zieht ab. Endlich ... Bin ich froh.

BOMBER: Ihr könnt mich mit dem Sachsen nicht allein lassen. Das ist unmöglich. Da macht Bomber nicht mit ... Nein! *Bomber rast mit ausgestreckten Armen gegen eine Schuppenwand, auf der in großen Buchstaben der Satz steht: ICH BIN DER MÖRDER!* Wer war das ... Wer dachte sich diese Schweinerei aus? Wer?

INA *lacht aufgeregt*: Der Mörder selbstverständlich.

SUSANNE: Der tote Hund.

GREGOR: Das ist die Höhe ...

BOMBER: Ich hau mir in die Schnauze. Einer von uns ...

INA: Die Polizei hat uns reingelegt! Der tote Hund war Absicht. Wir sind auf den Hund gekommen!

SPINNER: Das Match ist aus.

SUSANNE: Sprüchemacher, du willst mich noch. Bring mich fort, solange Zeit ist. Wahnsinniges Spiel, ich bitte dich. Jetzt! Warum haut denn keiner ab! Bomber, du bist scharf auf mich. Los, da draußen hält uns kein Bulle mehr auf ...

GREGOR: Sag die Wahrheit, Susanne, was hast du mit dem Toten aus dem Stadion zu schaffen? Ist das dein Schrieb?

SUSANNE: Leck mich am Arsch.

BOMBER: Ich versorge dich mit einem Rechtsanwalt, Susanne. Verlaß dich auf mich. Aber ich bin verheiratet ...

SUSANNE: Mach dir nicht in die Hosen, Junge. Wozu quäle ich mich ...

INA: Zeigen wir uns alle an. Die Kripo kriegt raus, wer der Mörder ist! Sieht hier vielleicht einer wie ein Mörder aus? Der Satz ist ein Gaudi.

BOMBER: Deine Gaudis knacksen mich so langsam an, du Pißnelke! Verpfeifen wir uns in alle Winde, los. Und wisch gefälligst die Schmiererei weg.

INA: Ich?

GREGOR *schüttelt den Kopf*: Ich muß auch sagen, Ina.

INA: Besengt, was.

GREGOR: Gehen wir.

SUSANNE *konzentriert*: Wir haben genug gemordet für diese Nacht. Kehren wir zur Arbeiter-und-Bauern-Macht zurück. Gurken stehen auf dem Plan.

SPINNER *stellt sich der Gruppe in den Weg*: Das könnte euch so passen, ihr Planbolzer!

SUSANNE: Hundesohn, was gefällt dir nicht an dem, was? Du willst alles haben und hast nichts, ha! Er verträgt unsere Verachtung nicht, also verachtet er uns. Warum das so ist, findet er in keinem Buch. Scheut vor nichts zurück, diese moderne Mißgeburt ... Liebster Sprüchemacher, bitte, geh uns aus dem Weg, bitte, ich flehe dich an. Sei einmal normal, es kann alles wieder gut werden, alles, glaub es mir. Ich wünsche es ...

BOMBER: Du drehst uns keinen Mord an, Klugscheißer. Du nicht. Für den ABV mußte ich brummen, jetzt bin ich ein ruhiger Mensch. Meine Brigade steht hinter mir. Sie kennt Bomber. Besser als meine Frau. Auf dem Bau stehe ich wie ein Kran. Mit mir nicht. Nicht für tausend Westpiepen!

SPINNER *schüttelt sich vor Lachen*: Glaubst du dir selbst!

BOMBER: Ich ziele, wenn ich zuschlage. Ich habe gezielt! Im Stadion flogen sieben Mann in die Wurstbude. Ein Ordner über die Büsche.

SPINNER *lacht*: Für einen Fingerhut Pflaumenmus.

*Bomber packt Spinner am Kragen.*

BOMBER: Kein Schwein weiß, was da in deinem Schädel vorgeht, du. Jeden Tag. Auf meine Kosten! Du besudelst meine Häuser, weil du mit Mama und Papa in einer Villa hockst. Ich bin ein Schläger, weil ich euch hasse, ihr Klugscheißer. Ich schlage meine Kumpels, denn ich habe Angst vor euch. Ihr seid meine Chefs. Überall! Helft mir doch ... Ich habe ihn nicht umgebracht.

INA: Soll doch jeder an die Wand schreiben: ICH BIN DER MÖRDER! Wer sich nicht traut, ist der Mörder.

*Gregor schlägt Ina eine Ohrfeige. Ina steht still da, weint stumm und fällt Gregor in die Arme.*

BOMBER: Verrecken soll ich wie dieser Hund, wenn ich der Mörder bin.

SPINNER: Nimm endlich deine Pfoten von mir!

GREGOR: Ich misch mich hier nicht mehr ein. Es ist besser,

wir gehen tatsächlich zur Polizei, auch, wenn sie schon weg ist.

SPINNER: Willst du wissen, ob du der Mörder bist?

GREGOR: Du bist tüchtig überspannt, mein Bester.

SPINNER: Vielleicht nur, um zu erfahren, wer du überhaupt bist?

GREGOR *stößt Ina weg*: Was willst du? Klartext. Keine Sprüche.

SPINNER: Wieviele Unklarheiten verkraftet ein Mensch in seinem Leben?

GREGOR: Unendlich viele, hat er keine Klarheit in seinen Ansprüchen und Wünschen.

SPINNER: Gregor, du verachtest mich auch?

GREGOR: Warum denn, ich weiß nicht, was du außer Sprüchemachen tust?

SPINNER: Gregor, ich habe euch gerächt.

GREGOR: Wie bitte?

SPINNER: Im Interhotel pißte ich einmal unter den Barhokker.

GREGOR: Verblödeln kann ich mich allein, na!

*Ina wickelt sich in die Klubfahne ein.*

SUSANNE: Du verlierst, Sprüchemacher.

SPINNER: Schöne Susanne. Wann kommst du unter den Hammer … Schade.

GREGOR: Ich nehme meine Fahne mit. Nun komm.

INA: Mir ist kalt.

BOMBER: Wo willst du hin, mein Sachse.

GREGOR: Zur Polizei.

BOMBER: Sachse!

GREGOR: Soll ich mich an meinem Ofen verstecken? Soll ich gemeinsame Sache mit einem Verbrecher machen? Ich brauche Klarheit.

BOMBER: Und ich!

GREGOR: Geh mit.

BOMBER: Eher fresse ich den toten Köter.

INA: Mein Stein flog wie ein Mädchen. Leicht segelte er über die Köpfe der Zuschauer, leicht. Setzte sich auf den Rasen, ein Mann schlug mit dem Fuß dagegen, stürzte.

GREGOR: Bist du krank, Ina?

INA: Laß mir deine Fahne, Junge. Ich lege sie über den gestürzten Mann. Er friert. Oh, Gott, er ist so still. Horch.

Ob er tot ist? Pst, pst, pst, pst. Er schläft. Sieh doch, der Stein wächst, sieh. Ein Grabstein ... Nein! Ich will kein Mörder sein ...

SUSANNE: Schluß! Die Kreide. Ich unterschreibe für den Mörder. Mit seinem Namen. Die Kreide.

INA: Ich warf nur einen Stein. Wie ein Mädchen. So.

BOMBER: Ich habe einen Kredit doch. Eine Frau. Zwei Kinder. Ich bin ohne Glauben, aber ein neuer Mensch ... Wie die anderen!

GREGOR: Mein verfluchtes Leben, mehr habe ich mit nichts zu schaffen, na.

SPINNER: Susanne? Was weißt du?

SUSANNE: Ich bin eine dumme Gans ... *Ziemlich verzweifelt:* Es wäre nur ein Wort. Jetzt. Eine Strafe, gerecht, vielleicht sinnlos. Es kann sein, daß der Schuldige schon vor seiner Tat mit Strafe beladen war, die Tat von der Strafe kam ... Der Geschmack dieses Giftes ... Ich lade euch zu einem Frühstück ein! Alle. Kommt! Oder nein. Wir gehen in die Mitropa! Um die Zeit kriegen die frische Wiener! Frische Wiener Würste. Wo gibt es die sonst? Meine Nachbarin bedient uns ... garantiert ... obwohl Selbstbedienung ... kommt doch ... Sprüchemacher, du bist der Mörder! *Susanne taumelt auf eine Bank, sie sackt erschöpft in sich zusammen und schweigt.*

INA: Ein Mörder? Der? Dein Schriebs? Warum? Auweia ...

GREGOR: Das ist mir vielleicht eine Sauerei! Versaut unsere besten Spiele und mordet obendrein!

BOMBER: Dir baute ich in ein paar Jahren ein schönes einwandfreies Haus. Du könntest zahlen. Ich brauchte nur sagen, was. Warum verzichtest du darauf, warum!

SPINNER: Weil es das alles schon einmal gab! Wo ist das Neue? Wo! Wessen Zeiten ändern sich? Wessen! Doch nicht meine, ihr abergläubischen Kandidaten. Spürt ihr was, ha!

SUSANNE: Ja. Im Verändern.

SPINNER: Maul, du billige Denunziantin. Hätte ich mich doch lieber im Müllkübel ausgekotzt, aber Schuld trägt sich leichter unter Schuldigen, ich danke euch.

*Susanne steht von der Bank auf, bleibt ruhig vor Spinner stehen und schlägt ihm eine Ohrfeige.*

SUSANNE: Da. Für dich. Für deine Verderber. *Susanne setzt sich wieder auf die Bank.*

*Spinner will Susanne folgen, Gregor hält ihn fest.*

GREGOR: Was tat dir der Mann, he!

SPINNER: Nichts. Zufrieden, ihr Irrlichter in der Bewegung?

GREGOR: Du kluger Schweinehund gibst dich endlich zu erkennen.

SPINNER: Irrtum, Genosse Stahlschmelzer. Du erkennst nichts.

GREGOR: Red dich bloß noch politisch raus, du Saboteur!

SPINNER: Melde den Sonnenpächtern und ihrem Vorbilderpuff, ich bin in krimineller Weise aus ihrer Durchsteherkolonne ausgeschert ... *Bricht plötzlich zusammen.* Susanne ... Ich habe ihn ... aber ich bin kein Mörder. Nichts tat er mir. Ein fremder Mensch ... einfach so. Mit meinem Tauchermesser ... Susanne. Was ist das in mir? Mein Haß. Meine Verzweiflung ... Ihr, ich verachte euch nicht, ihr ...

SUSANNE *ruhig*: Du stellst dich uns in den Weg. Du erklärst unser Leben für sinnlos. Wir haben Mühe. Aber wir wollen leben. Glücklich.

SPINNER *schreit*: Und ich!

GREGOR: Kanaille, du gehörst in feste Hände. Gehen wir zur Polizei.

BOMBER: Ich lege keinen Wert auf Blumen. *Bomber öffnet die Baubudentür. Morgensonne strahlt in die Bude. Bomber wischt mit seiner Jacke die Schrift von der Wand und geht fort.*

GREGOR: Warte doch, Kumpel! Wie heißt du! Bloß Bomber ...

INA: Nach der zehnten Klasse komme ich auf die Kindergärtnerinnenschule, versteht ihr. Also dann. *Ina läuft rasch weg.*

GREGOR: Wovor hast du Angst? Lauf doch nicht weg! Ina!

SUSANNE: Gehen wir, Sprüchemacher.

GREGOR: Den toten Hund melden wir gleich mit, na!

*Susanne, Spinner und Gregor verlassen die Baubude.*

*Lärm einer erwachenden Großstadt.*

*Ende*

LOTHAR TROLLE

# Weltuntergang in Berlin

Szenen und Berichte aus der Geschichte einer Stadt

## BIER oder Ein Gastwirt und seine Gäste fliegen in den Himmel

*Ein Gastwirt und dessen Frau.*

GASTWIRT *steht hinter der Theke seines Lokals und trinkt Bier*:
Bier.
Ich weiß nicht,
ob derjenige recht hat,
der die Behauptung aufstellte,
ein Gastwirt, der Bier trinkt,
ist bald kein Gastwirt mehr,
trinkt ein Gastwirt Bier,
hat er bald schlimmere Sorgen
als die Angst, daß ihm die Gäste wegbleiben
oder ihm das Bier ausgeht.
*Trinkt Bier.*
Ich weiß nur,
ich würde in diesem Februar 33
nicht mehr lange Gastwirt eines Berliner Bierlokals sein,
würde ich mir nicht ab und zu die Zeit nehmen,
mich hinter die Theke meines Lokals zu stellen
und mir einen Schluck Bier genehmigen.
*Trinkt Bier..*
Berliner Bierausschenker
trinkt Schultheiss Bier,
trinken in dem Hinterzimmer eures Lokals Gäste Bier,
die beim Biertrinken solche Uniformen tragen.
*Öffnet die Tür zum Hinterzimmer seines Lokals, durch die geöffnete Tür sieht man hinter Biergläsern SA-Männer sitzen.*
Ihr, die ihr hinter den Theken
der Keglerheime, Feuchten Ecken, Bärenschänken

und anderer Paradiese steht
und dafür sorgt, daß andere Bier zum Trinken haben,
trinkt Kindl Bräu und ihr kuckt weg,
trinken auch in dem Hinterzimmer eures Lokals Gäste
Bier,
die Uniformen tragen
und sich beim Biertrinken derartig benehmen.
*Trinkt Bier, während man durch die geöffnete Tür sehen kann, wie die SA-Männer einen Mann, den sie vermutlich in der Nacht verhaftet haben, an Stricken an die Decke des Hinterzimmers hängen und gewaltsam Unmengen von Bier einflößen.*
Ihr alle,
die ihr zwischen Spree und Panke
zuständig seid für Bier,
trinkt Bier, egal ob es euch schmeckt,
und ihr kuckt weg und hört nicht hin,
egal was für Gäste
in dem Hinterzimmer eures Lokals Bier trinken
und egal wie diese Gäste sich beim Biertrinken
benehmen.
*Trinkt Bier, während im Hinterzimmer des Lokals der Gefolterte anfängt, unter der Folter zu schreien.* Sie – *Deutet auf seine Frau, die mit ihm hinter der Theke steht.* – scheint
von Bier nicht viel zu halten,
denn sonst würde sie nicht jedesmal ihr Gesicht
verziehn,
schenke ich mir Bier ein,
um es dann zu trinken.
*Schenkt sich unter den mißbilligenden Blicken seiner Frau ein Glas Bier ein und trinkt es.*
Ich frage mich nur,
wie will sie in den heutigen Zeiten
mir noch länger bei der Arbeit mit dem Bier helfen,
wenn sie Bier weiterhin derartig verachtet.
*Füllt, während die SA-Männer aus dem Hinterzimmer nach Bier rufen, eine Runde Bier ab, stellt das Bier auf ein Tablett und wendet sich dann an seine Frau.*
Hörst du nicht,
im Hinterzimmer hat man jetzt Appetit auf Bier.
*Beobachtet, wie die Frau das Tablett mit dem Bier nimmt, doch sich nicht überwinden kann, das Hinterzimmer zu betreten.*

Was ist, Frau,
bist du jetzt zu vornehm
durch eine Tür zu treten,
hinter der nur Männer sitzen, die Bier trinken.
*Füllt ein Glas Bier ab und hält es der Frau hin.*
Trink,
und dann vergiß nicht,
die Gläser, in denen das Bier alle ist,
bring wieder zurück!
*Beobachtet, wie die Frau das Bier in sich hineinschüttet, doch auch nach dem Bier nicht imstande ist, das Hinterzimmer zu betreten.*
Muß ich
alles wieder allein machen?
*Nimmt das Tablett mit dem Bier und will es in das Hinterzimmer tragen, doch auch er schreckt zurück, das Hinterzimmer zu betreten.*
Bier,
jetzt laß mich nicht im Stich,
du weißt doch,
verärgere ich die,
kann ich ab morgen mein Bier selber trinken.
*Schüttet Bier in sich hinein, doch auch nach dem Bier schreckt er zurück, das Hinterzimmer zu betreten.*
Oder, Bier,
habe ich dich zu früh gelobt?
*Trinkt Unmengen Bier und versucht noch mehrmals vergeblich, das Hinterzimmer mit dem Tablett Bier zu betreten.*
Ich bin nicht mehr imstande,
meine Gäste mit Bier zu bedienen,
dann Bier, sorg du jetzt dafür,
daß ich den Ruin meines Lokals
nicht mehr erlebe.
*Schüttet, während aus dem Hinterzimmer des Lokals die Rufe der SA-Männer nach Bier lauter werden, Unmengen von Bier in sich hinein, bis er volltrunken umfällt.*
Wo bin ich jetzt?
Ich stehe in meinem Tal ...
ich sehe eine Wiese ... Blumen ... Bier ...!
*Während er im Delirium stirbt.*
Wo bleibst du, Frau,

ich sauf das Bier sonst allein!

*Stirbt, und während aus dem Hinterzimmer die Rufe der SA-Männer nach Bier immer lauter werden, fängt nun auch die Frau des Gastwirts an, Unmengen von Bier in sich hineinzuschütten, bis sie umfällt und im Delirium stirbt.*

SA-MÄNNER *kommen nach Bier schreiend aus dem Hinterzimmer des Lokals und stellen enttäuscht fest, daß das Gastwirtsehepaar sie nun nicht mehr mit Bier bedienen kann:*

Verräter,
wir kommen um vor Durst nach Bier
und die machen sich aus dem Staub!
Doch, Bier, schmeckst du nicht am besten,
wenn man dich, Bier, aus der Leitung trinkt?

*Schenken sich selber Bier ein und schütten es solange in sich hinein, bis auch sie tot umfallen; im Himmel angekommen, treffen die SA-Männer nun als Engel den Gastwirt und seine Frau wieder, die nun ebenfalls als Engel wieder eine Gaststätte betreiben. Mit Rufen nach Bier traktieren die SA-Männer die beiden so lange, bis die aus Verzweiflung mit Bier sich tottrinken wollen, doch diesmal reißen ihnen die SA-Männer mit Rufen wie: „Hunde, diesmal legt ihr uns nicht herein!" oder: „Wer A sagt, muß auch B sagen, wer an uns verdient, hat uns auch zu bedienen!" oder: „Was einmal klappt, muß ja nicht immer klappen!" usw. die Biergläser aus der Hand, und während die SA-Männer anfangen, das Gastwirtsehepaar – wie auf der Erde den Mann – im Hintergrund des Lokals zu foltern, schreien alle, der Gastwirt und seine Frau, weil sie die Schmerzen nicht mehr ertragen, die SA-Männer, weil sie Durst haben, nach Bier.*

ALLE: Bier her, Bier her,
oder ich fall' um!

## BABYGESCHREI oder Wer nicht hören will, muß fühlen

*Ein Säugling (es kann sich aber auch um eine alte Frau/einen alten Mann oder einen geistig-körperlich Behinderten handeln, der/die in solcher Abhängigkeit von anderen Menschen lebt, daß er/sie nun wieder die Unschuld eines Säuglings erlangte) in seinem Kinderwagen (Rollstuhl) in einem Luftschutzkeller und leidet wie die anderen Insassen des Kellers unter dem Schrecken eines Luftangriffs.*

SÄUGLING *schreit, bis seine Mutter und andere Insassen des Kellers ihn beruhigen:*
Bäh!
*Schreit erneut, bis er erneut beruhigt wird:*
Bäh! Bäh!
*Schreit erneut:*
Bäh! Bäh! Bäh!
O Leute,
hört doch auf, mich zu bemuttern!
Leute, merkt ihr nicht,
daß ich jetzt nicht schreie,
damit ihr mich in den Schlaf wiegt,
und ich will auch nicht gefüttert werden,
Leute, ich schreie,
damit ihr aufhört, noch länger dazusitzen,
als wäre es die gemütlichste Sache der Welt,
tagelang, wochenlang
verbannt zu sein in einen Luftschutzkeller
und darauf zu warten,
daß es uns alle hier erwischt!
Leute,
seid ihr denn Maulwürfe,
daß ihr so geduldig hinnehmt,
daß man euch tagsüber die Sonne vorenthält,
daß ihr nachts die Sterne nicht mehr sehen dürft,
daß man euch einmauert
in dieses Grab aus kalter stickiger Luft.
Leute,
gebt doch wenigstens zu,
daß ihr umkommt vor Angst,
daß ihr so nicht mehr länger leben könnt,
danach, Leute, wird man schon weitersehn!
Leute,
hört doch in diesem bombenkalten Februar
auf das Schrein eines Säuglings,
der eigentlich kein Säugling war!
Ich geb's auf,
wie ich die kenne,
zerreiß ich mir eher die Lungen,
als daß ich die mit meinen Worten
aus ihrem Stummsein erwecke!

Ich muß hier weg,
bevor deren Elend mein Elend wird!
*Klettert aus dem Kinderwagen und versucht, durch die Eingangstür den Luftschutzkeller zu verlassen.*

DIE ANDEREN INSASSEN DES KELLERS:
Was hat denn der Junge vor?
Halten Sie den Jungen doch zurück!
Junge, weg von der Tür
oder willst du dich umbringen?
*Zerren den Säugling von der Tür und legen ihn zurück in den Kinderwagen.*

SÄUGLING *die anderen nachahmend*:
So, und jetzt
wird alles wieder gut.
*Wendet sich an das Publikum.*
O betrachten Sie nur in aller Ruhe
diese fürsorglichen Eltern.
Das Kind ist still,
und uns geht's gut,
was kann da noch schöner sein!
Und um deren Wohlergehen schrei' ich mir die Kehle heiser!
Dann kommt jetzt dort oben ihr,
hört ihr jetzt auf mein Schrein',
kommt und laßt durch eure Bomben sagen,
was ich, der Säugling, mein'!
*Schreit erneut.*

DIE ANDEREN INSASSEN DES KELLERS:
Kriegt denn keiner
den Rotzjungen endlich still!
Gott, dann hilf jetzt du mir,
mich gegen derartige Belästigungen zu schützen.
*Sie halten sich die Ohren zu.*
Jetzt, Schreihals, schreie,
uns fällst du nicht mehr auf die Nerven!
Wo bin ich,
hier ist es ja mit einem Mal so still ...
*Lachen und halten sich die Ohren zu, und während die Bombardierung der Stadt an Heftigkeit zunimmt, richten sie ihre Blicke ängstlich zur Decke, bis über ihnen die ersten Bomben einschlagen und sie anfangen wie Säuglinge zu schreien.*

ALLE: Bäh! Bäh! Bäh!

## DIE CLIQUE oder Ein Märchen aus der Großstadt

*A, B, C, D, E, F, G, H, J, (die Clique), unter einem Himmel aus Bomberverbänden, sitzen und beobachten, wie die Bomber die Stadt anfliegen.*

A *indem er/sie seinen/ihren Nachbarn an den Händen faßt und anfängt, ein Märchen zu erzählen*:
Staub schluckend, und …

B *indem er/sie seinen/ihren Nachbarn an den Händen faßt und A ins Wort fällt*:
Staub wieder ausspuckend …

ALLE *indem sie sich an den Händen fassen und B ins Wort fallen*:
… auf Knien gegen Steine,
mit Steinen gegen Steine …

C *indem er/sie den anderen ins Wort fällt*:
… fanden sie ihren Weg durch die Trümmer …

D *indem er/sie den anderen ins Wort fällt*:
… nach oben, um …

E *indem er/sie D ins Wort fällt*:
… oben, angekommen auf Trümmern, festzustellen, daß …

F *indem er/sie E ins Wort fällt*:
… nun auch sie …

G *indem er/sie F ins Wort fällt*:
… die sich nirgendwo zu Hause fühlten, wußten …

H *indem er/sie G ins Wort fällt*:
… wo sie nun sind …

ALLE *indem sie H ins Wort fallen*:
Wo sind wir überhaupt?
Ich seh hier nur Brandmauern,
oder Reste von Brandmauern
und Brandmauern sehen überall genauso aus! …

J *indem er/sie den anderen ins Wort fällt*:
… und sie verzichteten darauf …

A *indem er/sie J ins Wort fällt*:
… sich mit eigenen Augen zu überzeugen,
ob von den Häusern …

B *indem er/sie A ins Wort fällt*:
… die sie einmal bewohnt hatten,
noch etwas steht, sondern …

C *indem er/sie B ins Wort fällt*:
… kletterten weiter …
ALLE *indem sie C ins Wort fallen*:
… auf Knien gegen Steine,
mit Steinen gegen Steine …
D *indem er/sie den anderen ins Wort fällt*:
… über die Trümmer, um zu erleben …
E *indem er/sie D ins Wort fällt*:
… wie weh es tut …
ALLE *indem sie E ins Wort fallen*:
… stößt sich der Blick nun nicht mehr wund am Dach
der Mietskaserne von der gegenüberliegenden
Straßenseite …
F *indem er/sie den anderen ins Wort fällt*:
… oder …
ALLE *indem sie F ins Wort fallen*:
… an der rückwärtigen Front der Schuhfabrik
am Ende ihrer Straße …
G *indem er/sie den anderen ins Wort fällt*:
… sondern …
ALLE *indem sie G ins Wort fallen*:
… nun bis zu einer Anhöhe reicht,
die weit weg ist
und auf deren Kamm sie einige Pappeln erkennen,
klein wie Spielzeugbäume und durchsichtig,
als wären sie aus Pergament …
H *indem er/sie den anderen ins Wort fällt*:
… Was sind denn das für Bäume dort?
Sind das Buchen
oder Stachelbeerbüsche? …
J *indem er/sie H ins Wort fällt*:
… da sie wußten …
ALLE *indem sie J ins Wort fallen*:
… Herumtreiber werden gesucht,
wen die Posten anhalten ohne gültige Papiere
kommt zum Arbeitseinsatz,
der darf Blindgänger entschärfen …
A *indem er/sie den anderen ins Wort fällt*:
… steckten sie sich
in den Treibhäusern einer Gärtnerei,
die seit Monaten nicht mehr benutzt wurden,

weil ihre Glasdächer zersplittert waren, und
B *indem er/sie den anderen ins Wort fällt*:
… während die Stadt
immer neue Bombardierungen über sich ergehen lassen mußte,
lagen sie in ihren Treibhäusern im Unkraut …
C *indem er/sie den anderen ins Wort fällt*:
… im Löwenzahn …
D *indem er/sie C ins Wort fällt*:
… zwischen Schachtelhalmen …
E *indem er/sie D ins Wort fällt*:
… und auch Disteln, und …
ALLE *indem sie E ins Wort fallen*:
… langweilen sich, denn
Augen wollen sehen,
Ohren wollen hören …
F *indem er/sie den anderen ins Wort fällt*:
… besonders,
wenn Leuten der Gesprächsstoff ausgeht und …
G *indem er/sie F ins Wort fällt*:
… sie verließen ihr Versteck,
wollten sehen …
ALLE *indem sie G ins Wort fallen*:
… was ist los in einer Stadt,
die in den wenigen Stunden zwischen den Luftangriffen,
feindliche Bomberverbände nähern sich über dem Raum,
das erledigen muß,
wofür ihr in anderen Zeiten ein Vormittag,
ein Nachmittag und die Nächte zur Verfügung standen …
H *indem er/sie den anderen ins Wort fällt*:
… und während sie stets darauf achteten,
daß sie dort,
wo sich jetzt in der Stadt Straßen kreuzten,
keinem Posten in die Arme liefen …
ALLE *indem sie H ins Wort fallen*:
Paßt auf,
dort drüben der Löschtrupp,
warum kucken uns die Weiber so mißtrauisch an,
besser wir wechseln die Straßenseite …

J *indem er/sie den anderen ins Wort fällt*:
… beobachteten sie stundenlang …
ALLE *indem sie J ins Wort fallen*:
… wie ein LKW,
an dem eine Flak angekoppelt war,
die Straße versperrte,
so daß eine Kolonne Flüchtlingsfamilien
mit ihren Handwagen auf der Straße nicht weiterkamen
und auf der Straße ein furchtbares Gedränge entstand …
A *indem er/sie den anderen ins Wort fällt*:
… oder …
ALLE *indem sie A ins Wort fallen*:
… winkten einer Gruppe Fremdarbeiter zu,
die nach einem Luftangriff
ängstlich aus ihren Baracken kamen,
sich gegen die Wände ihrer Baracken lehnten
und sich sonnten …
B *indem er/sie den anderen ins Wort fällt*:
… oder …
ALLE *indem sie B ins Wort fallen*:
… lachten über einen Mann,
der sich vormittags gegen halb zehn nach einem Luftangriff
im Nachthemd an das Fenster seines Schlafzimmers stellte
und seiner Frau,
die sich in der Tür eines Luftschutzkellers mit anderen Frauen unterhielt,
vom Fenster aus über die Straße zurief,
er hätte es eilig
und sie möge sofort nach oben kommen …
C *indem er/sie den anderen ins Wort fällt*:
… doch auch ihre Augen fingen …
D *indem er/sie C ins Wort fällt*:
… während man vertieft in ein Gespräch beim Reden einen Blick zur Seite warf, oder …
E *indem er/sie D ins Wort fällt*:
… erschreckt durch einen Aufschrei
oder ein herabfallendes Mauerstück
sich nach hinten umdrehte …

F *indem er/sie E ins Wort fällt*:
… genügend Bilder ein …
G *indem er/sie F ins Wort fällt*:
… an denen sie sich satt sehen konnten …
ALLE *indem sie G ins Wort fallen*:
… auf einem Pflasterstein neben einem Ölfleck
vertrocknetes Blut,
das den Stein bedeckt wie Schorf,
in einem dunklen zur Straße offenen Kellerloch
das Schimmern von Augen,
die aus dem dunklen Keller
ängstlich hoch zur Straße kucken,
auf Trümmern zwischen Küchengerümpel
an einem Stück hängend ein Handtuch,
an seinen Rändern weiß und unbefleckt,
doch in seiner Mitte schmutzig grau,
als hätte man sich mit ihm zu oft abgetrocknet und vergessen,
es zu waschen …
H *indem er/sie den anderen ins Wort fällt*:
… und auch ihre Ohren bekamen genug zu hören …
J *indem er/sie H ins Wort fällt*:
… Worte …
ALLE *indem sie J ins Wort fallen*:
… der Russe soll schon bis zur Oder sein …
A *indem er/sie den anderen ins Wort fällt*:
… Fetzen eines Gesprächs …
ALLE *indem sie A ins Wort fallen*:
… plötzlich
kriege ich einen Stoß,
hier direkt in den Rücken,
ich dreh mich um,
was liegt vor mir im Dreck,
der Kopf von meinem Nebenmann,
dem ein Querschläger direkt hier am Halsansatz
den Kopf abgerissen hatte …
B *indem er/sie den anderen ins Wort fällt*:
… aus einem Dunkel hinter einer Mauer
das Gemurmel fremder Stimmen …
ALLE *indem sie B ins Wort fallen*:
… unter Wasser sieht Blut grün aus …

C *indem er/sie den anderen ins Wort fällt*:
… versuchten sie anfangs noch
weg aus der Stadt zu kommen über einen Kanal,
hinter dessen gegenüberliegendem Ufer einige von
ihnen schon Felder gesehen haben wollten …
ALLE *indem sie C ins Wort fallen*:
… wenn man Kartoffeln in offenes Feuer hält,
schmecken sie hinterher wie Fleisch …
grüne Erbsenschoten schmecken pur am besten …
D *indem er/sie den anderen ins Wort fällt*:
… fanden sie sich schließlich ab,
daß sie vermutlich …
E *indem er/sie D ins Wort fällt*:
… die längste Zeit im Kreis gehen …
ALLE *indem sie E ins Wort fallen*:
… Trümmer sehen überall genauso aus …
F *indem er/sie den anderen ins Wort fällt*:
… und allmählich …
G *indem er/sie F ins Wort fällt*:
… vergaßen sie ihre Angst und …
H *indem er/sie G ins Wort fällt*:
… spazieren nun …
ALLE *indem sie H ins Wort fallen*:
… nun sorglos durch ihre Stadt,
Augen wollen sehen,
Ohren wollen hören …
Kuckt doch da der Mann,
der brennend aus dem brennenden Haus gelaufen kommt!
Hippt herum wie ein Knallfrosch,
an den man gerade ein Streichholz gehalten hat!
Hast du gehört,
was die Olle die ganze Zeit gerufen hat?
Wasser, Wasser,
hier muß es doch irgendwo Trinkwasser geben!
Und das mit ständig offenstehendem Maul!
A *indem er/sie den anderen ins Wort fällt*:
… und wenn sie nicht gestorben sind …
B *indem er/sie A ins Wort fällt*:
… dann sind sie auch heute hier irgendwo unterwegs …

C *indem er/sie B ins Wort fällt*:
... in ihrer Stadt ...
D *indem er/sie C ins Wort fällt*:
über der nun jede Nacht
die Suchscheinwerfer den Himmel nach feindlichen
Flugzeugen abtasten ...
E *indem er/sie D ins Wort fällt*:
... in der die Sirenen
nun auch im Morgengrauen mit dem Hellwerden
nicht mehr verstummen ...
ALLE *indem sie F ins Wort fallen*:
... feindliche Bomberverbände nähern sich über dem Raum,
wenn der Russe erst über die Oder ist,
dann hören auch wir bald die Stalinorgeln singen ...
F *indem er/sie den anderen ins Wort fällt*:
... die nun pausenlos bombardiert wird ...
G *indem er/sie F ins Wort fällt*:
... und genießen ...
H *indem er/sie G ins Wort fällt*:
... die Fülle der Bilder ...
J *indem er/sie H ins Wort fällt*:
... den Lärm in ihren Ohren und ...
ALLE *indem sie J ins Wort fallen*:
... bedauern nur die,
die nun in ihren Kellern hocken
und in ihren Kellern sich vorbereiten, das hinzunehmen,
was über diese Stadt schon längst beschlossen wurde ...
*Sie bleiben reglos mit ineinandergelegten Händen sitzen und blicken dabei sehnsüchtig zu den Bombern, die nun mit der Bombardierung der Stadt beginnen.*

## DAS MAHLSDORFER KAFFEEKRÄNZCHEN
## oder Leben im Angesicht der Kanone

*Das Mahlsdorfer Kaffeekränzchen (eine Gruppe Mahlsdorfer Frauen annähernd gleichen Alters)*

DIE MAHLSDORFERINNEN *sitzen am Tisch im Hause einer Mahlsdorferin und beobachten, wie draußen vor dem Verandafenster im*

*Garten des Hauses eine Gruppe Rotarmisten eine Kanone in Stellung bringt; wenden sich dann nach einer Weile an das Publikum:*
Sie, dort unten,
da Sie schon die Freundlichkeit besitzen,
anwesend zu sein heute abend hier,
um mitzufühlen, was hier oben uns zustößt,
dann, bitte, verraten Sie uns jetzt gefälligst auch,
was um Gottes Willen stellt unsereiner an,
steht, wie jetzt bei uns,
der Feind draußen vor dem Verandafenster
und rückt dort im Garten seine Kanone in Stellung?
Seit einer Stunde schon
zertrampeln die uns das Rasenbeet,
versperren uns die Aussicht auf den schönen Flieder,
doch können dort unten Sie uns erklären,
warum drehen die dort –
*Zeigen auf die Rotarmisten.*
– kein einziges Mal ihre Köpfe zur Seite
und richten ihre Aufmerksamkeit hierher,
wo wir verlassenen Frauen sitzen
und vor Angst fast sterben?
Oh, ich wußte ja immer,
das sind Bestien und keine Menschen!
Oder bilden die sich etwa ein,
mehr brauchen sie nicht tun, als uns einfach übersehen,
und schon verlieren wir die Nerven und stellen etwas an,
was wir hinterher bereun?
Los, dann zeigt doch unseren Gästen jetzt,
daß sie die Letzten sind,
die uns aus unserer Ruhe bringen können!
*Sie singen.*
Kein schöner Land in dieser Zeit,
als hier das unsre weit und breit …
*Hören, als sie nach einer Weile merken, daß sich die Rotarmisten für ihren Gesang nicht interessieren, mit dem Singen auf.*
Oh, mit Volksliedern
scheint man Russen kaum zu imponieren,
doch was sonst, erwarten die von uns,
damit die sich endlich bequemen,

sich für uns zu interessieren?
Oder möchten dort draußen die jetzt gerne,
daß wir, nach all dem, was hier bei uns geschehen ist,
uns nun die Masken gegenseitig von den Gesichtern
reißen
und zugeben, wie es wirklich war?
O Schwägerin,
ich versteh' dich nicht,
seit wir hier sitzen und es uns gemütlich machen,
kriegst du kein Auge vom Verandafenster und tust,
als würdest du dich tatsächlich freun,
daß die Russen endlich da sind
und dir den Garten ruinieren.
Und dabei höre ich noch heute
wie du lauthals verkündetest,
und wenn ich zur Walküre werde
und selber zur Panzerfaust greife,
doch den Spaß verderbe ich dem Iwan,
uns näher auf den Pelz zu rücken,
als uns lieb ist.
Vielen Dank, Liebe,
daß du mich daran erinnerst,
denn da fällt mir gerade ein,
vergiß nicht aus deinem Nachttisch die Flasche mit
der Schwefelsäure zu nehmen,
die du bekanntlich jedem Russen in die Fresse
schütten wolltest,
der es wagen sollte,
dir vor die Augen zu treten.
Übrigens,
wohin habt ihr denn nun
eure Parteiabzeichen verschwinden lassen?
Ich frage nur,
weil jetzt erzählt wird,
die Russen gehen sämtliche Mülltonnen durch
und würden sich für Parteiabzeichen besonders
interessieren!
Und wo steckt denn überhaupt dein Mann,
wo steckt denn nun
der standhafte Durchhalter unserer Familie,
der, wenn es sein müßte,

notfalls mit seinem Krückstock dafür sorgen wollte,
daß der Russe nicht weiter kommt als bis hierher zu
uns nach Mahlsdorf?
Irgendwo muß er doch
in Stellung gegangen sein!
Vielleicht hier im Schrank, –
*Untersucht den Schrank.*
– oder hier unterm Bett, –
*Stochert unter dem Bett herum.*
– oder hat er sich vielleicht hier unters Sofa verkrochen,
*Stochert unter dem Sofa herum.*
Oder können sich Nazis
neuerdings unsichtbar machen?
Hört doch auf,
merkt ihr nicht,
und wenn ihr das ganze Haus umkrempelt,
mit dergleichen hinterlaßt ihr bei Russen nur wenig
Eindruck.
Los, zeigen wir unseren Befreiern doch endlich,
wie sehnsüchtig sie von uns erwartet wurden
und wie sehr wir uns freuen,
daß sie nun endlich da sind,
und nun auch über Berlin
bald die rote Fahne weht!
*Sie singen:*
Völker, hört die Signale,
auf zum letzten Gefecht …
Es lebe Stalin!
Fick! Fick! Fick!
*Heben ihre Röcke und tanzen mit erhobenen Röcken vor dem Verandafenster herum.*
Wieder nichts,
sie haben sich nicht einmal umgedreht!
Oh, jetzt habe ich Angst,
die sind zu allem fähig,
jetzt macht euch auf einiges gefaßt! Hilfe!
Oh, wird man je ermessen können,
was wir Frauen in diesem Frühling 45
hier bei Berlin und in Berlin alles erdulden mußten!
Oh!
*Sie stöhnen auf, und während sich die Rotarmisten nun doch ent-*

*schließen, sich mit den Frauen zu fraternisieren/andere die erste Salve auf Berlin abfeuern, stöhnen alle nocheinmal gemeinsam auf.*

ALLE: Oh! Oh! Oh!

## Bericht des Sergeanten G.

*Sergeant G., ein Chor.*

G. *denkt eine Weile nach und erinnert sich dann*:
Als ich
auf dem Ortsschild,
das ich rechts vor unserem Panzer
durch den Sehschlitz unseres Panzers deutlich erkennen konnte,
das Wort BERLIN entzifferte,
konnte ich nun mit eigenen Augen sehen,
über welche Straße auf welche Stadt zu
die elf Panzer unseres 23. selbständigen Gardepanzerregiments
an diesem Nachmittag des 19. April 1945 gegen 17.30
sich vorarbeiteten.
*Zitiert:*
SOLL ICH IMMER WEITER WANDERN,
SELTEN RASTEN, NIMMER RUHN.
ACH, DA KOMM ICH NUR ZU ANDERN,
ABER NIMMER ZU DEN MEINEN,
WEISS VON KEINEN.
*Erinnert sich weiter:*
Da wir Gründe hatten, anzunehmen,
die Faschisten bzw. diejenigen von ihnen,
die wir noch nicht gefangengenommen bzw. außer Gefecht gesetzt hatten,
mobilisierten ihre letzten Kräfte,
uns den Zutritt in die ihnen als Letztes verbliebene Festung zu erschweren,
hielten wir uns bei unserem Vormarsch
mit den Panzern dicht an den Fassaden der Häuser,
die beiderseits der Straße standen,

um bei einem Überfall
– wir wußten nun,
daß Panzerschützen eine Pak-Stellung
notfalls sogar hinter einer Kartoffelmiete aufbauen
können –
mit unseren Panzern sofort in den Häusern in Deckung
zu gehen.
So, auf alles vorbereitet,
arbeiteten wir uns mit unseren Panzern
weitere hundert Meter vorwärts,
bis die Häuserreihe,
die uns so sicheren Schutz geboten hatte,
plötzlich hinter einer Straßenbiegung aufhörte
und wir vor uns
erneut freies Feld erblickten,
doch dann hinter den Feldern,
von unserer damaligen Position nicht weiter als zwei
Kilometer entfernt,
lag endlich vor uns die Stadt.
*Zitiert:*
EIN KLEINES MÄDCHEN HOCKT MIT EINEM KLEINEN
BRUDER
BEI EINER UMGESTÜRZTEN WASSERTONNE.
IN FETZEN, FRESSEND LIEGT EIN MENSCHENLUDER
WIE EIN ZIGARRENSTUMMEL AUF DER GELBEN
SONNE.
ZWEI DÜNNE ZIEGEN STEHN IN WEITEN GRÜNEN
RÄUMEN
AN PFLÖCKEN, DEREN STRICK SICH MANCHMAL
STRAFFTE.
UNSICHTBAR HINTER UNGEHEUREN BÄUMEN
UNGLAUBLICH FRIEDLICH NAHT DAS GROSSE
GRAUENHAFTE.
*Er erinnert sich weiter:*
Da es schneller dunkel geworden war,
als wir gehofft hatten,
fuhren wir mit unseren Panzern
am Rand der Felder hinter einer Feldscheune in Stellung
und bereiteten uns vor,
die Nacht in den Panzern zu verbringen.

*Zitiert:*
DER ABEND WECHSELT LANGSAM DIE GEWÄNDER
DIE IHM EIN RAND VON ALTEN BÄUMEN HÄLT;
DU SCHAUST: UND VOR DIR SCHEIDEN SICH DIE LÄNDER,
EIN HIMMELFAHRENDES UND EINS, DAS FÄLLT;

UND LASSEN SICH, ZU KEINEM GANZ GEHÖREND,
NICHT GANZ SO DUNKEL WIE DAS HAUS, DAS SCHWEIGT,
NICHT GANZ SO SICHER EWIGES BESCHWÖREND
WIE DAS, WAS STERN WIRD JEDE NACHT UND STEIGT;
UND LASSEN WIR (UNSÄGLICH ZU ENTWIRR'N)
DEIN LEBEN, BANG UND RIESENHAFT UND REIFEND,
SO DASS ES, BALD BEGRENZT UND BALD BEGREIFEND,
ABWECHSELND STEIN IN DIR WIRD UND GESTIRN.
*Erinnert sich weiter:*
Schon den Nachmittag über
hatten wir beobachten können,
wie dort, wo wir vor uns Berlin vermuteten,
schwarze Rauchwolken in den Himmel stiegen,
konnten wir nun, da es dunkel wurde, deutlich sehen,
wie es drüben in der Stadt
überall brannte.
*Singt:*
S BRENNT, BRÜDERLE, S BRENNT!
O UNSER ARMES STÄDTL, WEH – ES BRENNT!
BÖSE WINDE JAGEN, GIEREN
REISSEN, BRECHEN, UND SIE SCHÜREN
STÄRKER NOCH DIE WILDEN FLAMMEN,
ALLES RINGSUM BRENNT!
UND IHR STEHT UND GUCKT UND JAMMERT
UND VERSCHRÄNKT DIE HÄND
UND IHR STEHT UND GUCKT UND JAMMERT –
UNSER STÄDTL BRENNT!
S BRENNT, BRÜDERLE, S BRENNT!
O UNSER ARMES STÄDTL, WEH – ES BRENNT!
S HABEN SCHON DIE FEUERZUNGEN
DAS GANZE STÄDTL EINGESCHLUNGEN,
UND DIE BÖSEN WINDE TOSEN,

S GANZE STÄDTL BRENNT!
UND IHR STEHT UND GUCKT UND JAMMERT ...
S BRENNT, BRÜDERLE, S BRENNT!
ES KAM, BEWAHRE, KOMMEN DER MOMENT:
UNSRE STADT MIT UNS ZUSAMMEN
SOLL ZU ASCH HINWEG IN FLAMMEN –
BLEIBEN SOLL NACH DER SCHLACHT
NUR WÜSTE SCHWARZE WÄNDE!
UND IHR STEHT UND GUCKT UND JAMMERT ...
S BRENNT, BRÜDERLE, S BRENNT!
DA WÄR NUR HILFE, WENN IHR EUCH BESÄNNT!
IST EUCH UNSER STÄDTL TEUER:
NEHMT DIE EIMER, LÖSCHT DIE FEUER,
LÖSCHT MIT EUREM EIGNEN BLUT,
BEWEIST, DASS IHR DAS KÖNNT!
STEHT NICHT, BRÜDER, GUCKT UND JAMMERT
UND VERSCHRÄNKT DIE HÄND
STEHT NICHT, BRÜDER, LÖSCHT DIE FEUER –
UNSER STÄDTL BRENNT!
*Erinnert sich weiter:*
Doch der Himmel,
den wir in dieser Nacht
durch die geöffneten Turmluken unserer Panzer über uns sehen konnten,
war dunkelblau und übersät von glitzernden Sternen,
wie der Himmel in einer der letzten Einstellungen des Films Tschapajew,
als Tschapajew und Pekka mit ihrem Maschinengewehr,
von ihrer Stellung am Ufer des Ural aus, sich gegen die anstürmenden Kosaken wehrten
und Tschapajew trotz seiner Verwundung
vor dem Hintergrund eines dunklen, von glitzernden Sternen übersäten Nachthimmels
sich noch einmal gegen seine Feinde aufbäumte,
wie über uns der Himmel dunkelblau und voller
glitzernder Sterne war, wie in dem Tschapajewfilm,
als in der Nacht des 18. Juli 1941
unser 23. Gardepanzerregiment
auf der kleinen Station T. auf einen Güterzug verladen und an die Front verabschiedet wurde,
wie wir über uns, hätten wir

uns nur die Zeit genommen, unsere Blicke nach oben zu richten,
einen dunkelblauen und von glitzernden Sternen übersäten Kinohimmel hätten sehen können,
als drei Wochen später unser Regiment
am 16. August 1941 gegen 23.15 Uhr hinter einer Mühle bei Gomel
die erste Feindberührung erlebte
und wir bald einen Toten und zwei Verwundete zu beklagen hatten,
wie der Himmel, zu dem wir hochguckten,
wie ein Kinohimmel war und voller Sterne,
als in den frühen Morgenstunden des 14. Januar 1942
auf einer Waldlichtung bei Wolokolamsk
unser Regiment den Befehl erhielt,
sich mit seinen Panzern einzugraben
und auf den Verteidigungsfall vorzubereiten,
wir uns aber weigerten und forderten,
man schicke uns in die vorderste Linie
und wir die Stunden, die verschenkt wurden,
bis man beim Stab über unsere Forderung entschieden hatte,
damit zubrachten,
dieses alltägliche Wunder über uns zu bestaunen.
*Zitiert:*
HAST AUCH DU
EIN MENSCHLICHES HERZ,
DUNKLE NACHT?
WAS HÄLTST DU
UNTER DEINEM MANTEL,
DAS MIR UNSICHTBAR KRÄFTIG
AN DIE SEELE GEHT?
DU SCHEINST NUR FURCHTBAR –
KÖSTLICHER BALSAM
TRÄUFT AUS DEINER HAND,
AUS DEM BÜNDEL MOHN.
IN SÜSSER TRUNKENHEIT
ENTFALTEST DU DIE SCHWEREN FLÜGEL DES GEMÜTS
UND SCHENKST UNS FREUDEN,
DUNKEL UND UNAUSSPRECHLICH,
HEIMLICH, WIE DU SELBER BIST,

FREUDEN, DIE UNS
EINEN HIMMEL AHNEN LASSEN.
*Erinnert sich weiter:*
Den Befehl, aus der Bewegung heraus
die östlichen Stadtbezirke von Berlin einzunehmen,
erhielt unser Regiment erst am darauffolgenden
Vormittag gegen 9.30 Uhr,
doch da wir bei diesem Unternehmen
auf keinen nennenswerten Widerstand stießen,
fuhren wir mit unseren Panzern
bereits gegen 10.50 Uhr über die gepflegten Straßen von
Friedrichsfelde.
Auch hier schienen die Häuser hinter den Vorgärten
unbewohnt zu sein,
denn so sehr wir auch unsere Sichtmöglichkeiten
bemühten,
hinter keiner Gardine, hinter keinem Gebüsch
entdeckten wir ein Gesicht,
das unser Kommen neugierig beäugte,
nur einmal huschte eine Katze über eine frischgemähte
Rasenfläche
und kläffte ein Mops
durch einen Maschendrahtzaun unsere T 34 an.
Das Gekläff des Köters schreckte uns nicht zurück,
daß wir Friedrichsfelde im schnellsten Vorwärtsgang
eroberten
und noch vor Eintritt der Dunkelheit die Frankfurter
Allee erreichten
und hier im Hof einer Sparkasse in Stellung gingen.
Da wir rechnen mußten,
in den Dachböden der umliegenden Häuser
nisten sich über Nacht Scharfschützen ein,
blieben wir auch diesmal die Nacht über in unseren
Panzern
und so
als wäre das erst gestern passiert,
erinnere ich mich, wie ich in dieser Nacht,
eingequetscht zwischen dem Fußbrett unseres
Richtschützen
und dem Sozius unseres Panzerfahrers,
mit dem Kopf auf der Halterung unseres Bord-MG's,

ein paar Stunden schlafen konnte und dabei träumte:
es ist noch immer Frieden
und ich bin wieder der Germanistikstudent,
der sich gerade auf die Abschlußprüfung des siebten
Semesters vorbereitet,
und ich sitze an meinem Tisch in unserem
Studentenwohnheim
und lese aus Goethes Faust
die Verse elftausendfünfhunderteinundfünfzig bis
elftausendfünfhundertvierundsiebzig
und ich sitze da und raufe mir die Haare,
denn ich begreife nicht, was meinte
der von uns Studenten so sehr verehrte Johann
Petrowitsch,
als er am Schluß seines Literaturgeschichtsseminars uns
erklärte,
jeder, der von sich behaupten kann,
er hat den Sinn dieser siebzehn Verszeilen verstanden,
einiges weiß von den Qualen echten deutschen
Glückbestrebens,
und ich sitze da und lese immer wieder.
*Zitiert:*
EIN SUMPF ZIEHT AM GEBIRGE HIN,
VERPESTET ALLES SCHON ERRUNGENE,
DEN FAULEN PFUHL AUCH ABZUZIEHN,
DAS LETZTE WÄR' DAS HÖCHSTERRUNGENE.
ERÖFFN' ICH RÄUME, VIELEN MILLIONEN,
NICHT SICHTBAR ZWAR, DOCH TÄTIG FREI ZU
WOHNEN!
GRÜN DAS GEFILDE, FRUCHTBAR, MENSCH UND
HERDE
SOGLEICH BEHAGLICH AUF DER NEUSTEN ERDE,
GLEICH ANGESIEDELT AN DES HÜGELS KRAFT,
DEN AUFGEWÄLZT KÜHN=EMSIGE VÖLKERSCHAFT.
IM INNERSTEN HIER EIN PARADIESISCH LAND,
DA RASE DRAUSSEN FLUT BIS AUF ZUM RAND,
UND WIE SIE NASCHT, GEWALTSAM EINZUSCHIESSEN,
GEMEINDRANG EILT, DIE LÜCKE ZU VERSCHLIESSEN.
JA! DIESEM SINNE BIN ICH GANZ ERGEBEN,
DAS IST DER WEISHEIT LETZTER SCHLUSS:
NUR DER VERDIENT SICH FREIHEIT WIE DAS LEBEN,

DER TÄGLICH SIE EROBERN MUSS.
*Erinnert sich weiter:*
Doch ich verstehe nichts von all dem
und meine Verzweiflung wächst ins Unerträgliche
und überflüssigerweise dröhnt mir noch plötzlich
die Stimme Johann Petrowitschs in die Ohren,
„German Sergejewitsch", brüllt dicht hinter mir die
Stimme,
„geben Sie es auf! Sie entzaubern nie die Grazie eines
Goethe!"
Doch ich schreie zurück:
„Lassen Sie mich! Die Kunst gehört dem Volk!"
und ich fange an, mit beiden Fäusten um mich zu
schlagen,
doch ich schaff' es nicht, diese Stimme loszuwerden
und ich schlage immer hektischer um mich,
bis ich endlich mit dem Hinterkopf gegen den Sitz
unseres Panzerfahrers stoße,
erschreckt aufwache und erleichtert feststelle,
ich sitze keineswegs an meinem Tisch in unserem
Studentenwohnheim
und lese auch nicht in Goethes Faust,
sondern kauere in unserem T 34
und warte wie die anderen,
die mit mir die Nacht in der stickigen Luft unseres
Panzers zubrachten,
daß unser Regiment endlich den Befehl erhält,
seine Stellung zu verlassen und seinen Vormarsch auf das
Zentrum von Berlin fortzusetzen.
Obwohl wir uns ständig bemüht hatten,
auf jede Eventualität gefaßt zu sein,
traf es uns doch unvorbereitet,
als unsere beiden Führungspanzer,
kaum daß sie vom Hof der Sparkasse auf die Frankfurter
Allee eingebogen waren,
von einem Kellerfenster aus leichter Artillerie
beschossen wurden.
„Kolja! Kolja!", dröhnte die Stimme unseres
Regimentskommandeurs in den Kopfhörern,
„Paßt doch auf!"
als durch einen Treffer in das Seitengestänge

manövrierunfähig geschossen
Koljas Panzer sich vor uns auf der Straße drehte,
so daß wir, die sich hinter ihm in den Konvoi eingereiht
hatten,
den Anschluß an die an der Spitze fahrenden Panzer
verloren.
Und nun reihte sich
beiderseits der Frankfurter Allee Pak-Stellung an
Pak-Stellung,
unsere Panzer wurden beschossen
aus der Ruine einer zerbombten Lagerhalle,
aus den ausgebrannten Räumen einer Drogerie,
aus der Krypte der katholischen Kirche,
aus den zerschossenen Fenstern eines Operationssaals,
von der Kirchturmspitze der evangelischen Kirche,
aus der Küche der Parterrewohnung eines
Hausmeisterehepaars,
so daß wir mit den Panzern drei Tage benötigten,
bis wir die Kreuzung Frankfurter Alle/Ernst-Moritz-
Arndt-Straße erreicht hatten,
und hier erwartete uns auf der gegenüberliegenden
Straßenseite der Kreuzung
eine tiefgestaffelte Pak-Stellung,
die sich ständig neu formieren konnte,
so daß auch nach dem übernächsten Tag
noch kein einziger unserer Panzer
sich weiter vorgearbeitet hatte als bis zu einem
Halteverbotsschild,
das rechts vor der Straßenkreuzung stand.
BERLIN, dachte ich,
JETZT LERN ICK DIR KENNEN,
als wir zusehen mußten, wie unsere Panzer drei und neun bei dem wievielten Versuch, die Kreuzung Frankfurter Allee/Ernst-Moritz-Arndt-Straße zu passieren, vom Warenhaus aus mitten auf der Kreuzung in Brand
geschossen wurden,
so daß ihre Besatzungen unter dem wütenden Beschuß
des Gegners
durch die Turmluken die brennenden Maschinen
verlassen mußten
und zurück in unsere Stellung flüchteten.

Erst als wir am Nachmittag des 27. April
mit Unterstützung des 13. Schützenkorps der 9. Armee
den Feind so weit geschwächt hatten,
daß gegen 15.15 Uhr unsere beiden Führungspanzer bis
zur gegenüberliegenden Straßenseite vordringen
konnten und dort sofort als Brückenkopf sich einigelten,
während unsere Panzer fünf und sechs von der Tilsiter
Straße aus
auf die Stellungen des Gegners einstürmten,
stellten wir fest, daß die SS-Männer,
die sich noch mit Pistolen gegen ihre Gefangennahme
zur Wehr setzten,
die mit gezückten Dolchen auf unsere Panzer
eingestochen hatten,
kaum älter waren als vierzehn oder fünfzehn Jahre.
*Singt:*
IN DIESES WETTER, IN DIESEM BRAUS,
NIE HÄTT ICH DIE GESENDET DIE KINDER HINAUS ...
*Erinnert sich weiter:*
Stürmen wir nun im Vorwärtsgang
auf den Alexanderplatz zu?
Doch wir vom 23. selbständigen Gardepanzerregiment
erhielten den Befehl,
auf das aus Spandau zu uns stoßende 98. mechanisierte
Korps der 17. Armee zu warten,
um anschließend mit vereinten Kräften seinen
Vormarsch fortzusetzen.
Als nach einer Stunde
das 98. mechanisierte Korps noch immer auf sich warten
ließ,
beschlossen wir, die unwillkommene Atempause zu
benutzen,
unsere Gefallenen in unseren Panzern aufzubahren
und sie zu einer Grünanlage zu fahren,
die einer unserer Richtschützen
zwischen den Trümmern hinter der Frankfurter Allee
entdeckt hatte.
So eilig hatten wir uns in den letzten Wochen
auf unserem Vormarsch vorwärtsbewegt,
daß wir an diesem Nachmittag seit Wochen zum ersten
Mal Zeit fanden,

unsere Gefallenen,
wie es sich für echte Militärs gehört,
unter Böllerschüssen und dem Absingen der
Internationale zu bestatten.
*Zitiert:*
DU, DER GESTÜRZT IST MIT ZERSCHOSSENER STIRN,
UND DU, VERSCHWUNDEN AUF EINER
GLETSCHERFIRN,
UND DU, VERLODERT WIE SCHWÜLER BLITZESSCHEIN,
MEINE TOTEN FREUNDE, SAGET, GEDENKT IHR MEIN?
*Erinnert sich weiter:*
Und ich fand endlich Zeit,
nachzuholen, was ich mir vorgenommen hatte,
seit wir als Vorhut der 47. Armee der Belorussischen
Front
die Oder überquert hatten,
seit wir hinter der Oder die gegnerischen
Verteidigungslinien durchbrochen hatten,
ich bückte mich und nahm von der Erde,
in die wir unsere Gefallenen bestatten wollten,
eine Hand voll,
und nachdem ich mich wieder aufgerichtet hatte,
guckte ich zu,
wie die Erde, die trocken und sandig war,
mir durch die Finger der geschlossenen Hand
davonrieselte
und dachte:
Das also, Kleist,
ist der Stoff, aus dem deine Träume sind!
*Zitiert:*
SIE ZOG DEM JÜNGLING, DEN SIE LIEBT, ENTGEGEN,
SIE, DIE FORTAN KEIN NAME NENNT –
IN DER VERWIRRUNG IHRER JUNGEN SINNE
DEN WUNSCH, DEN GLÜHENDEN, IHN ZU BESITZEN,
MIT ALLEN SCHRECKNISSEN DER WAFFEN RÜSTEND.
VON HUNDEN RINGS UMHEULT UND ELEFANTEN,
KAM SIE DAHER, DEN BOGEN IN DER HAND:
DER KRIEG, DER UNTER BÜRGERN RAST, WENN ER
DIE BLUTUMTRIEFTE GRAU'NGESTALT, EINHER
MIT WEITEN SCHRITTEN DES ENTSETZENS GEHT,
DIE FACKEL ÜBER BLÜHNDE STÄDTE SCHWINGEND,

ER SIEHT SO WILD UND SCHEUSSLICH NICHT ALS SIE.
ACHILLES, DER, WIE MAN IM HEER VERSICHERT,
SIE BLOSS INS FELD GERUFEN, UM FREIWILLIG
IM KAMPF, DER JUNGE TOR, IHR ZU ERLIEGEN:
DENN ER AUCH, O WIE MÄCHTIG SIND DIE GÖTTER!
ER LIEBTE SIE, GERÜHRT VON IHRER JUGEND,
ZU DIANAS TEMPEL FOLGEN WOLLT' ER IHR:
ER NAHT SICH IHR, VOLL SÜSSER AHNUNGEN,
UND LÄSST DIE FREUNDE HINTER SICH ZURÜCK.
DOCH JETZT, DA SIE MIT SOLCHEN GREUL'NISSEN
AUF IHN HERANGEROLLT, IHN, DER NUR ZUM SCHEIN
MIT EINEM SPIESS SICH ARGLOS AUSGERÜSTET:
STUTZT ER UND DREHT DEN SCHLANKEN HALS UND
HORCHT
UND EILT ENTSETZT UND STUTZT UND EILET
WIEDER:
GLEICH EINEM JUNGEN REH, DAS IM GEKLÜFT
FERN DAS GEBRÜLL DES GRIMMEN LEU VERNIMMT.
ER RUFT: „ODYSSEUS!“ MIT BEKLEMMTER STIMME
UND SIEHT SICH SCHÜCHTERN UM UND RUFT:
„TYDIDE!“
UND WILL ZURÜCK NOCH ZU DEN FREUNDEN FLIEHN,
UND STEHT, VON EINER SCHAR SCHON
ABGESCHNITTEN,
UND HEBT DIE HÄND' EMPOR UND DUCKT UND BIRGT
IN EINER FICHTE SICH, DER UNGLÜCKSEL'GE,
DIE SCHWER MIT DUNKELN ZWEIGEN
NIEDERHÄNGT. –
INZWISCHEN SCHRITT DIE KÖNIGIN HERAN,
DIE DOGGEN HINTER IHR, GEBIRG' UND WALD
HOCHHER GLEICH EINEM JÄGER ÜBERSCHAUEND;
UND DA ER EBEN, DIE GEZWEIGE ÖFFNEND,
ZU IHREN FÜSSEN NIEDERSINKEN WILL:
„HA! SEIN GEWEIH VERRÄT DEN HIRSCH,“ RUFT SIE
UND SPANNT MIT KRAFT DER RASENDEN SOGLEICH
DEN BOGEN AN, DASS SICH DIE ENDEN KÜSSEN,
UND HEBT DEN BOGEN AUF UND ZIELT UND
SCHIESST
UND JAGT DEN PFEIL IHM DURCH DEN HALS; ER
STÜRZT:
EIN SIEGSGESCHREI SCHALLT ROH IM VOLK EMPOR!

JETZT GLEICHWOHL LEBT DER ÄRMSTE NOCH DER MENSCHEN,
DEN PFEIL, DEN WEIT VORRAGENDEN, IM NACKEN,
HEBT ER SICH WIEDERUM UND WILL ENTFLIEHN;
DOCH „HETZ!" SCHON RUFT SIE: „TIGRIS! HETZ, LEÄNE!
HETZT, SPHINX! MELAMPUS! DIRKE! HETZ! HYRKAON!"
UND STÜRZT – STÜRZT MIT DER GANZEN MEUTE, O DIANA!
SICH ÜBER IHN UND REISST – REISST IHM BEIM HELM'BUSCH
GLEICH EINER HÜNDIN, HUNDEN BEIGESTELLT,
DER GREIFT DIE BRUST IHM, DIESER GREIFT DEN NACKEN,
DASS VON DEM FALL DER BODEN BEBT, IHN NIEDER!
ER, IN DEM PURPUR SEINES BLUTS SICH WÄLZEND,
RÜHRT IHRE SANFTE WANGE AN, UND RUFT:
„PENTHESILEA! MEINE BRAUT! WAS TUST DU?
IST DIES DAS ROSENFEST, DAS DU VERSPRACHST?"
DOCH SIE, DIE LÖWIN HÄTTE IHN GEHÖRT,
DIE HUNGRIGE, DIE WILD NACH RAUB UMHER
AUF ÖDEN SCHNEEGEFILDEN HEULEND TREIBT,
SIE SCHLÄGT, DIE RÜSTUNG IHM VOM LEIBE REISSEND,
DEN ZAHN SCHLÄGT SIE IN SEINE WEISSE BRUST,
SIE UND DIE HUNDE, DIE WETTEIFERND,
OXUS UND SPHINX DEN ZAHN IN SEINE RECHTE,
IN SEINE LINKE SEITE SIE; ALS ICH ERSCHIEN,
TROFF BLUT VON MUND UND HÄNDEN IHR HERAB!
*Er erinnert sich weiter:*
Doch erst Tage später,
als das 3. Gardekavalleriekorps der 54. Armee der Belorussischen Front
bei den Kämpfen um den Alexanderplatz
auffallend hohe Verluste hinnehmen mußte,
erhielt unser Regiment den Befehl,
mit seinen Panzern sich noch in der Nacht in Bewegung zu setzen,
und in der Nähe des Alexanderplatzes in Stellung zu gehen.
Doch als wir Stunden später

die vereinbarte Position erreichten,
einen Parkplatz vor einem Hotel am S-Bahnhof Jannowitzbrücke,
erfuhren wir als erstes,
daß sich die Front nun bereits auf die Schloßbrücke zubewegt,
nun wußten wir,
daß der Krieg ohne uns zu Ende geht,
daß uns Gardepanzersoldaten nichts anderes übrig bleibt,
als uns an die Spree zu setzen,
unsere Füße ins Wasser zu halten
und die ersten deutschen Frühlingstage zu genießen.
*Zitiert:*
DIE LINDEN LÜFTE SIND ERWACHT,
SIE SÄUSELN UND WEBEN TAG UND NACHT,
SIE SCHAFFEN AN ALLEN ENDEN.
O FRISCHER DUFT, O NEUER KLANG!
NUN, ARMES HERZE, SEI NICHT BANG!
NUN MUSS SICH ALLES, ALLES WENDEN.
DIE WELT WIRD SCHÖNER MIT JEDEM TAG,
MAN WEISS NICHT, WAS NOCH WERDEN MAG,
DAS BLÜHEN WILL NICHT ENDEN.
ES BLÜHT DAS FERNSTE, TIEFSTE TAL:
NUN ARMES HERZ, VERGISS DIE QUAL!
NUN MUSS SICH ALLES, ALLES WENDEN!
*Erinnert sich weiter:*
Uns, vom 23. selbständigen Gardepanzerregiment,
kam der Krieg nur noch ein einziges Mal vor Augen,
als einer unserer Funker plötzlich rief:
„Sie fliehen! Sie fliehen!“
und dabei zum Himmel zeigte,
wo ein Jagdflugzeug schnell an Höhe gewann,
schon die Höhe der Kirchturmspitze der Marienkirche erreicht hatte,
als es, wie wir deutlich sehen konnten,
neben seiner rechten Tragfläche getroffen wurde,
nach dem Treffer sofort vornüber kippte
und nach unten fiel,
bis es am Rand des Alexanderplatzes explodierte.
Doch nach zwei Tagen untätigen Herumsitzens an der Spree

beschäftigten sich unsere Gedanken immer seltener
mit dem weiteren Fortgang des Kriegs,
so daß keinem aus unserem Regiment mehr auffiel,
wie in dem gleichmäßig anhaltenden Geräusch der Schlacht,
das aus Richtung Unter den Linden bis zu uns herüberdrang,
immer öfter Pausen eintraten,
wie die Pausen zwischen dem erneuten Aufflackern von Schießereien
immer länger wurden,
bis sie plötzlich dort drüben
Unter den Linden auch noch nach Stunden still blieb,
doch als später eine Gruppe Sanitäterinnen
auf einem LKW an unserer Stellung vorüberfuhr
und die Mädchen uns vom LKW aus zuwinkten und uns dabei zuriefen,
die Faschisten hätten unsere Forderungen akzeptiert
und würden noch heute abend kapitulieren,
begriffen wir,
nun war eingetreten,
was im Sommer 41 wohl keiner von uns mehr für möglich gehalten
und das zu erreichen
uns fünf Sommer und vier Winter unseres Lebens gekostet hatte.
*Singt:*
GUTE RUH! GUTE RUH! TU DIE AUGEN ZU!
WANDERER, DU MÜDER, DU BIST NUN ZU HAUS',
DIE TREU IST HIER, SOLLST LIEGEN BEI MIR,
BIS DAS MEER WILL TRINKEN DIE BÄCHLEIN AUS ...
*Erinnert sich weiter:*
Als am darauffolgenden Tag
unser Regiment vom Stab unseres Heeres von dieser
Meldung offiziell informiert wurde,
fragte mich ein Oberst,
den ich von der Hochschule kannte,
ob ich nicht Lust hätte,
mit ihm zusammen eine Spazierfahrt durch Berlin zu machen.
Eine halbe Stunde lang fuhr ich mit dem Oberst,

einem auch im Ausland geschätzten Spezialisten
für die Probleme der Lautverschiebungen in der
mittelhochdeutschen Umgangssprache,
durch die Innenstadt von Berlin.
An einem Park verließen wir das Fahrzeug
und kletterten auf ein kleines Plateau,
wie der Oberst bekam auch ich kein Auge von dem,
was man von dort oben aus sehen konnte,
soweit das Auge reichte
erblickten wir nur Trümmer und Grundmauern,
die aus den Trümmern ragten.
Nach einer Weile fragte mich der Oberst,
ob ich mit meinen jüngeren Augen weit und breit ein
Gebäude sehen könnte,
das noch heil geblieben ist.
Wie mir der Oberst befohlen hatte,
blickte ich mich noch einmal nach allen Richtungen um,
wieder erblickte ich nirgendwo ein Haus,
das noch stand.
Das teilte ich dem Oberst mit
und da sagte der Oberst,
während er seinen Blick erneut nach unten auf die
Trümmer richtete,
„Welch großartiges Gelände,
für welch großartiges Experiment!",
und da wußte ich,
was uns in dieser Stadt noch erwartet,
und daß man uns noch lange nicht gestatten wird,
an Schlaf zu denken.

## Das Kind

*Ein Neubauviertel in der Nähe des U-Bahnhofes Tierpark. Zwischen planmäßig angelegten Straßen mehrstöckige Wohnblocks, ein Parkplatz, eine Kaufhalle usw. Etwas entfernt der Ausgang der U-Bahnstation. Ein Kind kommt um die Ecke eines Wohnblocks gehüpft als reite es auf einem Pferd.*

KIND *hüpft*:
Hopp, hopp, hopp,
Pferdchen, lauf Galopp,
über Stock und über Steine,
brich dir aber nicht die Beine,
hopp, hopp, hopp,
Pferdchen, lauf …
*Läßt von seinem Spiel ab.*
Reiten wird langweilig,
kommt man dabei nicht von der Stelle.
*Fängt an, abzuzählen.*
Ich und du,
Müllers Kuh,
Müllers Esel,
das bist …
*Zeigt auf sich selber.*
Das könnte mir so passen,
daß ich mich jetzt noch selber zum Esel erkläre!
Doch was spiele ich jetzt,
wenn es mich sogar langweilt
mich selber in ein Tier zu verwandeln?
Was spiele ich nur? Was spiele ich nur?
*Denkt eine Weile nach und wendet sich dann an das Publikum:*
O ja, für ein Kind wie mich,
das am liebsten mit sich allein ist,
das um andere Kinder einen möglichst weiten Bogen macht,
*Kinder kommen, das Kind geht den anderen Kindern in einem weiten Bogen aus dem Weg.*
stellt es schon eine fast unlösbare Aufgabe dar,
in einer Gegend wie der unsrigen hier,
wo es nur Menschen gibt und Steine, –
*Zu einem Baum:*
– außer natürlich dir, mein Guter,
auf diese Frage eine befriedigende Antwort zu finden.
*Guckt zur Uhr.*
Halb fünf,
und ich darf frühestens halb sechs oben erscheinen,
um beim Abendbrotmachen zu helfen.
Was stell' ich nur an,
damit ich jetzt vor lauter Überdruß

mir nicht mit eigenen Händen an den Kragen gehe?
*Faßt sich an den Hals.*
Oder veranstalte ich jetzt dasselbe
wie gestern nachmittag um diese Zeit,
als ich mir damit ein paar abwechslungsreiche Stunden bereitete,
indem ich eine Fliege fing, –
*Fängt eine Fliege.*
– indem ich dann
diese Fliege vorsichtig einklemmte
zwischen Daumen und Zeigefinger meiner rechten Hand –
*Nimmt die Fliege zwischen Daumen und Zeigefinger seiner rechten Hand.*
– und dann anfing abzuzählen,
wieviel Beine dieser Fliege zur Verfügung stehen, –
*Zählt nach, wieviel Beine die Fliege hat:*
– … sechs, sieben …
Oh, da fehlt ja eins!
*Zu einem Zuschauer:*
Waren Sie hier etwa schon am Werk?
*Berichtet weiter:*
… und dann in aller Ruhe
das Tierchen um seine Gehwerkzeuge erleichterte!
*Reißt der Fliege die Beine aus:*
– um es dann freizulassen
an ein neues Leben zwischen Dauerflug und Bauchlandung!
*Läßt die Fliege davonfliegen.*
Doch was lasse ich mir heute einfallen,
damit ich endlich aufhöre,
unentwegt als ein Selbstmörder an mich selber zu denken?
*Geht zu einem Kinderwagen und nimmt ein Baby aus dem Kinderwagen.*
Komm, Schreihals,
Onkel zeigt dir jetzt,
wie man auf seinen eigenen Beinen vorwärtskommt.
*Versucht, dem Baby das Laufen beizubringen, bis die Eltern des Babys kommen und das Kind vertreiben.*

Idioten,
noch drei Schritte
und der Wanst hätte tatsächlich auf seinen eigenen
Beinen gestanden.
Müssen Eltern immer
zum unpassendsten Augenblick erscheinen?
*Guckt erneut zur Uhr.*
Zehn Minuten wären damit um,
nicht weniger,
doch leider auch nicht mehr.
O in Neubauvierteln
scheinen selbst die Uhren langsamer zu gehen als
anderswo.
Vor zwei Jahren konnte man dort drüben –
*Deutet auf einen Neubaublock:*
– noch drei richtige Bombentrichter bewundern
und genau hier war bestimmt einmal der Eingang zu
einem Luftschutzkeller ...
*Ahmt Kriegsgeräusche nach und wendet sich dann wieder an den Baum:*
Wie das wirklich war,
weißt nur du, mein Guter.
Wie war es denn nun damals,
als es das alles hier noch nicht gab.
*Geht zu einem Hauseingang, drückt auf sämtliche Klingelknöpfe des Hauseingangs, als sich in der Sprechanlage des Hauseingangs Stimmen melden und fragen, wer da sei, schreit das Kind in die Sprechanlage: Ich! Ich! Ich!*
Liegt das nun am Licht,
das hier greller scheint als dort drüben –
*Deutet auf ein benachbartes Neubauviertel:*
– oder kommt das von dem Gestank,
der mir plötzlich in die Nase steigt,
daß mir mit einem Mal Angst und Bange wird,
wenn nicht gleich etwas passiert,
ersticke ich!
Ich ersticke! Ich ersticke!
*Öffnet den obersten Hemdkragen.*
Und dabei ist nichts einfacher als zu verschwinden
und eine Weile nicht anwesend zu sein.
*Schließt die Augen.*

Und nun bin ich gespannt,
was ich mir jetzt für Annehmlichkeiten zu bieten habe?
Wo bin ich?
*Ein Löwe brüllt in der Ferne.*
Oh, den Ruf kenne ich,
das war Asta,
der größte Löwe unseres Tierparks,
der Sendbote Afrikas,
dessen Käfig gleich rechts
neben dem Haupteingang unseres Tierparks steht.
*Der Löwe brüllt erneut.*
Ruhe, Asta,
deine Stunde kommt erst noch.
Nur Geduld, Geduld,
was nicht ist,
kann ja noch werden!
*Nimmt die Haltung eines Rundfunkreporters ein, hält seine Faust wie ein Mikrofon vor den Mund und fängt an wie ein Reporter in seine Faust zu sprechen:*
Liebe Hörerinnen und Hörer,
wir befinden uns hier in der – *Nennt den Namen einer Straße,* –
Straße,
eine schöne Straße mit schönen Häusern
in einer schönen Stadt.
Die Uhren zeigen,
es ist kurz nach viertel Eins,
die Geisterstunde hat begonnen
und soeben hörte man,
wie dort drüben –
*Deutet auf die U-Bahnstation.*
– in der U-Bahnstation
die letzte U-Bahn in die Station einfuhr,
und jetzt kommt als einziger Fahrgast
Herr Müller mit seiner Aktentasche in der Rechten
die Treppe der U-Bahnstation aufwärts,
müde sieht Herr Müller aus,
da er jetzt die Treppe der U-Bahnstation nach oben kommt,
da er jetzt über den leeren Bahnhofsvorplatz geht
und die Richtung einschlägt,

wo dort drüben –
*Deutet auf einen Wohnblock auf der gegenüberliegenden Seite des Neubauviertels,* – hinter dem Parkplatz sein Wohnblock steht,
bei dem nur noch hinter einem einzigen Fenster Licht brennt,
alle anderen Bewohner dieses achtstöckigen Betongiganten
scheinen schon in ihren Betten zu liegen
und zu schlafen,
doch was bewegt sich dort –
*Zeigt auf ein Gestrüpp.*
– in dem dürren Gestrüpp,
das den Bahnhofsvorplatz von dem angrenzenden Parkplatz trennt?
Kein anderer ist's,
als Asta und seine beiden Gespielinnen Hanne und Lore,
die sich jetzt in dem dürren Gestrüpp auf ihre Vorderpfoten stellen
und mit unbewegter Miene verfolgen,
wie Herr Müller auf dem Weg zu seinem Wohnblock
jetzt an der Kaufhalle vorübergeht,
wie jetzt in dem Neonlicht,
das aus der Glasfront der Kaufhalle auf das Gesicht
von Herrn Müller fällt,
deutlich zu erkennen ist,
wie müde Herr Müller ist,
da er seinen Weg nach Hause geht.
Passen Sie doch auf, Herr Müller!
Herr Müller, merken Sie denn nicht,
wer dort zehn Schritt hinter Ihnen plötzlich unruhig wird
und sich dort hinter Ihnen auf den Boden duckt
und Ihnen nachschleicht?
Da, endlich
wendet der Ahnungslose den Kopf,
endlich, jetzt bemerkt er,
daß er nicht der einzige ist,
der in dieser Nacht noch unterwegs ist.
Oh, nur Bruchteile von Sekunden dauert es,
bis Herr Müller begreift, was es bedeutet,
daß Asta sich jetzt bis auf fünf Schritt an ihn herangeschlichen hat,

jetzt endlich beschleunigt auch Herr Müller seine Schritte
und jetzt kennt er keine Hemmungen mehr,
jetzt wirft er die Aktentasche weit von sich
und verläßt den Gehweg,
wo hinter keinem Fenster jemand nach ihm Ausschau hält,
wo niemand in der offenen Haustür steht
und auf ihn wartet.
Doch jetzt beschleunigt
auch Asta seine Schritte
und folgt jetzt dem Davonflüchtenden in langen,
flachen Sätzen,
bis auch er jetzt zwischen den parkenden Autos verschwindet,
und jetzt ist nichts anderes mehr zu sehen
als der Kopf von Herrn Müller,
der über den Karosserien der Autos
im Zickzack über den Parkplatz fliegt.
„Hilfe!“, schreit Herr Müller,
als sein Kopf jetzt über dem Dach eines – *Nennt eine Automarke.* – auftaucht!
„Hilfe!“, schreit Herr Müller,
als jetzt für einen kurzen Moment sein Oberkörper über
der Motorhaube eines – *Nennt eine Automarke.* – zu sehen war.
Oh, da
verlassen auch Hanne und Lore
ihr Versteck im Gestrüpp neben dem Bahnhofsvorplatz
und trotten vorbei an den parkenden Autos ins Dunkel.
„Hilfe!“, schreit Herr Müller
jetzt vom gegenüberliegenden Ende des Parkplatzes,
„Hi ...!“, schreit er wieder,
doch da fällt plötzlich vom Dach eines parkenden Autos
der Schatten einer Riesenkatze
auf die Schultern von Herrn Müller,
und der Schrei von Herrn Müller bricht unvermittelt ab
und geht über in ein Geräusch,
das sich anhört,
als würde dort auf der gegenüberliegenden Seite des
Parkplatzes

jemand ganz laut gurgeln,
ungefähr so.
*Ahmt das Geräusch nach.*
Doch jetzt verstummt auch dieses Geräusch,
und jetzt ist hier auf dem Parkplatz
neben der Kaufhalle in der Nähe des U-Bahnhofs
Tierpark
nichts anderes mehr zu hören
als das Knacken von Knochen,
die gewaltsam zerbrochen werden,
bis auch dieses Geräusch verstummt,
doch schon biegt dort –
*Deutet auf den Parkplatz.*
– ein – *Nennt eine Automarke* – auf den Parkplatz ein,
es dauert eine Weile
bis der Fahrer zwischen den parkenden Autos
eine Lücke gefunden hat,
in der auch Platz genug ist für seinen Wagen,
bis er endlich den Motor seines Wagens abstellen kann
und jetzt aussteigt,
bis er die Tür seines Wagens hinter sich zuschlägt
und sich jetzt vorbei an den parkenden Autos
nach hinten zum Kofferraum begibt
und ein Gepäckstück aus dem Kofferraum hebt,
doch warum beugt der Mann sich mit einem Mal so
unnatürlich weit nach vorn,
warum läßt er sein Gepäckstück wieder in den
Kofferraum fallen,
warum faßt er plötzlich mit beiden Händen nach seinen
Schienbeinen?
Oh, jetzt sehe ich's,
Petra, die längste Anakonda aus dem Schlangenhaus
drüben im Tierpark,
hat ihr Schwanzteil um die Beine des Unglücklichen
geschlungen!
Oh Mann,
da hilft kein Ziehen und kein Zerren,
mit bloßen Händen kommst du aus dieser
Umklammerung nicht mehr frei!
Oh, und da,
mit einem blitzschnellen Zucken

wirft Petra sich in einer zweiten Schlinge
diesmal um die Oberschenkel des noch immer nach
seinen Schienbeinen sich Fassenden,
so daß der jetzt doch,
will er nicht neben der nach oben geklappten
Kofferraumtür auf die Knie sinken,
mit seiner rechten Hand sich am Kotflügel seines
Wagens abstützen muß.
Doch warum bleibt der Mann so still?
Warum ruft er nicht um Hilfe?
Oh, und da zuckt die Bestie jetzt zum zweiten Mal
und wirft sich diesmal mit ihrem Kopfteil
um den Brustkorb des noch immer an seinen Beinen
Herumzerrenden!
Ja, jetzt reißt der Mann seinen Mund ganz weit auf,
doch jetzt kommt nicht der leiseste Ton von seinen
Lippen,
und jetzt schafft er es auch nicht mehr, sich an seinem
Auto aufrecht zu halten,
jetzt geht er neben der geöffneten Kofferraumtür zu
Boden,
und jetzt kriecht er auf Händen und Füßen,
ein Stück Schlange um die Beine,
ein Stück Schlange um die Brust,
und das Schwanzstück einer Schlange im Schotter hinter
sich herschleifend
zwischen den parkenden Autos ins Dunkel.
O merkt denn keiner,
was heute Nacht hier los ist?
Daß hier in der Nähe des U-Bahnhofs Tierpark
die Grenzen zwischen Urwald und Neubauviertel
niedergerissen werden?
Da, endlich geht dort drüben in dem Hochhaus –
*Deutet auf ein Hochhaus jenseits des Parkplatzes.*
– hinter einem Fenster Licht an,
und jetzt werden beide Flügel des Fensters aufgerissen
und jetzt erscheint in dem geöffneten Fenster der Kopf
einer Frau.
Doch „Hilfe!“, schreit die Frau,
und so schnell wie ihr Kopf in dem hellen Fenstervierec
auftauchte,

verschwindet er auch wieder.
Doch was erscheint jetzt
in dem noch immer offen stehenden Fenster?
War das ein Eisbär,
der in dem kurzen Augenblick,
in dem sein Schädel in dem Fenster zu sehen war,
seinen Rachen aufriß
und wütend in die dunkle Nacht fauchte?
Und auch dort drüben –
*Deutet auf einen Wohnblock.*
– wo ein Elefant etwas das zappelt und kreischt
mit seinem Rüssel immer wieder gegen die Außenkante
eines Wohnblocks schlägt,
scheinen die Leute nicht mehr schlafen zu können,
denn aufgeregt strömen dort drüben Männer und Frauen
aus dem Eingang ihres Wohnblocks
und versammeln sich aufgeregt aufeinander einredend
auf dem Gehweg vor dem Eingang ihres Wohnblocks.
Oh, bilden die sich wirklich ein,
nun sind sie in Sicherheit?
Merken die denn nicht,
daß dort, keine fünf Schritte von ihnen entfernt
unter den Autos, die vor ihrem Hauseingang parken,
drei Krokodile liegen und darauf lauern,
zuschnappen zu können.
Da, jetzt ist es auch schon passiert,
da brüllt auch schon das erste Kind,
in dessen rechtes Bein sich ein Krokodil verbissen hat.
O Leute,
da hilft nun nicht mehr,
daß ihr mit Jacken auf die Bestie einschlagt,
die läßt ihre Kinnladen nicht wieder locker,
und da schiebt die Bestie sich auch schon rückwärts und
verschwindet, die Beute noch immer im Rachen,
unter dem Auto,
und jetzt, Leute, dreht euch lieber um,
denn sonst müßt ihr etwas sehen,
vor dem man besser die Augen zukneift.
Und merkt denn dort oben der Gorilla nicht,
daß er über Blumenkästen balanciert?
*Deutet auf einen Balkon.*

Du Affe,
Blumenkästen sind doch nicht zum Balancieren da!
Platsch,
da ist es auch schon passiert,
weiches Gorillafleisch auf unbarmherzige Betonplatten!
Und ich wünsche mir jetzt nur,
ich halte meine Augen für immer geschlossen
und sitze mit den anderen Geiern
dort oben auf dem Sims des Hochhauses,
und wie die anderen Geier guck ich, ohne mich zu bewegen,
zu,
was hier unter mir passiert,
ich sitze da und warte ab,
denn ich weiß, meine Stunde kommt als nächstes,
wenn hier unten wieder Stille herrscht,
dann wird meine Stunde eingeläutet,
dann esse ich mich satt wie nie zuvor
und später niemals wieder!
Dasitzen, abwarten und dann genießen,
werde ich das je erleben?
*Öffnet seine Augen.*
Immer nur im Dunkeln stehn,
hält selbst der blindeste Blinde nicht aus,
und ich warte noch immer,
daß mir endlich Federn wachsen,
und meine Finger verwandelten sich leider
auch nicht in Krallen,
und ich bin sicher, ich rede noch immer mit einem Mund aus Lippen
und zwitschere nicht mit einem Geierschnabel.
Doch Sie dort unten, Sie wissen jetzt,
was für Wunschträume hier hinter meiner Stirn erblühn,
und dabei sehe ich bestimmt aus
wie ein nettes, guterzogenes Kind,
dem man alles, nur nichts Unanständiges zutraut,
doch auch Sie sehen ja aus
wie nette, guterzogene Damen und Herren,
die keiner Fliege etwas zuleide tun können,
doch weiß man,
was hinter ihren unauffälligen Stirnen

so alles vor sich geht?
Und jetzt gehen Sie nach Hause,
benutzen Sie die S- oder die U-Bahn,
oder fahren Sie im eigenen Auto,
Sie wissen ja nun,
welche Erlebnisse ich Ihnen für den heutigen Abend noch wünsche, –
*Lacht.*
– und jetzt gehen Sie schon, los!
*Hüpft weiter.*
Hopp, hopp, hopp,
Pferdchen, lauf …
*Hüpft davon.*

WERNER BUHSS

# Die Festung

Nach Motiven des Romans „Die Tatarenwüste“
von Dino Buzzati

Personen:

GIOVANNI DROGO
CLAUDIO MOREL
PIETRO ANGUSTINA
ANGELO GROTTA
MAX LAGORIO
HAUPTMANN ORTIZ
MATTI
FILIMORE
FELDWEBEL TRONK
CONTI, *Trompeter*
PAOLO BATTISTA
MORETTI
WIRT
OFFIZIERE, *Soldaten*

*Vorbemerkung:*
*Die Erfahrung des Autors mit der ersten Inszenierung:*
*Man sollte das militärische Ritual nicht so wörtlich nehmen. „Herr Leutnant“, „Herr Major“ ... Man könnte auch sagen „Herr Amtmann“, „Herr Direktor“ ... Es ist nichts anderes gemeint.*
*Die Szenennumerierung geht vom Inhaltlichen aus; es empfehlen sich Zusammenziehungen.*

1

DROGO: Wirt!
WIRT *schlurft herbei*: Herr? Einen Wein? Es ist ein guter Roter heuer.
DROGO: Meinetwegen einen Wein. Und einen Eimer Was-

ser für mein Pferd. Und die Antwort auf eine Frage: Wie komme ich zur Festung Bastiani?

WIRT: Festung?

DROGO: Ja, Mensch. Festung. Die Festung Bastiani. Es kann in dieser gottverlassenen Einöde nur eine Festung geben. Die Festung Bastiani eben

WIRT: Die Festung Bastiani? Wenn Sie Platz nehmen wollen, Herr. Ich bringe derweil den Roten. Setzen Sie sich bitte auf diese Bank, selten kommen Herrschaften in mein Haus.

DROGO: Kann mir keiner von euch sagen, wie ich zur Festung komme? *Schweigen.* Komisches Volk. Wollt ihr nicht, oder könnt ihr nicht?

WIRT: Der Rote, der Herr. Es ist wirklich ein guter Wein dies Jahr.

DROGO: Ich bin gewohnt, daß man mir antwortet, Mensch. Sag mir den Weg zur Festung, oder ich vergesse mich.

WIRT: Verzeihen Sie, Herr. Die Festung also. Wir reiten nicht in die Berge, Herr. Die Maultiere sogar scheuen, wenn wir sie nach oben führen. Kein Gras dort oben, nur dürres Gestrüpp. Sogar die Maultiere, Herr.

*Auftritt Ortiz.*

ORTIZ: Wirt. Schnell. Zu mir.

WIRT: Sofort, mein Herr. Sofort. Ich eile. Ich bin schon da.

ORTIZ: Ist der Herr Oberst hier abgestiegen? Ist er?

WIRT: Hier ist kein Herr Oberst, Herr. Nicht in meinem Haus. Kein Herr. Nur der junge Herr hier, mit Ihrer Erlaubnis.

ORTIZ: Welcher junge Herr? Sie?

DROGO: Gestatten, Herr Hauptmann, Leutnant Giovanni Drogo. Abkommandiert auf die Festung Bastiani.

ORTIZ: Abkommandiert? Auf die Festung! Bastiani? Ich habe keine Zeit, ich suche den Oberst. Haben Sie etwa den Oberst gesehen?

WIRT: Wenn Sie meinen heurigen Roten probieren wollen, Herr. Er ist gut. Der junge Herr wird sicher zustimmen.

ORTIZ: Gib einen Becher. Aber schnell.

DROGO: Herr Hauptmann. Niemand hier ist willens oder in der Lage, mir den Weg zur Festung zu weisen. Wenn Sie so freundlich wären ...

ORTIZ: Es gibt nur einen Weg hinauf. Und einen hinunter. Aber das ist eine andere Sache.

DROGO: Nun, der Weg hinauf würde mir für das erste reichen. Den Weg hinunter finde ich dann schon allein.

ORTIZ: Meinen Sie?

DROGO: Bitte?

WIRT: Der Becher Wein, Herr. Er ist wirklich gut.

ORTIZ: Ich habe Durst. Auf Ihr Wohl, Herr Leutnant …

DROGO: Auf das Ihre, Herr Hauptmann. Der Weg, bitte …

ORTIZ: Sie können die Festung nicht verfehlen. Sie haben also den Oberst nicht gesehen?

DROGO: Seit anderthalb Tagen sind diese Bauern die ersten Menschen, die ich sehe.

ORTIZ: Ich dachte, er wird hier sterben.

DROGO: Sterben, Herr Hauptmann?

ORTIZ: Ja. Sterben. Ich wollte ihm dieses Medaillon nachbringen. Er vergaß es.

DROGO: Eine schöne junge Frau.

ORTIZ: Die Braut des Herrn Oberst. Er hat sie vierzig Jahre nicht gesehen. Übrigens, ich heiße Ortiz, Herr Leutnant.

## 2

DROGO: Gestrüpp. Dorniges Gestrüpp, wie dieser Hundsfott von Wirt gesagt. Eine Stelle beim Generalstab, bequem und sicher fürs Avancement, wäre entschieden besser gewesen für mich. Das Militär heutzutage tut sich vorwiegend in den Schreibstuben. Den Verkehr mit unseren Nachbarn haben wir über Verträge geregelt, und die Bündnisse, die wir eingegangen, garantieren deren Einhaltung. Das Militär heutzutage ist für die Karriere, nicht für den Krieg. *Lacht.* Ich möchte den General sehen, der freiwillig den Sandkasten mit dem Unterstand im Felde vertauscht. Es avanciert sich besser in den Betten der Geliebten als im Kugelhagel.

3

*Offiziersmesse.*

MOREL: Herr Leutnant?
DROGO: Herr Leutnant?
MOREL: Morel, Claudio Morel.
DROGO: Drogo, Giovanni Drogo.
MOREL: Angenehm.
DROGO: Die Freude ist ganz auf meiner Seite.
MOREL: Oberstleutnant Matti, das heißt, noch ist er ja nicht Oberstleutnant...
DROGO: Bitte?
MOREL: Der Herr Major Matti, er wird wohl bald der stellvertretende Festungskommandant, dann also wird er auch Oberstleutnant, das ist hier so, Sie werden es noch verstehen lernen. Also, der Herr Major bittet Sie, Herr Leutnant, sich noch einen Augenblick zu gedulden. Er ist mit der Morgentoilette beschäftigt.
DROGO: Mit der Morgentoilette?
MOREL *nicht sonderlich, aber spürbar pikiert*: Auch auf der Festung Bastiani pflegt man der Rasur.
DROGO: Selbstverständlich, Herr Leutnant. Ich wollte Sie nicht kränken, in keiner Weise wollte ich ... ich dachte nur, der Tag, Herr Leutnant, der Tag ist bereits über den Morgen hinaus...
MOREL: Der Herr Major war die ganze Nacht wach, man wartete auf die Nachricht vom Ableben des Herrn Oberst. *Pause.* Des Festungskommandanten. Das heißt, nun ja des ehemaligen Festungskommandanten. Er stirbt, natürlich weiß man es noch nicht genau, aber sicher wird er sterben, er ist zum Sterben von der Festung gebracht worden, gegen seinen Willen. Aber es ist zu gefährlich auf der Festung für einen Todkranken...
DROGO: Gefährlich?
MOREL: Gefährlich.
DROGO: Aber es droht in keiner Weise Krieg. Die Festung, wie ich annehme, dient der Ausbildung von Rekruten.
MOREL: Spricht man so in der Stadt?
DROGO: Ich muß Ihnen ehrlich sagen, man spricht nicht ausdrücklich über die Festung Bastiani, ich hörte den Na-

men das erste Mal auf der Akademie anläßlich meiner Abkommandierung.

MOREL: Worüber spricht man denn in der Stadt?

DROGO: Nun, über dies und das. Aber vor allem macht man Geschäfte.

MOREL: Geschäfte? Womit?

DROGO: Man treibt Handel mit der Welt.

MOREL: So?

DROGO: Sie werden es ja bald selbst sehen. Wie lange haben Sie noch zu dienen auf der Festung?

MOREL: Herr Leutnant?

DROGO: Ja bitte?

MOREL: Erlauben Sie mir eine delikate Frage?

DROGO: Aber selbstverständlich.

MOREL: Was tanzt man unten in der Stadt?

DROGO: Bimini ist in Mode.

MOREL: Bimini?

DROGO: Ja. Bimini.

MOREL: Ein Dreivierteltakt, nehme ich an.

DROGO: Ein Fünfviertel.

MOREL: Ein Fünfvierteltakt?

DROGO: Ja. *Pause.*

MOREL: Herr Leutnant?

DROGO: Bitte?

MOREL: Herr Leutnant? Würden Sie mir den Tanz zeigen? *Pause.*

DROGO: Jetzt verstehe ich. Sie werden demnächst in die Stadt zurückkehren.

MOREL *ernst*: Wenn es Ihnen unangenehm ist, vergessen Sie meine Bitte.

4

MATTI: Setzen Sie sich, setzen Sie sich. Drogo ist Ihr Name? Nicht wahr! Ihr Vater ist Arzt, ich hatte die Ehre, ihn zu kennen.

DROGO: Mein Vater ist Richter, Herr Major.

MATTI: Richter, sicher, wo habe ich meine Gedanken. Sie waren auf der Akademie, Ihre Reverenzen spielen vorerst keine Rolle, jedenfalls nicht hier auf der Festung. Ich erspare mir außer meinem Willkommen von Ihnen womöglich erwartete Erklärungen zu Ihrem Dienst, den Sie korrekt und eingedenk der unerläßlichen täglichen Notwendigkeit versehen werden. Ich danke Ihnen.

DROGO: Herr Major, wenn Sie erlauben, ich hätte eine Frage.

MATTI: Eine Frage?

DROGO: Man vergaß bei meiner Kommandierung zu sagen, für wie lange mein Dienst auf der Festung vorgesehen ist.

MATTI: Verstehe. Verstehe. Sie wollen uns wieder verlassen? Ich habe Sie etwas gefragt.

DROGO: Entschuldigen Sie, Herr Major, ich habe die Frage nicht verstanden.

MATTI: Sie wollen uns also wieder verlassen?

DROGO: Nun, Herr Major, ich nehme an, daß ich eine gewisse Zeit meinen Dienst hier versehen muß. Ich hätte nur gerne gewußt, wie lange.

MATTI: Eine gewisse Zeit, da haben Sie recht, Drogo. Eine gewisse Zeit. Woher soll ich wissen, wie lange. Das liegt ganz in Ihrem Ermessen.

DROGO: Ich verstehe nicht.

MATTI: Wir schützen das Land nach Norden. Das ist eine wichtige Aufgabe, und es ist seit Jahrhunderten auf der Festung zu einer Gewohnheit geworden, daß nur zu diesem Dienst Berufene ihn auch unter Preisgabe eines womöglich bequemeren und an Avancement sicheren Lebens im Generalstab oder einer Garnison in der Stadt ausüben. Sie können morgen die Festung verlassen.

DROGO: Morgen schon?

MATTI: Warum nicht? Sie sind für die Höhenluft nicht geeignet. Allerdings...

DROGO: Allerdings, Herr Major?

MATTI: Sie wollen doch avancieren, Drogo?

DROGO: Ja, natürlich...

MATTI: Dann bleiben Sie vier Monate, das macht sich für die Akten besser. Ich werde mit dem Arzt sprechen. In vier Monaten ist eine Routineuntersuchung der Mannschaften und der Offiziere. Ich wünsche Ihnen einen guten Dienstantritt.

DROGO: Ich danke Ihnen, Herr Major.

5

DROGO: Was ist das? Was soll denn das? Wo sind denn die verflixten Zündhölzer? Was ist denn? – Nichts. Es ist nur diese Dunkelheit. Ein Stadtmensch ist keine Dunkelheit und keine Stille gewöhnt. Ich muß die Uhr aufziehen.

6

*Offiziersmesse.*

FILIMORE *sehr alt*: Meine Herren Offiziere! Ich verlese Ihnen einen Befehl des Oberkommandierenden. Offiziere der Festung Bastiani. In tiefer Trauer geben wir den Tod des Festungskommandanten Riconi bekannt. Sein Leben war Pflichterfüllung und Treue. Sein Dienst war ein Dienst am Frieden, den Sie, Offiziere der Festung Bastiani, unter Aufbietung aller physischen und psychischen Kräfte, wie Ihr Vorbild, täglich schützen. Das Volk und seine Regierung dankt Ihnen in dieser Stunde des Schmerzes, wie es um einen der Großen unseres ruhmreichen Heeres trauert. Ich ernenne hiermit Oberstleutnant Filimore zum Oberst und Festungskommandanten, Major Matti zum Oberstleutnant und stellvertretenden Festungskommandanten. Oberst Filimore ist berechtigt, die festgelegte Zahl Majore und Hauptleute zu ernennen. *Mit veränderter Stimme*: Meine Herren Offiziere, ich bitte Sie, sich zum Andenken an Oberst Riconi von den Plätzen zu erheben. Ich befehle Salut.

7

*Offiziersmesse.*

MOREL: Da haben Sie gleich am ersten Tag das System der Festung, Drogo. Auch hier avanciert man.
LAGORIO: Ich verstehe deinen Zynismus nicht, Claudio.
MOREL: Darf ich die Herren miteinander bekannt machen, Leutnant Drogo. Leutnant Max Lagorio. Max wird uns bald verlassen.

DROGO: Ihre Dienstzeit ist um, Herr Leutnant?

LAGORIO: Ich setze ihr ein Ende. Ich rate Ihnen das auch nach einer gewissen Zeit.

DROGO: Major Matti hat mir versprochen…

MOREL: … die Festung nach vier Monaten wieder verlassen zu können, das ist hier die gängige Formel.

DROGO: Und? Stimmt das nicht?

MOREL: Warum soll das nicht stimmen?

DROGO: Nun, Sie benehmen sich etwas sonderbar, meine Herren. Warum sind Sie denn länger geblieben? Ich meine, Sie hätten doch dann auch nach vier Monaten…

MOREL: Warum sollten wir?

LAGORIO: Bitte, Claudio. Der Herr Leutnant ist neu. Bitte laß ihn sich selbst sein Urteil bilden. – Herr Leutnant. Sehen Sie sich vor. Der Geist dieser Festung hat etwas … etwas, ich weiß nicht genau, wie ich es ausdrücken soll. Ich sage Ihnen nur, versuchen Sie, sich nicht anstecken zu lassen. Nehmen Sie Matti beim Wort und lassen Sie sich nach den vier Monaten höhenkrank schreiben.

MOREL: Auch ich bitte dich, fair zu sein, Max. Der Herr Leutnant ist durchaus in der Lage, sich sein Urteil selbst zu bilden. Wenn du uns verläßt, ist das deine Sache.

DROGO: Sie wollen die Festung nicht verlassen, Herr Leutnant?

MOREL: Nun, ich habe noch etwas Zeit. Ich habe gewisse Entdeckungen gemacht, denen ich auf den Grund gehen muß.

DROGO: Und das müssen Sie hier tun!

MOREL: Wo sonst, Herr Leutnant?

## 8

*Reduit. Die Rufe der Wachen: „Heh, Posten – Auf Wache. Für den König – Für den Staat".*

ORTIZ: Ein schöner Abend.

DROGO: Wer ist da?

ORTIZ: Ich bins, ich. Sie kennen mich doch.

DROGO: Parole?

ORTIZ: Lassen Sie doch den Stumpfsinn.

DROGO: Bringen Sie mich nicht in Verlegenheit, Herr Hauptmann. Sie wissen, daß ich ohne Parole niemanden auf das Reduit lassen darf.

ORTIZ: Mein Gott. Ich geh hier jeden Abend spazieren, ob ich Wache habe oder nicht. Man hat sich daran gewöhnt.

DROGO: Bei der Vergatterung bin ich ausdrücklich darauf hingewiesen worden...

ORTIZ: Das ist bei jeder Vergatterung auf der Welt so. Und genauso wird keine Vergatterung auf der Welt ernst genommen. Nicht in diesem Punkt jedenfalls. Lassen Sie mich lieber Ihr Augenmerk auf die Landschaft vor Ihnen lenken. Sie sehen sie das erste Mal, und es ist Nacht. Haben Sie schon etwas bemerkt?

DROGO: Nein, Herr Hauptmann.

ORTIZ: Man hat mich nicht befördert. Ich bin Hauptmann geblieben. Achtzehn Jahre bin ich hier. Ich habe fünf Kommandanten überlebt, nach dem ersten hat man mich zum Hauptmann befördert. Seitdem bin ich Hauptmann geblieben. Seit sechzehn Jahren. Sie können mir natürlich keine Antwort darauf geben. Sie haben also nichts bemerkt.

DROGO: Nein.

ORTIZ: Kennen Sie schon das Lied: „Es nahen die Tatarenhorden/die Barbarenbrut aus dem Norden...“? Man geht auf der Festung von der Idee aus, daß sie irgendwann angreifen werden, womöglich bald.

DROGO: Gestatten, Herr Hauptmann, das sind doch Ammenmärchen. Jedes Kind lernt in der Schule, daß jenseits dieser Nordgrenze hier keine Tataren leben, wahrscheinlich niemals gelebt haben. Wir haben Verträge mit unseren nördlichen Nachbarn.

ORTIZ: So? Haben wir? Woher wissen Sie das? Haben Sie die Verträge mit unterzeichnet?

DROGO: Bilder davon waren in jeder Zeitung.

ORTIZ: Meinen Sie, wir hätten keine Zeitung auf der Festung? Sicher, sie ist nicht immer die neueste, aber immerhin alle vier Monate ... Nur, wenn man die Zeitung vier Monate nach ihrem Erscheinen liest, Drogo, dann bemerkt man die Unsicherheit der Information, nicht wahr, wenn eine Nachricht nach vier Monaten schon

überholt ist, hat sie dann jemals einen Sinn gehabt, bei ihrem Erscheinen etwa, oder war es nicht vielmehr eine Täuschung, eine Manipulation der geilen Neugier?
Was ist also mit Ihren Verträgen? Sehen Sie, Drogo. Vielleicht gibt es wirklich keine Tataren, vielleicht gibt es sie aber doch, und sie kommen morgen mit hunderttausend Mann und allem Kriegsgerät. Dann ist die Stunde der Festung Bastiani gekommen. Auch Ihre Stunde, Herr Leutnant. Ihren letzten Blutstropfen vergießen Sie für die Lieben daheim, oder Sie kehren als Held in die Stadt zurück, falls Sie überleben. Ich persönlich glaube nicht, daß in gegebenem Fall jemand auf der Festung überlebt. Zu groß wird die Übermacht der Tataren sein, unsere Aufgabe wird sein, sie so lange in ein Gefecht zu verwikkeln, bis unser Heer den geplanten Aufmarsch bewältigt und seine volle Verteidigungsbereitschaft einschließlich der totalen Mobilmachung hergestellt hat. Wir sind der vorderste Posten. Es gibt die merkwürdigsten Theorien hier, wie es sich mit den Tataren verhält.

DROGO: Und was ist Ihre, Herr Hauptmann?

ORTIZ: Ich, Drogo. Ich habe keine Theorie. Jedenfalls keine Tatarentheorie. Ich glaube nicht an die Tataren.

DROGO: Und warum sind Sie dann hier?

ORTIZ *scharf*: Ist das etwa Ihr Problem, Herr Leutnant? Sehen Sie, hier hat jeder einen Grund, warum er auf der Festung ist. Auch Sie werden einen Grund finden.

DROGO: Ich bleibe nur vier Monate.

ORTIZ: Selbstverständlich. Schauen Sie sich die Nacht an, Drogo. Schon allein die Nächte lohnen. Im Winter noch mehr als jetzt. Dann sind sie gewissermaßen unübertroffen. Die Luft ist klirrend und wirkt wie ein Fernrohr. Sie holt Ihnen die Milchstraße herab.

DROGO: Sie sind ein Poet, Herr Hauptmann.

ORTIZ: Na und, Herr Leutnant.

9

DROGO: Ich muß die Uhr aufziehen. Sonst werde ich noch verrückt bei der Dunkelheit ... wie sagte Hauptmann Ortiz? „... oder Sie kehren als Held in die Stadt zurück, falls Sie überleben." Die würden Augen machen. Giovanni

Drogo, gelangweilter Sohn eines senilen Gerichtspräsidenten, verlobt der Tochter des einflußreichen jüdischen Handelshauses, eingetreten in die Militärakademie, um die Zeit totzuschlagen bis zur Übernahme der Geschäfte des Schwiegervaters, unterderhand und in Hinblick auf später, scharf auf ein Avancement in der Armee, was die notwendigen Verbindungen schafft für andere Zeiten, mausert sich zu einem Helden in einem unten allgemein nicht erwarteten militärischen Konflikt. Nicht schlecht. Leider sehr unwahrscheinlich. Irgendwas ist mit dem Ding nicht in Ordnung. Ich werde sie reparieren lassen müssen.

## 10

*Offiziersmesse.*

ANGUSTINA: Sag nichts, Max. Es ist vorbei. Glück auf den Weg.

LAGORIO: Alles Wege ohne dich.

MOREL: Max. Claudio. Deine letzte Stunde auf der Festung, Max. Claudio. Spülen wir die Traurigkeit mit einem Schluck Wein in die Geschichte. Es gibt Tage, an denen vermißt man die Musik.

DROGO: Warum der Wein so früh am Tag, meine Herren?

MOREL: Lagorio verläßt uns heute. Wir nehmen Abschied. Kennen Sie schon Pietro Angustina?

DROGO: Wir sahen uns.

ANGUSTINA: Ich bin erfreut, Herr Leutnant.

MOREL: Und Angelo Grotta?

GROTTA: Angenehm, Drogo.

DROGO: Die Freude ist auf meiner Seite, meine Herren.

MOREL: Also ein Treffen der Leutnants.

LAGORIO: Euch werde ich vermissen, Freunde.

MOREL: Wir dich auch, Max.

LAGORIO: Und du willst deinen Entschluß nicht ändern, Pietro?

ANGUSTINA: Ich bitte dich, hör auf. Wirf keinen Schatten auf unseren Abschied.

LAGORIO: Drogo, sagen Sie ihm, wie es unten aussieht, erzählen Sie ihm von der Stadt. Nächtelang habe ich ihm geschwärmt, aber er will hierbleiben.

ANGUSTINA: Max, ich bitte dich.

DROGO *vorsichtig*: Herr Angustina wird sicher seine Gründe haben.

LAGORIO: Erzählen Sie ihm von der Welt, bevor Sie sich selbst vergessen haben.

MOREL: Was soll der Streit, Max. Pietro ist über jeden Zweifel erhaben, er hätte nicht reiflich überlegt, bevor er sich entschied.

LAGORIO: Ich verstehe nicht, wie er sein junges Leben opfern kann einer fixen Idee wegen.

ANGUSTINA: Max, bitte.

MOREL: Max, jeder geht seinen Weg.

LAGORIO: Und ihr, Claudio, Angelo, was ist mit euch, ihr laßt euch doch nicht etwa anstecken von diesem blaublütigen Selbstmörder? Sag etwas, Claudio.

MOREL: Es ist nicht schön, wie du von Pietro sprichst.

LAGORIO: Angelo ...

GROTTA: Laß uns deine Abkunft feiern. Laß uns fröhlich sein. Du gehst in die Stadt. Du wirst die jungen Damen treffen. Karriere machen im Oberkommando ...

LAGORIO: Ich trete aus der Armee aus. Ich übernehme das Geschäft meines Vaters.

DROGO: Sie hätten doch sicherlich eine glänzende Karriere vor sich.

LAGORIO: Die Armee ist nicht mein Beruf, wie sie auch nicht Pietro Angustinas Beruf ist.

MOREL: Man tanzt Bimini in der Stadt. Leutnant Drogo war so freundlich, mir diesen Tanz zu zeigen.

LAGORIO: Wozu? Willst du mit Matti tanzen oder mit Ortiz?

MOREL: Statt froh zu sein, daß du bald im Geschäft deines Vaters durch die Welt fährst, bist du häßlich gegen uns.

LAGORIO: Ihr dauert mich. Ich hasse euch, weil ihr mich dauert. Eure Feigheit und Schwäche nötigen mir Mitleid ab, und ich hasse Mitleid. Der Wein bleibt mir im Halse stecken, weil die Nase vor unterdrücktem Weinen nach innen läuft. Freunde wollt ihr gewesen sein und verlaßt mich durch euer Hierbleiben. – Ich warne Sie, Drogo. Sie haben es noch in der Hand. Aber nicht mehr lange. Dann greift diese verdammte Steinwüste vor den Mauern nach

Ihrer Seele, so wie sie nach den Seelen von Pietro, Angelo und Claudio gegriffen hat.

## 11

*Reduit. Rufen der Wachen.*

DROGO *erfreut*: Angustina, Sie hier oben?

ANGUSTINA *überrascht*: Oh, Sie, Drogo. Sie haben Wache?

DROGO: Ja. Das Reduit scheint der beliebteste Treffpunkt der wachfreien Offiziere.

ANGUSTINA: So? Meinen Sie. Nun, es wäre nicht verwunderlich. Man ist gewissermaßen an der Luft. Der Blick in die Weite gibt der Seele Raum.

DROGO: Es ist mir ein Bedürfnis, Ihnen zu sagen, daß mir die Sache mit Leutnant Lagorio …

ANGUSTINA: Es ist gut, Drogo.

DROGO: Es war sicher die Aufregung, so bald in die Stadt zurückzukehren der Grund.

ANGUSTINA: Sicher. Aber es ist schon gut. *Die Rufe der Wachen.* Kennen Sie die zwölfte Arbeit des Herakles, Drogo?

DROGO: Nun ja, selbstverständlich. Er soll den Höllenhund ans Tageslicht holen. Eine gewiß makabre Situation.

ANGUSTINA: Eine verführerische Vorstellung. Sie müssen bedenken, Herakles hatte bereits unschuldiges Blut vergossen. Diese Erfahrung in der Brust, steht er am Eingang der Schlucht. Er ist im Begriff, dorthin zu gehen, wohin er die eigenen Kinder, ja die Mutter sogar gebracht. Die Verführung, dort zu bleiben, wo allein die Schuld zu lösen ist, muß ungeheuer gewesen sein. Was sollte er wieder am Tageslicht als weiter zu büßen, Arbeiten zu verrichten. Sein Übergehen in die Göttlichkeit wird ihm ja wohl schwerlich schon bekannt gewesen sein. Dieser Moment, Drogo, der Augenblick des Übergangs von oben nach unten, wenn man ihn so auskosten und genießen könnte, wie Herakles sicher nicht die Zeit gehabt hat …

DROGO: Ich verstehe Sie nicht, Angustina … ein Spiel der Phantasie in den Nächten des Pubertätsalters, gewiß …

ANGUSTINA: Meinen Sie? Vielleicht haben Sie recht.

12

*Reduit. Der Ruf der Wachen.*

TRONK: Gestatten, Herr Leutnant?
DROGO: Bitte, Tronk.
Was ist, Tronk?
TRONK: Herr Leutnant, dürfte ich eine Bitte an den Herrn Leutnant richten?
DROGO: Fangen Sie schon an, Mann.
TRONK: Das Reglement, Herr Leutnant. Das Reglement, es macht Angst.
DROGO: Was heißt das, Tronk? Erklären Sie sich näher.
TRONK: Die Sache mit dem Losungswort. Das Losungswort auf der Festung gilt von sechs Uhr abends bis sechs Uhr abends. Aber wir haben noch einen Vorposten. Eine Stunde Fußmarsch vor der Festung. Um fünf Uhr abends rückt die Ablösung aus. Da gilt noch das alte Losungswort. Nach einer Stunde findet dort die Ablösung statt, auch noch mit dem alten Losungswort. Wenn die alte Wache aber nach wiederum einer Stunde in der Festung eintrifft, also um sieben Uhr abends, gilt bereits das neue Losungswort. Das heißt, der diensthabende Offizier auf dem Vorposten muß das alte und das neue Losungswort kennen, das neue also einen Tag früher, als es auf der Festung bekanntgegeben wird. Niemand außer ihm und dem stellvertretenden Festungskommandanten kennt das Losungswort für den kommenden Tag. Was aber passiert, wenn dem Offizier auf dem Vorposten etwas zustößt?
DROGO: Man wird doch den Wachtrupp einlassen.
TRONK: Eben nicht, Herr Leutnant. Das Reglement schreibt vor, daß von jenseits niemand ohne Losungswort eingelassen wird. Nähert er sich weiter als auf fünfzig Schritt, wird geschossen. *Pause.* Verstehen Sie, Herr Leutnant.
DROGO: Und was wollen Sie dabei von mir?
TRONK: Können Sie sich nicht stark machen beim Oberstleutnant Matti und um eine Änderung des Reglements anfragen, Herr Leutnant? Sie sind neu hier, vielleicht hört er auf Sie.
DROGO: Warum nicht gleich beim Festungskommandanten, bei Oberst Filimore.

TRONK: Entschuldigen, Herr Leutnant, das können Sie nicht wissen. Der Festungskommandant verläßt sein Zimmer nicht mehr. Das Fenster geht nach vorn auf die Tatarenwüste. Es ist das einzige Zimmer, das nach vorn geht. Der Kommandant braucht also nur aus dem Fenster zu sehen und zu warten. Die Geschäfte der Festung führt der stellvertretende Kommandant. Das ist seit jeher so.

DROGO: Aber Tronk, die Wachen auf dem Reduit würden doch in dem Falle, daß der Vorposten aus welchem Grunde auch immer ohne das Losungswort vor der Festung erscheinen würde, nicht auf ihre Kameraden schießen.

TRONK: Das Reglement sieht keine andere Lösung vor.

DROGO: Mein Gott, das Reglement, das Reglement ... Die Leute kennen sich doch, Tronk. Würden Sie denn in dem Fall auf die einkommende Wache schießen?

TRONK: Ich müßte, Herr Leutnant.

DROGO: Wie lange sind Sie schon auf der Festung, Tronk?

TRONK: Zwanzig Jahre, Herr Leutnant.

*Pause. Nur das Rufen der Posten.*

DROGO: Mein Gott. Wissen Sie denn überhaupt noch, wie die Welt aussieht? Daß es Frauen gibt, Tanz, Schenken, Familien ...

TRONK: Ich habe Familie, Herr Leutnant. Eine Frau und vier Kinder.

DROGO: Sagen Sie das noch mal, Mann.

TRONK: Eine Frau und vier Kinder, Herr Leutnant.

DROGO: Und wie oft sehen Sie Ihre Familie?

TRONK: Ganz normal. Alle zwei Jahre vier Wochen.

DROGO *heiser*: Warum sind Sie hier, Tronk?

TRONK: Einer muß sie doch beschützen, die Familie.

## 13

*Reduit.*

GROTTA: Was halten Sie von Tronk, Drogo?

DROGO: Was machen Sie hier, Grotta?

GROTTA: Ich vertrete mir die Beine. Das machen nahezu alle Offiziere der Festung. Es entspricht nicht den Vorschriften, aber inzwischen hat man sich daran gewöhnt. Wie gefällt Ihnen Tronk?

DROGO: Er hat einen Vorschlag zu machen betreffend eine Änderung des Reglements.

GROTTA *lacht*: Das versucht er bei jedem Neuen.

DROGO: Ach, Sie kennen seinen Vorschlag?

GROTTA: Jeder hier kennt ihn.

DROGO: Auch Oberstleutnant Matti?

GROTTA: Matti ist schon länger auf der Festung als Tronk. Er vielleicht nicht.

DROGO: Man könnte mit ihm reden.

GROTTA: Er würde nicht auf Sie hören. Er hat das Reglement übernommen, und er wird es bis in den Tod hüten. Was bleibt ihm auch sonst?

DROGO: Es scheint mir einen Versuch wert.

GROTTA: Versuchen Sie es, Drogo. Versuchen Sie es. Sehen Sie sich aber vor. Man macht sich schnell unbeliebt bei Oberstleutnant Matti.

DROGO: Erlauben Sie mir eine Frage?

GROTTA: Selbstverständlich, Drogo. Jede Frage.

DROGO: Als Leutnant Lagorio seinen Abschied nahm …

GROTTA: Ja?

DROGO: Es klang so, als könnten auch Sie gehen?

GROTTA: Nach einer gewissen Zeit kann jeder gehen.

DROGO: Ist es etwas mit den Tataren?

GROTTA *lacht bitter*: Wer hat Ihnen von den Tataren erzählt?

DROGO: Hauptmann Ortiz. Es schien, als mache er sich lustig darüber.

GROTTA: Es gibt keinen Grund, sich darüber lustig zu machen. Es kommt nicht darauf an, wann wer warum geht oder nicht. Lagorio ist gegangen. Also ist es für ihn gut, daß er gegangen ist. Es war nur nicht gut, wie er uns zugesetzt hat. Vor allem Angustina hat Lagorios Hohn nicht verdient.

DROGO: Klären Sie mich auf.

GROTTA: Das kann ich nicht. Die Lösung findet jeder selbst und jeder anders. Die Festung ist nichts Besonderes. Höchstens, daß sie …

DROGO: Ja?

GROTTA: … daß sie zum Nachdenken veranlaßt. Zu einer

anderen, womöglich tieferen Art des Nachdenkens, als es uns unten in der Stadt, im Generalstab, in der Garnison gelänge. Aber sicher geht es jedem anders mit dem Nachdenken. Manch einer hat durchaus keinen Grund, sonderlich nachzudenken …

DROGO: Worüber nachzudenken?

GROTTA: Angustina denkt sehr viel nach. Erwerben Sie seine Freundschaft, Drogo. Aber folgen Sie nicht seinen Gedankengängen. Auch sein Denken ist ein eigenes. Versuchen Sie nur überhaupt nicht, solange nicht jedenfalls, wie Sie hier auf der Festung sind, sich den Gedanken anderer anzuschließen. Versuchen Sie nur, sich selbst zu finden. Diese Festung ist ein Vexierspiel.

DROGO: Sie sagten aber, die Festung sei nichts Besonderes.

GROTTA: Ein Vexierbild ist nichts Besonderes, Drogo. So ist das Leben. Nur die Luft hier oben ist klarer. Man sieht manches besser. Deswegen ist es so wichtig, sich auf sich selbst zu konzentrieren. Vielleicht gelingt es Ihnen, vielleicht werden Sie gehen nach vier Monaten oder nach zwei Jahren, nach vier Jahren, wer weiß.

DROGO: Nach vier Monaten, ich sagte es bereits.

GROTTA: Ich stehe gerne hier und sehe hinüber.

DROGO: Steine, Steine, nichts als Steine bis zu den Bergen am Horizont.

GROTTA: Ach, Drogo, hier gibt es keine zwei Männer, die dasselbe sehen. Es macht friedlicher, wenn man nur sich selbst befragt. Versuchen Sie nicht, von irgend jemandem Bestätigung eines eigenen Gedankens zu erhaschen, einer eigenen Meinung, einer Vision, eines Traumes nur. Und erzählen Sie niemandem von sich. So ist es am besten. Machen Sie alles mit sich selbst aus. Übrigens, den Tanz, den Sie Morel gezeigt haben, wie hieß er doch …

DROGO: Bimini.

GROTTA: Richtig. Bimini. Wenn es Ihnen nichts ausmacht, Drogo. Ich würde ihn auch gern lernen.

## 14

DROGO: Diese Uhr macht mich noch verrückt, wenn mich die Festung und diese sich rätselhaft gebärdenden Idioten nicht schon verrückt gemacht haben.

Ich darf mich einfach nicht verrückt machen lassen. Es muß doch möglich sein, vier Monate die drei indischen Affen zu spielen. Es gibt so viele Menschen, denen machen schlimmere Situationen nicht mehr aus als ein Frühlingsregen. Es wäre doch gelacht, wenn ich das nicht auch schaffen würde, meine Herren, was Sie hier oben auch begräbt, Tataren hin, Tataren her, die Welt ist groß und hält für Giovanni Drogo noch Abenteuer ganz anderer Art bereit. Nehmen wir den Dienst hier oben als das, was er schließlich ist, wie es die ganze Armee ist: eine Mannbarkeitsschleuse für die Jugend aller Staaten der Welt. Unten im Stab sollen sie ihre ambitionierten Sandkastenspiele abhalten, womit sie sich die Berechtigung ihres guten Salairs vormachen, sollen sie in den Betten der Generalsgattinnen ihre Avancen machen. Die Welt schert sich nicht drum. Ich werde eine Weltreise machen, wenn ich hier raus bin, die Hochzeit mit Maria kann warten. Vielleicht sehe ich die blauen Berge hinter der Wüste auch einmal von der anderen Seite. Tataren ..., daß ich nicht lache. Man dürfte niemandem erzählen, was auf dieser Festung los ist. Nachher spricht sich das noch jenseits unserer Grenzen rum.
Lauf weiter und laß mich schlafen. Hier auf der Festung haben die Gespenster Dienstrang.

## 15

DROGO: Herr Oberstleutnant, alles dies bedenkend, scheint mir eine Überprüfung des Reglements angebracht.

MATTI: So? Herr Leutnant? Scheint Ihnen angebracht? Sie haben gewiß eine, sagen wir, etwas neuzeitliche Ausbildung an der Akademie erhalten, ist es so? Nein, antworten Sie noch nicht. Hören Sie zu. Gewiß machen sie sich unten in der Stadt und entre nous auch im Generalstab sehr oberflächliche Vorstellungen von der Aufgabe unserer Festung. Nun kommen Sie, sind ein paar Wochen hier oben und machen Vorschläge. Ich will Ihnen eins sagen, falls Sie es noch nicht selbst herausgefunden haben: Hier oben, mein lieber Drogo, ist Front. Verstehen Sie? Front. Ich wollte Sie nicht gleich zu Anfang beunruhigen, ich wollte Sie Fuß fassen lassen, allerdings nicht auf diese

Art. Nun muß ich es Ihnen in aller Deutlichkeit sagen. Leutnant Drogo. Wir erwarten täglich einen Angriff unserer nördlichen Nachbarn. In einem Moment so großer realer Gefahr, die unserem Volk droht, ist der Zweifel an der Subordination und an einem Jahrzehnte bewährten Reglement – und das ist noch milde ausgedrückt – unpassend. Treten Sie weg.

Drogo: Zu Befehl, Herr Oberstleutnant.

Matti: Drogo.

Drogo: Herr Oberstleutnant.

Matti: Das ändert natürlich nichts an meinem Angebot. Nach vier Monaten sind Sie höhenkrank, falls Sie es sich nicht anders überlegt haben, Mann.

16

*Offiziersmesse.*

Angustina: Geben Sie mir die Ehre einer Partie Schach, Herr Leutnant?

Drogo: Selbstverständlich, Angustina. Nur fürchte ich, gerade heute Ihren sicher hohen Anforderungen nicht gerecht zu werden. Ich werde eine Flasche Wein kommen lassen.

Angustina: Nehmen Sie die weißen Steine.

Drogo: Ich hoffe, wenn ich die Festung verlasse, wenigstens im Schachspiel gewonnen zu haben.

Angustina: Haben Sie sich eingelebt inzwischen?

Drogo: Es ist doch wohl ein normaler Dienst. In jeder Kaserne der Welt wäre es nicht anders.

Angustina: Wahrscheinlich haben Sie recht.

Drogo: Oder ist es anders?

Angustina: Wie sehen Sie es denn?

Drogo: Nun, der Rotwein wenigstens ist gut.

Angustina: Weichen Sie sich noch nicht aus.

Drogo: Wenn ich ehrlich sein soll ...

Angustina: Seien Sie es in Ihrem eigenen Interesse.

Drogo: Leutnant Grotta warnte mich, meine Gedanken irgendwelchen fremden Meinungen anzupassen.

Angustina: Das war recht von ihm, ich frage Sie ja auch nicht nach irgendeines anderen Meinung, sondern nach Ihrer.

DROGO: Interessiert Sie eine andere Meinung?
ANGUSTINA: Aber selbstverständlich.
DROGO: Ist es nicht auch für Sie besser, nur Ihrer eigenen Vorstellung zu entsprechen?
ANGUSTINA: Ich habe mir eine Vorstellung durchaus schon gebildet. Mich interessiert die Ihre.
DROGO: Ich muß gestehen, ich weiß noch nicht, wie ich mich ohne meine Verlobte über die Zeit bringe.
ANGUSTINA: Ich war auch verlobt.
DROGO: Was heißt „war"? In Ihrem Alter? Oder hat gar sie …?
ANGUSTINA: Es hat keine Bedeutung.
DROGO: Ich verstehe.
ANGUSTINA: Ich glaube nicht. Noch nicht. Was halten Sie von den Tataren?
DROGO: Es gibt Momente, wo ich es schade finde, daß es sie nicht gibt.
ANGUSTINA: Ich verstehe.
DROGO: Es gäbe der Sache hier einen erträglichen Sinn.
ANGUSTINA: Ich verstehe. Sie glauben nicht, daß die Tataren existieren?
DROGO: Es widerspräche der Praxis. Gardé.
ANGUSTINA: Ich sehe, ich sehe. Welcher Praxis?
DROGO: Der normalen Praxis des Handels und Wandels unten in der Welt.
ANGUSTINA: Sie sagen es auch schon.
DROGO: Was, bitte.
ANGUSTINA: „Unten in der Welt." Wir sind außerhalb. Es existieren Zeit und Raum, aber die Welt ist verschwunden. Schach. Denken Sie gut nach, Drogo. Sie haben nicht viel Züge zur Verfügung. Die Welt ist verschwunden. Kein unangenehmer Gedanke. Vom Gefühl ganz zu schweigen. Es sind die eigenen Bilder, die hier ihre Realität erlangen. Realität, vielleicht ist das nicht ganz richtig. Realität ist nicht so wichtig. Der weltfreie Gedanke. Ich glaube nicht an ein Leben nach dem Tod, Drogo. Deswegen vielleicht genieße ich den Zustand. Als Vorwegnahme einer Möglichkeit der Seele, die den Krämerseelen nicht in den Kram paßt. *Pause.* Sie sagen nichts.
DROGO: Ich denke über meinen nächsten Zug nach.
ANGUSTINA: Lassen Sie sich Zeit.

ORTIZ: Nun, Herr Tanzlehrer. Bringt Sie das Blaublut ins Schwitzen?

DROGO: Ich bin tatsächlich kein guter Schachspieler, Herr Hauptmann.

ORTIZ: Das meine ich doch nicht, Sie Naivling. Hat Sie der Kasemattenphilosoph schon in den postmortalen Zustand der Seele vor dem Tod eingeweiht?

DROGO: Herr Hauptmann, Sie diskreditierten meine Integrität.

ANGUSTINA: Lassen Sie ihn, Drogo. Ortiz hat eine spitze Zunge.

ORTIZ: Sehen Sie, Angustina erschüttert nichts mehr. Er hat nicht nur mit dem, was er die Welt nennt, abgeschlossen, sondern auch schon mit den irrenden Seelen des Zwischenraums, in dem er sich bewegt. Was Neues von den Tataren, Drogo?

DROGO: Sie spotten, Herr Hauptmann.

ORTIZ: Warum nicht, Leutnant. Sie waren bei Matti?

DROGO: Woher wissen Sie?

ORTIZ: Ich dachte es mir. In Ihrem Blick blitzt noch ein Rest Vernunft. Man trennt sich ungern, nicht wahr? Ja, soll ich Ihnen sagen, was er geantwortet hat? Hat er nicht das Wort „unpassend" gebraucht? Seien Sie nicht traurig, Drogo. Es gab etliche, die auf Tronk reingefallen sind, „unpassend" ist schon das richtige Wort – milde ausgedrückt.

DROGO: Reingefallen, Herr Hauptmann?

ORTIZ: Warum nicht? Vielleicht ist es eine Verabredung zwischen Matti und Tronk. Angustina ist nie darauf hereingefallen. Unser Hochadel ist schon seit Jahrhunderten auf dem Gebiet der Intrigen zu Hause.

DROGO: Herr Hauptmann, Sie vergessen sich.

ORTIZ *scharf*: Herr Leutnant, darf ich Sie auf den Unterschied unseres Dienstranges aufmerksam machen.

DROGO: Entschuldigen Sie, Herr Hauptmann.

ORTIZ *lacht*: Brav, Tanzmeister. Lassen Sie sich nicht weiter stören, meine Herren. *Indem er sich entfernt*: War der Kerl doch beim Oberstleutnant. *Lacht.* Das ist auch so eine Marke.

ANGUSTINA: Ich danke Ihnen, Drogo. Aber es war nicht nötig.

DROGO: Ich hatte das Gefühl, er verließ das Gebiet unter Männern möglichen Scherzes.

ANGUSTINA: Er ist ein armer Hund. Jahrelang schon hat man ihn nicht mehr befördert.

DROGO: Warum geht er dann nicht?

ANGUSTINA *so scharf er kann, das ist nicht sehr scharf, aber jetzt ist es deutlich die oberste Grenze*: Stellen Sie bitte nicht wieder diese immer gleiche Frage, nie wieder. *Milder*: Ich bitte Sie.

*Auftritt Morel.*

MOREL: Pietro, Drogo. Da seid ihr ja. Grotta hat Dienst, und ich wollte einen von euch zu einer Flasche und einer Partie Schach einladen. Nun spielt ihr ja schon.

ANGUSTINA: Freund Drogo hat nicht gerade die für dieses Spiel notwendige Geduld, scheint mir. Er spielt begabt, aber er wechselt mehrmals seine Strategie. Nichts destotrotz ist er schwer zu greifen.

MOREL: Ortiz war hier?

ANGUSTINA: Ja. Ist etwas mit ihm?

MOREL: Nein, nein, ich frage nur so.

DROGO: Er schien mir in schlechter Verfassung. Er legte es darauf an, Angustina zu kompromittieren.

ANGUSTINA *mit Ernst bittend*: Drogo, ich bitte Sie. Unterlassen Sie Ihre Interpretationen. Ortiz scherzt gelegentlich. Ziehen Sie, Drogo.

MOREL: Ich kann nicht erkennen, wer hier als erster den Kopf in die Schlinge steckt.

ANGUSTINA: Der, der den nächsten Fehler begeht.

DROGO: Ich fühle mich blind im Labyrinth der möglichen Züge. *Zieht.* War es der Fehler?

*Pause.*

ANGUSTINA: Ich beende die Partie.

DROGO: Ich hab es geahnt.

*Angustina zieht. Pause.*

MOREL: Was hast du gemacht, Pietro?

ANGUSTINA: Ich habe die Partie beendet. Schach, nicht wahr, meine Herren, ist die menschlichste Form des va banque. Nur bestimmen wir selten selbst den Preis unserer Haut, die wir zu Markte tragen.
Herr Leutnant. Es hat mich gefreut. *Ab.*

MOREL: Ein bißchen fatalistisch, unser Freund, was meinen Sie?

DROGO: Ich weiß nicht so recht, ich verstehe nicht ganz …

MOREL: Sie verstehen nicht? Soso. Nun, wie sollen Sie auch, Sie sind ja noch zu neu. Angustina verliert nicht beim Schachspiel. Verstehen Sie, Drogo, er verliert nicht. Warum hat er gegen Sie verloren?

DROGO: Ich verstehe zu wenig von dem Spiel …

MOREL: Nicht doch, nicht doch. Wenn es nur das Spiel wäre … Das beunruhigt mich. Ich bin zusammen mit Angustina auf die Festung gekommen. Seitdem hat er nicht eine Partie verloren. Es ist etwas anderes.

DROGO: Ich sagte schon, irgend etwas war zwischen Angustina und Ortiz. Ortiz war auf eine unangenehme Art aggressiv.

MOREL: Gegen Angustina?

DROGO: Gegen mich war es mehr überlegener Spott.

MOREL: Das macht nichts, das macht nichts. Was aber ist mit Angustina? *Pause. Morel setzt sehr ernsthaft und nach innen gekehrt – wie bei einem Selbstgespräch, bei dem der andere nur Sparringspartner ist – fort*: Es beginnt, mich zu beunruhigen. Angustina begeht einen Fehler beim Schachspiel. Er denkt, er beendet die Partie. Aber er beginnt damit ein neues Spiel, ein schrecklicheres, dessen Folgen er nun nicht mehr übersehen kann, weil er denkt, daß er heraus ist aus dem Spiel. Warum zieht er wissentlich in die Falle? Das Gleichgewicht funktioniert nur, wenn beide gewinnen wollen und kein irrationales Risiko eingehen. Spielt aber eine der Seiten auf den eigenen Verlust hin, führt es zur Katastrophe. Das Remis durch Einigung ist die edelste Form des Spielausgangs. Sie hätten seine Aufgabe nicht annehmen dürfen, hätten mit einem gleichen Fehler antworten müssen, Drogo. Das Gleichgewicht wäre wieder hergestellt.

DROGO: Ich verstehe kein Wort.

MOREL: Wie bitte? – Ach, Drogo, hören Sie nicht auf mich, ich sprach nur so vor mich hin. Vergessen Sies.

## 17

DROGO *lacht*: Das ist nun schon die Gewöhnung. Ich warte mit dem Einschlafen, bis sie stehen bleibt. Dann ziehe ich sie auf und lege mich beruhigt schlafen. Der Mensch ist doch ein elastisches Wesen.

*Starkes Klopfen, Auftritt Grotta, Morel.*

GROTTA: Wachen Sie auf, Drogo.

MOREL: Wo ist hier Licht?

DROGO: Meine Herren, was ist passiert? Sind die Tataren gekommen?

MOREL: Machen Sie keine Witze, Drogo.

GROTTA: Wir müssen Sie etwas fragen.

DROGO: Wenn es so dringend ist, bitte. Ich war noch nicht im Schlaf.

MOREL: Angustina ist verschwunden.

*Pause.*

DROGO: So?

GROTTA: Was ist geschehen?

DROGO: Das frage ich Sie?

MOREL: Angustina hat diese Nacht die Wache zu befehligen. Er ist nicht zum Dienst erschienen. Oberstleutnant Matti ist bereits verständigt worden.

GROTTA: Angustina ist nicht in der Festung. Wir haben ihn überall suchen lassen. Er ist verschwunden. Was war los? Warum hat Angustina absichtlich gegen Sie verloren?

DROGO: Ich bin genauso ratlos wie Morel.

GROTTA: Überlegen Sie genau. Was ist passiert?

DROGO: Ich hatte nur das Gefühl, daß er – wie soll ich sagen? Auf eine merkwürdige Art traurig war. Ja. Sehr traurig. Als hätte er eine Art zu leben für sich gefunden und nun sei nichts mehr zu tun.

GROTTA: Eine Art zu leben, oder eine Art zu sterben?

DROGO: Ja. Oder zu sterben.

## 18

CONTI: Ich bin der Trompeter Conti. Von den insgesamt dreißig Trompetern auf der Festung Bastiani sind wir nur drei, die das Signal Großalarm beherrschen, Altobelli, Sandrelli und ich. Dieses Signal ist das auf der Festung bestgehütete Geheimnis. Nicht einmal der Kommandant kennt es. Er hat das notierte Signal sich und jedem Offizier, verschlossen in einem versiegelten Kuvert, in die Manschetten der Dienstuniform einnähen lassen. Also:

hört einer ein ihm unbekanntes Trompetensignal, ritsch, reißt er sich die Manschette auf, ratsch, das Kuvert, und vergleicht. Das Signal erklingt zuerst dreimal hintereinander. Dann fünfmal hintereinander in Abständen von zehn Sekunden.

Ich bin der Sohn des Orchestertrompeters Alberto Conti. Unterricht bekam ich von meinem Vater und trat dann auch sehr früh auf seinen Willen hin ins Orchester ein. Dort begann ich eine beispiellose Karriere. Nach schon zwei Jahren war ich ein im ganzen Lande und im Ausland gefragter Solist. Bis ich dann auf einem Konzert zum Nationalfeiertag vor zwanzig Jahren, das wir vor dem Oberkommando und dem Staatsrat gaben, ausgerechnet bei der Solostelle in der Coda der Nationalhymne patzte. Ich muß dazu sagen, daß ich die Nacht zuvor Alkohol in nicht mehr vertretbarer Menge zu mir genommen hatte.

Nicht der Zorn der Kollegen, nicht die disziplinarische Strenge der Orchesterdirektion führten dazu, daß ich mich zum Dienst auf der Festung Bastiani verpflichtete, allein die eigene Scham bewegte mich zu diesem Schritt aus dem Rampenlicht umjubelter Konzerte in die Kargheit dieses vergessenen Vorpostens. Anfangs begegnete man mir mit Skepsis. Ich, der ich im Alter von zwölf Jahren bereits die B-Dur-Sonate von Heinrich Ignaz Franz Biber spielte, brauchte mehr als zwölf Jahre, um das Vertrauen des Festungskommandanten zu gewinnen. Nicht etwa durch meine Virtuosität, nein – trotz mannigfacher Bitten und Angebote, den Offizieren zu Festlichkeiten eine Probe meines Könnens zu geben, widerstand ich dem – nein, meine über ein Jahrzehnt währende Verschwiegenheit, meine auf der Festung sprichwörtliche Einsilbigkeit und meine Kontaktarmut überzeugten schließlich den damaligen Festungskommandanten von meiner Eignung für das Signal Großalarm.

Altobelli, Sandrelli und ich führen unsere Proben in einem fünfzehn Meilen von der Festung entfernten Felstal korrekt durch. Bei den Mahlzeiten im Offizierskasino höre ich so dies und das, und ich sehe in die fiebrigen Augen der Offiziere. So manches Mal wundere ich mich, mit welcher Erregung, mit welch irrationaler Erwartung sie diesem unserem Spiel entgegenharren. Ich hege gewisse Zweifel daran, daß dieses Signal in den mir noch bis zur Pensionierung verbleibenden Jahren jemals auf der Festung erklingen wird. Ich interessiere mich nicht für die Tataren und nicht für Politik. Ich bin Musiker.

## 19

*Reduit. Kein Rufen der Wachen.*

DROGO: Tronk, was stieren Sie so angestrengt in die Gegend.
TRONK: Zu Befehl, Herr Leutnant, ich weiß nicht.
DROGO: Sie machen mich nervös, Tronk.
TRONK: Zu Befehl, Herr Leutnant. Heute sind wohl alle ein bißchen …
DROGO *scharf*: Wie bitte?
TRONK: Entschuldigen Sie, Herr Leutnant.
DROGO *wieder milder*: Was meinen Sie mit heute, Tronk?
TRONK: Nun, Herr Leutnant, man spricht so dies und jenes, auch die Mannschaften machen sich ihre Gedanken, Herr Leutnant.
DROGO: Und was denken die Mannschaften?
TRONK: Zu Befehl, Herr Leutnant, es ist wegen des Herrn Leutnant Angustina.
DROGO: Jaja, Tronk. Aber was denken sich die Mannschaften? Was denken zum Beispiel Sie, Tronk?
TRONK: Ich, Herr Leutnant? Ich denke nichts, zu Befehl, Herr Leutnant. Ich denke …
DROGO: Ja?
TRONK: Nichts, Herr Leutnant.
DROGO: Und warum bewegen Sie sich seit drei Stunden nicht vom Fleck und sehen nur hinüber?
TRONK: Seit drei Stunden, Herr Leutnant? Ich habe die Zeit nicht gespürt.
*Auftritt Morel.*
DROGO: Morel, was führt Sie zu dieser Zeit hierher aufs Reduit?
MOREL: Entschuldigen Sie den Überfall heute nacht, Herr Leutnant.
DROGO: Nicht doch, nicht doch. Machen Sie sich keine Vorwürfe.

MOREL: Ich bin immer noch beunruhigt.

DROGO: Tronk, sehen Sie nach der Wache.

TRONK: Zu Befehl, Herr Leutnant. *Ab.*

DROGO: Auch ich muß zugeben, daß mich die Angelegenheit nicht kalt läßt.

MOREL: Sie wissen ja noch nicht alles, Drogo.

DROGO: Was ist los?

MOREL: Er hat nie auf mich hören wollen.

DROGO: Angustina?

MOREL: Er war zu höflich, um mich auszulachen. Wäre er nicht adlig im wahrsten Sinne gewesen, er hätte sicher gelacht. So wenig hat er mir geglaubt.

DROGO: Was soll das, Morel? Wieso war? Wieso gewesen?

MOREL: Ach Gott, Drogo. Legen Sie mir die Worte nicht auf die Goldwaage. Wie komme ich dazu? Wahrscheinlich hat mich Angustina mehr aus dem Gleichgewicht gebracht, als ich wahrhaben wollte. *Pause.* Ich habe Angst, Drogo. Nicht allein um Angustina. Auch um ihn, sicher. Aber auch um den anderen.

DROGO: Um welchen anderen?

MOREL: Das Pendant. Sehen Sie hinüber, Drogo. Sehen Sie, nehmen Sie mein Fernglas und sehen Sie.

DROGO: Ja? – Ich sehe nichts.

MOREL: Das Wetter ist nicht günstig. Die Hitze macht die Luft flirren. Geben Sie das Fernglas wieder her. Ich erzähls Ihnen. Da drüben ist eine Festung. Ganz sicher ist da eine Festung. Uns gleich an Festigkeit und Stärke der Bewaffnung und Besatzung. Verstehen Sie. Dort stehen jetzt zwei junge Offiziere auf dem Reduit und sehen nach Süden, so wie wir nach Norden sehen. Und auch dort ist etwas passiert.

DROGO: Entschuldigen Sie, Morel, ich verstehe Sie nicht.

MOREL: Es liegt doch auf der Hand, Drogo. Denken Sie an das Gleichgewicht. Was bei uns passiert, geschieht auch dort. Seitdem ich das weiß, betrinke ich mich nicht mehr. *Drogo lacht. Ernst, mild*: Die Situation zwingt uns den kategorischen Imperativ auf, Drogo. Seitdem ich von meinem, oder besser unseren Pendants weiß, denke ich öfter darüber nach. Wenn es uns gelingt, meine ich, alle Unwürdigkeit aus unserem Leben zu verdrängen, wird es dort, muß es dort geschehen. Und jetzt ist etwas in Gang gesetzt, was zum Unfall führen wird.

DROGO: Unken Sie doch nicht rum, Morel. Noch ist nichts passiert. Und es wird nichts geschehen. Falls Ihre Hysterie nicht zur Epidemie wird.

MOREL *immer noch mild*: Jeder Neue wehrt sich, so gut er kann, Drogo.

DROGO: Und Angustina ist ein erwachsener Mann. Er wird wissen, was er tut.

MOREL: Genau das macht mir Angst.

DROGO: Dann gehen Sie zum Arzt. Lassen Sie sich helfen, Morel. Da Sie es ablehnen, mittels Alkohol über diese Schwäche zu springen.

*Auftritt Grotta.*

GROTTA: Schon was gesehen.

MOREL: Glaubst du auch, daß er da draußen ist, Angelo?

GROTTA: Ich weiß gar nichts, Claudio.

DROGO *überspielt seine Unsicherheit mit Ärgerlichkeit*: Was um Gottes willen sollte er da draußen suchen, Grotta? Nichts als Steine, Sand und heiße Luft.

GROTTA: Angustina weiß, was er tut. Und wir wissen es nicht.

DROGO: Was bleibt uns dann, außer zu warten?

GROTTA: Nur das.

MOREL: Ich halte es nicht mehr aus.

DROGO: Gehen Sie hinunter, Morel.

MOREL: Vielleicht ist es wirklich besser.

GROTTA: Ich komme mit, Claudio. Herr Leutnant.

DROGO: Meine Herren. *Grotta, Morel ab. Für sich*: Wenn er von hinten kommt. Lächerlich. Wenn er gar nicht kommt. Langweilig. Wenn er von vorn kommt. Nicht auszudenken.

*Auftritt Tronk.*

TRONK: Herr Leutnant befehlen?

DROGO: Übrigens, Tronk. Sie baten mich, mit Matti zu sprechen …

TRONK: Herr Leutnant …?

DROGO: Mit dem Herrn Oberstleutnant. Des Reglements wegen.

TRONK: Ich danke Ihnen, Herr Leutnant.

DROGO: Und Sie haben in keiner Weise Indiskretion geübt, Tronk?

TRONK: Ich habe Sie nur gebeten, Herr Leutnant.
DROGO: Mich, wie andere vor mir.
TRONK: Sicher, entschuldigen Sie, Herr Leutnant, das Problem drückt mich schon lange.
DROGO: Und da ist kein falsches Spiel?
TRONK: Herr Leutnant …
DROGO: Ihr Ehrenwort?
TRONK: Das steht mir nicht zu, Herr Leutnant.
DROGO: Es ist kein Platz mehr für diese Unterschiede. Ihr Ehrenwort?
TRONK: Ich schwöre es Ihnen, Herr Leutnant.
*Auftritt Ortiz.*
ORTIZ: Erschrecken Sie nicht, Giovanni, erschrecken Sie nicht. Ich bins nur.
DROGO: Der Hauptmann.
ORTIZ: Schicken Sie Tronk weg. Er dauert mich.
DROGO: Zu Befehl, Herr Hauptmann. Tronk. Treten Sie ab.
TRONK: Zu Befehl, Herr Leutnant. *Ab.*
ORTIZ: Schon was zu sehen?
DROGO: Was zu sehen, Herr Hauptmann?
ORTIZ: Einen Leutnant, blaublütig, blaß, gebildet, einen Leutnant wie Angustina. Nicht gesehen, Giovanni?
DROGO: Woher wissen Sie meinen Vornamen?
ORTIZ: Sie hatten die Freundlichkeit, sich mir vollständig vorzustellen, Drogo, damals, in der Schenke auf Ihrem Weg hier hinauf. Ist er schon zu sehen?
DROGO: Wo zu sehen, Herr Hauptmann?
ORTIZ: Lassen Sie verdammt nochmals diese Förmlichkeit, Drogo. Sie steht mir bis hier. Da vorn, Mann. Sie starren doch schon Stunden nach vorn, Drogo. Oder?
DROGO: Was sollte er da vorn, Herr Hauptmann?
ORTIZ: Es ist das beste Forum des Selbstmordes.
DROGO: Selbstmord?
ORTIZ: Es wäre das beste, nicht nur für ihn. Und Angustina ist ein kluger Mensch.
DROGO: Entschuldigen Sie, Herr Hauptmann …
ORTIZ: Ich habe Ihnen gesagt, Sie sollen hier und heute diese Förmlichkeit lassen.
DROGO: Entschuldigen Sie. Nur – Sie haben meine Frage nicht beantwortet.

ORTIZ: Sie trifft kein Vorwurf, Giovanni. Sie haben sich korrekt verhalten. Anerkennung.

DROGO: Ich verstehe Sie nicht.

ORTIZ: Mithin werde ich an seinem Selbstmord schuld sein.

DROGO: Woher wollen Sie das wissen?

ORTIZ: Hören Sie doch auf, den Unbeteiligten zu spielen. Fangen Sie endlich an, auch die Umgebung zu sehen. Nicht nur die Berge, mein junger Freund, nicht nur die Berge. Sie sind hier auf der Festung Bastiani, und unser Blaublut hatte nicht so unrecht, das ist ein Ort irgendwo zwischen Leben und Tod, ganz egal, wie Sie sich einordnen. Dann beginnt Ihr Teil, bis hierher waren Sie gut, bleiben Sies, aber triumphieren Sie nicht zu früh. Integer sein ist mehr, als sich nur raushalten, mein Freund, glauben Sie mir, ich bin nicht nur älter. Hören Sie nicht nur auf meinen Spott, sehen Sie den Leuten in die Augen oder meinetwegen in die Milchstraße. Aber sehen Sie um Gottes willen nicht dauernd auf Ihre Uhr. Die halbe Festung hört, wie Sie nachts die Uhr aufziehen. Mein Gott, ich wäre doch der erste, der Sie alle wegschicken würde, auf die Handelsstraßen der Welt, ich würde Sie in Vergnügungsdampfer pferchen, in Karusselle, Puffs, Schenken, Familien. Angustina, Giovanni, war anders. Er w o l l t e.

DROGO: Was wollte er?

ORTIZ: Wer weiß, was. Aber auch die anderen. Die Festung scheint die Seelen freizulegen. Nehmen Sie Morel mit seinem kategorischen Imperativ – lachen Sie nicht – keiner von uns hat das Recht, über ihn zu richten, keiner. Morels Haltung ist durchaus ein Vorschlag an die Welt, ein sehr einsamer, aber ein Vorschlag. Oder Freund Grotta, der mir aus dem Weg geht. Weil er nichts wissen will, nichts, von niemandem. Man hat ihm die Welt genommen. Sein Vater hat das Vermögen der Familie versoffen, Gott soll ihn richten. Grotta hat sich Zeit genommen und nie mit dem Schicksal gehadert. Er tanzt gern, Giovanni, haben Sie ihm schon Unterricht gegeben?

DROGO *heiser*: Nein.

ORTIZ: Geben Sie ihm Unterricht, Drogo. Haben Sie keine Angst. Und geben Sie mir Meldung, wenn Sie etwas bemerken.

## 20

*Reduit. Kein Rufen der Posten.*

DROGO: Tronk! *Pause.* Tronk! *Pause.* Tronk, verflucht noch mal. Sehen Sie nichts?

TRONK: Zu Befehl, nichts.

DROGO: Nichts also? *Pause.* Und das dort, ist auch nichts?

TRONK: Das, Herr Leutnant?

DROGO: Was ist das, Tronk?

TRONK: Ein Punkt, Herr Leutnant, ein sehr dunkler Punkt.

DROGO: Und?

TRONK: Der Punkt bewegt sich.

DROGO: So ein Punkt in der Nacht, das kann viel sein, Tronk.

TRONK: Ja, Herr Leutnant.

DROGO: Was müssen wir Ihrer Meinung nach tun, Tronk?

TRONK: Sie befehlen, Herr Leutnant.

DROGO: Ich weiß.

TRONK: Sie kennen das Reglement, Herr Leutnant.

DROGO: Sie müssen mich nicht belehren, Tronk. *Pause.* Verdammt noch mal, was soll ein Reglement in diesem Fall. Was ist das für eine Nacht. Und was ist das für ein Punkt? Wenn er es wäre, wie soll er da hinausgekommen sein? Es kann ein Fuchs sein, eine optische Täuschung, ein Spiel der hungrigen Phantasie.

TRONK: Was sagen Sie, Herr Leutnant?

DROGO: Ich sprach so vor mich hin, Tronk.

TRONK: Entschuldigen Sie die Frage, Herr Leutnant. Meinen Sie, er ist es?

DROGO *mit an Hysterie grenzender Nervosität*: Wie soll er da hingekommen sein? Wie? Es wäre der reine Selbstmord. Er kennt das Reglement wie wir. Er weiß, daß er keine Chance hat ohne das Losungswort.

TRONK: Ja, Herr Leutnant.

DROGO: Er kann es nicht sein.

TRONK: Herr Leutnant, wir müssen Alarm für die Wache geben.

DROGO: Warten wir noch eine Weile.

TRONK: Herr Leutnant …

DROGO: Ja?
TRONK: Wir können doch die Wache in Alarmbereitschaft setzen, bitte.
DROGO: Und wenn jemand nervös wird?
TRONK: Wer nicht befehlen muß, Herr Leutnant, wird auch nicht so leicht nervös. Die Mannschaften wissen den Preis sehr gut. Entschuldigung, Herr Leutnant.
DROGO: Die Wachen, Tronk, warum sind sie so still? Warum rufen sie nicht, wie jede Nacht?
TRONK: Es sind nur einfache Soldaten, Herr Leutnant. Aber sie haben Augen zu sehen, und Ohren zu hören. Und mitunter drückt es sie auf die Seele, wie es Sie drückt, Herr Leutnant.
DROGO: Sie meinen, die Leute wissen, was los ist?
TRONK: Ja, Herr Leutnant.
DROGO: Beeinträchtigt das nicht die Sicherheit, Tronk?
TRONK: Sie werden jeden Befehl ausführen. Das hat man sie gelehrt.
DROGO: Der Punkt, Tronk. Bewegt er sich noch?
TRONK: Ich kann es nicht erkennen.
DROGO: Setzen Sie die Wachen in Alarmbereitschaft. Er wird nicht so dumm sein, sich im Dunkeln der Festung zu nähern.
TRONK: Es macht keinen Unterschied ob im Dunkeln oder im Hellen, Herr Leutnant.
DROGO: Man könnte ihm das Losungswort zurufen. Dann kann er passieren und hat nur mit einer disziplinarischen Strafe zu rechnen.
TRONK: Wenn er es aber nicht ist?
DROGO: Ja. Wenn er es aber nicht ist? Er wird sich melden, wenn er es ist.
TRONK: Und wenn nicht?
DROGO *hysterisch*: Hören Sie doch endlich auf mit diesem „wenn ja?“, „wenn nein?“. Das ist doch nicht auszuhalten. Woher soll ich denn wissen, was da draußen los ist. Woher soll ich denn wissen, was in seinem Kopf vorgeht. Ich kenne ihn doch am wenigsten. Alarmieren Sie die Wachen und lassen Sie Matti verständigen. Soll er entscheiden.
TRONK: Herr Leutnant …
DROGO: Machen Sie, Tronk.

TRONK: Zu Befehl, Herr Leutnant. *Ab.*

DROGO *für sich*: Ein Organismus, dessen Sinn der Fleischfraß ist. Eine Bestie, die nicht scheut, zu warten, egal, wer die Mahlzeit hergeben wird. Egal wie ergiebig die Beute. Wer das Losungswort nicht kennt, stellt sich als Fraß. Und nur das ist unser Sinn hier: daß sie einmal kommen werden, die Tataren, heute nacht, morgen oder in einem Jahr, irgendwann werden sie kommen. Das ist das einzige Gebot der Vernunft, das hier zählt. Wie sonst soll man leben. Vor dieser Wüste wächst die Bedrohung mit ihrer Möglichkeit. Hundert Jahre warten sie, daß etwas kommt von da vorn. Wer so lange wartet, ist schnell gereizt. Und das Losungswort trennt die Spreu vom Weizen. Das Losungswort, unser Lebenselixier. Ach, Giovanni Drogo. Denkfetzen, abgerissene Formeln zum Ausspucken.

*Auftritt Grotta.*

GROTTA: Sie haben etwas gesehen, Drogo?

DROGO: Ich sehe es noch. Was macht Morel?

GROTTA: Ich habe ihm eine Spritze geben lassen. Er schläft. Wo?

DROGO: Sehen Sie über meinen Finger, Grotta.

GROTTA: Ich sehe, ich sehe. Es ist nichts.

DROGO: Es bewegt sich.

GROTTA: Was gedenken Sie zu tun?

DROGO: Matti soll es entscheiden. Ich bin zu neu hier.

GROTTA: Ich verstehe.

DROGO: Es ist immerhin eine rätselhafte Situation. Soll Matti sich den Kopf zerbrechen.

*Trompetensignal.*

GROTTA: Haben Sie gehört? Er hat sich bereits seinen Kopf zerbrochen.

DROGO: Was ist das für ein Signal?

GROTTA: Reißen wir das Kuvert auf.

*Sie tun es.*

DROGO: Großalarm.

GROTTA: Ich muß in Bereitschaft. *Ab.*

DROGO: Tronk! Tronk! Sind Sie zurück? Melden Sie sich.

*Auftritt Tronk.*

TRONK: Zu Befehl, Herr Leutnant.

DROGO: Stellen Sie die Alarmbereitschaft her. Auch die ruhenden Wachen an die Zinnen.

TRONK: Ist bereits geschehen, Herr Leutnant.

DROGO: Also dann?

TRONK: Warten wir. Der Festungskommandant übernimmt selbst das Kommando.

DROGO: Ich habe ihn seit seiner Ernennung nicht mehr gesehen.

TRONK: Heute ist sein Tag.

DROGO: Sei es.

TRONK: Und wenn er es nun doch ist, Herr Leutnant.

DROGO: Tronk, Sie kennen das Reglement besser als ich.

*Auftritt Filimore, Matti, Offiziere.*

DROGO: Wachhabender Leutnant Giovanni Drogo, Herr Oberst.

FILIMORE: Es geht also los. Gut so. Wo steht der Feind?

DROGO: Wir konnten ihn bisher nicht identifizieren, Herr Oberst. Nur ein schwarzer Punkt, der sich bewegt. In dieser Richtung.

FILIMORE: Sehen Sie ihn, Matti, sehen Sie ihn? Was habe ich gesagt? Sie kommen. Einmal werden sie kommen. Unsere Familien in der Stadt werden stolz sein können auf uns. Endlich. *Lacht meckernd.* Ich muß gestehen, manchmal dachte ich auch schon, das Oberkommando veräppelt uns mit dieser Festung. Aber das Ausharren hat sich gelohnt. Meine Herren! Es gilt. Ich befehle ab jetzt absolute Ruhe. Kein Wort. Kein Zündholz. Daß sich niemand, ich wiederhole, niemand auch nur eine Zigarette anzündet oder sich sonst rührt.

DROGO: Was befehlen Sie zu tun, Herr Oberst.

FILIMORE *wieder unter meckerndem Lachen*: Wir warten ab, Leutnant. Wir haben lange genug auf diesen Augenblick gewartet. Da können wir auch bis zum Morgengrauen warten. Dann schlagen wir zu. Alle Hauptleute und Majore zu mir. Oberstleutnant Matti übernimmt das Kommando auf dem Reduit.

MATTI: Zu Befehl, Herr Oberst.

FILIMORE: Nun denn. Es wird eine lange Nacht, und der Tag wird heiß. Meine Herren.

## 21

*Reduit.*

MATTI *flüsternd*: Lassen Sie sich ablösen, Drogo.
DROGO *ebenso*: Ich bitte, bleiben zu dürfen, Herr Oberstleutnant.
MATTI: Mann, Sie fallen aus den Schuhen. Sie kommen noch früh genug dran.
DROGO: Glauben Sie wirklich, Herr Oberstleutnant ... Ich kann nichts sehen.
MATTI: Lassen Sie erst mal den Nebel verfliegen. Hauen Sie sich aufs Ohr, Mann.
DROGO: Ich würde es gern erleben, Herr Oberstleutnant.
MATTI: Wie Sie wollen, Drogo.

## 22

*Reduit.*

MATTI: Nichts. Nichts. Nichts. Nichts.
DROGO *aufschreckend*: Herr Oberstleutnant.
MATTI: Nichts, Drogo. Nichts. Nichts zu sehen. Nur diese verdammten Steine. Nichts als diese Steine bis zum Horizont. Was soll ich dem Oberst sagen? Das überlebt er nicht.
*Auftritt Tronk.*
TRONK *mit fliegendem Atem*: Da ist es wieder, Herr Leutnant, Herr Oberstleutnant.
MATTI: Wo? Was?
TRONK: Da, sehen Sie.
*Pause.*
DROGO *sehr leise*: Er ist es. O Gott.
MATTI: Holen Sie den Kommandanten, Feldwebel.
TRONK: Zu Befehl, Herr Oberstleutnant. *Ab.*
MATTI: Ihr Glück, Drogo. Ihr Glück. Ich weiß nicht, was mit Ihnen passiert wäre, wenn tatsächlich nichts gewesen wäre.
DROGO: Aber es ist Leutnant Angustina, Herr Oberstleutnant.
MATTI: Einerlei. Er ist Ihr Glück. Lassen Sie anlegen.

DROGO: Herr Oberstleutnant.

MATTI: Das ist ein Befehl, Mann.

DROGO: Wachen! Das Gewehr. Legt an!

MATTI: Seien Sie locker, Drogo. Nehmen Sie eine Zigarette. Ich beziehe sie beim besten Händler in der Stadt.

DROGO: Danke, Herr Oberstleutnant.

MATTI: Ja, so ist das, Drogo. Schwache Nerven sollte man nicht haben hier oben. Ich bin gespannt, wie sich Filimore verhält, sehr gespannt bin ich. *Lacht. Bricht ab.* Vergessen wirs.

*Auftritt Tronk.*

TRONK: Herr Oberstleutnant!

MATTI: Feldwebel.

TRONK: Der Kommandant befiehlt, nach dem Reglement zu verfahren.

MATTI: Wo ist er denn?

TRONK: Zu Befehl, Herr Oberstleutnant. Oberst Filimore hat sich in sein Zimmer zurückgezogen. – Ich hatte das Gefühl ...

MATTI: Ja, Feldwebel?

TRONK: ... daß ihm nicht ganz wohl ist.

MATTI: So? Sie hatten das Gefühl? *Hart*: Vergessen Sie es und kein Wort mehr darüber.

TRONK: Zu Befehl, Herr Oberstleutnant.

MATTI: Na, dann wollen wir mal, Drogo. Sie kennen doch das Reglement?

DROGO: Ja, Herr Oberstleutnant.

MATTI: Also, bitte. *Pause.* Verlieren Sie keine Zeit. Bringen Sie es hinter uns.

DROGO: Tronk. Fordern Sie die Parole.

TRONK: Zu Befehl, Herr Leutnant. – Moretti, fordern Sie die Parole.

MORETTI: Zu Befehl, Herr Feldwebel. *Ruft*: Fremder. Sie nähern sich der Festung Bastiani. Die Parole, Fremder.

*Pause.*

DROGO *leise*: Er kann sie doch nicht kennen. Warum haut er nicht ab. Warum das alles?

MATTI: Bitte, Herr Leutnant?

DROGO: Es ist Angustina.

MATTI: Um so schlimmer für ihn. Lassen Sie einmal in die Luft feuern.

DROGO: Tronk.

TRONK: Wache. Fertig zum Warnschuß. *Salve.* Moretti. Rufen Sie noch einmal.

MORETTI *ruft*: Fremder. Sie nähern sich der Festung Bastiani. Die Parole, Fremder.

*Pause.*

MATTI: Bringen Sie es zu Ende, Drogo.

*Pause.*

DROGO: Sie meinen ...

MATTI: Das ist ein Befehl. *Ab.*

DROGO: Und der verpißt sich.

TRONK *ebenso leise*: Seien Sie sicher, der bleibt in der Nähe.

DROGO: O Gott.

TRONK: Also, Herr Leutnant?

*Pause.*

DROGO: Was soll ich denn machen?

TRONK: Herr Leutnant befehlen?

DROGO *weint*: Ja, ja, ja. Ich befehle.

TRONK: Moretti, legt an. Feuer. *Schuß.* Du hast daneben geschossen. Moffo. Leg an. Feuer. Könnt ihr nicht mehr schießen, Männer?

DROGO *leise*: Warum verschwindet er nicht, der Idiot, dieser verfluchte Idiot, warum verschwindet er nicht.

TRONK: Wache! Das Gewehr. Legt an. Feuer. *Salve.*

*Stille. Auftritt Matti.*

MATTI: Nehmen Sie sich ein paar Mann und holen Sie ihn rein, Drogo. Und lassen Sie den Alarm abblasen.

## 23

*Offiziersmesse.*

GROTTA: Morel schläft immer noch. Gebe Gott, daß er nicht so bald aufwacht.

ORTIZ: Sie müssen sich keine Vorwürfe machen, Drogo. Verschlimmern Sie es nicht. Er wußte, was er tat.

DROGO: Er ist nur einmal getroffen worden. Genau ins Herz. Nur einmal. Und er hat nichts gesagt. Er stand nur einfach da und sah zu uns hinauf. Es kam mir vor, als lächle er. Ich begreife es nicht. Ich sehe keinen Sinn darin.

ORTIZ: Trinken Sie einen Schluck, Drogo.
DROGO: Ja, das ist wohl das Beste.
GROTTA: Wo er gewesen sein mag.
DROGO *verschluckt sich, hustet*: Was meinen Sie? Wo?
GROTTA: Was hat er die ganze Zeit da gemacht. Dort draußen?
ORTIZ: Er hat gewartet. Er wollte ganz sicher sein.
GROTTA: Vielleicht hatte er etwas anderes vor.
ORTIZ *mit wehmütigem Spott*: Sie wollen doch nicht sagen, er war drüben? *Pause.* Schlagen Sie sich das aus dem Kopf. Schlagen Sie sich das ganz schnell aus dem Kopf, Grotta.
DROGO *murmelnd, undeutlich*: Es gäbe einen Sinn.
ORTIZ *scharf*: Werden Sie nicht hysterisch, meine Herren. Es reicht auch so schon. *Ab.*
DROGO: Was hat er?
GROTTA: Er hält es nicht aus.
DROGO: Was hält er nicht aus?
GROTTA: Nicht zu wissen, ob Angustina drüben war.
DROGO: Und Sie meinen auch?
GROTTA: Ich meine gar nichts. Und kein Wort davon zu Morel.

24

DROGO: Die Zeit ist stehengeblieben. Im Keller liegt er aufgebahrt und gibt sein Geheimnis nicht preis. Morgen werden sie ihn in die Stadt überführen. „In beispielhafter Erfüllung seiner Pflicht". Das wird in dem Brief an seine Mutter stehen. Der Rapport an das Oberkommando wird lakonischer sein. Es gibt keinen Grund, etwas zu verbergen. Es wurde gegen keine Vorschrift verstoßen. Der Feind steht vor der Tür. Ob er sich versteckt, sich tarnt, ob er erst morgen oder übermorgen kommt … Je weniger man ihn sieht, bemerkt, etwas von ihm hört, ja selbst wenn man ihn ganz und gar aus seinen Gedanken verbannt, desto mehr bedrängt er uns schon aus gefährlicher Nähe. Je mehr wir bereit sind, mit seiner Existenz zu leben, desto sicherer sind wir. Seine Anwesenheit garantiert unsere. Das war es, was er uns sagen wollte. Nicht der Feind ist wichtig, nur die Existenz des Feindes, nicht, daß er vor unseren Mauern steht, heute oder morgen, sondern daß er vor unsern Mauern stehen wird. Daß er unsere Bereitschaft herausfordert, wird sich auch für uns auszahlen. Gerade das. Schrecklich, sich vorzustellen, in welchen Grad der Deformation eine Gesellschaft verfallen kann, wenn sie sich sicher glaubt aus sich selbst heraus. Wo ist die Flasche? Danke, Pietro.

## 25

*Reduit.*

DROGO: Sie sehen schlecht aus, Tronk.
TRONK: Zu Befehl, Herr Leutnant.
DROGO: Es hat unser aller Nerven mitgenommen, Tronk.
TRONK: Zu Befehl, Herr Leutnant.
DROGO: Soll ich Sie ablösen lassen, Tronk?
TRONK: Nicht nötig, Herr Leutnant, es ist schon vorbei.
DROGO: Nehmen Sie es sich nicht zu Herzen, Tronk. Es hat nicht anders sollen sein.
TRONK: Sie befehlen, Herr Leutnant?
DROGO: Nichts Besonderes, Tronk, sagen Sie den Leuten nur, sie sollen die Augen offenhalten. Es ist dunstig geworden.

## 26

*Offiziersmesse.*

MOREL *irre*: Er war drüben bei den anderen. Wie oft habe ich ihm gesagt, er soll da nicht hingehen. Nun hat er es doch getan. Ungezogen, ungezogen. Habt ihr sein Lächeln gesehen? Noch im Tod lächelt er uns an, weil er sie gesehen hat, die anderen, und weil wir sie nicht gesehen haben und deswegen nichts wissen. Nichts. Aber er hat nicht mit mir gerechnet. Ich weiß es auch. Vom ersten Tag an weiß ich es. Von dem Moment an, da ich meinen Fuß das erste Mal auf die Festungsmauer setzte und hinübersah, spürte ich es. Und ich spüre es immer noch, immer stärker, so stark, wie ich es jetzt spüre, war es noch nicht in den letzten Jahren. Sie kommen, ich spüre es, sie kommen. Sie setzen ihr Kriegsgerät in Gang, hunderttausend Tataren, Offiziere auf Pferden. Lauft hinaus aufs Reduit, ihr könnt sie erwarten. Gegen Abend werden sie hier sein oder in der Nacht. Sie sind diszipliniert und straff organisiert. So wird es sein.

GROTTA: Beruhige dich, Claudio, beruhige dich.

DROGO: Soll ich Ihnen ein Mittel holen, Morel?

GROTTA: Wenn Sie so freundlich wären, Drogo.

MOREL: Bleiben Sie, Drogo. Ich bin ganz ruhig, und mein Kopf ist klar. Verzeiht, Freunde, vielleicht versteht ihr mich nicht, weil ihr die Zeichen nicht spürt. Sie sind in der Luft wie eine elektrische Aufladung.

GROTTA: Du bist übersensibel, Claudio. Vielleicht wird es nur ein Gewitter geben.

MOREL: Angelo, was sagst du da. Ein Gewitter? Hier oben! Nein, ich weiß es genau. Sie werden kommen.

GROTTA: Beunruhigt es dich denn jetzt nicht mehr, wo du weißt, daß sie kommen.

MOREL: Ich denke an Stefana, kannst du dich noch an sie erinnern, Angelo. Ich denke daran, daß sie einen Helden empfangen wird, wenn sie mich wiedersieht. Oder meinen Tod beweinen wird. Auch ich werde ihn lächelnd hinnehmen für sie.

GROTTA: Beeilen Sie sich, Drogo. Ich fürchte, es wird schlimmer.

DROGO: Ich bin sofort zurück.

## 27

DROGO: Ist hier jemand? Hallo. *Pause.* Doktor? Heh, Sie!

PAOLO: Was belieben, Herr Offizier?

DROGO: Wo ist der Doktor?

PAOLO: Merkwürdige Dinge geschehen, Herr Offizier. Merkwürdige Dinge. Sie beschäftigen ihn, den Herrn Doktor, beschäftigen ihn schon den ganzen Tag. Ununterbrochen. Die Herren Offiziere haben sich entschlossen, den Herrn Doktor nicht an Langeweile zugrunde gehen zu lassen. Sie lassen sich allerhand einfallen, um ihm das Leben sauer zu machen. Beim Herrn Oberst ist der Herr Doktor, Herr Offizier.

DROGO: Beim Kommandanten?

Paolo: Ja. Der Schlag hat ihn getroffen.

Drogo: Der Schlag?

Paolo: Der Schlag halt. Es hat keinen Sinn mehr mit ihm. Der Hauptmann Ortiz bereitet den Transport vor.

Drogo: … ja, ja. Es ist zu gefährlich hier für einen Todkranken.

Paolo: Gefährlich? Ja. Nicht nur für Todkranke ist es gefährlich hier. Filimore jedenfalls geht noch heute ab.

Drogo: Ich erinnere mich. Es gibt eine Schenke auf dem Weg hier herauf.

Paolo: Für den Herrn Oberst endlich ist es der Weg hinunter … Kennen Sie schon das Lied? „Es nahen die Tatarenhorden, die Barbaren aus dem Norden …“

ERICH KÖHLER

# In Amöbien oder Der Große Laligei

## Eine Komödie mit Prolog und Epilog

Schauplätze

*Prolog*
Kajüte eines Hochseeschleppers

*Mittelteil*
1. Werkstatt eines Bühnenbildners
2. Büro des Generalintendanten Amöbius
3. Großes Bühnenhaus, Parkett und Bühne

*Epilog*
Requisitenkammer

*Intermedien*
Drei Zwischenspiele vor dem Vorhang

Personen:

ICH/ER/WIR, *ein junger Abenteurer, in Amöbien die jeweils reflektierende Identifikationsfigur, in der Handlung als ICH-Bezugsfigur ausgewiesen, zum Schluß in einem WIR vereinigt*
REBHUHN, *alter Abenteuerkapitän*
KIPLAG, *Maschinist des Abenteuerschiffes*
ein BÜHNENBILDNER
ein HAUPTDARSTELLER
ein REGISSEUR
ein DRAMATOLOGE
ein DICHTER
ein ANSICHTSLEITER
ein GELDVERWAHRER
ein HÖHERER WAHRNEHMER
ein WINKELFORSCHER

AMÖBIUS, *Generalkunstrat, Intendant am großen amöbischen Welttheater*
PIEFKE, *ein Chargendarsteller*
ein DÄMON
eine LEITERIN des Orgbüros am Welttheater
ein INQUISITOR
drei noch höhere WAHRNEHMER
ein sehr hoher WAHRNEHMER
ein junger überflüssiger BÜHNENARBEITER
jede Menge andere

## Legende

1. Im amöbischen Granit verständigt man sich nicht akustisch, sondern mittels einer Art oszillierender Strahlung auf den Stirnen. Die Schallsprache ist nur theatralisches Hilfsmittel für die in einem anderen Medium lebenden Zuschauer.
2. Amöbier können sich unter Umständen in jede andere amöbische Figur verwandeln.
3. Die Dramaturgie beruft sich vielfach auf das alte komödiantische Mittel des Beiseitesprechens.
4. Durch die jeweilige ICH-Person geistert die verlorene Identität des jungen Abenteurers. Äußerliches Merkmal dafür könnte eine grüne Abenteurermaske sein, die bei den Personalwechseln jeweils an das neue ICH übergeht.
5. Die erste Sitzreihe im Parkett gehört zur Szene des dritten Aufzuges.

## Prolog

*Schiffskajüte, Aufgang zur Brücke, Niedergang zum Maschinenraum, Kajütentisch, Bullauge. Rebhuhn, Kiplag, ich*

REBHUHN *legt seine Mütze auf den Tisch*:
In mir sind alle Feuer aus
Hier, meine Mütze
Wer sie nimmt, sei Kapitän
und gebe unserem Leben einen besseren Sinn

KIPLAG: Das heißt, wer nach der Mütze langt
nachdem wir unter deiner Leitung
Himmel und Hölle sozusagen
und das Meer sowieso durchstochen
der müßte dann in seinem Schädel
noch viel andere, interessantere
Gedanken auskochen als du
REBHUHN: Nehme ich die Mütze wieder auf
dann muß, wer überleben will, von Bord
weil ich zur letzten Fahrt auslaufe
ICH: Wohin
REBHUHN: In das Land ohne Schatten, ohne Licht
ohne Fragen, ohne Antworten
ohne Neugier und ohne Überraschungen
ICH: Darauf machst du uns nur um so mehr gespannt
REBHUHN: und ohne Rückkehr
ICH: Hat mir das Leben nichts Neues zu bieten
wird sogar der Tod noch interessant
REBHUHN: Der Junge sucht das Abenteuer um jeden Preis
Nimm du die Mütze
KIPLAG: Von deiner Weisheit, Kapitän
und von dem Drang des Jungen
habe ich jeweils kaum die Hälfte
Ich kann mich bestenfalls entscheiden
wen von euch beiden ich begleite
dich in die Hölle oder ihn
falls er die Mütze nimmt
in seinen Abenteuerfimmel
*Rebhuhn stülpt sich die Mütze auf*
Alsdann, Leinen los, Maschine
kleine Fahrt voraus
*ab auf die Brücke*
KIPLAG: Man müßte den verdammten, blöden Mut aufbringen
etwas ganz Alltägliches zu tun, ein Leben lang
ICH: Da müßte zuvor die Mütze über Bord
KIPLAG: Zu spät. Er hat sie wieder auf dem Schädel
*er steigt in den Maschinenraum nieder; anlaufende Schiffsmaschine; Wendemanöver, erkennbar am Lichtschein durch das Bullauge*
*Ich spiele auf dem Schifferklavier meine Lieblingsweise: „Die Welt*

*ist groß und rund ...", ziehe sodann den Balg weit auseinander und übergebe das Instrument durch das Bullauge der See*
*Kiplag angetrunken, mit einer leeren Flasche aus dem Maschinenraum kommend, versucht einen Zettel durch den Flaschenhals zu fummeln*
ICH *entziffere die Nachricht*: MS ,Wandervogel' auf Endfahrt
An Bord drei Hauptübel: Übermut, Skepsis, Langeweile
Trauert nicht um uns
*ich bugsiere den Zettel in die Flasche und werfe sie durchs Bullauge*
KIPLAG: Milliooonen Menschen sind auf diesen verdammten Mut
zum Alltag angewiesen, solange sie leben
ICH: Den Alltäglichen schreckt die Aufregung so
wie den Abenteurer das Einerlei
REBHUHN *durch den Maschinentelegrafen*:
Maschine volle Fahrt voraus
KIPLAG: Na, dann lebe wohl, mein Freund
*er verschwindet im Niedergang; die Schiffsmaschine dröhnt lauter*
ICH *mit Fernglas*:
Dort steigt ein Felsen aus dem Meer
grau, senkrecht, kantengleich
Noch schwindelt ein Stück Himmel drüber
Will uns der Käpt'n dranknalln
Ha. Haha. Hahaha
Rund um den Erdball, immer auf der Suche
nach dem Vollgehalt des Seins
Nun dieses Ende. Mit Vollgas in Granit hinein
Wie geht das zu
Du prallst wie Gummi auf Gestein
Du wirst hineingepelzt
Dein Geist schmilzt dort hinein durch feinste Poren
Und wo dein Geist ist, ist nicht schlechthin nichts
Durchdringbarkeit ist drin
Und wo Durchdringung ist, ist nichts verloren
Dort leben meine Geisteskinder
A m ö b i e n
und weben durcheinander
A geht durch B – B geht als A hinweg
Subjekt rinnt durch Subjekt, Alltägliches beginnt
Unmöglich, dort gleich wieder

einen Rebhuhn vorzufinden
REBHUHN: Maschine äußerste Kraft voraus
ICH: Gleich sind wir da. An Deck
Ich muß vor Ort sein *Aufstieg aus der Kajüte*

*Vorhang*

## I. Zwischenspiel

*vor dem Vorhang*

ICH *schemenhaft verändert*:
Da bin ich, ein Amöbium
wie all die anderen Seelen hier
bar aller Stützgerüste
Die Außenhaut, je nach Lebensalter
mehr oder weniger drall, erhält uns die Figur
nach Art von Gummipuppen
Doch schon bei dem geringsten Stoß
oder Zusammenprall mit dem Nachbarn
geht eine amöbische Reaktion los
Hüllen fließen ineinander, Zelle strömt durch Zelle
Inhalte durchwandern sich, wie Wellen auf dem Teich
wenn zwei Steine zugleich sie erregen
unaufhaltsam, bis am Ende
wieder zwei umrissene Gestalten
auseinander gehn, wobei die eine
ganz im Sinne der anderen ihrer Wege zieht
ohne dem soeben Verlorenen nachzuhängen
noch das Gewonnene – so heißt es wenigstens offiziell
als besonderes Verdienst zu schätzen
Im Grunde bleibt alles beim Alten
Alle subtilen Vorgänge, Nahrung, Stoffwechsel, Atmung
– Im Granit gibt es schlechthin keine Luft –
wären leichter erklärbar
folglich unwesentlich, der Vernachlässigung
durch den Betrachter gefälligst anheimgestellt
Geisteskinder sind's, die das Gestein durchweben
Erwähnenswert ist einzig der fatale Umstand

daß bestimmte Kalkverbindungen
nicht nur das Denken einschränken
sondern das ganze Zellsystem zermürben
Calcium ist hierzulande tödlich
Oh, diese Geister lebten ewig, wenn sie nicht
am Ende an Verkalkung stürben
*ich ziehe den Vorhang auf*

## I. Aufzug

*Werkstatt eines Bühnenbildners; alter Bühnenbildner, ICH, Regisseur, Dämon, Hauptdarsteller, Dichter, Amöbius, Ansichtsleiter, überflüssiges Individuum*

BÜHNENBILDNER *rennt auf und ab*:
Mir fällt nichts ein, mir fällt nichts ein
jahrzehntelang entwerfe ich am großen Welttheater
Dekorationen für mitreißende Dramen
und seichte Spielchen, Kunstwerke wie Machwerke
mit gleichem Fleiß, doch heute
heute fällt mir absolut nichts ein

*Ich knalle durch die Wand herein, karamboliere mit dem Bühnenbildner, verdränge ihn aus seinem Sein, bin Bühnenbildner, während der Vormalige nunmehr als verstörtes überflüssiges jugendliches Individuum umhertaumelt*

ICH – BÜHNENBILDNER: Wer bist du, woher kommst du
INDIVIDUUM: Von dort
ICH: Was ist dort
INDIVIDUUM: Licht, Luft, Wind, Wellen
ICH: Was du da flunkerst klingt nicht übel
aber fasse dir mal ans Gehirn
Dein Stirnschreiber oszilliert irreversibel
Und nun verdünne dich. Ich habe zu tun
INDIVIDUUM: Was hast du zu tun
ICH: Fragt der noch, was
In drei Tagen soll das Tendenzdrama
„Der Große Laligei" aufgezogen werden
Stündlich fragt der Regisseur
nach der Dekoration, aber mein Kopf ist leer
obschon geschwollen wie eine Melone

Und während mir zu diesem anspruchsvollen
Raumpanorama nichts einkommt spukt in meiner Birne
bereits die Aufmachung für den nachfolgenden
Schmarren „Net kiss“ herum. Darum verschwinde
*ich schiebe das Individuum durch die Wand hinaus*

REGISSEUR *hereinstürmend*:
Wie steht, wie geht es

ICH: Mir fällt und fällt nichts ein

REGISSEUR *mit dunkelrot erregtem Wabern auf der Stirn*:
Halten Sie sich doch an die Historie, Mann
Der Große Laligei denkt nicht daran, zu widerrufen
und wird dafür von der Inquisition gekalkt

ICH: Die Welt ist ein kompakter Würfel
Alles ist lot- und winkelrecht
Es gibt nur Punkte, Gerade, Ebenen
Der Himmel, ein kristall'ner Schachteldeckel
ist mit glitzernden Würfelchen geschmückt
Sinnbild höchster Vollendung und
unübertrefflicher Harmonie ist der Kubus

REGISSEUR: Der Große Laligei hat entdeckt
daß keines der schönen Würfelsternchen
unverrückt an der gleichen Stelle steckt
und daraus in höchster Erregung
auf die Bewegung des Weltkubus geschlossen
Er wurde dafür, wie jeder weiß
mit Kalk übergossen
Finstere Zeiten, damals, in Amöbien
Und nun machen Sie schon. Bis morgen früh
brauche ich die Dekoration. *er stürmt weiter*

*Ich experimentiere vor einer Projektionsfläche mit einer Quadratschablone*

Vier Ecken, vier Kanten, alles vorausbedacht
Was kann unsereins daraus groß machen

*Dämon im Habitus des überflüssigen Jugendlichen. Erscheint aus dem Nichts und führt mir gleichsam unsichtbar die Hand*

*Ich kippe unterm Zwang des Dämons die Schablone um ihre Standfläche und verfolge den Weg einer Quadratecke mit dem Farbstift; es entsteht eine wundersam gekrümmte Linie: ich experimentiere, dem Dämon vergeblich widerstrebend, in verschiedenen Ansätzen und Varianten weiter; der Stift malt schöngebogene Linien, die sich aneinanderreihen, einander überschneiden, gir-*

*landiges Zierwerk bilden, je nachdem, wie mir die Hand geführt wird; schließlich kommt sogar ein Kreis zustande*
Was, Linie ohne Ecken, Ding ohne Kanten
ohne Anfang, ohne Ende
Mir scheint, ein Dämon überwältigt meine Hände
*Dämon läßt mich den Kreis aus Pappe schneiden, läßt mich mit der unheimlichen Scheibe stehen und verduftet mit dämonischem Gelächter*
Ich: Hier geht es um, es geistert, mir schmeißt
ein Dämon in die Hand.
Wie heißt der Dreck, so gänzlich unbekannt
: Ein Schmeiß – vornehmer nenne ich es einen
Kreiß
Regisseur *in Eile*:
Nun, geht's voran
Was soll das krumme Zeug
Willst du das Publikum verwirren
mit diesem Krimskrams eines Irren
Ich: Das sind nur erste Grundelemente
Komm her, Kollege Regisseur, pack fest mit an
Läßt sich der Kreiß über Mitternacht behalten
dann haben wir das beste Bühnenbild
der Welt in den Händen
*es schlägt ein Uhr*
Es bleibt uns, bleibt uns ganz real
läßt sich nun allemal beliebig oft
beliebig groß reproduzieren
Schon gibt es Neues. Lasse ich den Kreiß
rotieren, etwa so, so, sooo, entsteht
gedanklich jedenfalls, kaum faßbar
Ein Ding, ein Körper oder ein Gespenst
ohne gerade Oberfläche
Regisseur: Mithin was Besseres als gar nichts
aber zeigen Sie's vorher lieber dem Chef
Amöbius *im sattgelben Habitus des Kunstgelehrten kommt wie auf Stichwort herbei*:
Was, will der Mensch im Ernst behaupten
es gäbe innerhalb unseres stabilen Kantenraumes
derartige – Ausbisse eines Fiebertraumes
Ich: Es ist mir eben beigekommen
nicht zerronnen, nicht verschwommen

AMÖBIUS: Ihm kommt was bei, gleichwie,
ich aber soll entscheiden
Ich. Alleine. Nie
Den Ansichtsleiter her
Den Dichter
Den Dramatologen
Den Geldverwahrer

HAUPTDARSTELLER *ungerufen herbeitänzelnd, versucht, einen Überblick über die Situation zu bekommen*:
Darf man, als Hauptdarsteller immerhin
bescheiden fragen, worum es hier geht

*Ich versuche, dem aufgeregten Generalintendanten auszuweichen, trete dabei dem besonders verwandlungsintensiven Hauptdarsteller auf den Fuß; wir verschmelzen, gehen ineinander ein und auseinander hervor; ER ist nunmehr der alte Bühnenbildner, ICH aber bin der bekannteste Haupt- und Charakterdarsteller am hiesigen Theater und resümiere beiseite*

ICH – HAUPTDARSTELLER: Recht hat der alte Fuchs von Theaterleiter
Schon regt sich selbst in mir der vormals nie
verspürte Wunsch nach so einer Art Kreißgang
rund um diesen lot- und winkelrechten
Schmalzkasten, der sich Theater nennt, herum
Man könnte darauf zur Erholung von den vielen
Winkelzügen gewissermaßen immer geradeaus
rennen, immer weiter, ohne einmal anzuecken

AMÖBIUS: Nun, großer Darsteller
wie wird uns zumute

ICH *beiseite*: Wenn mir diese krummen Touren hier
auch insgeheim gefallen, ich werd mich hüten
meine Meinung voreilig herauszublenden
Nur der ist Meister seines Faches
und in allen Lebenslagen, der im rechten Augenblick
sich nach der rechten Seite wendet

DICHTER: Ich vernahm aus weiter Ferne den Ruf nach mir
Schon bin ich hier, und folgte gerne

ICH *beiseite*:
Diese Pose werde ich mir einprägen müssen
einesteils dienstbeflissen, zum Anderen
„Hoppla, jetzt komm ich." Man sollte Stückeschreibern
zumindest während der Proben

den Zutritt zur Bühne verwehren
DICHTER *nach genialisch kurzem Erfassen der Sachlage*:
Ha, ich hab's, das Tüpfelchen aufs I
Was heißt „Der Kubus bewegt sich doch"
Bißchen fragmentarisch, wie
Ich gehe da sehr viel weiter
Ich eile der Wissenschaft voraus
Ich inspiriere sie
Spielleiter, Proben einstellen
Das Stück wird umgeschrieben
Wir belieben, den großen Laligei
in der neuen Fassung verkünden zu lassen
: „Der Kubus bewegt sich doch in der Kugel!"
BÜHNENBILDNER: Dann darf ich wohl das Bild entwerfen
ANSICHTSLEITER *rosa, mit dunkleren Schrägstreifen, an der Wand lang hereinkommend*:
Sagte da einer Kugel
Was soll das sein
Woher
Was steckt dahinter
Vor allem aber – wer
DICHTER *ärgerlich flimmernd*:
Kugel, Kugel, wie komme ich darauf
Von Kubus selbstverständlich
Schnittmuster, Pappe, profane Spielereien
Die Sprache gibt der Sache erst den Sinn
Wenn, sagen wir, der Kubus einen Buckel macht
entsteht ein Kubusbuckel, abgekürzt Kubuckel
Kubuckel klingt nicht, wirkt quasi unästhetisch
Kugel also, Wortschöpfung, von mir
ANSICHTSLEITER: Was Wortneuschöpfung, dichterische Freiheit
verrückte Schaueffekte
Wo bleiben da, so frage ich
verhaltenskundliche Aspekte
Wie ist die Wirkung auf die Massen
Wissenschaftlich ungesicherte Projekte
kann ich als Ansichtsleiter nicht durchgehen lassen
Ich verlange eine Prüfung dieser Angelegenheit
unter Hinzuziehung eines höheren Wahrnehmers

*auf den Stirnschreibern allerseits muckern und tuckern Klein-klein-gedanken*

REGISSEUR: Dann sucht euch einen anderen Spielleiter
Wer trägt hier überhaupt die Verantwortung
Übermorgen soll der Vorhang aufgehen
Wie soll man in diesem Irrenhaus vernünftig
arbeiten *er rennt mitten durch die Wand hinweg*

AMÖBIUS: Der spielt jedesmal verrückt
und kommt noch jedesmal zurück
Inzwischen unterstütze ich die Forderung
unseres geschätzten Ansichtsleiters
und ordne die Einberufung des Theaterrates an

*Ich ziehe den Vorhang über die Szene*

## II. Zwischenspiel

*vor dem Vorhang*

ICH – HAUPTDARSTELLER: Bögen, Kreiße, Kullern, das kann auf unser Leben
übergreifen. Dieses rundliche Zeugs
braucht eine neue Denk- und Handlungsweise
Die Regisseure werden wollen, daß wir uns
auf der Bühne nicht mehr kantig geben
Die Dichter werden krumme Verse schreiben
Jeder wird hinzulernen müssen
Wer indessen großgezogen wurde
gleichsam mit dem Lineal
der wird nicht mehr so leicht zurechtgebogen
Mich muß das ganze Treiben nicht verdrießen
Meine Glanz- und Titelrolle habe ich
so gut wie in der Tasche. Die Erfahrung lehrt
Derjenige fährt am besten, der 'ne neue Masche
wenn auch schlecht und recht, zuerst kreiert
bevor sie jeder Regisseur sogut kapiert hat
daß er damit akrobatisiert und uns
Schauspieler wie Hunde dressiert
Doch – es ist still geworden. Unterdessen
hat die Sitzung des Theaterrates

im Beisein eines höheren Wahrnehmers
amöbischer Interessen begonnen
Ich muß hinein. Man darf mich nicht vergessen
*ich ziehe den Vorhang auf*

## II. Aufzug

*geräumiges Büro des Generalintendanten. ICH-Hauptdarsteller, Amöbius, ein höherer Wahrnehmer, Dichter, Regisseur, Bühnenbildner, Geldverwahrer, Dramatologe, Winkelforscher, Orgleiterin*

AMÖBIUS *verliest Schlagzeilen*:
„Schlamperei am Welttheater"
„Was geht hinter den Kulissen vor?"
„Wer verbummelt Uraufführung des ,Laligei'?"
Das ist die Lage, Freunde
Und alles nur, weil unser Bühnenbildner durchkantet
Wir müssen heute schlüssig werden
Zu unserer Unterstützung habe ich
den namhaften Winkelforscher
Herrn Doktor Spitz-Findig hergebeten
Außerdem wird der Wahrnehmer einer höheren Ebene
gleich den Raum betreten – ah da kommt er
*er geht dem Wahrnehmer mit ausgestreckten Armen entgegen und drückt ihn sanft an seine Brust*
*Ich versuche, mich hinter dem Wahrnehmer in die Versammlung einzumogeln; der höhere Wahrnehmer befreit sich aus der Umarmung, indem er gekonnt einen Schritt zurücktritt, dabei quetscht er mich leider an die Wand; wir kolloidieren; hin schlüpft er, der Darsteller des Großen Laligei, in seinem regenbogenfarbenen Mimengewand, Ich aber bin der höhere Wahrnehmer, trage ein volksfreundlich gesättigtes Rosa zur Schau, verschaffe mir einen raschen Überblick über die Lage und spreche beiseite*
ICH – WAHRNEHMER: Ah, der bekannte Winkelforscher
Wie heißt er gleich – egal
Mal sehn, wie der sich schlägt
Meine Devise ist klar
: Aufpassen, Problem erfassen
ausquatschen lassen

Gegebenenfalls einschreiten
Angriffe abfangen
Gegenstoß einleiten
mich durchsetzen
Der Dichter, seh ich
flimmert uns bereits
aus seinem zerfledderten Manuskript
ein paar fragwürdige Sentenzen vor
*Dichter flimmert*
Ich *beiseite*:
Der Kubus dreht sich doch in der Kugel
Da hätte ich nicht übel Lust
dem Kerl eins in den Nacken zu hauen
doch möcht ich nicht ums Verrecken
als Musensohn
durch unsere schöne vierkantige Welt huschen
immer uneins mit mir selbst
jedoch mit großer Guschen
Ich liebe meine Ebene der Tatbestände
und halte mich stets an die Linie
die vorgegeben ist
Winkelforscher *an den Bühnenbildner*:
Sie behaupten also allen Ernstes
daß außerhalb Amöbiens noch andere Welten
gewissermaßen existieren, wo diese Kringel
so hier konstruiert
real bestimmende Faktoren wären
Dichter *aufgeregt dazwischenfunzelnd*:
Nicht außerhalb. Außerhalb schon gar nicht
Diese Formen sind bei uns
um, auf, über, unter, durch und zwischen uns
nur noch nicht entdeckt, erkannt
erforscht, gestaltet; folglich
noch nicht gewonnen und verwaltet
vielleicht längst geahnt, aber ängstlich geleugnet
weil gefürchtet, umbequemer Folgen halber
die unsere Ruhe stören könnten
wenn aus jedem Quadrat ein Kreiß
aus jedem Kreiß eine Kugel würde
Ich nehme diese Bürde auf mich
und stelle die neuen Zeichen zur Diskussion

ICH *beiseite*:
Du wirst nicht tun, mein Sohn, das wir nicht wollen
Was uns der schlaffe Teufel von Maler
da vorgepinselt hat, beginnt längst unheilvoll
zu kriseln, wie Kalk in unseren Drüsen
Nicht auszudenken, was passiert
wenn das von hier hinausgelangt
bevor wir es in den Griff bekommen
Der Dichter jedenfalls, geblendet
von den wirkungsvollen Formen
denkt nur an seinen Erfolg
Er betrachtet die Erscheinung nicht
im verhaltenskundlichen Zusammenhang
und mißachtet somit unsere Denk- und Daseinsnormen
Er ist mithin für diese Angelegenheit
nicht kompetent
BÜHNENBILDNER: Ich behaupte weder, noch weiß ich viel
Seit mir ein Dämon in die Hand tat kreißen
blieben diese Kubuckel zurück
oder wie die Dinger heißen
DICHTER: Kugeln
REGISSEUR: Was einmal, wie auch immer, in die Welt gekommen
gekreißt, geworfen, ausgeheckt
das wird nicht einfach so zurückgenommen
Einer unserer berühmtesten Denker sagte
„Alles, was ist, ist wirklich
egal, wo man es versteckt."
WINKELFORSCHER: Demnächst behaupten unsere Dichter
die Welt sei gar nicht eckig
sondern buckelicht
ICH: Amöbier
Einst gab es hierzulande eine Klasse
deren Angehörige die Berührung
anderer Individuen scheuten, wie die Pestilenz
In opferreichen Kämpfen haben wir
das Kastenwesen abgeschafft
Keiner fürchtet seither Not und Mangel
Das Aufgehen der einen in die andere Person
die ganz natürliche Bedingung unserer Existenz
ist keine Katastrophe, kein Gerangel

das einige ebenso fürchten
wie andere es herbeizuführen trachten
Es öffnet uns vielmehr die Fülle unseres Wesens
Früher sahen leider viele Amöbier
die Verbesserung ihres Loses darin
einen begüterten Artgenossen
aus seiner Hülle auszustoßen
Viel Kraft ging dadurch unserem Kampf
zur Befreiung der amöbischen Natur
verloren. Heute überläßt jeder Eingeborene
seinen Platz im Staate neidlos dem anderen
wenn es ein Zusammenprall nunmal so will
denn Klassenlosigkeit ist unser Hauptprinzip
egal, wo der Einzelne gerade steht
Unsere Austauschbarkeit ist keine Geißel
kein Gebrechen mehr, sie ist die
unerwähnenswerte Alltäglichkeit
*zur Bestrahlung der Anwesenden wende ich in gekonnter Manier meine Leuchtstirn umher*
Meier kann aber nur dann bedenkenlos
in Lehmann aufgehen, wenn er weiß
daß sich an seinem Dasein prinzipiell
nichts ändert. Voraussetzung dafür
ist unser berechenbarer, in allen Ebenen
lot- und winkelrechter Überbau
Wir dürfen nicht gestatten, daß
*hier fasse ich den Bühnenbildner scharf ins Auge*
einige Eklektiker durch das Ausknobeln
pseudodialektischer Effekte
unsere Amöbier verschrecken
In den Geometren unseres Denkens
darf es keine krummen Touren geben
bei denen keiner weiß, an welcher Ecke
er beim Durcheinanderstreben
am Ende wieder herauskommt, sonst reißt
unamöbisches Denken wieder ein
wie das in alten Sprüchen heißt
: „In dem seiner Haut möcht ich nicht stecken.“
Oder: „Dein Geld und meine Arbeit möcht ich haben.“
Anarchie und Kastengeist wäre das Ergebnis
wenn wir unsere zweckmäßige Ordnung

krummbucklicht verkleckern
*beiseitesprechend* Der Maler, seh ich
ist zerknirscht. Die anderen schummern
beeindruckt vor sich hin
Nur der Dichter widerstirnt

DICHTER: Nichts spricht gegen Neues, ist es einmal da
Da hilft kein blödes Gutzen
Da heißt es eben: heran, erforschen, aneignen
benutzen

WINKELFORSCHER: Nun ja, nun ja
aber was besagen die paar nächtlichen Ejekte
unseres Herrn Dekorateurs. Wir müßten
mehr Material zusammentragen
Nur aus einer Fülle von Erfahrungen
kommt man zu einer schlüssigen Empirie
Das dauert Jahre

GELDVERWAHRER: Jahre. Jahre
Unser Haus ist ausverkauft
Übermorgen muß der Vorhang aufgezogen werden
oder wir machen Pleite
*Ich strahle energisch dazwischen*
Leute
unterliegt ihr nicht schon längst
dem Geist der krummen Dinge
Obwohl ich euch vor krassen Folgen warne
wollt ihr eine ganze Breitwand
voller Buckel, Kreiße, Kringel
vor hunderten und tausenden von Zuschauern
enthüllen. Das lasse ich nicht zu
Uns hält das Lot, der rechte Winkel
und nicht das Geklingel der Ladenkasse

DRAMATOLOGE *im ruppigen Grau kunstbearbeitender Zwischeninstanzen, mit hektischem Stirngegrell*:
Nur rund heraus
ihr wollt das Bild verbieten
*er haut unbeherrscht mit der Faust auf den Tisch, just in dem Moment, als mir der duckmäusige Ansichtsleiter einen Zettel zuschiebt; die Faust landet auf meinem Arm; der Schlag reicht für den Durchwanderungsprozeß vollkommen aus*

WAHRNEHMER: Was heißt hier 'rund heraus,
Woher das schlimme Wort

Das gab es vorher nicht an diesem Ort
Ich – Dramatologe: Verbieten ist ein noch viel schlimmeres Ding
Wahrnehmer: Nicht ich, du, wir, ihr, sie
entscheiden hier sondern ganz alleine er
der Generalkunstrat Amöbius
Amöbius *feuert seine Entscheidung durch die Stirn*:
Alle Ansichten in Betracht gezogen
habe ich erwogen, diese Elemente
in meinem Hause nicht
zu dulden
Regisseur: Unter diesen Umständen lege ich meine Arbeit nieder
*er rennt mit überhitzter Stirn durch die Wand*
Geldverwahrer: Und was wird mit der Uraufführung
Wir sind ausverkauft
Einladungen wurden bereits an alle Ebenen verschickt
Soll ich das viele schöne Geld zurückgeben
Amöbius: Die Uraufführung des Dramas
„Der Große Laligei" wird wegen, wegen
– Erkrankung des Hauptdarstellers
bis auf weiteres verschoben
Hauptdarsteller: Aber ich bin doch gar nicht krank
Amöbius: Du bist krank, mein Lieber
hast Fieberhitze, Schüttelfrost, eingefallene
Flanken. Als Meister vom Theaterfache
wird es dir nichts ausmachen
vorübergehend kurzfristig zu erkranken
*Hauptdarsteller wankt mit den ihm aufgetragenen Symptomen davon*
Dichter *entfernt sich mit der Bemerkung*:
Ein eigenes Theater müßte man haben
*Ich ziehe den Vorhang über die zerbröckelnde Szene und verstecke mich in einer Vorhangfalte*

## III. Zwischenspiel

*vor dem Vorhang*

*Ich, Bühnenbildner, Winkelforscher, Spielleiter, Piefke*

BÜHNENBILDNER *gefolgt vom Winkelforscher*:
Begreift die Welt denn nicht
so eine Kurve, eckenlos in sich geschlossen
ist doch weiter nichts als eine Funktion
aller Punkte mit gleichem Abstand
zu ihrem gemeinsamen Mittelpunkt
Nichts ist amöbischer als dieses Axiom
WINKELFORSCHER: Jaja, gewißgewiß, schonschon
*Beiseite*:
Zu blöd, daß diese Erkenntnis nicht
mir gekommen ist –
– Indes, das ist kein Grund, das ganze All
für kugelrund zu halten
Verschafft uns Forschern mehr Material
REGISSEUR *herbeiirrend*:
Mir langt's. Ich steige aus. Ich bin am Ende
umstellt von Wänden in diesem Irrenhaus
PIEFKE *suchend*:
Hier find ich dich, verkorkste Malerseele
Befehl vom Generalkunstrat
: Neues Bühnenbild entwerfen
rechteckig, kantengleich, auf der Stelle
BÜHNENBILDNER: Ich lasse mich eher kalken
REGISSEUR *entdeckt mich in der Vorhangfalte, zieht mich am Ohr heraus*:
Wen haben wir denn da
Was sagt der Herr Dramatologe
der sich sogar mit dem höheren Wahrnehmer
in das innere Gewoge wagte
zu dem ganzen Eklat
ICH: Unser Bühnenbild muß her
REGISSEUR: Ein neues oder das alte
ICH: Ist das neue Bild schon wieder das alte
so dürfen wir es getrost behalten
WINKELFORSCHER: Kaum ward der irre Kram kreiert

grassiert auch schon die Revolution
ICH: Ich meine eher Evolution
Seit jeher ging Bewegung in Amöbien
von unseren Bühnenbrettern aus
Verraten wir die Kunst, verraten wir die Welt
Gehn wir voran, muß uns die Forschung folgen
REGISSEUR: Der Dichter, scheint mir
schwankt in seiner Haltung
ICH: In unserem amöbischen Urgestein
prägen sich die Dinge vor allem
durch die Anschauung ein
Deshalb wenden sich Verbote
vorwiegend gegen Bilder
Ohne jeden optischen Hintergrund
Sind Dichterworte sowieso verschwendet
MALER: Nennt es optisch, exotisch, idiotisch
meinetwegen sogar zotig
ein anderes Bild male ich nicht
PIEFKE *lauernd*:
Was dann
ICH: Mir dämmert ein bestimmter Plan
Gelingt uns der, ist uns geholfen
Auf unsere jungen Leute von der Truppe
ist Verlaß. Schwört mir, mit Handschlag
daß kein Wort von diesem Anschlag
vor der Zeit nach oben dringt
WINKELFORSCHER: Ich fürchte, das ist nicht mein Bier
Verschafft uns eine handfeste Empirie
dann forschen, reagieren, abstrahieren wir
Bis dahin räum ich das Revier *er verdrückt sich*
BÜHNENBILDNER: Ich schlage ein
REGISSEUR: Ich auch
PIEFKE: Erst den Plan
ICH: Erst die Hand drauf
PIEFKE: Ja, dann, nur zu *Handschlag, Wechselvorgang*
ICH *im Hinübersträuben*:
Dem ich mißtraute, drückte ich, verflucht
am festesten die Hand. Nichts hilft
Ich muß zu Piefke werden, er zu mir
So will es die Natur in diesem Land
*ringender Vorgang, der sich durch den Vorhangspalt davonwälzt*

## III. Aufzug

*Arbeitszimmer des Generalkunstrates Amöbius*
*Amöbius, Piefke, Orgleiterin, Geldverwahrer*

*Amöbius schreibt*
*Ich – Piefke komme herein*
AMÖBIUS: Hinaus
ICH *herumtigernd, allgemein*:
Ich, Chargendarsteller Egon Piefke
ein gewiefter Mime, komme wegen der Borniertheit
gewisser Regisseure nie zu einer wichtigen Rolle
Mir ist so nach Veränderung zumute
Ich überlege ernstlich, wen ich anspringen sollte
Unser Geldverwahrer läge mir ganz im Nabel
wäre nur die tägliche Sorge um die Abendkasse nicht
Irgendeine höhere Wahrnehmerfunktion
ist für mich undiskutabel
Ha, ich hab's. Den Autoren des „Laligei"
den merke ich mir vor
Sobald sein Stück ein Erfolg wird
renne ich ihn über den Haufen
Wird das Stück aber ein Reinfall
dann lasse ich ihn laufen
Die Kritik fällt über ihn her
und er geht Wasser saufen
AMÖBIUS: Hinaus, ich habe zu tun
ICH: Ich quatsche nicht gern
doch halte ich es in diesem Falle
für meine Pflicht
AMÖBIUS: Was, wer, wo, wie, wann
ICH: So ganz Genaues weiß ich wiederum nicht
AMÖBIUS: Heraus damit
ICH: Wie wäre es zuvor mit einer Umbesetzung
Der Part des Hauptinquisitors
wäre m i r wie auf den Leib geschrieben
AMÖBIUS: Zuerst die Meldung
*Ich raune ihm ins Ohr*
AMÖBIUS: Verschwörung, Aufwiegelei, Meuterei
Ranküne, Gequengel, Streik der Mimen
Daß ich nicht lache

Keine Inszenierung ohne Reiberei
Am Theater eine alltägliche Sache
Der ganze Apparat kracht in den Fugen
Am Ende hebt der Vorhang sich
noch allemal zur rechten Zeit
Mut, Ausdauer, Nervenkraft sind unsere Tugenden
Mal rafft sich dieser auf, mal jener
Immer wird um die bestmögliche Lösung gestritten
Und nun darf ich bitten

ICH *beiseite*:
Ha, abgeblitzt, was tun
Was seh ich da durch meine Birne flitzen
Soll doch Amöbius als Mime schwitzen
*ich renne ihm den Kopf in den Bauch, pralle von dem Kerl ab, unterlaufe ihn noch heftiger, pralle wieder ab*

AMÖBIUS: Pech gehabt, mein lieber Piefke
Ein Mann von meiner Kondition
der hat ein dickes Fell
Von so einer Position, wie ich sie habe
läßt man sich nicht so leicht verprellen

ICH: Manche wissen sich schon wieder ganz gut
zu behaupten

AMÖBIUS: Nichts für ungut, lieber Piefke
Und hat er wirklich mal eine konkrete Information
Mit mir läßt sich reden
auch in Sachen Rollendisposition

*Ich trudle ab, stoße mit der Orgleiterin zusammen, die ein Tablett mit Feefak hereinbalanciert. Kolloidierung, darauf bedacht, daß der Feefak nicht verschüttet wird*

ICH – ORGLEITERIN: O Verzeihung, Kollege Piefke

PIEFKE: Gelatscht ist gelatscht *ab*

AMÖBIUS: Ah, mein Feefak
*er schlägt eine Mappe zu, lechzt*

ICH *beiseite*:
Alter Gauner, hast wieder nur deine eigene
Unterschrift geübt
*direkt zum Publikum*:
Das tut er nämlich stundenlang
und nennt es Arbeit. Dafür ist sein Autogramm
das schwungvollste in ganz Amöbien
*ich versuche, den Feefak zu servieren, ohne in die Reichweite sei-*

*ner Finger zu geraten, gebe ihm eins auf die Pfoten und trete samt Tablett an die Rampe*
Selbst wenn ich ihn ohrfeigte
würde er mich nicht feuern
Mein Orgbüro ist in diesen Gemäuern
die einzige Abteilung, die gut funktioniert
Der hat noch nie eine eigene Meinung riskiert
Der hätte auch den „Laligei"
nicht in den Spielplan aufgenommen
hätte er nicht Witterung davon bekommen
daß neuerdings auf höherer Ebene
das Bedürfnis nach problematischen Stücken besteht
Seit es aber beim Bühnenmaler gekreißt hat
sitzt ihm der Schreck in der Leibmasse
AMÖBIUS: Treiben Sie nur auf die Schnelle
einen anderen Bühnenbildner auf
damit er uns ein neues Bild erstelle
ICH: Schon längst besorgt, Herr Generalkunstrat
AMÖBIUS: Wo liegt der Haken
ICH: Am Preis. Der Mann verlangt allein für den Entwurf
eine Rente, für die unser alter Bühnenmaler
ein ganzes Jahr lang Urlaub machen könnte
AMÖBIUS: Spielt keine Rolle, nur schnell
muß es gehen, es koste, was es wolle
ICH: Unser Hausmaler arbeitet bereits
nach der neuen Vorlage
*beiseite*:
Tagsüber schuftet er für wenig Lohn
mit dem fremden, teuren Entwurf
nach Mitternacht pinselt er wie wild
an seiner eigenen Projektion
*zu Amöbius*:
Bis morgen steht die Ersatzdekoration
AMÖBIUS: Na bitte, warum nicht gleich so
Uraufführung termingerecht
Hauptdarsteller hat seine Genesung einzuleiten
sonst geht es ihm schlecht
ICH *an der Rampe*:
Da spreizt er sich in seiner Pracht
weil alles, was geschieht
in unserem amöbischen Granit

am Ende zu seinem Vorteil gerät
Nicht Kunstverstand, nur meine Einsicht
in interne Rangeleien, Taktiken, Tricks, Mogeleien
Strategien und mannigfaltige Methoden
lassen mich hier schreien
: Soll an diesem Welttheater
schöpferische Arbeit ungeschröpft gedeihen
so muß dieser Herr Amöbius weg
Er gehört zu jenen Gestalten
die niemals irren, weil sie niemals
eigene Gedanken ausführen
Nie setzt sich ein Amöbius für Ideen ein
die unterhalb seiner Ebene entstehen
Eher wird er sich ducken
Den Funken, der von unten kommt
über sich hinwegspringen lassen
um ihn, wie einen Furz, von oben aufzuschnuppern
Wer so paßgerecht gedrechselt ist
muß angefochten werden
nichts ist getan, wird er nur
gegen seinesgleichen ausgewechselt
GELDVERLEIHER *aufgelöst herein*:
Wir sind ausverkauft, bis auf den letzten Klappsitz
wegen des Gemunkels, es gäbe eine Vertrauenskrise
zwischen unserem Ensemble und Wahrnehmern
einer höheren Ebene. Schon werden Karten
für die Uraufführung zu Schwindelpreisen
aus dritter, vierter Hand verhökert. Die Presse
kommentiert die Erkrankung unseres Hauptdarstellers
als hausgemachte Ente.
Ein Kassenschlager allerersten Ranges
liegt greifbar in der Luft oder eine ungeheure
Pleite, nämlich, wenn die Leute ihr Geld
zurückverlangen, weil die Bühne verhangen bleibt
AMÖBIUS *fettglänzend, souverän*:
Mein lieber, lieber Freund
Der Vorhang wird sich heben
pünktlich, vor wohlvertrauter Urgestalt
Die Truppe probt
Hitzköpfe fügen sich wie Lämmer
vor der Finanzen zwingender Gewalt

Sogar der Hauptdarsteller wird gesund
Zur Panik ist kein Grund, was immer
hinter den Kulissen zu vermuten
Wir brauchen keine müde Mark zurückzugeben
denn alles wendet sich zum Guten
– Nun gib mir endlich meinen Feefak, Puppe
sonst wird er kalt

*Vorhang*

*Pause*

## IV. Aufzug

*großes Bühnenhaus, geschlossener Vorhang; im Parkett eine Ehrenloge; alle Vorigen, drei* n o c h *höhere Wahrnehmer, amöbisches Premierenpublikum in der ersten Sitzreihe mit erwartungsvollem Glummern auf den Stirnen*

*Auftakt: durch die vorderen Sitzreihen quetschen sich, flankiert von ihren Bewachern, drei noch höhere Wahrnehmer*

ZUSCHAUER: Es hat bereits dreimal geklingelt
WAHRNEHMER: Verzeihung. Wir wurden erst im letzten Augenblick benachrichtigt
ZUSCHAUER: Wovon benachrichtigt
WAHRNEHMER: Vom pünktlichen Beginn der Uraufführung
ZUSCHAUER: Was für Wahrnehmer, erfahren das Wichtigste als Allerletzte
AMÖBIUS *seine Gäste in der Ehrenloge mit hocherfreutem Stirnenglanz erwartend*:
Wir waren leider bis zuletzt nicht sicher
ob unser sehr erkrankter Hauptdarsteller
werde auftreten können
*Gezischel, eintretende Ruhe*
ICH – ORGLEITERIN *im Parkett, bemühe mich um einen Überblick*:
Aha, aja, dort sitzt ja unser Dichter
in der Ehrenloge und in großer Festbemalung

ganz in Gesellschaft höherer Wahrnehmer
und läßt seine Blicke über das ausverkaufte Forum
schweifen. Ob er zufrieden ist. O, sein Auge
streift mich.

DICHTER: Will sich die blöde Kuh nicht endlich hinsetzen

*der Vorhang geht auf*

*amöbisch konventionelle Formen auf dem Bühnenhintergrund: Kubistisches Geschachtel linearer, flächiger, quadratischer oder daraus abgeleiteter Figurationen; kein einziges krummes Element; mitten auf der Bühne ein großer Kubus, den Lebensraum Amöbien darstellend; enttäuscht unterdrücktes Gemob unter den Zuschauern*

AMÖBIUS: Nun, wie wirkt das neue Bühnenbild

WAHRNEHMER *selbdritt im Chor*:
Ein Lob dem Dichter, der sich klug
zu dieser Konventionsdominante bekannte
Sie dämpft das allzu kühne Wort
und läßt doch klar genug erkennen
daß man allerorts um Neuerungen kämpft

INQUISITOR *betritt die Bühne, gefolgt von Dienern, die einen Trog tragen*:
Jaaa, das ist unsere lot- und winkelrechte Welt
Wehe, wehe, dreimal wehe
dem, der sich ihr entgegenstellt
Er wird in diesem Trog gekalkt
Stellt ihn dort ab, ihr Braven
Ich erwarte, daß ihr ihn auch richtig
darin walkt. Herbei, herbei jetzt
mit dem sogenannten Großen Laligei
*Bewacher bringen den Hauptdarsteller in Ketten daher und zwingen ihn auf die Knie*
Nun, Mann der Wissenschaft, hast du in deinem
Käfig gründlich nachgedacht. Willst du
zur Wahrheit dich bekehren. Willst du
deiner Torheit öffentlich abschwören
Willst du endlich widerrufen

WAHRNEHMER *zum anderen*:
Etwas soll faul an der Geschichte sein

LALIGEI: In Ketten lieg ich hier
und sehe den Trog vor mir

WAHRNEHMER *mit Opernglas*:
Welch ein großartiges, welch ein durch und durch

trainiertes, gewaltig strahlendes Stirntransparent
Der Mann soll krank gewesen sein
AMÖBIUS: Jaja, jaja, es ist schon eindrucksvoll
wie er das immer wieder macht
LALIGEI: Und trotze dennoch dir, großmächtiger Inquisiteur
Ich widerrufe nicht. Ich stirne frei
und ohne Gemogel
DER KUBUS DREHT SICH DOCH IN DER KUGEL
*im Hintergrund hebt sich das flächenakrobatische Ersatzbild hinweg; es erscheint die Darstellung eines Gelehrten, der mit Kopf und Arm den amöbischen Weltquader durchbricht und mit ausgestreckter Hand gleichsam nach unbekannten Welten, Sternen, Strahlen, Planeten, Sphären, Ringen, Kugeln, Regenbögen greift*
*Verdunkelung der Szene; atemlose Stille; nur das Stirnbild des Hauptdarstellers flirrt tapfer weiter*
AMÖBIUS: Vorhang. Vorhang. Vorhang herunter
WAHRNEHMER: Zufrieden, Herr Amöbius
AMÖBIUS: Ich wußte von nichts
Bei meiner Treu, mir fehlen die Worte
WAHRNEHMER: Darüber sprechen wir noch
WAHRNEHMER: Jetzt erst mal: nichts wie weg. Eskorte
ESKORTENFÜHRER: Eskorte Achtung. Kalkpinsel frei
Wer nicht zur Seite weicht, dem streicht die Nase
Abmarsch. Mir nach
*die Wahrnehmer werden aus dem Saal geleitet*
AMÖBIUS: Nehmt mich doch bitte mit
WAHRNEHMER: Dich lassen wir später holen, an den Ohren
Was auch geschieht, du gehst uns nicht verloren
*inzwischen flammen im amöbischen Publikum starke Handlampen auf*
ICH *mit Megaphon*:
Verehrtes Publikum
da in dem dichten Medium Amöbiens die
akustische Verständigung ausgeschlossen ist
benutzen wir solche Lampen als Signalmittel
Grünes Licht bedeutet Beifall, rotes Blinklicht
Ovation, Ekstase. Grellgelbes Licht drückt Mißfallen
aus. Blaulicht mahnt zur Vernunft
*Lichtgedröhn, das der irdischen Zuschauer wegen mit kakophonischem Orgelbrausen interpretiert wird; Bilderstümer stürzen auf die Bühne und versuchen, mit Nägeln und Zähnen an das Bild des*

*durchgebrochenen Gelehrten heranzukommen; Bühnenarbeiter, mit denen sich niemand vermengen will, bilden einen Schutzkordon um das Gemälde*

ZUSCHAUER: Machen sich unsere Poeten zu Propheten einer
 ungesteuerten Weltexplosion

DICHTER: Ich stelle nur Denkbares zur Diskussion
 und stehe zu meinem Wort
 Das Bild dort hinten geht mich nichts an

ZUSCHAUER: Das ist nichts weiter als eine abgefeimte
 ungeheuerliche Provokation

ZUSCHAUER: Kalkt ihn. Kalkt den Musensohn

*der Dichter wird aus der Ehrenloge zum Kalktrog gezerrt und hineingewalkt*

ICH *mit Megaphon*:
 Keine Angst, verehrtes Publikum
 im Kasten ist kein echter Kalk sondern Talkum
 Es passiert nichts, wenn man ihn darin balgt.

*auf der Bühne vollziehen sich die ersten provozierten Verwandlungen; es kommt zu einer kolloidiven Kettenreaktion; ganze Gruppen werden ineinandergequetscht; Verwandlungsserien; gespenstisches Zerfließen und Werden; wer aus dem pilzigen Klumpen frei wird und mit seiner neuen Identität einigermaßen zufrieden ist, sucht schleunigst das Weite, wer nicht, stürzt sich erneut in die Masse*

GREIS: Das Rheuma plagt mich und die Gicht
 Viel zu verlieren hab ich nicht. Hinein

JUGENDLICHER: Vielleicht kann ich mich, ohne viel zu
 lernen
 Als Fernsehstar oder Professor daraus entfernen
 *stürzt sich kopfüber ins Getümmel*

ANSICHTSLEITER: Als kleiner Ansichtsleiter ohne Perspektive
 nutze ich dreist die Gunst der Stunde
 und tauche unter. Das ändert nichts
 am Lauf der Weltgeschichte, aber ich
 ich komme vielleicht ein bißchen dichter
 an eine höhere Ebene heran
 *er sucht eine günstige Stelle in dem Gewühl und stiefelt hinein*

AMÖBIUS *steht immun im dichtesten Gewimmel*:
 Kein Aas will hier durch meine Zellen quellen
 Am Ende muß ich mich selber den hohen Wahrnehmern
 stellen. Hätte ich mir nur nicht
 so ein dickes Fell antrainiert

Ich *mit Megaphon*:
Urinstinkte längst vergangener
Epochen kommen aus allen Poren hervorgekrochen
Jeder erhofft sich von der Durchquellung
vielleicht nur weniger Falten im Gesicht oder
ein besseres Los in puncto sozialer Stellung
Mehr passiert hier nicht. Im großen und ganzen
bleibt alles beim alten
Dreizentnerdame: Laß dich in meine Arme schließen
süßes Täubchen

*Ich fliehe vor der Dicken durch den ganzen Zuschauerraum, taumle erschöpft gegen eine Wand; ein Türchen öffnet sich; ich falle hindurch; die Klappe schließt sich hinter mir*

Dreizentnerdame: Wo ist sie hin. Seit wann sind für so junge
Dinger Löcher im Granit. Na, krieg ich die nicht
in die Finger, bleibe ich lieber wie ich bin
Eine andere Fasson und innere Verfassung
paßt mir nicht

*der Vorhang senkt sich endlich gnädig über die greuliche Szene; hier und da kommt noch ein dem Knäuel glücklich entronnenes Amöbium durch den Vorhangspalt und verdrückt sich*

Ansichtsleiter *durch den Vorhang kommend*:
Was ich gewesen, habe ich vergessen
Was aus mir werden soll, das weiß ich nicht
Ich bin ja nur ein kleiner, schräggestreifter
Ansichtsleiter, der letzte Rest
vom großen kolloidalen Verwandlungsfest
Das Leben geht weiter *ab*

## Epilog

*Requisitenkammer*
*Ich-Orgleiterin, Er-junger überflüssiger Fremder, Dreizentnerdame, ein sehr hoher Wahrnehmer, ein Journalist, Winkelforscher, Bühnenbildner, Amöbius, Dichter, Dramatologe, Geldverwahrer, Ansichtsleiter*

*Er repariert eine Kiste, Ersatzmodell des Weltkubus; hinter der Wand Getümmel, er öffnet neugierig eine Täfeltür*
*Ich falle durch die Tür in die Requisitenkammer*
DREIZENTNERDAME *draußen*: Komm in meine Arme, süßes Täubchen
*Er fängt mich auf und schlägt die Tür zu*
ICH: Wo bin ich
ER: Hier bei mir
ICH: Wer bist du
ER: Ich repariere diese Kiste hier
ICH: Mir schwant, du bist der junge Fremde
Es heißt, du wärest nicht ganz echt
Es heißt, du träumst. Es heißt, du träumst
von einer sogenannten weißen Mütze
die auf den Wellen einer großen Pfütze
dem sogenannten Weltmeer treibt. Was ist das
ER: Ein Traum. Und wer bist du
ICH: Ich bin oder war oder gelte oder galt
als Leiterin des praktischen Büros
am hiesigen Theater
*Wahrnehmer geistert durch den Raum, gefolgt von einem Journalisten*
JOURNALIST: Eine erste Stellungnahme aus dem Munde
des so sehr hohen Wahrnehmers amöbischer Interessen
in unserer Zeitung
wäre jetzt für die Leute von unschätzbarer Bedeutung
WAHRNEHMER: Ich könnte mich beherrschen
JOURNALIST: Schlechte Leitungsmethoden am Welttheater
WAHRNEHMER: Gehen mich nichts an
JOURNALIST: Absetzung dieser Inszenierung vom Spielplan
WAHRNEHMER: Kein Kommentar
JOURNALIST: Begründung
WAHRNEHMER: Klärungsprozesse soll man nicht vorschnell
unterbinden, sofern sie sich unter Kontrolle
vollziehen. Wo, frage ich, sollten sie anders
stattfinden, wenn nicht auf der Bühne
JOURNALIST: Ihre persönliche Einschätzung des Vorfalles
WAHRNEHMER: Werd ich mir verkneifen, weil sich sonst
allerlei Amöbiusse darauf versteifen
Denn leider lehrt uns die Erfahrung
daß jedes Wort eines höheren Wahrnehmers

als Offenbarung angesehen wird
JOURNALIST: Wie soll denn die Zeitung verfahren
WAHRNEHMER: Druckt Zuschauermeinungen, derart, daß
sich in den Zeitungsspalten gegenteilige
Ansichten so lange die Waage halten, bis
die Wissenschaft das Stück im Griff hat
*er gleitet davon*
WINKELFORSCHER *der gelauscht hat*:
Heureka, ich hab's. Ich weiß es. Wer
als Wissenschaftler ernst genommen
werden will, befaßt sich ab sofort
mit der Quadratur des Kreißes
Nimmt man nämlich den als das, was er ist
nämlich, nämlich ...
BÜHNENBILDNER *bläst ihm ein*:
... als die Funktion aller Punkte mit gleichem
Abstand zum gemeinsamen Mittelpunkt
WINKELFORSCHER: Ah ja, ich hab's, so können wir nicht umhin
eine verblüffende Ähnlichkeit mit der Struktur
unserer Gesellschaft zu konstatieren.
In den Mittelpunkt sei das Amöbium gestellt
Und somit ist der Kreiß das neue
höchst harmonische Symbol unserer Welt
ER *hebt mich auf die Kiste, setzt sich neben mich*:
Was bringst du mir für sonderbare Geister
ICH: Das sind die Meister unseres Lebens
wie sie sich geben, heben, wie sie schweben
REGISSEUR: He, hallo, ist da wer. Ich bin in Eile
Die neueste Zeitung her. Steht denn
noch immer keine Zeile über meine Regie
geschrieben
ICH: Der Ärmste, nähme er's nur heiter
Spielt man den „Laligei" auf anderen
Theatern nach, dann achtet die Kritik
auch auf die Regie, und zum Schluß
nur noch auf die Regie. Die neuen Formen
leiten einen neuen Alltag ein
nichts weiter
GELDVERWAHRER: Wie bin ich glücklich, bin ich froh
Das Haus auf Monate im voraus ausverkauft

Alles will den Augenblick erleben
wo die ollen Kamellen entschweben
In meine Sprache übersetzt, blinkt, schimmert
blitzt das sooo *er läßt Gold- und Silbermünzen flirren*
Ansichtsleiter: Was hab ich mich umsonst geängstigt
Es kommt längst nicht mehr zu Exzessen
Statt dessen reagieren die Gemüter
nach jeder Aufführung gütiger
Nur ein paar Studenten jüngerer Semester
philosophieren noch in Scheinwerfergefechten
Ich wäre berechtigt, meine alte Gangart, immer
an der Wand lang, endlich aufzugeben. Ach, könnt
ich's doch, ach, könnt ich's doch
*er streicht an der Wand lang ab*
Amöbius *noch breiter, wuchtiger, wichtiger*:
Ich habe es von Anfang an gewußt. Wo bist du
schönes Kind. Laß dich an meiner Brust zerdrücken
In meiner dicken Haut ist dieses Leben eine Lust
Du mußt jede Menge Einladungen mit meiner
höchstpersönlichen Unterschrift verschicken
Dichter *dicht auf den Fersen des Amöbius*:
Daß ich den Mann nur nicht verliere
Ich kassiere jede Nacht Tantiemen
und spekuliere auf einen lukrativen Kunstpreis
Aber nur der Generalkunstrat weiß
wie man es ankeilen muß, um so eine Schmiere
erfolgreich zu realisieren
Dramatologe: Amöbius, der Hund, hat mich gefeuert
meinen Vertrag einfach nicht mehr erneuert
Begründung nicht etwa: Anstiftung zur Meuterei
sondern weil ich nicht von dem Format
eines großen Welttheaters sei
*er legt seinen Arm um mich*
Ich: Erzähle mir von deinem Traum. Was ist
ein Ozean. Was ist eine Kapitänsmütze
Er: Solange sie schwimmt, ist sie nichts nütze
Du aber bist wie eine Wolke in diesen
Quaderwänden aus Granit, durch dich
bekommt mein Steingrab Sonne
Ich: Was ist Steingrab. Was ist Sonne
Warum stammt alles Unbekannte angeblich aus

irren Hirnen. Die fremden Zeichen
hinter deiner Stirn bedeuten für mich
gruselige Wonne. Mir wird ganz wirr
wenn ich mich an dich schmiege
Ein Hauch von Weite geht durch mich hindurch

*wir umarmen einander, gehn wechselweise ineinander über, werden Eins, bleiben Eins; er wird zu mir, ich werde zu ihm; ich bin mein erstes und mein zweites Ich*

DUETT *aus dem undefinierbaren Vereinigungswesen*:
Die Fahrt ist aus, wir sind geboren
einesteils frei, zum anderen im Fels
Gehn auseinander wir, erwacht
die Scheinwelt wandelbarer Wesen
bleiben wir Eins, sind selbst die
Schatten ausgelöscht. Nichts ist bestimmt
nur dieses Lauschen und Erzählen
so lange, wie ein Kohlefaden in der Lampe
verglimmt oder so kurz, wie ein Fels
in der Brandung steht. Aber es ist
ein Erzählen vom Mut zum Alltag
von einer weißen Mütze, die verloren
auf den Wellen schwimmt. Wer sie findet
trage sie, denn wer sie trägt
bewegt den Lauf der Welt. Wer sich
dem Alltag stellt, der hebt ihn schließlich auf
Reise, Reise, Reise

*Vorhang*

ALBERT WENDT

# Die Dachdecker

## Ein gehobenes Stück

Personen:

| | |
|---|---|
| LUCZAK<br>OSSIP<br>MÜLLER<br>KORLE | *Dachdecker* |
| WASSILISSA<br>SEEHUND<br>LIESE | *Stammkunden im Café Schlegel* |
| ISA GAI<br>KURTCHEN GAI | *das halbe Paar* |

TEN LOHE, *der Lackschwarze*
ein DACHINGENIEUR

Ort: *das Dach eines Wohnhauses*
Zeit: *Gegenwart, Sommer*

## Erstes Bild

*Das Dach eines mehrstöckigen Wohnhauses. Es besteht aus zwei Teilen: einem flachen Pappdach und einem steilen Ziegeldach. Das Ziegeldach ist zur Hälfte mit neuen Dachsteinen bedeckt und zur Hälfte offen, also Dachlatten und Balken.*
*Auf dem Pappdach sonnt sich Wassilissa. Sie liest.*
*Eine Dachluke, ein Aufzug, ein Schornstein, ein paar Antennen.*
*Luczak nimmt vom Aufzug die Dachsteine, wirft sie zu Müller, der zu Ossip, und Ossip hängt sie in die Latten oder stapelt sie. Dieser Vorgang muß schön sein oder wenigstens artistisch. Müller redet auf die anderen ein, die ertragen es gequält, aber geduldig.*
*Dabei bringt er den Arbeitsfluß ins Stocken, so daß Luczak gezwungen ist, die Steine manchmal direkt zu Ossip zu werfen.*

MÜLLER: Und wißt ihr noch, als sie den Jungen im Bauch hatte. Alles mußte ich machen. Sie ließ die Hände hängen. Wollte nicht sitzen, nicht liegen, nicht stehen. Die ganze Nacht hab ich ihr die Kissen untern Rücken und untern Bauch schieben müssen. *Reckt sich.* Sie halten sich immer noch bei den Händen. Jetzt lacht sie, das Miststück. Wirft den Kopf zurück, weil sie weiß, wie schön sie das streckt. Ach, Luczak.

LUCZAK: Ich versteh das, Müller.

MÜLLER: Und wißt ihr noch, wie sie sagte: Du ekelst mich wie eine fette Motte, und dein Essen schmeckt genauso. Da war sie erst im fünften Monat. Die letzten vier waren ein Alp. *Reckt sich.* Jetzt lehnt sie ihren Kopf an seine Schulter. Händehalten ist nur fremdgehen, sich fremd anlehnen ist Verrat. Ach, Ossip.

OSSIP: Sie geht kaputt, ohne dich, Müller.

MÜLLER: Und wißt ihr noch, wie wütend sie auf den Jungen war, weil sie Angst um ihren schönen Busen hatte. Und in die Flaschennuckel hat sie riesige Löcher geschnitten, daß er ihr nicht so viel Zeit wegsoff. Der Junge hats gemerkt. Lange hat er nicht „Mama" gesagt. Selbst zur Marmelade hat er Papalade gesagt. *Reckt sich.* Jetzt läßt sie ihr Haar beriechen. Es riecht gut, ich habe es heute morgen gewaschen. Ach, Luczak.

LUCZAK: Hast ganz anderes gesehen, vom Dach aus, Müller.

OSSIP: Ja, damals, als du tagelang zum Kindergarten rüberstarrtest, weil sie deinen Jungen verprügelt haben.

MÜLLER: Er ist wie sie: läßt sich alles gefallen, macht alles falsch und hat immer Angst. Zwei linke Hände und eine noch ungeschicktere Zunge. Will aber immer gelobt und geliebt sein. Das kann doch der da nicht. Ach, Ossip.

OSSIP: Sie kommt zurück, Müller.

MÜLLER: Sie hat mich wie immer verabschiedet: „Sieh den Mädchen nicht in den Ausschnitt." Und ich habe wie immer geantwortet: „Sei froh, daß ich nicht in der Kanalisation arbeite, da könnte ich noch wo ganz anders hinsehen." Sie ist sehr eifersüchtig. *Reckt sich.* Jetzt zeichnet sie was in den Weg.

LUCZAK: Sie wird ihm „Adieu" schreiben.

MÜLLER: „Adieu" ist zu schwer für sie. So stellt sie immer

Möbel um. Jetzt redet sie ihm eine Eßecke im Schlafzimmer ein. Wie sie ihn am Ärmel zerrt. *Hält seinen Arm hoch.* Seht, diese Stelle ist ganz abgegriffen.

OSSIP: Vielleicht malt sie auch nur Herzen.

MÜLLER: Mit Pfeilen durch und Blutstropfen.

LUCZAK: Müller.

MÜLLER: Schon gut, Luczak.

OSSIP: Sieh dort rüber, Müller, dort baden sie wieder nackt.

MÜLLER: Schon gut, Ossip.

*Mit dem Aufzug kommen Steine nach oben, jetzt kommt eine Glocke. Luczak läutet.*

*Müller klettert auf den höchsten Punkt des Daches, Esse oder First, und starrt weiter auf seinen Punkt. Luczak bleibt beim Aufzug, mit dem als nächstes eine Zeitung nach oben kommt.*

*Ossip stürzt zu Wassilissa und reißt sich beim Laufen die Sachen, bis auf eine viel zu weite Turnhose, vom Leibe. Er legt sich zu ihr auf die Decke.*

OSSIP: Wassilissa, du hast das Dach erst halb entdeckt. Nur das Sonnen- und Tagdach. Entdeck mit mir die zweite Hälfte: das Nachtdach.

WASSILISSA: Warum helft ihr Müller nicht?

OSSIP: Du mußt kommen.

WASSILISSA: Ihr dürft nicht so sein.

OSSIP: Es wird ganz wunderbar. Über so vielen Lichtern und unter noch mehr Lichtern.

WASSILISSA: Ihr seid verroht. Ihr seid euch fremd wie die Einsamen in den neuen Büchern.

OSSIP: Komm heut nacht aufs Dach.

WASSILISSA: Hör damit auf und sorge dich um Müller. Und überhaupt, was soll ich mit dir nachts auf dem Dach. Auf dem Dach kann man genausowenig lieben wie fahrradfahren.

OSSIP *rennt zum Aufzug, flüstert was ins Schiffsrohr*: Liebste Wassilissa, sag das noch mal.

WASSILISSA: Sorg dich um Müller.

OSSIP: Nein, das andere.

WASSILISSA: Auf dem Dach kann man genausowenig lieben wie radfahren.

*Mit dem Aufzug kommt ein Fahrrad – auf einer kleinen Bühne genügt auch ein Dreirad – nach oben.*

OSSIP: Man kann, Wassilissa. *Schwingt sich auf das Rad und kurvt auf dem Pappdach herum.*

LUCZAK: Das ist mein schönes altes Rad.

OSSIP: Man kann, Wassilissa. Man kann klingeln dabei. Man kann singen dabei: Was-si-lis-sa! Stehend, sitzend, freihändig! Mit Licht und ohne! *Demonstriert, was er sagt.*

WASSILISSA: Hör auf! Ich komme! Aber hör auf.

OSSIP: Luczak, Müller, habt ihr das gehört. Habt ihr richtig hingehört. Sie hat ja gesagt. Sie hat es gesagt, und es ist noch in der Luft, breitet sich aus und legt sich über die Stadt und ist nicht verloren.

WASSILISSA: Mein Ja hat noch ein Aber – eine kleine Bedingung.

*Luczak hat inzwischen das Rad behutsam nach unten gelassen, und es kommt erneut die Glocke nach oben. Luczak läutet.*

OSSIP: Gib uns noch fünf Minuten, Luczak. Ich will Wassilissa schnell tausend Bedingungen erfüllen. Mit Wassilissa mach ich aus fünf Minuten etwas Wunderbares. Mit dir würde ich in dieser Zeit nur zehn Ziegel legen.

LUCZAK: Ich schenk dir die fünf Minuten, sonst stiehlst du mir zehn mit deinem Geschwätz. Mach etwas Wunderbares daraus, aber keine Schweinerein. Du wirst die Zeit nacharbeiten.

OSSIP: Du bist so gut.

LUCZAK: Ich bin nicht gut. Ich bin der erste Dachdecker der Stadt.

WASSILISSA: Weißt du, warum mich meine Freunde im „Café Schlegel" Wassilissa nennen?

OSSIP: Das sieht man doch. Du bist märchenhaft.

WASSILISSA: Ja, und deshalb bekommt mich nur, wer mir drei Wünsche erfüllt.

OSSIP: Es bekommen dich also immer mal welche.

WASSILISSA: Meine Wünsche sind sehr ausgefallen.

OSSIP: Ich erfüll sie dir. *Luczak läutet wieder.* Deinen ersten Wunsch?

WASSILISSA: Ich wünsche mir ein Megaphon. Ein elektrisches Sprachrohr.

OSSIP: Sofort?

WASSILISSA: Sofort.

*Ossip flüstert in das Sprachrohr.*

LUCZAK: Mag sein, daß Sie die schöne Wassilissa sind, aber

Ossip ist kein Zarewitsch, der seine Zeit mit Minnekram vertun kann.

*Mit dem Aufzug kommt ein Megaphon.*

OSSIP: Was regst du dich auf. Der erste Wunsch ist erfüllt, und für den zweiten nehme ich die nächste Pause. *Gibt Wassilissa das Megaphon.* Hier, meine Schöne, fürs erste. Und wenns fürs zweite eine Kanone sein soll, ich schaff sie dir ran. *Geht an die Arbeit.*

WASSILISSA *probiert leise*: Sieben, sechs, fünf …

*Der gleiche Arbeitsvorgang, nur daß jetzt die Sätze mit den Steinen fliegen.*

LUCZAK: Was tun sie, Müller?

MÜLLER: Sie haben sich noch bei den Händen.

OSSIP: Ein Draufgänger ist er nicht.

LUCZAK: Die Schleicher sind die schlimmsten.

MÜLLER: Was werden die denken?

OSSIP: Sie haben Angst.

LUCZAK: Sie halten nicht lange durch.

MÜLLER: Ich auch nicht.

OSSIP: Du mußt!

LUCZAK: Ja!

MÜLLER: Nein!

OSSIP: Ja!

WASSILISSA *ins Megaphon*: Achtung, Achtung! Frau im Park! Dein Mann kann dich sehen! Achtung, Achtung! Frau im hellen Kleid, dein Mann sieht dir zu!

MÜLLER: Nein, nicht doch. Ich sehe nichts.

OSSIP: Wassilissa. *Nimmt ihr das Megaphon weg und gibt es Luczak.*

LUCZAK: Sie sind aufgesprungen. Stehen. Suchen. Jetzt.

OSSIP: Sie ist ihm um den Hals gefallen.

LUCZAK: Jetzt rennen sie weg. *Reicht Müller das Megaphon.*

MÜLLER *ins Megaphon*: Lauf nicht weg! Es ist nicht wahr. Ich habe nichts gesehen. Glaub ihr nicht, sie ist aus dem „Café Schlegel“. Komm zurück!

LUCZAK: Sie rennt weiter.

OSSIP: Ihr Trottel rennt auch, aber in eine andere Richtung.

WASSILISSA: Na, dann laßt sie doch laufen.

MÜLLER: Hol vor fünf den Jungen ab. Vergiß nicht wieder Brot und Milch. *Legt das Megaphon weg.* Es ist aus, Luczak.

Sie ist weg, Ossip. Wie war doch gleich die Geschichte mit dem Dachdecker von Ulm?

LUCZAK *er und Ossip halten ihn fest*: Es war kein Dachdekker.

MÜLLER: Laßt mich los.

OSSIP: Es war ein Schneider.

MÜLLER: Ist dem auch die Frau weggelaufen?

LUCZAK: Beruhige dich, Müller.

MÜLLER: Seht mal, wie leer eine Bank sein kann. Und durch ihr Gemöbel auf dem Weg kriechen jetzt Käfer. Laßt mich los, sonst ist es zu spät.

OSSIP: Was?

MÜLLER: Ich mach mir in die Hosen. Es ist zu blöd. Das Herz geht einem in die Brüche und der Bauch macht einfach weiter. Keine Angst, ich komme zurück. *Durch die Luke ab.*

WASSILISSA: Ich habe es doch nur gut gemeint. Ich dachte: lieber kaputt, als so halb.

LUCZAK: Sag ihr, sie soll gehen. Wer so denkt, darf nicht aufs Dach.

OSSIP: Ich halte zu dir, auch wenn du unrecht hast.

LUCZAK: Wer Worte und Steine vom Dach wirft, hat hier nichts zu suchen. Erzähl ihr die Geschichte von der Katze.

OSSIP: Wassilissa, ich muß dich unbedingt gewinnen, aber ich muß auf Luczak setzen. Wir Dachdecker haben unsere Gesetze und Geschichten. Die Geschichten sind meist nicht wahr, aber sie stimmen. Die Geschichte von der Katze sicher auch. Da sieht einer vom Dach, wie ein Hund eine Katze jagt. Er wirft einen Stein nach dem Hund und schlägt die Katze tot.

WASSILISSA: Jetzt merk ich, wo es hinausläuft mit euren Geschichten und Gesetzen. Sie sind dazu da, eure Gleichgültigkeit zu rechtfertigen. Ihr seht auch viel Unrecht und Dummheit. Ihr seht Gassen, in denen auch Fenster und Türen nur Wand sind, sich die Gardinen ohne Wind bewegen, die Kinderspiele schnell verwelken und das Pflaster für flache Schuhe und gesenkte Köpfe ist. Und damit euch das kalt lassen darf, habt ihr euch Gesetze und Geschichten ausgedacht. Wer viel sieht, hat auch viel Verantwortung. Ihr seid hier falsch, nicht ich. Ich fühl

Verantwortung auch für das Entfernteste. Und meine Freunde im „Café Schlegel" auch.

LUCZAK *macht seine großen Gesten*: Daß wir viel sehen, stimmt. Aber daß wir weit sehen, ist wichtiger. Wir sehen Bürofenster und Hinterhöfe; Gemüsefelder und Gemüseläden; wie das dicke Auto der Knopffabrik auf die Feldwege fährt; prächtige Denkmäler und wartende Baustellen; Müll und Rauch; Gehetz und Unfälle ... Genug vom Viel, mehr vom Weit. Wir sehen das Trotzdem. Die Schule beginnt, die Schule ist aus; Bräute, gute Arbeit, Gespring um einen Ball, ein stiller Kahn, eine Oma rennt ihrem Hund hinterher; Lichter gehen an, Lichter gehen aus. Wir sehen, wies lebt.

WASSILISSA: Aber das ist doch kein Grund zur Gleichgültigkeit.

LUCZAK: Nein, aber einer zur Ehrfurcht.

WASSILISSA: Ehrfurcht ist bequem.

LUCZAK: Weil sie einen Computer nicht mit der Brechstange repariert? Oder einen entzündeten Blinddarm nicht mit dem Küchenmesser rausschneidet? Ossip, wir machen weiter. Wir decken ein Haus und das, mein gütiges Fräulein, ist Verantwortung und Weitblick. *Geht an die Arbeit.*

WASSILISSA: Ich will das jetzt zu Ende diskutieren. *Luczak reagiert nicht.* Ossip, er weicht mir aus.

OSSIP: Das ist gut, dann darfst du bleiben.

*Luczak und Ossip werfen sich Dachsteine zu, Müller kommt und reiht sich schweigend mit ein. Wassilissa starrt verständnislos auf diesen Vorgang.*

## Zweites Bild

*Vom Dach sind ein paar Quadratmeter mehr gedeckt. Müller verschmiert von innen. Luczak und Ossip nageln Latten. Wassilissa liest.*

LUCZAK *ruft*: Müller.

MÜLLER: Ja! *Steckt den Kopf vor.*

LUCZAK *sieht zu Wassilissa*: Komm ran, ich wills nicht brüllen.

*Die drei rücken dicht zusammen.* Ich wollte es nicht sagen, weil ihr schon genug Sorgen habt. Aber jetzt kommt es auf uns zu, und wir müssens zu dritt wehren.

OSSIP: Was kommt?

MÜLLER: Wer kommt?

LUCZAK: Korle kommt!

OSSIP: Korle der Große?

MÜLLER: Korle der Trinker?

LUCZAK: Ja, Korle der verbotene Dachdecker, mein Lehrmeister und Freund. Korle wohnt in diesem Haus. Er schleicht früh raus, weil ers nicht ertragen kann, wenn wir ohne ihn hier sind. Er läuft ans andere Ende der Stadt und setzt sich in eine Kneipe. Kommt dann im Laufe des Tages immer näher, von Kneipe zu Kneipe. Bisher war er zum Feierabend erst im Zentrum, aber heute ist er schon im „Stillen Z" und wird in spätestens einer halben Stunde hier sein.

OSSIP: Na, und.

MÜLLER: Wir schicken ihn weg.

LUCZAK: Ihr kennt Korle nicht. Er ist zwar nicht mehr ganz so groß, aber einfach wegschicken läßt er sich nicht. Und ist er erst mal oben, dann liegt er uns auch bald da unten. Er hat sich jede Balance zersoffen.

OSSIP: Wenn wir ihn nicht aufhalten können, müssen wir also zusehen, wie er abstürzt.

LUCZAK: Wir werden ihn an die Leine hängen. Hinten an die Leine knüpfen wir einen Sicherheitsgurt. Wenn er sich durchzwängen will, springt Ossip hin und hakt ihn in seinen Gürtel. Dann haben wir Zeit. Machs gleich, Ossip.

*Ossip tuts.*

MÜLLER: Säuft er, weil er seiner Frau zugesehen hat?

LUCZAK: Nein, das nicht gerade. Aber gesehen hat er auch viel, was er nicht verkraften konnte. Vielleicht wars Höhenangst.

OSSIP *ist fertig*: Die Stiege knarrt.

LUCZAK: Bist du soweit?

OSSIP: Ja.

LUCZAK: Kräftig zufassen, einhaken und sofort ein Stück weg.

*Durch die Luke kommen Isa Gai und Kurtchen Gai. Kommen aber nur bis Bauchhöhe raus.*

ISA GAI: Kurtchen, komm, hier ist es schön.

KURTCHEN: Halt! Isa. Keine Stufe höher. Du stürzt uns noch ab.

ISA GAI: Wie hell es ist. Wie weit. Wieviel Himmel. Es ist – himmlisch. Laß mich los, Kurtchen, ich muß aufs Dach.

KURTCHEN: Nein, wir dürfen nicht! Denk an die Kinder.

ISA GAI: Du kannst ja bleiben.

KURTCHEN: Denkst du, ich bin feige. Ich habe nur mehr Verantwortung in mir. Und weil du keine hast, muß ich sie für dich mit haben. Du bleibst. Guten Tag! Die Herrn. Herrliches Wetter heute.

ISA GAI: Guten Tag, wir haben eine Bitte!

KURTCHEN: Schweig. Wir wollten nur mal schauen, wie es ausschaut.

LUCZAK: Vielen Dank! Und was wollen Sie wirklich? Antennen austauschen, vermute ich.

KURTCHEN: Was? Aha, der Meister kennt seine Dachkundschaft. Sie haben recht, meine Frau kann ohne Fernseher nicht leben.

ISA GAI: Ich?

KURTCHEN: Natürlich seh auch ich hin und wieder in den alten Kasten. Aber jetzt haben wir einen neuen Kasten und brauchen eine neue Antenne. Und die Handwerker, das ist so ein Völkchen, ich meine die Installateure. Man wartet und wartet und wartet. Unser Ländchen hat zwar keine besonderen Bodenschätze, aber dafür Wartezeiten. Na ja, wie mans so sagt, wenn man es positiv meint. Kurze Rede, wie es der Obermeister liebt, hier sind fünfzig Mark und hier die Antenne. Zieh sie hoch, Isa.

*Keiner der Dachdecker rührt sich, nur Wassilissa ist neugierig näher gekommen.*

LUCZAK: Ich seh auch gern in die Ferne. *Er tut es.* Haben Sie gestern den Taifun gesehen?

KURTCHEN: „Gretchen" meinen Sie? Herrlich. Beinahe hundert Tote. Zweihundertachtzig km/h, eine sechs Meter hohe Flutwelle. Ritschratsch wurden die Häuser weggerissen. Alles im Wasser, Autos, Kinderwagen ...

ISA GAI: Kurtchen.

KURTCHEN: Der Fernseher bringts in unsere langweiligen Breiten.

LUCZAK: Ich hab das auch gesehen. Die Dächer flogen davon, auch die guten. *Macht wieder seine großen Gesten über den ganzen Erdball.* Entstanden ist „Gretchen" bei den Bermudas, tobte runter zu den Kleinen Antillen, streifte Martinique und Barbados, kehrte vor Trinidad um und raste direkt auf Santo Domingo los.

KURTCHEN: Stimmt genau, nur in der Richtung haben Sie sich etwas geirrt. *Zeigt auch.* Dort sind die Bermudas und da Trinidad. Aber wir vergessen die Antenne, und vielleicht haben Sie auch recht.

LUCZAK: Ich habe ganz bestimmt recht. Einen Moment. *Flüstert was ins Schiffsrohr.* Zwanzig Jahre stehe ich auf den Dächern und Sie wollen sagen, ich hätte keine Übersicht.

KURTCHEN: Verzeihung, tausendmal. Natürlich sind dort die Bermudas.

LUCZAK: Nicht dort. Dort ist St.-Pierre. *Mit dem Aufzug kommt ein Globus nach oben.* Jetzt werd ich es beweisen. Hier, dieser winzige Fleck, das sind wir. Und hier ist Süden. Sehn Sie? Hab ich recht?

KURTCHEN: Erstaunlich. Eine unglaubliche Weltweitsicht. Sie sind eine Begabung.

LUCZAK: Das will ich meinen. Ossip, setz ihm die Antenne.

*Ossip will Isa Gai die verpackte Antenne abnehmen, aber Wassilissa hält ihn auf.*

WASSILISSA: Halt! Es ist Zeit für meinen zweiten Wunsch. Und ich wünsche mir von ganzem Herzen, – *Jetzt voll Haß:* – rühr für solche Leute keinen Finger.

KURTCHEN: Hast du das gehört, Isa, die Person aus der Mansarde will sich einmischen.

ISA GAI: Holen Sie erst mal Ihren Treppendienst vom letzten halben Jahr nach.

KURTCHEN: … Und wischen Sie das unanständige Geschmiere von Ihrer Tür.

ISA GAI: Und ziehen Sie die Vorhänge zu, wenn Sie sich waschen, damit nicht jeden Abend die Männer von der anderen Seite an den Fenstern hängen.

KURTCHEN: Isa!

ISA GAI: Ist doch wahr!

KURTCHEN: Und was suchen Sie eigentlich hier oben. Sie sind doch unbefugt.

Isa Gai: Ihnen reichen wohl die langbärtigen Krachmacher nicht, deren Brunstschreie durchs ganze Haus schallen.

Kurtchen: Müssen sich noch halbnackt an anständige Dachdecker ranmachen. Meine Herren, ich warne Sie. Ich kann Ihnen von dieser da Dinge erzählen …

Wassilissa: Wissen Sie, was Sie mich können?

Isa Gai: Kurtchen, jetzt will sies wieder sagen. Halt ihr den Mund zu.

Wassilissa: Sie können mich …

Kurtchen: Ich laß mich nicht provozieren. Wenn sie unanständige Worte sagt, halt ich dir die Ohren zu, Isa. Das ist dann fast dasselbe.

Wassilissa: Sie können mich hier oben nicht kleinkriegen. Aber von ihrer Höhle, Ossip, da sind die richtig gefährlich. Denen ist nichts Fremdes menschlich. Was ich anzieh, was ich singe, wie ich rieche, macht sie wütend. Wenn ich aufsteh, wann nach Haus komm, wird belauert. Mein Frohsein und mein Traurigsein bringt sie in Rage. Das Frohsein natürlich mehr als das Traurigsein. Und wenn sich genug Bosheit in ihnen angesammelt hat, dann lauern sie mir vor ihrer Wohnung auf und schütten mir freundlich einen Kübel davon über. Dazu duftet es nach Eierkuchen und Desinfektionsmittel. Und das Sandmännchen singt so lieblich. Ein paar Mal muß ich am Tage an ihrer Tür vorbei.

Ossip *reicht Luczak das Paket*: Ich machs nicht.

Luczak: Du oder keiner.

Wassilissa: Bravo.

Ossip *reicht dem Paar Gai die Antenne*: Tut mir leid.

Isa Gai: Ich würde Sie auch zum Essen einladen. Es gibt Rouladen und Rotkohl.

Kurtchen: Komm, Isa. Solche betteln wir nicht an. Und wer sich von Elementen kommandieren läßt, steckt seine Füße nicht unter meinen Tisch.

Isa Gai: Warte noch. Da nehme ich Anlauf und trällere wie ein Kind im dunklen Wald und schaff es nicht, vorbeizukommen, ohne daß es mich zuschnürt, alte dumme Angst. Die sind so stark in ihrer verschwitzten Mittelmäßigkeit, und werden von allen Seiten bestärkt, daß ich meine ganze Kraft aufbrauche bei diesem kleinen Gekampel. Die zwingen mich zu vollstem Einsatz, als ging es um mein Leben. Wer genug Mansardengeschichten kennt, weiß, daß es um nicht weniger geht.

KURTCHEN: Lassen Sie sich bloß nicht aufhetzen. Nur weil sie selbst liederlich lebt, ist sie gegen alle, die anständig leben.

LUCZAK: Ruhe. So ein Gezänk gehört nicht aufs Dach. Ossip, bring die Antenne an. Jeder von uns kriegt zehn Mark.

WASSILISSA: Ossip, wenn du das tust, dann siehst du dir die Sterne alleine an.

KURTCHEN: Nein, hier stinkts mir. *Versucht abzutauchen, aber er ist mit Isa in der engen Luke so verkeilt, daß sie beide nicht vor noch zurück können.* Laß mich sofort los.

ISA GAI: Ich halte dich doch nicht.

KURTCHEN: Dann du zuerst.

ISA GAI: Wir sind verklemmt. Und nur, weil ich nicht hoch durfte.

KURTCHEN: Das kann nicht sein. *Er ruckt.*

ISA GAI: Hör auf, du tust mir weh.

KURTCHEN: Reiß dich zusammen.

ISA GAI: Au, mein Busen, wie soll ich denn den zusammenreißen.

LUCZAK: Wehe einer lacht.

OSSIP *zu Isa*: Geben Sie Ihre Hand. Ich zieh Sie aufs Dach.

KURTCHEN: Hände weg von meiner Frau.

LUCZAK: Hören Sie …

KURTCHEN: Nein.

LUCZAK: Sie müssen sich zuerst beruhigen. Sie sind durch die Aufregung angeschwollen.

KURTCHEN: Das geht Sie gar nichts an. Ich schwill, wo ich will.

LUCZAK *zu Isa*: Geben Sie ihm einen Kuß, das beruhigt.

KURTCHEN: Hör auf, du wildes Stück. Hier vor dieser Bande geben wir uns keine Blöße.

LUCZAK: Lenken Sie sich ab. Reden Sie über etwas, worüber Sie gern reden. Kommt zur Seite, wir sind zu aufregend.

*Die Dachdecker und Wassilissa gehen ans äußerste Ende des Daches und versuchen, nicht zur Luke zu sehen.*

Kurtchen: Oben zuviel und unten noch mehr, du bist eine Falle.

Isa Gai: Wir wären beide schlanker, wenn du nicht soviel fernsehen würdest.

Ossip *zu Wassilissa*: Wenn ich dort mit dir stecken würde, wüßt ich schon, wie wir uns noch mehr verengen könnten.

Wassilissa: Die sind so lächerlich, daß man arglos werden könnte.

Müller: Ach, Luczak, sieh nur, wie lebensgefährlich die Ehe ist.

Kurtchen: Wie peinlich das ist.

Isa Gai: Weil du nicht lachst *Sie schreit gellend auf.* Mir ist einer unterm Rock.

Kurtchen *schreit schlimmer*: Mich faßt einer an. Hilfe!

*Beide werden hinabgezerrt, in der Luke erscheint das wüste Gesicht Korles.*

Korle *lacht brüllend teuflisch*: Schenkelchen sind das! *Grunzt:* Ein Weib. Hallo Brüder! Da bin ich wieder. Als wär ich nur mal schnell um die Ecke! Meine jungen Falken, wie ich euch liebe ... *Will aus der Luke klettern, aber Ossip hat ihn schon festgemacht. Korle begreifts langsam.* Ihr Hunde.

Luczak: Guten Tag, Korle.

Korle: Ihr hinterhältigen jungen Hunde. Ihr Würmer, ihr Ersatzdachdecker, macht mich los, damit ich euch die Knochen kaputtschlagen kann. Ah, das geht ja gar nicht. Ihr habt ja keine Knochen. Diese Generation ist ja knochenlos, vom Rückgrat ganz zu schweigen. Ah, du bist doch der Luczak. Die anderen Dachneulinge kenne ich nicht.

Luczak: Das ist Ossip und das Müller. Du kennst sie nicht, aber sie kennen dich. Bis heute warst du ihr Held. Der groß war auf den Dächern und Türmen.

Korle: Luczak, ich erkenn dich wieder, du warst schon damals ein Schleicher zwischen den Fronten. So ein zwielichtiger. So einer, von dem mans nie genau weiß ... Ich konnte dich schon damals nicht leiden.

Luczak: Ich hab dich geachtet.

Korle: Dann bind mich los.

Luczak: Nein, du kennst das Gesetz, der Rausch darf nicht aufs Dach.

KORLE: Was weißt du vom Rausch. Rausch ist Belebung. Kampflust und Leichtigkeit. Für große Taten notwendiger Größenwahn. Ist Befreiung von den lästigen, lastenden, erstickenden, kleinlichen Bedenklichkeiten. Rausch, das ist der Bruder der Freiheit. Aber davon wißt ihr emsigen Planerfüller nichts. Ihr fürchtet euch vorm außergewöhnlichen, vorm großen Individuum und bindet es fest. Und dabei könnte es mehr als zehn von euresgleichen ersetzen. Aber ihr laßt lieber nur trockenes Gewürm aufs Dach, als daß ihr euch bloßstellt durch den Vergleich.

WASSILISSA: Ossip, hör gut hin, es ist interessant.

KORLE: Das Mädchen versteht mich. Frauen haben sowieso ein viel urwüchsigeres Gefühl fürs Echte. Echte Kraft und echte Mannheit. *Sackt zusammen.*

WASSILISSA: Er ist herrlich!

OSSIP: Luczak, vielleicht hat er recht.

LUCZAK: Ich sagte doch, daß er euch überrollen wird. Vergeßt nicht, er hat sich die Balance zersoffen, binden wir ihn los, kommts zur Katastrophe.

KORLE *viel leiser*: Luczak, komm näher. Sieh mich an. Richtig ins Gesicht. Nicht über mich weg in die Weite. Ich kenn dich, du bist so einer, der nur in die Weite sieht. So, und jetzt sage ich dir, daß ich weiß, was du siehst. Du bist der erste, dem ich das sage. Du siehst einen alten Teufel. Und ich bin ein Teufel, weil ich in einem Teufelskreis stecke. Ich trinke, weil ich nicht aufs Dach darf, und ich darf nicht aufs Dach, weil ich trinke. Ich hab noch viel zuviel Kraft. Ich muß noch viele Jahre im Kreise hetzen. Luczak, ich brauch nur eine einzige Chance. Ich brauch nur einmal hier oben die wunderbarheilsame Arbeit machen und werd gesund und bin dann stark genug, um gegen den Schnaps anzukämpfen. Der Teufelskreis wäre durchbrochen, und es wäre wie früher. Es gibt keine andere Möglichkeit, du hast es jetzt in der Hand. Halt! Antworte nicht gleich. Wenn du jetzt nein sagst, dann gehe ich sofort und versuche es nie mehr.

WASSILISSA: Ossip. Ihr müßt Korle diese Chance geben. Das ist mein dritter und größter Wunsch. Schweig nicht so dumm – denk nach. Was nutzt der Schutz des Hauses, wenn ihr den, der darin wohnt, verkommen laßt. Denk daran, daß du auch eines Tages so vor deinen Nachfolgern stehen könntest. Denk daran, was das für eine Nacht wird hier oben, wenn ich stolz auf dich bin.

OSSIP: Ich kann das nicht allein entscheiden.

WASSILISSA: Wie ich euch Jungs satt habe, die ihr erst Mann werdet, wenn es nicht mehr lohnt. Willst wohl heut nacht auch den Luczak mitbringen, daß er dir sagt, was zu tun ist.

LUCZAK: Sie tun ihm unrecht. Er kann mir jetzt nicht helfen.

WASSILISSA: Was heißt hier helfen. Er soll sie bekämpfen, daß er endlich so wird, wie er aussieht. Nämlich ein Kerl und nicht nur ihr Schoßhund.

LUCZAK: Das ist mir zu dumm.

KORLE: Sag „Ja", Luczak. Sag es laut, daß es über die Stadt hallt. Die wird sich freuen, mal was Kräftiges und Eindeutiges von dir zu hören. Du mußt dich darin üben, dein Naja ist überanstrengt und macht nicht mehr lange mit.

LUCZAK: Wenn ich doch bloß mehr Zeit hätte.

MÜLLER: He, Korle, ist dir auch die Frau weggelaufen?

KORLE: Welche meinst du, mein Junge. Ich habe drei und krieg sie einfach nicht los. Die lassen sich nicht wegjagen, die Luder. *Leise:* Wenn du mir hilfst, mein Junge, dann verrat ich dir, wie du sie nehmen mußt, die Weiber.

MÜLLER: Eigentlich interessiert mich nur eine ...

KORLE: Schon falsch. Entweder man liebt Weiber oder keine.

MÜLLER: Und gibt es dabei wirklich ein Geheimnis oder einen Trick ...

KORLE: Ja. Die Dichter, die Philosophen, alle Männer rätseln seit Jahrtausenden ums Weibliche herum. Ich habe das Rätsel gelöst. Das Weib ist vor allem anderen: Natur, die befruchtet werden will. Alles andere sind Ausreden oder Männerkram. Aber dieses Wollen ist das größte, das es gibt. Es ist klüger als alle Wissenschaft, raffinierter als alle Politik, ausdauernder als alle Ackergäule. Was je gedacht und geschaffen wurde, hat es in sich aufgenommen. Es ist eine reiche große Welt für sich.

MÜLLER: Ich weiß immer noch nicht, was ich tun muß.

KORLE: Ganz einfach. Du mußt so sein, daß die Weiber dich, durch sich hindurch, in die Zukunft geben wollen. Mehr nicht.

MÜLLER: Aber wenn meine Frau einen anderen durch sich hindurch in die Zukunft geben will?

KORLE: Gib mir deine Hand, ich versprech dir, das in Ordnung zu bringen.

MÜLLER: Luczak, der Korle ist der erste, der mich versteht. Er soll bleiben.

LUCZAK: Nun, Ossip, hast du dich auch beschwatzen lassen.

WASSILISSA: Ossip, ich weiß jetzt, wie du allein den Korle retten kannst. Du bürgst für ihn, mit dir selbst. *Sie hakt Korle und Ossip mit einem Sicherheitsseil zusammen.* So.

OSSIP: Wären damit alle Wünsche erfüllt?

WASSILISSA: Ja.

OSSIP: Luczak, laß es mich riskieren.

LUCZAK: Nun, Korle, würdest du so was wollen? Würde dich das froh und stark machen?

KORLE: Du Fuchs, willst dich um das „Nein" drücken und es mir aufzwingen. Ich werde es dir nicht ersparen. Hund, der ich bin, ertrage ich auch die Hundeleine.

LUCZAK: Du hast dir nicht nur die Balance zersoffen. Ich habe mich entschieden. Nein. *Korle macht schweigend die Leine los und versinkt. Langes Schweigen.* War das richtig?

WASSILISSA: Es war nicht nur seine Chance, die Sie kaputtgemacht haben, es war vielmehr eure Chance. Wie kann man sich eine so kräftige Herausforderung entgehen lassen. Vielleicht hätte der Ärger mit Korle aus euch Erstaunliches herausgefordert, von dem ihr selbst noch nichts wißt. Ihr werdet nun alt werden und sterben und nicht wissen, wie mutig ihr sein könnt oder wie treu oder wieviel eure Hoffnung aushält. Mit Korle gäbe es doch mehr als ein bißchen Spannung, das gäbe doch Kraftstrom, mit dem was anzufangen wäre. Es war nicht nur falsch und schwach und feig und borniert, es war Selbstverstümmlung.

MÜLLER: Und du hast gegen uns entschieden.

OSSIP: Und du hast mir mein Mädchen verschreckt.

MÜLLER: Du hast dich nicht gründlich beraten mit uns.

OSSIP: Hast die Diskussion abgebrochen.

MÜLLER: Wie einen Auswuchs.

LUCZAK: Das mußte ich, weil wir Regen im Nacken haben.

WASSILISSA: Ausrede. Kein Wölkchen ist am Himmel. *Hält sich der Sonne hin.*

LUCZAK *macht seine großen Gesten*: Noch hängt er dort, kommt bald zum Fluß, wird zögern, dann aber doch übersetzen und uns am Nachmittag mit einem Zipfel erreichen.

WASSILISSA: Er macht sich mit Panik wichtig.

LUCZAK: Es kann auch Gewitter werden. Und das Haus ist offen bis in die Betten.

WASSILISSA: Das Haus wird nicht einstürzen, fällt ein bißchen Regen hinein. *Reckt sich schamlos.*

LUCZAK: Dann faults im Gebälk. *Dreht sich weg.*

OSSIP: Wir könnten aufs Offene eine Plane spannen.

LUCZAK: Ein dreckiger Lappen dort, wo gute Arbeit sein müßte. Billig verdeckte Faulheit, ist die Plane. Eine Verliererfahne, elend, wie die Schlaffheit selber. *Beherrscht sich:* Ich bin gegen das Provisorische, weil ich keinem Wetter trau. An die Arbeit. Doch vorher verrammelt die Luke. Ich vermute, Korle kommt noch mal. *Als sich keiner rührt, macht er es selbst.*

KORLE *kommt mit dem Aufzug*: Hallo, Brüder! Da bin ich wieder. Ich hab noch eine Kleinigkeit vergessen. Ich wollte nur mal fragen, ob ihr mir zehn Mark pumpen könnt. Fünf würden auch schon reichen. Na, was seht ihr mich so an? Ihr seid doch tüchtige Kerls und verdient gut.

LUCZAK: Du hast genug für heute, Korle.

WASSILISSA: Hier, Korle, sind zwanzig! Deine Kollegen verdienen so gut, daß sie vergessen haben, wie man sich fühlt, wenn die Taschen leer sind.

KORLE: Ich sag nicht nur danke, mein Kind. Ich verrat dir aus Dankbarkeit das Geheimnis des Geldes. Sieh diesen Schein, du kannst ihn anfassen, und deshalb denken die Leute, daß sie ihn nur in etwas zum Anfassen umwandeln dürfen. Sie kaufen Begreifliches. Ich aber kaufe Unbegreifliches. Ich werde das Geld vertrinken. Aber irgendwann, mittendrin, werden die Gesichter überdeutlich; Worte und Geräusche verschmelzen, die Zeit steht und rauscht; ich starre auf einen Zigarettenstummel am Boden, der wächst und wächst, und dann kommt mir eine mächtige, klare Ahnung und ich stöhne: DER MENSCH.

So ein unbegreiflicher, großer Augenblick für begreifliche, kleine zwanzig Mark ist sehr preiswert, meine ich.

WASSILISSA: Ich bewundere Sie!

KORLE: Dafür müßte ich dich ohrfeigen. Und für das Geld auch. Ich wünsch dir, daß es ein anderer für mich tut. Und nun auf zur Höllenfahrt! *Er rasselt mit dem Aufzug nach unten.*

## Drittes Bild

*Es ist Nachmittag. Das Dach ist fast fertig. Das Pappdach ist in eine Caféterrasse verwandelt: ein gedeckter Tisch, Sonnenschirm und zwei Schaukelstühle, in denen sich Wassilissas Freunde Seehund und Liese rekeln. Ossip und Wassilissa liegen auf der Decke, Müller ist auf seinen Aussichtsplatz geklettert, Luczak steht und genießt seinen Weitblick.*

WASSILISSA: Er soll es endlich sagen.

OSSIP: Sei still und froh.

WASSILISSA: Erst muß er es sagen. Ich find keinen Frieden, bis er sich hingestellt hat, um laut und deutlich zu sagen: Ich, Luczak, der erste Dachdecker der Stadt, habe mich geirrt. Ich, der Alleswisser und Immerrechthaber, der Überweitschauer, habe nichts gewußt, nicht recht gehabt und falsch gesehen. Der Regen zog vorbei, durch meinen Irrtum ist Unrecht geschehen.

LUCZAK: Warum soll ich die Freude zerreden, bis sie zu einem Ärger wird? Der Regen zog vorbei. Wir hatten Glück, jetzt haben wir Zeit. Mag sein, wir haben arg geschindert, dafür schmeckt uns die Ruhe um so besser. Ossip ist frei, für Ihre seltsamen Wünsche: Ein Café auf dem Dach?

WASSILISSA: Nur ein billiger Ersatz für sein Versagen beim Korlewunsch.

LUCZAK: Aber er hat es doch ganz gut hingekriegt. Ihre Freunde fühlen sich schon wie zu Hause.

LIESE: He, Seehund, fühlst du dich wie zu Hause?

SEEHUND: Nein, ich leide an Frischluftvergiftung.

LUCZAK: Der Regen zog vorbei. Endlich habe ich Zeit für

meine Überschau. Seht doch nur wie interessant: Ein Kind, ein Land, eine Epoche ... sie bewegen sich ganz ähnlich. Vorwärts, Besinnung, Korrektur, Vorwärts ... Wer nur eine Phase sieht, sieht ärmlich.

SEEHUND: Wißt ihr, warum ich hier hochgekraxelt bin, den schönen Rauch aus der Lunge gekeucht habe, meinen kümmerlichen Rest an Neugierde zusammengekratzt habe, um überhaupt vom Stuhle zu kommen? Um endlich einmal Leute zu treffen, die nicht schwätzen.

LIESE *zeigt auf Müller*: Der da oben schwätzt nicht, der gefällt mir. He, Sie, großer Trauriger, warum setzen Sie sich nicht zu uns.

WASSILISSA: Na, Luczak, euer Müller scheint mit der Freiheit nicht recht klar zu kommen.

MÜLLER: Wer hetzt, braucht nicht zu grübeln. Ich würde diese Pause am liebsten hernehmen und dem Luczak um die Ohren hauen.

WASSILISSA *leise*: Liese, das ist ein Fall für dich. Du bist doch Müllerspezialistin.

LIESE: Nicht ganz ungefährlich.

WASSILISSA: Ist es doch nie. Hals- und Herzbruch.

LIESE: Weidmannsdank. *Sie klettert zu Müller, Müller flüchtet.*

SEEHUND: Und mich willst du wohl auf den Graukopp ansetzen.

WASSILISSA: Nicht nur das. Du sollst ihm seine Sprüche zerkloppen. Ihm seine penetrante Weltsicherheit nehmen.

SEEHUND: Und was habe ich davon?

WASSILISSA: Du darfst sie behalten.

SEEHUND: So was hält sich nicht in mir.

WASSILISSA: Ich weiß, du bist nicht ganz dicht.

SEEHUND: Aber dafür bin ich offen und leicht. Und kommt ein kleiner Wind, dann schwebe ich. Zur Not tut es auch ein bißchen Rauch.

OSSIP: Hat der einen Vogel?

SEEHUND: Der hat keinen Vogel, junger Mensch, der ist ein Vogel und kann einen verdammt spitzen Schnabel haben.

WASSILISSA: Seehund, das ist der falsche. Hack dort dem Luczak ins Gehirn.

SEEHUND: Erst hört ihr euch beide das Trinklied für eine wirkliche Dame an.

Du mit deinem Bockbiergaumen
säufst hier
wie Kartoffelschnaps, wie Sud von Pflaumen,
wie der Rumpel nimmt die Fee.

Doch wenn das Etikett auch muckt
was hilft da Stil noch Treue.
Denn wer weiß, wies Perlen juckt
so unter wilde Säue.

OSSIP: Wenn der uns gemeint hat, müßte ich ihm was tun.

WASSILISSA: Er hat nur ein wenig Eifersucht gemeint, aber keine Angst, die ist auch so offen und leicht und wird von jedem Wind verweht.

SEEHUND: Zuvor noch einen Rat, junger Mensch. Frag nach dem Zauberspruch, den jede Wassilissa hat.

WASSILISSA: Dieser Luczak wartet.

SEEHUND: Bin schon verweht. *Geht zu Luczak.* Ist der Himmel nun blau oder grün.

WASSILISSA: Fremd und steif, wie die Marsmenschen. Man muß sie zusammenschubsen.

OSSIP: Sag mir deinen Spruch und sag mir alles, was ihr sagt, wenn ihr so zusammensitzt.

WASSILISSA: Am Morgen ist mein Tischtuch weiß. Ich gehe los und begegne sieben guten Kerlen. Ich lauf auf ihren Händen und nehm nur mit das Gefühl in den Sohlen. Ich lass' liegen was wartet und das Paket mit dem rosa Strick. Und komm ich auch spät an, leg ich noch bereit das Tuch für den Morgen.

OSSIP: Und was muß ich antworten?

WASSILISSA: Daß du ein Buch schreiben willst.

OSSIP: Warum?

WASSILISSA: Weil das zum Kaffee gehört, wie Zucker und Milch.

OSSIP: Also gut, ich bin ganz dein Caféhauslehrling und will ein Buch schreiben. Und jetzt?

WASSILISSA: Jetzt versuche ich, es dir auszureden.

OSSIP: Da bin ich sehr erleichtert und lasse es mir schnell ausreden.

WASSILISSA: Das darfst du auf keinen Fall, sonst denke ich, daß dein Projekt nicht ernst gemeint war. Du mußt es verbissen verteidigen und behaupten, daß du sogar schon den Titel hast.

OSSIP: Mein Buch wird „Fettaugen“ heißen.

WASSILISSA: Dacht ich mir fast, daß es was mit Weitsicht zu tun hat.

OSSIP: Es wird die Aufzählung aller glücklichen Augenblicke meines Lebens.

WASSILISSA: Zum Gähnen.

OSSIP: Es wird hauptsächlich von dir handeln.

WASSILISSA: Schon interessanter. Du lernst schnell.

OSSIP: Ohne dich wäre es nur ein Dreigroschenheft voll Kinderzeug geworden, aber mit dir wird mein Buch dick wie eine Bibel.
Im ersten Kapitel werde ich . .

WASSILISSA *sieht zu Müller und Liese*: Warte, Ossip, ich muß dort noch mal schieben. He, Liese, erzähl ihm von der Ziege!

*Das Gespräch zwischen Wassilissa und Ossip geht verdeckt weiter.*

LIESE: Jetzt will sie uns noch vorschreiben, über was wir reden sollen. Das Kücken. Sie weiß noch alles, weil sie noch nichts erlebt hat. Ein bißchen Streit mit den Krippenschwestern. Streit mit den Kindergärtnerinnen, etwas mehr Streit mit den Eltern, noch mehr Streit mit den Lehrern, Krach mit dem Lehrmeister, Prügelei mit der Chefin, mehr nicht. Ich habe alles erlebt.

MÜLLER: Ist Ihnen auch die Frau weggelaufen.

LIESE *ernst*: Ja. Auch eine Frau ist mir mal weggelaufen.

MÜLLER: Und was haben Sie da gemacht.

LIESE: Ich habe mir eine Ziege gekauft.

MÜLLER: Eine lebendige?

LIESE: Eine sehr lebendige.

MÜLLER: Verrückt.

LIESE: Nein. Seit ich die Ziege habe, geht es mir besser. Seelenkrankheiten sind meist Mangelkrankheiten. Gesunde Seelennahrung muß aus drei etwa gleichen Teilen bestehen: Menschen, vergegenständlichte Menschen – also Bücher und solches Zeug – und als drittes Natur. Heutzutage fehlt meist Natur, deshalb so viele Irre.

MÜLLER: Aber warum eine Ziege. Hund oder Katz sind doch auch so was wie Natur.

LIESE: Nicht mehr ganz. Und außerdem kann man sie nicht melken.

MÜLLER: Ja, frische Ziegenmilch ist gut. Mein Junge ist etwas schwächlich …

LIESE: Die Milch ist nicht wichtig. Das Melken selber bringt die Heilung.

MÜLLER: Ich kann nicht melken.

LIESE: Sie müssen es lernen.

MÜLLER: Warum? Es kommen sehr selten Ziegen und Kühe aufs Dach.

LIESE: Melken ist keine Arbeit, es ist Meditation. Meine Ziege zwingt mich zu Ruhe und Sammlung. Wenn ich nervös und verkrampft an sie ran will, rückt sie keinen Tropfen raus. Sie trampelt in den Eimer und pinkelt auf den Teppich. Sprech ich aber mit voller, warmer Stimme feste, einfache, ehrliche Worte, dann spannt sich das Euter, und die Milch spritzt und schäumt, wie von selbst.

MÜLLER: Und wie machen Sie den Teppich sauber?

LIESE: Das ist doch jetzt nicht wichtig.

MÜLLER: Na, ich weiß ja nicht. Ein stinkender Teppich würde mich nervös machen. Obwohl die frische Milch meinem Jungen guttun würde.

LIESE: Wenn Sie so mit der Ziege sprechen, gibt sie kein Täßchen her. Ihre Stimme plärrt vor Bosheit und Jammer. Sagen Sie mal einen ganz einfachen wahren Satz.

MÜLLER: Warum?

LIESE: Weil ich jetzt die Ziege bin und so lange keine Milch gebe, bis Sie gelöst und gut mit mir reden.

MÜLLER: Soll ich was machen dabei?

LIESE: Wehe.

MÜLLER: Also nur sprechen. Von meiner Frau? Oder von meinem Jungen?

LIESE: Das ist doch gleich. Wichtig ist nur, wie Sie dabei schwingen.

MÜLLER: Das ist nicht gleich, denn ich schwing bei dem Jungen ganz anders, viel besser.

LIESE: Reden Sie über etwas Starkes, Neutrales; über die Natur. Ziegen haben es immer gern, wenn man über Berge, Wiesen und Wälder spricht.

MÜLLER: Auf verdreckten Dächern wachsen manchmal krumme Birken.
LIESE: Darauf gebe ich keine Milch. Noch mal.
MÜLLER: Auf ...
LIESE: Immer noch nicht. Noch mal.
MÜLLER: Auf ...
LIESE: Sie lieben diese Birken nicht.
*Müller flüchtet wieder.*
OSSIP: ... Ich hatte so weit und fest geschlafen, daß ich aufgewacht bin wie ein Kind. Ganz leicht, mit einer Kraft und einer Lust auf alles, daß ich schon fast wieder traurig wurde, weil nichts Schweres da war, zum Anheben. Das sind immer nur Sekunden. Deshalb sind die Kapitel auch so kurz.
WASSILISSA: Kurz dürfen sie sein, nur nicht klein. Nimm mirs nicht übel, was du bis jetzt erzählt hast, ist nicht groß.
OSSIP *traurig*: Das neue mit dir wird groß.
WASSILISSA: Hast du einen Orden bekommen?
OSSIP: Ein paar kleine.
WASSILISSA: Na, und wie war dir da?
OSSIP: Nicht so gut wie bei jenem Aufwachen.
WASSILISSA: Was fühlst du, wenn irgendwo eine Revolution siegt, oder ein guter Vertrag gemacht wird.
OSSIP: Da freue ich mich.
WASSILISSA: Und warum schreibst du es nicht ins Buch.
OSSIP: Ich würde nicht fertig werden, weil ich mich viel zu oft freue. Glücklich bin ich nicht so oft.
WASSILISSA: Weißt du, was ein Gegenstand ist?
OSSIP: Dieser Hammer hier ...
*Luczak und Seehund kommen an die vordere Dachkante.*
LUCZAK *macht seine großen Gesten*: Dorthin sehe ich am liebsten.
SEEHUND: Als ich das letzte Mal dort war, hatte ich auch große Ideen, aber ein viel zu kleines Auto und bin nicht angekommen. Dort ist Wüste, nicht einmal Disteln wachsen dort.
LUCZAK: Daneben meine ich, dahinter und davor.
SEEHUND: Links daneben haben mich wilde Hunde angefallen. Graue hochbeinige Scheusale. Sie rochen nach Müll und Aas. Ist ihnen der Müll nicht fett genug, graben sie auf Friedhöfen die Toten aus.

LUCZAK: Ich wittere Revolution. Glauben Sie, die läßt sich von stinkenden Hunden aufhalten.

SEEHUND: Und rechts daneben saß ich drei Wochen fest, weil mir ein winziges Stück Eisen fehlte.

LUCZAK: Ich seh schon ein paar Fabriken und viele Baustellen.

SEEHUND: Sehen Sie genauer hin. Dort neben dem Bauplatz. Da rennt ein kleines Mädchen über den verbrannten Boden. Es schwingt triumphierend einen Papiersack über dem Kopf. Hurra, ich habe mir ein Stück Fortschritt geklaut. Jetzt habe ich eine eigene Schlafmatte oder auch ein eigenes Sonnendach. Dieser dreckige Papiersack wird das kostbarste Stück in ihrer Hütte.

LUCZAK: Vielleicht lernt sie darauf schreiben.

SEEHUND: Da hinten habe ich mich mit Amöben verseucht, und hier vorn habe ich ein Dorf voll schöner Frauen gesehen, die einem einzigen Alten gehörten, einem Syphilitiker.

LUCZAK: Sie haben nichts gesehen.

SEEHUND: Ich habe gefühlt und gerochen und geschmeckt und gekotzt.

LUCZAK: Sag ich doch. Sie haben die Nase zu tief gehalten und die Übersicht verloren.

SEEHUND: Was Sie Übersicht nennen, ist die Ansicht von Glanzpostkarten. Sind Illusionen.

LUCZAK: Wer Übersicht hat, braucht keine Illusionen.

SEEHUND: Gerede. Man müßte Sie in Ihr Traumland aussetzen, mitten in die Kämpfe. Verrecken würden Sie an Durst, Hunger, Fliegen und Kugeln. Dort würde ich gern den Streit fortsetzen.

LUCZAK: Daß Sie darin recht haben, macht das Ganze noch interessanter.

SEEHUND: Ich passe. Sie haben gewonnen.

LUCZAK: Ich will nicht gewinnen, ich will jetzt wissen, was mit dir los ist. Wie kann einer, der fast so weit gerannt ist, wie ich weit sehen kann, so wenig damit anfangen.

SEEHUND: Das ist ganz einfach: Erst schlug ich mich durchs Leben, und dann schlug mich das Leben durch. Und wehe, du sagst mir jetzt, daß ich also mindestens zwei bin und doppelt zurückschlagen kann.

LUCZAK: Nicht schlecht.

SEEHUND: Alles, was du gegen mich vorbringen kannst, habe ich schon viel besser selber vorgebracht.

LUCZAK: Unreife kann man dir also nicht vorwerfen.

SEEHUND: Eher das Gegenteil, Überreife. Ich fühl mich schon etwas angegangen.

LUCZAK: Du meinst angefault.

SEEHUND: Genau.

LUCZAK: Warum sagst du das nicht gleich. Du bist also schlicht und einfach faul. Das kann doch jeder verstehn.

SEEHUND: Ja. Ich streck meinen Bauch in den Himmel und schnaufe und grunze, wie ein altes Stück Land, das nur so rumliegt, und wer was von mir will, der soll mich beackern.

LUCZAK: Nicht klein, deine Faulheit.

SEEHUND: Und erst, wenn was kommt, das größer ist, dann lohnt es.

*Sie gehen wieder zur hinteren Dachkante.*

LUCZAK: Wie gut, daß man selbst im Überkomplizierten mit so alten und kräftigen Worten wie: Dummheit und Faulheit erste Ordnung machen kann.

SEEHUND: Ich war da mal auf einer Insel. …

OSSIP: … Aber weil sie zuerst ihr Meerschwein baden wollte, bin ich gegangen. Vom Treppenflur weiß ich noch die Tapetenkringel vor lauter Glück.

WASSILISSA: Das verstehe ich nicht. Das will ich auch nicht verstehen. Weggehen ist nur billiges dummes Männerglück.

OSSIP: Die Kringel sahen aus wie zerfranste Vögel.

WASSILISSA: Bist ziemlich verkorkst. Fast schon kompliziert. Leider.

OSSIP: Wenn du willst, werde ich ganz anders.

WASSILISSA: Eben das meine ich. Du bist ein Clown. Sitzt auf dem Dach und baumelst mit den Beinen. Entdeckst mich und machst Faxen. Wirfst deinen Hut herab und trauerst ihm nach, wer weiß wie lang.

*Liese hat Müller wieder eingeholt.*

LIESE: Lassen wir die Ziege beiseite und reden wir offen. Wir sind viel zu erfahren, um noch länger voreinander zu flüchten. Wir sind gebrannte Kinder und scheuen das

Feuer, aber ein bißchen Wärme könnten wir beide gebrauchen. Laß uns zusammenkriechen. Ich bin nicht mehr ganz neu, aber dafür weiß ich um ein paar besondere Freuden. Ich lauf dir auch nicht weg. Ich glaub nicht mehr, daß da noch irgendwas auf mich wartet. Geld habe ich keins, dafür eine kleine Wohnung.

MÜLLER: Und was wird aus der Ziege?

LIESE: Das dumme Vieh leih ich einer Freundin.

MÜLLER: He, Luczak, ich weiß jetzt, für was ich meine Freiheit nehme. Ich nehme mir heraus zu sagen: entweder die gehen, oder ich gehe.

LIESE: Das war so deutlich, daß man glauben könnte, Sie sind sich nicht ganz so sicher. *Setzt sich neben Wassilissa.*

MÜLLER: Mehr habe ich nicht zu sagen.

LUCZAK: Und du, Ossip, hast du was zu sagen?

WASSILISSA: Ossip meint, daß man das Entweder-Oder eines Verbitterten nicht annehmen darf.

LUCZAK: Wenn er selbst was meint, soll er es auch selbst sagen.

SEEHUND: Tauchen wir ab, in unser eigen Element.

LIESE: Es tut nicht mal mehr weh.

WASSILISSA: Ihr bleibt.

OSSIP: Ich nehme das Entweder-Oder eines Verbitterten nicht an.

WASSILISSA: Bravo! Du wirst erwachsen.

LUCZAK *zu Müller*: Bleibst du, wenn nur Liese geht?

MÜLLER: Alle drei müssen weg.

LUCZAK: Schade, der Seehund ist ein interessanter Wirrkopf.
Bleibst du, wenn sie alle schweigen?

MÜLLER: Weg mit Möbel und Mief!

LUCZAK: Weißt du was, Müller, wir tun so, als ob du einfach nur etwas eher Feierabend machst. Wir können uns das leisten, wir haben hart durchgearbeitet. Du gehst ohne Bös, damit morgen früh wieder alles in Ordnung ist.

MÜLLER: Ach, Luczak. Ach, Ossip. *Geht durch die Luke ab.*

*Hubschraubergedröhn. Von oben kommt der Dachingenieur in einem Schwebesessel. Am Sessel ist eine Schreibtischplatte, darauf Telefon, Akten, ein Familienbild usw.*

*Der Dachingenieur brüllt, um den Hubschrauber zu übertönen.*

DACHINGENIEUR: Habt ihr Schwierigkeiten?

LUCZAK: Ja.
DACHINGENIEUR: Sehr gut. Dann schafft ihr es heute.
LUCZAK: Nein. Es ist ganz unmöglich.
DACHINGENIEUR: Gratuliere. Morgen müßt ihr auf die Fabrik.
LUCZAK: Kann die nicht noch einen Tag warten.
DACHINGENIEUR: Nein.
LUCZAK: Ich verstehe. Wir sollen Überstunden machen.
DACHINGENIEUR: Ganz recht. Nur keine Überstunden.
LUCZAK: Ich kann dich nicht verstehen.
DACHINGENIEUR: Ich habe gewußt, daß ich mich auf dich verlassen kann.
LUCZAK: Werde ich ausrichten
DACHINGENIEUR: Wer ist das?
LUCZAK: Das ist Wassilissa. Sie gehört zu Ossip.
DACHINGENIEUR: Er ist zu beneiden. Sie ist reizend.
LUCZAK: Habe ich ihm auch gesagt. Aber er hört nicht auf mich. Ich bringe das in Ordnung.
DACHINGENIEUR: Schöne Frauen auf dem Dach bringen Glück.
LUCZAK: Meine teuflische Gutmütigkeit ist schuld. Es kommt nicht wieder vor.
DACHINGENIEUR: Bei euch gefällt es mir. Ich würde mich gern zu euch setzen, aber andere brauchen mich dringender. Weiter so. Es wird sich auszahlen. *Macht die Geldgeste.* Vielen Dank und viel Glück, Ossip, mit deiner Schönen. *Fliegt davon.*
LUCZAK *schreit hinterher*: Aber das ist noch lange kein Grund, die Prämie zu kürzen. Warum denn gleich ans Geld. *Leise*: Dachbürokratie.
OSSIP: Ich habe ihn so schlecht verstanden.
LUCZAK: Ich habe ihn sehr gut verstanden. Für dein Märchenspiel müssen wir in bar bezahlen. Und die Vertreibung Müllers werden wir mit Schweiß bezahlen müssen.
OSSIP: Aber.
LUCZAK: Morgen müssen wir auf die Fabrik. Für die vielen Diskussionen zahle ich jetzt mit Kommandos. Alle Unbefugten bitte ich, sofort das Dach zu verlassen! Ossip, an den Aufzug!
WASSILISSA: Schweig, Ossip, und leb wohl. Ich friere wie die

erste Schwalbe. Ich glaube, die erste Schwalbe pfeift auch auf den herrlichklaren Himmel vor Kälte. *Wassilissa, Seehund und Liese gehen ab.*

OSSIP: Trotzdem werd ich warten, bis zum Morgen.

## Viertes Bild

*Luczak und Ossip arbeiten straff.*

LUCZAK: Schweig dir keinen Krampf in die Lunge. *Schweigen.* Verschluckter Zorn klumpt im Magen, reibt die Magenwände, und so entstehen die Geschwüre. *Schweigen.* In Ländern, in denen die Kultur des Fluchens noch blüht, gibt es keine Magenkranken. *Schweigen.* Sag ruhig, daß ich allzu gut ausgesehen habe neben dem Korle – auf den ersten Blick. Vielleicht habe ich auch beim Dachingenieur ein-, zweimal zu oft mit dem Kopf genickt. *Schweigen.* Angst, daß ich so ein lauernder bin, der was hinnimmt und heimlich aufbewahrt? Entweder ich geb es gleich zurück oder ich schüttle es mir aus dem gegerbten Fell. Wer so eine Angst hat, dem wird die Seele dämpfig. *Schweigen.*

OSSIP: Bist du bereit.

LUCZAK: Gleich. So, jetzt.

OSSIP: Ich möchte dir die Ohren abschlagen, weil du nichts hörst. Weil du nicht liebst, das Liebesding. Es wird dir sowieso gefressen, vom Guten Tag, wie gehts – bravbrav – die Aufgabe steht. Gutenacht – bravbrav – und Dankebittescheiß.

LUCZAK: Wer sein Kind verläßt, muß verdammt aufpassen, daß er wieder wird. Wieviel Zeit haben sie noch?

OSSIP: Nur noch Minuten.

LUCZAK: Die ersten Wochen träumt man, das es ruft. Dann träumt man immer wieder, daß es verunglückt. Nach einem Jahr gehts, bis man einen kleinen Schuh findet oder einen Buntstift. Dann fängt alles wieder von vorn an. Kannst du den Zug sehen.

OSSIP: Nein.

LUCZAK: Der erste Ruck ist keine große Leistung.

OSSIP: Jetzt lacht sie und wirft den Kopf zurück.

LUCZAK: Weil es sie so schön streckt. Frauen wechselt man leicht. Man macht sich für sie nicht so weit auf.

OSSIP: Jetzt malt sie wieder in den Sand.

LUCZAK: Manchmal hilft es, einfach nur die Möbel umzustellen.

OSSIP: Es steht auf der Kippe. Fang doch erst mal klein an, mit dir kleinem, aber ganz, bevor du groß willst hier das Ganze selbst entscheiden. Und hat das Pflichtgefühl sich zu weit vorgedrängt in dir, frag mich. Ich sag dir einen Köter, den nennst du dann so lang Köter, bis er dich beißt. Dann werd ich dein Freund, freß deinen Kühlschrank leer und tret als Dank dir so oft in die wunde Seite, bis dein berühmter Weitblick hinter Schmerz und Jammer kriecht.

LUCZAK: Na und.

OSSIP: Was?

LUCZAK: Ist dir besser?

OSSIP: Ja.

LUCZAK: Dann war es gut. Jetzt sieh zum Bahnhof, was dort passiert ist stärker.

OSSIP: Er hat das Kind auf dem Arm, und sie sitzt auf dem Koffer. Eine Kleinigkeit kann jetzt entscheiden.

LUCZAK: Eine Zugverspätung könnte sie retten. Wir nicht.

OSSIP: Der Zug kommt. Sie nimmt das Kind.

LUCZAK: Sieh gut hin. Von weitem ist es wie eine vorbeugende Impfung. Aber schweig, ich habe genug davon. *Luczak arbeitet weiter.*

OSSIP: Der Dachdecker Müller geht in die Kneipe.

LUCZAK: Schlag mir halbe. Und hol noch Pfannen rauf.

OSSIP: Weißt du, was er dort machen will.

LUCZAK: Ja. Sind die Lampen in Ordnung?

OSSIP: Wir müssen ihn da rausholen. Du kennst doch Müller, wenn der erst anfängt, wird er ein Korle.

LUCZAK: Wir müßten die Plane spannen. Das will ich nicht.

OSSIP: Denk erst nach.

LUCZAK *wütend*: Zerred mir meinen Willen nicht. Und wenn du mit deiner Wut nicht fertig wirst, schlag ein paar Steine kaputt. *Er tut es selbst. Sie arbeiten schweigend. ten*

*Lohe, der Lackschwarze, kommt aus der Luke, sehr würdevoll. In Jahrhunderten hat er seine Bewegungen beim Schornsteinfegen und seine Redewendungen abgeschliffen. Wieder beherrscht zu Ossip:* ten Lohe, der Lackschwarze. Guten Abend, ten Lohe.

TEN LOHE: Seid gegrüßt, ihr Herren vom verwandten Stande. Möge eure hohe Arbeit das kleine Wetter bezwingen, das große Wetter der Sterne möge euch günstig sein. Mögen eure Gedanken weiterschweifen als eure Blicke und eure Herzen ohne Furcht sein. Ich grüße in euch die Vergangenen, die euch ausfüllen, und die Zukünftigen, in die ihr eingeht, damit der Gruß nicht fällt wie ein Taubenklecks in den Zufall. Weiter ist der Erdenkreis in unserer Höhe. Weiter ist der Weg der Worte. Die Spatzenworte kommen nicht an, darum wählte ich für meinen Gruß Worte mit weiten Schwingen. *ten Lohe verneigt sich gemessen und fegt zeremoniell den Schornstein.*

LUCZAK: Danke, ten Lohe. Es ist alles gut angekommen. *Zu Ossip:* Nach der Etikette seiner Ahnen darf er nur grüßen, deshalb tut er es so ausführlich.

OSSIP: Aber warum hat er so seltsam durch mich durch geblickt.

LUCZAK: Er hat deine Großväter und Enkel angesehen.

OSSIP: Ihn kann man sicher vieles fragen.

LUCZAK: Lieber nicht. Ich habe ihn mal nach der Zeit gefragt, da hat er lange überlegt, und dann geantwortet: Wir müßten uns schon im zwanzigsten Jahrhundert befinden. Er ist zeitlos. Ein Einzelgänger und der Diplomat unter den Leuten vom Dach.

OSSIP: Vielleicht ist er so komisch aus Verachtung, weil wir uns nur in Gruppen auf das Dach wagen.

LUCZAK: Wenn er uns verachtet, dann ganz ohne Grund. Dann hat er es mit dem anderen Kram ererbt. Ich mag den Lackschwarzen. Ohne ihn würde alles Neue keinen Spaß machen. Man könnte es nicht mal sehen. Schade, daß man so schwer an ihn rankommt. Ich versuche es schon seit Jahrzehnten. ten Lohe, du siehst heute besonders feierlich aus. Gibt es dafür einen Grund?

TEN LOHE: Laß mich mein Werk in Sorgfalt beenden, denn mein Werk braucht mich ganz. Würde ich auch nur meine Stimme von mir trennen oder auch nur die kleinsten Gedanken, zerriss' ich sein lebendig-empfindlich Gleichmaß und aus heilig-nüchterner Freude würde die Plage mit einem Kadaver. Später werde ich dir berichten das Vorgefallene. Und auch dieser Bericht soll ein Werk sein, das ich mit meiner Ganzheit ins Lebendige hebe.

OSSIP: Wenn ich das richtig übersetze, scheint er heute eine Ausnahme zu machen.

LUCZAK: Das beunruhigt mich mehr als sein Schweigen.

*ten Lohe ist fertig, er kommt etwas näher, verneigt sich wieder.*

TEN LOHE: Zu unseren Ämtern aus Berufung, alle verbunden der feierlichen Schwärze, der vornehmen Diskretion und der Unerschütterlichkeit, gehört die delikate Aufgabe der Überbringung unangenehmer Botschaften und die des Kondolierens. Zuvörderst halte ich es für angebracht, von euren Augen zu reden, denn es besteht ein direkter Zusammenhang zwischen der Größe eines Unglücks und der Müdigkeit der Augen. Ein kraftvoller Blick, der durch die Trauer das Interessante erblickt, wird nicht hinter Tränen verwässern. So aufs gekonnteste und bewährteste vorbereitet, darf ich wohl den tragischen Fall beim grausamen und direktesten Namen nennen, ohne daß die Herren auf den Rücken fallen vor übergroßer Überraschung. Und dieser harte Name des Falles heißt, wie Sie es sicher schon erraten haben, Todesfall. *Schüttelt beiden die Hand.* Mein aufrichtiges Beileid. Ich fühle mit euch! *Will gehen.*

LUCZAK: Halt! Wer ist gestorben. Sags ohne Schnörkel.

TEN LOHE: Nun, wenn ihr nicht würdigt den Schmuck der alten Formen, so will ich euch, den Toten kränkend, mich und meine Ahnen nicht minder, und zwei Herren, die sich dessen nur nicht bewußt sind, die Leiche vor die Füße werfen: sie hieß, als sie noch ein Mensch war, Korle. *Normal weiter*: Er stieg auf ein Dach in der Herbstgasse, von hier aus nicht zu sehen. Er versuchte, einen losen Dachstein aus dem Schneegitter zu holen. Keiner weiß, warum. Es war zwar nicht sehr hoch, trotzdem war er sofort tot. Schon mein Großvater hatte sich mit ihm gegrüßt.

LUCZAK: Du lieber Himmel.

TEN LOHE *wieder geschraubt*: So, da nun die heikle Mission erfüllt und ich mit Befriedigung eure Fassung bemerke, die sicher auch ein wenig meiner Kunst der Übermittlung zu verdanken ist, möchte ich mich mit dem Wunsch verabschieden, daß unsere nächste Begegnung heiter und beglückend sein möge: nämlich, daß ich grüßend an meine Arbeit gehe, während ihr grüßend die eure nicht unterbrecht. *Er verschwindet in der Luke.*

OSSIP: Korle ist tot.

LUCZAK: War es meine Strenge?

OSSIP: Waren es ihre zwanzig Mark?

LUCZAK: War es Schuld?

OSSIP: Es war verpaßte Zeit für Hilfe.

LUCZAK: Spann die Plane. Ich muß zu Müller. *Luczak ab.*

*Ossip spannt die Plane. Es dämmert. Er wartet.*

OSSIP: Korle ist tot. Müllers Frau lief weg. Wir haben die Arbeit nicht geschafft. Wassilissa wird nicht kommen. Ich versteh jetzt die Dichter, die solche Tage besingen, obwohl es viel mehr andere gibt, in denen keiner stirbt, und wir den Plan erfüllen. Der Traurige fühlt sich wichtig. Er ist der Welt nicht gleichgültig, die Welt ist ihm böse, das hebt. Ich werde nicht allzulange warten. Ich weiß jetzt, wie es ist. *Die Luke geht auf, Ossip duckt sich.*

*Isa Gai klettert mit der neuen Antenne und Werkzeug heraus. Sie versucht die Schelle der alten Antenne zu lösen.*

ISA GAI: Verrostet. Nicht mit mir. Ich dreh dir trotzdem den Hals um, mein Schräubchen. *Versucht es vergeblich.* Na, dann eben nicht – nicht auf die sanfte. *Nimmt einen viel zu großen Franzosen, rutscht ab.* Nein, ich werde noch nicht verrückt. Dieser Feigling. Na, gib nach. Es hat doch keinen Zweck. Dieser fettärschige Feigling. Sie bewegt sich, sie bewegt sich – sie dreht mit. Halt, ich halt gegen. *Arbeitet mit Schlüssel und Franzosen, rutscht ab, tut sich weh und donnert das Werkzeug gegen die Schraube.* Dieser impotente, machtkranke, milchgesichtige, fettärschige Feigling.

OSSIP *zeigt sich*: Darf ich Ihnen helfen?

ISA GAI *erschrocken*: Gott sei Dank, Sie sind es. Ich dachte schon, mein Mann. Nicht, daß ich ihn gemeint habe. Nun grinsen Sie doch nicht so hinterhältig. Diese blöde Schraube rostet hier schon an die zehn Jahre.

OSSIP: Geben Sie mir mal den Schlüssel. *Nimmt das Werkzeug und schraubt die Antenne ab.* Sind Sie heimlich hier?

ISA GAI: Nein. Aber sonst ist er ein guter Kerl.

Ossip: Und warum machen Sie das nicht am Tage?
Isa Gai: Keine Zeit.
Ossip: Er will nicht, daß es jemand sieht.
Isa Gai: Schuld sind Sie und diese Dürre. Schon gut. Es ist schön, Ihnen zuzusehen. Sie arbeiten, als ob Sie reden mit dem Zeug.
Ossip: Nur etwas freundlicher als Sie. Was macht er jetzt?
Isa Gai: Wer?
Ossip: Die verrostete Schraube. *Er reicht sie ihr.*
Isa Gai: Er macht den Fernseher an und aus, um zu sehen, wann ich fertig bin.
Ossip *hat die neue Antenne fest*: Ich werde die Drähte noch nicht anschließen, da haben wir noch etwas Zeit.
Isa Gai: Wir haben viel Zeit, wenn Sie sie anschließen. Läuft der Fernseher erst, vergißt er mich.
Ossip: Gib mir deine Hand.
Isa Gai: Sie ist nicht ganz sauber.
Ossip: Wie meine.
Isa Gai: Vor uns ist es noch so still.
Ossip: Hinter uns ist fast nichts.
Isa Gai: Zum Glück ist es unter uns so hart, daß man sich spürt.
Ossip: Ich spür die Zeit.
Isa Gai: Lieber nicht. Du bist ein Vorsommermann und ich bin eine Septemberfrau.
Ossip: Das ist besonders.
Isa Gai: Die Oktobertanten werden wie trockenes Laub schwatzen.
Ossip: Wir lachen sie aus.
Isa Gai: Die Dezemberomas werden ihre Köpfe mit dem Schneehaar schütteln.
Ossip: Das sehen wir ihnen nach.
Isa Gai: Deine Junifreunde werden dir am Strand ihre Maimädchen zeigen.
Ossip: Ich werde sonderbar lächeln.
Isa Gai: Der Kalender ist allmächtig.
Ossip: Wir lieben ihm ein Stück Macht in das All. Ich habe nicht vergessen, wie schön dein Gesicht wurde, als du zum ersten Mal den Kopf überm Dach hattest.
Isa Gai: Es war wie ein Wunder und so einfach.
Ossip: Jetzt hast du meine Entdeckung entdeckt. Höhe ist

das einfachste Wunder. Es ist nie nicht da, jeder hat sie ein Leben lang über seinem Kopf.

Isa Gai: Ein klein bißchen weniger hoch wäre mir jetzt lieber.

Ossip: Komm, wir setzen uns auf die Plane. Sie ist bequem wie eine Hängematte.

Isa Gai: Hält sie das aus?

Ossip: Sie ist für Stürme gemacht.

*Ende*

HARALD GERLACH

# Die Schicht

## Schaustück mit Musik und Zauberei

Personen:

CLOWN 1 und 2
DIRIGENT
HENNECKE *in mehrfacher Gestalt*
HÄUER I und II
POLIZIST
FUNKTIONÄR
2 FDJLER
HARMONIKASPIELER
4 REDAKTEURE
FRAU I und II
WIRT, *Kellnerin*
BERGLEUTE
VERSUCHUNG, ÖFFENTLICHE MEINUNG
ABORDNUNG
GEWERKSCHAFT, KONSUM, SPORTVEREIN, BEHÖRDE,
MALER
DER DRACHE ABRAUM, DIE SCHWARZE PRINZESSIN
KOHLE UND ANDERE

*Die Figuren dieses Textes meinen nicht authentische Personen; sie sind Theatererfindungen, Stellvertreter, die Handlungsmöglichkeiten und -grenzen in einem geschichtlichen Spielraum erkunden wollen.*

## Vorspiel vor dem Theater

*Spieltruppe in erzgebirgischer Tracht, die Musiker desgleichen. An der großen Trommel Clown 1. Clown 2 schlägt die Becken. Man singt und spielt „Glück auf, der Steiger kommt ..." Clown 2 schlägt unvermittelt ab.*

DIRIGENT: Was ist denn los?
CLOWN 2: Er schleppt!
DIRIGENT: Das entscheide ich! – Takt halten! Noch mal!
*Man singt und spielt „Glück auf, der Steiger kommt ..."*
*Clown 2 schlägt erneut ab.*
Was gibts denn jetzt?
CLOWN 2: Er schleppt schon wieder!
DIRIGENT *geht zum Pult von Clown 1*: Die Noten sind alle da! – Noch mal!
*Man singt und spielt „Glück auf, der Steiger kommt ..."*
*Clown 1 streikt.*
Herr Kollege, Feierabend ist erst später!
CLOWN 1: Mir ist schlecht.
DIRIGENT *träufelt Tropfen auf ein Stück Zucker, füttert damit Clown 1*: Also los!
*Man singt und spielt „Glück auf, der Steiger kommt ..."*
*Clown 1 haut einmal auf die Pauke, fällt um.*
*Clown 2 fächelt ihm Kühlung mit dem Becken zu.*
CLOWN 1 *hebt den Kopf*: Ich habe Hunger!
CLOWN 2: Wer nicht arbeitet, soll auch nicht essen!
CLOWN 1: Wer nicht ißt, der kann nicht arbeiten!
DIRIGENT: Pause!
*Für Clown 1 wird von der Truppe eine üppige Tafel gedeckt. Er frißt und säuft.*
Besser?
CLOWN 1: Besser.
DIRIGENT: Pause vorbei. Von vorn!
*Man singt und spielt „Glück auf, der Steiger kommt ..."*
*Clown 2 schlägt unvermittelt ab.*
Was ist denn los?
CLOWN 2: Er schleppt!
DIRIGENT: Das entscheide ich! – Takt halten! Noch mal!
*Man singt und spielt „Glück auf, der Steiger kommt ..."*
*Clown 2 schlägt erneut ab.*
Was gibts denn jetzt?
CLOWN 2: Er schleppt schon wieder!
DIRIGENT: Herr Kollege!
CLOWN 1: Mir ist schlecht.

DIRIGENT *träufelt Tropfen auf ein Stück Zucker, füttert damit Clown 1*: Also los!

*Man singt und spielt „Glück auf, der Steiger kommt ..."*

*Clown 1 haut einmal auf die Pauke, fällt um.*

*Clown 2 fächelt ihm Kühlung mit dem Becken zu.*

CLOWN 1 *hebt den Kopf*: Ich bin pappesatt! *Fällt erneut in Ohnmacht.*

CLOWN 2: Wer zuviel frißt, der kann nicht arbeiten.

*Rollt OP-Tisch herein, bindet Taschentuch vors Gesicht, operiert aus dem Bauch von Clown 1: 2 Kaninchen, 1 Gans, etliche illustrierte Zeitungen, 33 Würste, das Rennsteiglied, mehrere Tauben, 1 Gerücht, 5 Flaschen Bergmannsschnaps.*

CLOWN 1 *springt auf*: Am Übermaß verendet jedes Leben –
allein die Kunst kann maßlos Freude geben!
Drum geht mit Frau und Freundin, Kind und Kater
statt in die Kneipe lieber ins Theater!

*Haut auf die Pauke, man singt „Glück auf, der Steiger kommt ..." – diesmal bis zum glücklichen Ende.*

## I Faustrecht

HÄUER II: Was stehst du mir im Weg?
HÄUER I: Was dir im Weg steht,
das bin nicht ich, das ist vielmehr der Schatten
von dem, was du betreibst: ich nenns Verrat.
HÄUER II: Ich bin zu müd zum Reden nach dem Tagwerk.
HÄUER I: Du machst die Nacht zum Tag: ich wart schon lange
auf dich. Die Schicht war aus, du bist geblieben
und hast die Norm gebrochen mit Betrug.
HÄUER II: Ich brauch das Kilo Schlachtfett für die Kinder.
HÄUER I: Akkord ist Mord. Du frißt dich satt an meinen
und meiner Kumpel Knochen. Kannibale.
HÄUER II: Ein jeder kriegt sein Fett – ich kriegs als Prämie,
das weißt du so genau wie ich.
HÄUER I: Ich weiß nur,
was der verdient hat, der für Judaslohn
den Kumpel neben sich verkauft.

HÄUER II: Hau ab,
du stinkst wie späte Kneipe. Aus dir spricht Schnaps
und keine Spur Verstand.
HÄUER I: Das wird sich zeigen,
wer den Verstand auf seiner Seite hat.
HÄUER II: Willst du dich schlagen? Du, wir sind doch
Kumpel!
HÄUER I: Gewesen. Mach dein Testament. *Zieht Messer.*
HÄUER II: Was soll das?
Der Krieg ist aus. Wozu jetzt noch ein Messer?
HÄUER I: Der Zeit die faulen Stellen auszuschneiden.
– Packt dich die Angst vor dem Verrat? Die Reue
kommt spät. Zu spät, befürchte ich.
HÄUER II: Helft mir, Leute!
POLIZIST *tritt auf*: Was geht hier vor?
HÄUER I: Nur ein Gespräch, betreffend
die Normerfüllung, lieber Herr Genosse.
HÄUER II: Er hat ein Messer!
HÄUER I: Ja. Um Brot zu schneiden,
das ich verdien mit meiner Hände Arbeit.
*Ein Ring von Schatten schließt sich bedrohlich um die drei.*
POLIZIST *unsicher*: Wer sind Sie, Bürger? Weisen Sie
sich aus.
HÄUER I: Ich bin die Klasse – zieht vor mir den Hut.
*Polizist grüßt, der Schattenring öffnet sich,*
*Polizist ab, der Ring schließt sich wieder.*
Was hier passiert ist, wäscht sich ab mit Blut.
*Sticht Häuer II, Justitia nimmt die*
*Augenbinde ab und lächelt verlegen.*

## II Der Auftrag

FUNKTIONÄR: Wie gehts, Genosse? Drückt dich wo der
Schuh?
HENNECKE: Sollst du nach meinen Hühneraugen fragen?
Wenn nicht, so kannst dus ohne Umweg sagen.
Fall mit der Tür ins Haus, sag, was du denkst,
bevor du diplomatisch dich verrenkst.

FUNKTIONÄR *entkorkt eine Flasche*: Du weißt, wies um uns steht.
HENNECKE: Der Fortschritt geht
auf dünnen Beinen: hinkend zieht er nach,
was wie ein Klumpfuß aussieht: die Vergangenheit.
FUNKTIONÄR: Der Fuß wär abzuhacken.
HENNECKE: Und wer soll
das tun? Er läuft Gefahr, daß er sich schneidet:
ins eigne Fleisch. Wie soll er dann noch laufen?
FUNKTIONÄR: Wenns keiner tut, so laufen wir Gefahr,
daß wir ab heute rückwärts gehen.
HENNECKE: Der Kumpel schleppt auf seinem krummen Rücken
die Last böser Erfahrungen: ein Mißtraun,
gewachsen durch Jahrhunderte, daß alles,
was er für sich tut, gegen ihn sich wendet.
FUNKTIONÄR: Gib du ein Beispiel, daß das nicht so ist in unsern Tagen! *Trinkt.*
HENNECKE: Warum gerade ich?
Die Zeit der Menschenopfer ist Geschichte.
FUNKTIONÄR: Die Zeit der großen Produktion heißt Zukunft.
Du bist Genosse und kennst Disziplin.
HENNECKE: Mit diesem Hebel biegt ihr alles hin.
*Trinkt jetzt auch.*
Ich hab Familie. Und das heißt: ich kann
die Sache nicht für mich allein entscheiden.
FUNKTIONÄR: Ihr alle, Frau und Kinder zähl ich mit,
macht, wenn dus machen würdest, euren Schnitt.
HENNECKE: Der Baum neigt willig seinen Ast zur Mahlzeit
dem Hungrigen, bevor er ihn erschlägt.
FUNKTIONÄR: Erdrückt wird, wer auf beiden Schultern trägt.
*Geht.*
HENNECKE: Was läufst du weg – wir sind noch nicht am Ende.
*Holt ihn zurück.*
Daß was passieren muß, das seh ich auch.
Wir drehn uns zwischen Hunger, Norm und Schnaps
und treten auf der Stelle. Eh du nicht
die Umstände veränderst, kannst du nur

den Stillstand anders polen. Ob du so
was in Bewegung bringst, möcht ich bezweifeln.
FUNKTIONÄR: Wenn du bis morgen denkst, da ist viel Grund
zum Zweifel. Aber denk: die Zeit ist endlos.
Der Mensch, als Embryo geschleudert aus
dem alten Bauch der Erde – täglich fährt
er wieder ein, um sich aus ihr zu nähren –
lernt seine ersten Schritte, hebt den Blick
und sieht sich als sein Bild am Horizont:
dort geht er aufrecht, abgenabelt, frei.
Und läuft er los, dem Bild sich anzunähern,
was Wunder, wenn er dabei manchmal stolpert.
HENNECKE: Dein Bild ist schief. Und die Vergleiche hinken.
Kein Bauer drillt sein Korn auf nacktem Felsen,
denn wo kein Boden ist, geht keine Saat auf.
FUNKTIONÄR: Ein Boden ist. Nur lag er lange brach.
Wenn einer wächst, dann wachsen viele nach.
*Marschmusik. Hennecke versucht danach zu marschieren.*

## III Das neue Lied

HARMONIKASPIELER *singt*:
Dort wos nach Arbeit riecht
wird stets der Bummelant verduften.
Er meint, sein Soll wird mit erfüllt
wenn die Kollegen schuften.*
*Buh-Rufe.*
1. und 2. FDJLER: Das neue Lied!
1. FDJLER *singt*:
Als ich ein Kind war, sangen wir von Helden,
von Männern, die sich kühn in Schlachten schlugen.
Von Forschern sang man auch, jedoch schon selten.
Doch nie von denen, die nur Ziegel trugen.
2. FDJLER: Als ich ein Kind war, sangen wir von Helden,
von Recken, die mit Macht die Schwerter schwangen.

* Zeitdokument.

Heut wollen wir von andern Taten melden,
von Helden, die durch Arbeit Not bezwangen.*
*Beifall.*

FUNKTIONÄR: Genossen Redakteure, ihr seid hier
nicht bloß, um gratis einen Schnaps zu kippen.
Die Lage, wär sie so, wie ihr sie schreibt
in eurer Zeitung, wär kein Grund zur Sorge.
Doch leider ist sie gut nur auf dem schlechten
Papier, das ihr bedruckt. Was tun? fragt Lenin.
Der Einzelne, ich weiß, weiß keine Antwort.
Was hilft uns da? Die Weisheit der Partei.
Denn die ist kollektiv und also richtig.
Wenn wir die Lage streng analysieren,
so müssen wir uns eingestehn, daß leider
die Förderleistung im Vergleich zum Vorjahr
gesunken ist.

1. und 2. FDJLER: Um achteinhalb Prozent!

FUNKTIONÄR: So geht das nicht, Genossen. – Dieser Teil
ist aber nicht bestimmt für eure Rundschau.
Wer erst das Maul aufsperrt, eh er die Hand rührt,
frißt sich das Fleisch vom eignen Knochen. Denn
wo nichts entsteht, da läßt sich schwer was nehmen.

HARMONIKASPIELER *singt*:
So kann der Bummelant
uns selbst und unsern Plan verladen.
Er denkt nur von der Hand zum Mund.
Und wir haben den Schaden.

1. und 2. FDJLER: Das neue Lied!

1. FDJLER *singt*:
Als ich ein Kind war, sangen wir von Helden,
von Männern ...

FUNKTIONÄR: Ihr seid zu früh, ich hab noch was zu sagen.
– Wir müssen also hier ein Beispiel schaffen,
das uns den Bergmann aktiviert.

STIMME: Und wie?
Die Leute denken vorerst nur ans Fressen.

FUNKTIONÄR: Nach russischem – sowjetisch, will ich sagen –
nach solchem Vorbild also! Kennt ihr den

* Max Zimmering.

Stachanow, Häuer einst im Donez-Becken?
Der hat die Schichtnorm vierzehnfach geschafft.
So etwas brauchen wir, jedoch auf deutsch.
Ich stell euch vor den sächsischen Stachanow:
den Häuer Adolf Hennecke. Komm rein.
*Auftritt Hennecke, Beifall.*
Ihr könnt ihm jetzt zur Sache Fragen stellen.

1. REDAKTEUR: Wenn ich mir die Bemerkung darf gestatten:
sein Vorname – ich meine, ist der günstig
für so ein Beispiel? Alle wissen, welche
Erinnerungen sich damit verbinden ...

FUNKTIONÄR: Wir werden einfach die Betonung auf den
Familiennamen legen. Sonst noch Fragen?

1. REDAKTEUR: Wie hoch berechnet ihr ihm die Belohnung?

FUNKTIONÄR: Ein Kilo Schlachtfett und ein Anzugstoff.
– Den braucht er, weil er dann vielleicht ein Held ist;
und Helden gehn bei uns nicht mehr zerlumpt.
Und jenes, daß er uns nicht ganz vom Fleisch fällt.

2. REDAKTEUR: Er scheint ein wenig schmal für einen
Hacker.

FUNKTIONÄR: Er soll beweisen, daß nicht Muskelkraft
entscheidend ist für hohe Normerfüllung.
Die Kraft muß anders sein: mehr hier und hier.

3. REDAKTEUR: Darf er sich seine Strecke selbst aussuchen?
4. REDAKTEUR: Ist er Genosse?
1. REDAKTEUR: Hat er Frau und Kinder?
2. REDAKTEUR: Ich hoffe doch, als Beispiel trinkt er nicht!
3. REDAKTEUR: Und ist sein Stammbaum gänzlich
proletarisch?
4. REDAKTEUR: Wie hoch schraubt ihr die Normen im
Akkord?

*Funktionär verweist die Fragen an Hennecke.*

HENNECKE *blättert in umfänglichem Manuskript*: Ja. Also in
vier Tagen dann vor Ort.

*Lärm von Rotationsmaschinen.*

HENNECKE *allein*: Zwozwounddreißig. Dies das dunkle Feld
der Schlacht, die mir zu schlagen aufgegeben.
Bin ich allein? Das Dunkel starrt mit Augen
auf mich, in denen Hoffnung, ein Geleuchte,
und Schadenfreude wie ein Faulholz glimmt.
Doch mehr als alles glänzt der schwarze Leib
der Kohle, lockend, Haut einer Geliebten.
Wir kennen uns, wir wissen um die Stellen,
die schwach uns machen, wenn man sie berührt.
– Hier in der Finsternis wird alles klar,
was über Tage widersprüchlich schien.
Komm ich zu spät, komm ich zu früh – es zählt
im Angesicht der Arbeit nicht, die mich
ins Schirrscheit spannt als ihren Göpelgaul.
Der Stein des Sisyphos sank in den Berg,
jetzt soll ich ihn ans Tageslicht befördern:
daß er als Auftrag allen sichtbar wird.
Dies Aug in Aug dem Abraum der Geschichte,
der durch Jahrhunderte gewachsen ist
nicht nur vors Flöz: dem Bergmann vors Bewußtsein.
Statt auf die Schurre wälzt er in den Weg sich –
ein aufgehäuftes Stück Vergangenheit.
*Abraum kommt ins Spiel.*
Verwehrst du mir den Zutritt, Kerl? Der Ort
ist mein! Hier mache ich Besitzrecht geltend
mit meinen Muskeln. Schmeckt er dir, mein Griff?
Er langt nach dem, was mir Natur geeignet.
– Der Atem kurz, und dennoch pausenlos
die Preßluft ins Gespält gepumpt dem Berg,
den schönen Leib der Liebsten freizulegen.
Komm, Stützholz, warm vom Wind noch, der dich bog,
als du ein Wald warst und nicht brechen wolltest.
Füg dich ins Unvermeidliche, steh fest,
daß mir der Berg nicht bricht, dem du entwachsen.
Die kurze Schaufel auf dem langen Weg
bis Schichtschluß. Werd ich müd? Bist du schon da,
auf die ich warte: meine eigne Schwäche?
Treib mir den Schweiß aus allen Poren, treib
das Blut mir ins Gesicht, mir treibst du nicht

den Willen aus, zur Kohle zu gelangen.
*Kohle wird sichtbar.*
Da bist du, Liebste, schön im schwarzen Glanz!
Jetzt öffne deine Schenkel, daß ich mich
in deinen dunklen Leib vergraben kann.
Wach auf, Dornröschen, zehn Millionen Jahre
hast du geschlafen – jetzt weckt dich mein Kuß.
Ans Licht mit dir, du Schöne. Komm! Dein Feuer
ist heut gefragt. Wir wollen uns dran wärmen.
So kühl deine Umarmung? Du, ich weiß,
was in dir steckt an Glut.
Bist du nicht hungrig
nach meiner Liebe?
Wehrst du dich zum Schein,
die Lust noch zu erhöhen?
Stell dich nicht
so spröde!
Schmeichle ich dir nicht genug?
Vor Lust und Preßluft bebend
dringt in dich
mein Glied, bestückt mit scharfem Meißel.
Saug
das Mark mir aus
den Knochen.
Rückhaltlos
will Liebe sein.
Wir kämpfen
Schoß an Schoß
und
Stoß
um
Stoß …
*Orgiastischer Tanz.*
*Sirene.*
Geschafft! – Ich. Und das Ziel. Das sind gut zwanzig
Kubik. Das Tagwerk dreifach überboten.
Ich hab getan, was man von mir erwartet.
Das Weitre ist nicht meine Sache mehr.
Nimmt mans als Beispiel? Oder als Verrat?
Der Sieg ein Sieg? – Vielleicht die Niederlage?
Die Wirklichkeit wird sichtbar über Tage.
*Sirenen.*

HENNECKE: Frau, weck die Kinder. Hier sind Brot und
Schlachtfett.
FRAU: Ich hab mein Fett schon weg von deinen Freunden,
die das nicht sind nach dem, was du gemacht hast.
HENNECKE: Was ich getan hab, tat ich nicht für mich.
Ich hab an dich gedacht und an die Kinder,
die Kohldampf schieben.
FRAU: Hast du uns gefragt,
ob wir das wollen? Ob wir als Gespött
der Leute künftig leben mögen?
HENNECKE: Frau!
FRAU: Was ist das: Frau?
HENNECKE: Was du mir bist. Seit Jahren.
FRAU: Ich bin für keinen was. Und wer bist du,
der hier hereingeht mitten in der Nacht
und den Geruch mitbringt von großer Fremdheit?
HENNECKE: Sieh nach auf dem Papier, gestempelt und
gesiegelt; frag bei deinem Bauch nach, den
ich oft gestempelt hab: ich bins, dein Mann.
FRAU: Du wärst ein Mann? So laß das Fürwort weg,
das den Besitz anzeigt, es straft dich Lügen.
Du schläfst mit der Partei, du bist ein Denkmal.
HENNECKE: Was gehst du mich so an? Ich bin am Ende
mit meiner Kraft.
FRAU: Wenn mehr nicht ist, so stirb
den Heldentod woanders. Nicht bei mir.
HENNECKE: Du redst von mir als wie von einem Fremden.
FRAU: Die Helden, weißt du, sind nicht mehr erreichbar
für uns gewöhnlich Sterbliche, sie sind
nicht menschlich, denn sie blähn sich auf zum Beispiel.
HENNECKE: Du kennst dich aus!
FRAU: Man kennts aus der Geschichte:
Der König Leonidas, als der Perser,
das Land zu überfallen, auf die Berge
heraufsteigt, die es schroff umgrenzen, steil,
nicht unbezwingbar – dieser Leonidas
befiehlt, das nahe Unheil aufzuhalten,
indem er sich mit tausend Untergebnen
der Übermacht des Feindes stellt und so

dem Lande Zeit schafft, sich zum Krieg zu rüsten.
Die Welt lobt ihn seither als Vorbild. Aber:
wer so entscheidet, muß zu Stein verhärten.
Da war ein Bauer in der kleinen Schar,
den riß aus seiner Hoffnung, bald das Korn
im Feld zu schneiden, Leonidas' Ehrgeiz.
Und hatte doch den Acker schwer bestellt
im Frühjahr und die Saat gelegt voll Andacht.
Und ein Thessalier, jung und frisch verliebt,
der war noch nie bei einer Frau gelegen.
Jetzt sollt er sterben, ohne je zu leben.
Ein dritter hatte eine alte Mutter,
die seinen Beistand brauchte. Jeder von
den tausend war zum Helden nicht geeignet.
Doch Leonidas sah darüber weg.
– Was er für sich entschied, betraf die andern
in gleichem Maß. Wer fragte, ob sies wollten?
Das Beispiel nimmt die Freiheit zum Entscheid.
HENNECKE: Was solls? Ich habe keinem was genommen.
FRAU: Der Tag stieg auf die Berge und mit ihm
der Tod. Die tausend Griechen sperren mutig
den Thermopylenpaß. – Jeder sehr einsam
mit sich und dem Befehl zum Sterben.
Der Feind mäht blindlings, eine dunkle Sichel.
Als letzter, heißt es, fiel der Leonidas.
Sein Blick war, brechend, Haß. Sein Antlitz Stein.
Der Held war tot schon, eh er kämpfend fiel.
HENNECKE: Wenn einer daran Schuld hat, ists die Zeit,
die Männer braucht.
FRAU: Die mag sie auch behalten:
ich mag nicht, was von Huren kommt.
HENNECKE: Gut, gehn wir deinem Irrtum auf den Grund:
ich stelle fest, du siehst die Zeit als Miststück
anstatt als Spielraum der Geschichte – du bist
zurückgeblieben, Frau. Ich mein das geistig.
FRAU: Wo einer einem wegläuft, hat ers leicht,
den anzugehen, der ihn nicht erreicht.
HENNECKE: Ein Schwall aus Vorwurf – und das heut und mir:
da geh ich lieber auf die Nacht zum Bier. *Ab.*
FRAU: Und ich steh hier, beschissen um die Nacht

und um den Spaß, den die mir hätt gebracht.
Kein Weibsstück nimmt so gründlich wie der Staat
den Mann dir weg mit allem, was er hat.
*Bläst Kerze aus.*

## VI Straße I

HENNECKE: Vorbei die Schicht? Verdient der Feierabend?
Der Norm den nackten Arsch gezeigt im Umdrehn?
KUMPEL: Da spricht mich einer an, dens nicht mehr gibt
in meinen Augen.
HENNECKE: Willst du mich nicht kennen?
KUMPEL: Nicht jeden will man sehn, den man erkannt hat.
HENNECKE: Ich zähl nicht als Erkenntnis, was als Meinung
von anderen dir vorgefertigt ist.
Ist das, was viele sagen, schon die Wahrheit,
nur weils von vielen hergebetet wird?
Zählt nicht mehr, daß wir tausend lange Schichten
gemeinsam fuhren, Durst und Dreck uns teilten,
vorm Abraum beide auf den Knieen lagen?
Und beide standen, schlug der Berg den einen!
KUMPEL: Das Maul verklebt vom Dreck – es mag nicht
reden.
HENNECKE: Komm mit mir auf ein Bier, wir spülen runter,
was dir den Hals verengt.
KUMPEL: Ich bin nicht käuflich
wie andere. Ich hau mein Brot noch ehrlich
vor Ort und liefre Kumpel nicht ans Messer.
HENNECKE: He du, was siehst du mir nicht in die Augen?
KUMPEL: Ich seh, wohin ich seh! Was gehts dich an?
*Geht.*
HENNECKE: Bleib stehn! Seid ihr verschworen gegen mich?
Was hab ich euch getan?
KUMPEL: Muß ich dirs sagen?
Akkord ist Mord. Und du bist ein Kubiker.
Den Vorteil, den du heute dir erraffst,
bezahl ich morgen. Und mit meinem Schweiß.
HENNECKE: Was du zur Regel machst, galt nur bis gestern.
Die Nacht ging drüber weg. Heut zählt man anders.

KUMPEL: Was einmal galt, das gilt für alle Zeiten.
Ich laß mich zum Verrat so nicht verleiten. *Ab.*
HENNECKE III: Wer sich den Luxus leistet, Held zu sein,
wird sehr berühmt. Und ist fortan allein.
*Hennecke kehrt ihm den Rücken.*

## VII Schenke

HENNECKE: Freibier. Für alle.
EINER: Hier ist keiner durstig.
HENNECKE: Das wäre neu: ein Hacker ohne Durst
kam mir noch niemals unter.
EIN ANDERER: Das ist neu:
ein Hacker, im Akkord abbauend sein Gewissen.
NOCH EINER: Judas kauft sich mit den Zinsen
der dreißig Silberlinge frei.
JEMAND: Jagt ihn
zum Teufel oder zur Partei.
EINER: Das ist
der gleiche Abbauort: zwozwounddreißig.
JEMAND: Wo dir die Norm von selbst ins Maul fliegt wie
gebratne Gänse im Schlaraffenland.
Wo sich die Kohle selber abbaut. Doch:
drei Kreuze! – Und der Zauber ist vorbei.
EIN ANDERER: Du schwimmst im Schlachtfett jetzt. Wir
andern schieben
genau wie immer Kohldampf. Was ist anders
für uns?
HENNECKE: Ihr könnt das gleiche haben. Und
noch mehr als ich.
NOCH EINER: Das ist doch nicht vergleichbar:
du hast die Schicht gefahrn an einer Stelle,
wo dir die Kohle auf die Schaufel fällt
von selber. Solche Orte gibts nicht viele
mehr im Revier.
HENNECKE: Du suchst den falschen Anhieb.
Wir wollten nicht Rekorde brechen, sondern
die Vorurteile, die hier aus euch sprechen.
EINER: Was da am Tresen steht, das ist ein Beispiel:

ein unerhörtes Beispiel an Beschiß.
MEHRERE: Ein Halsabschneider! Normenbrecher! Einer,
der sich lieb Kind will machen bei der Leitung –
und das auf unsre Knochen!
HENNECKE: Krieg ich so
mein Bier zurück, dann trink ichs lieber selber.
WIRT: Hier gibts kein Bier für einen, der den Leuten
die Gurgel zudrückt.
EINER: Drückt doch dem die Luft ab!
*Hennecke wird von der Versuchung umworben.*
HENNECKE: Und was willst du?
VERSUCHUNG: Ich hab dich zu versuchen.
Komm, sperr dich nicht, du stehst es doch nicht durch.
Gib offen zu, daß das, was du gemacht hast,
ein Fehler war, den du bereust.
HENNECKE: Geh, laß mich.
VERSUCHUNG: Wie willst du dich behaupten, wenn dich alle
befragen? Willst du künftig wie ein Aussatz
betrachtet werden?
HENNECKE: Ich steh nicht alleine.
VERSUCHUNG: Die dich zum Irrtum überredet, glaubst du,
die stehn zu dir, wenn alle gegen dich sind?
Die Macht ist nichts, wenn sie kein Volk hat. Also
wird sie dich fallen lassen, eh sie fällt.
HENNECKE: Ich will doch nichts als meine Ruhe haben.
VERSUCHUNG: Die kannst du kriegen, wenn du widerrufst.
*Hennecke will fort.*
EINER: Verdrückt sich dort der Kerl in meinem Mantel?
Der Held sucht ein Versteck! – Ich bin dir keins!
HENNECKE: Nicht alles, was geschieht, geschieht aus Absicht:
verwundert sehn wir, was wir tun. *Läuft.*
HENNECKE II: Bleib stehn!
Willst du in eine fremde Haut dich flüchten?
HENNECKE: Was willst denn du? Halt dich gefälligst raus!
HENNECKE II: Dein Laufen führt zu nichts, wenns ohne Ziel ist.
Was du vom Haken nimmst, hat einen Haken:
der Ausweg hängt nicht am Garderobenständer.
HENNECKE: Man hat mir eine Uniform verpaßt,
der bin ich nicht gewachsen.

HENNECKE II: Wachs hinein!
Auch wenns dir Mühe macht – das sieht ein Blinder –
du mußt dir schon die eigne Jacke anziehn
und sagen: die ist so – und dies mein Maß!
JEMAND: Was geht hier an?
*Abordnung marschiert ein.*
EIN ANDRER: Sieht aus wie ein Begräbnis.
EINER: Vielleicht ein Festakt?
EIN ANDRER: Sag ich denn was andres?
Auf jeden Fall ein großes Trauerspiel.
ABORDNUNG: Die Politische Betriebsgruppe der Sozialistischen Einheitspartei Werk Gottes Segen dankt dem Genossen Adolf Hennecke zu seiner vollbrachten Sonderleistung = 380% Sollerfüllung = Die Leistung Henneckes soll uns als Politischer Betriebsgruppe leuchtendes Beispiel sein für die wirtschaftliche und politische Entwicklung in unserem Betrieb. Wir werden ihm nacheifern und damit zugleich die Voraussetzung schaffen für die Erfüllung der von unserer Partei aufgestellten Pläne.*
EINER: Das ist doch lauter Schwindel.
NOCH EINER: Alle wissen:
der Berg ist leer. Die Kohle ausgemolken.
ABORDNUNG: Der Sozialismus hält auch da sein Wort,
wo nichts mehr ist.
JEMAND: So schickt ihn selbst vor Ort.
*Abordnung marschiert aus.*
EIN KRÜPPEL: Das Recht, sich nicht mehr bis aufs Blut zu placken,
das mußten unsre Väter sich erhacken.
NOCH EINER: Grüß Gott, Herr Fortschritt, deine neue Zeit,
sie tritt, was andre aufgerichtet, breit!
HENNECKE: So viel Dummheit läßt sich nicht ertragen! *Ab.*
JEMAND: Der Fortschritt brüllt. Es geht ihm an den Kragen.

* Zeitdokument.

## VIII Nacht. Flucht

HENNECKE: Vom Schmerz zerteilt der Augenblick,
zerstückt
in viele Leben. Lebt ich eins! Jedoch
das Übermaß macht keins von vielen möglich.
HENNECKE II: – Ein Schatten folgt mir, ungeheuer klar,
von dem, der ich nicht bin. Doch gestern war.
*Suchscheinwerfer zerschneiden das Dunkel. Hennecke flieht.*

## IX Straße II

FUNKTIONÄR: Los komm, du mußt zur Kaiserin Augusta
und vor den Kumpels reden über unsre
Erfahrungen bei deiner Sonderschicht.
HENNECKE: Ich red nicht mehr. Ich bin ja jetzt ein
Denkmal.
Und Denkmäler sind stumm.
FUNKTIONÄR: Hehe, Genosse,
sind dir die Blumen in den Kopf gestiegen?
Das dulden wir beim Bier, nicht bei der Arbeit.
Wir machen dich doch nicht zum Beispiel, daß du
dich ins Museum stellst.
HENNECKE: Ich steh im Abseits.
Was die Partei beschlossen hat, war falsch.
Die Leute sind noch nicht so weit, daß sie
begreifen, wie der Hase laufen soll.
Mehr Arbeit sehen sie nur bloß als Strafe.
Ich bin kein Beispiel, ich bin ein Kubiker
in ihren Augen – habt ihr das gewollt?
Wir machen alles schlecht zur rechten Stunde
und alles rechte zur verkehrten Zeit.
FUNKTIONÄR: Als du den Auftrag annahmst, glaubst du, ich
hätt dich darum beneidet? Deine Schicht
war nur der Anfang, längst noch nicht die Leistung.
Die bleibt dir noch zu bringen: eine Norm,
die nicht in Zahlen festzuschreiben ist.
HENNECKE: Ihr könnt mich alle kreuzweis. Meine Frau
verweigert mir das Bett, die Kumpels spucken

mich auf der Straße an. Ich denk, schon heben
die Hunde, wenn ihr Blick mich trifft, das Bein.

FUNKTIONÄR: Hast du geglaubt, Veränderung geschieht
im Selbstlauf?

HENNECKE: Bring, habt ihr gesagt, die Norm –
und dreifach. Das hab ich gemacht. Was noch?

FUNKTIONÄR: Was du gemacht hast, ist nicht so viel wert,
solange es nicht tausend andre machen.
Wenn du was gelten willst, so sorg dafür,
daß andre deine Gültigkeit besorgen.
Indem sie das betreiben, sorgen sie
für sich. Und Hunger wird für uns ein Fremdwort.

HENNECKE: Mach dus. Das ist nicht meine Sache mehr.

FUNKTIONÄR: Als ob der Hunger aufzuteilen wär.

HENNECKE: Schiebst du mir Schuld am Hunger in die
Schuhe?
Ich fürcht, sie bleibt nicht drin, denn meine Sohlen
sind gründlich durchgelaufen.

FUNKTIONÄR: Auf dem Weg
zurück: die Sache halb getan ist nicht
viel mehr als wär sie gar nicht angefangen.
Was sag ich: weniger! Sie scheint nicht machbar.

HENNECKE: Die Sache hat, wie ich mich dreh – ich tus –
von jeder Seite eine andre Ansicht.
Und zu der einen Wahrheit treten viele,
die mir als einzig angepriesen war.
Das Ganze ist aus Einzelnen die Summe.
Doch seine Absicht ist nicht gleich der Summe
der Absichten von allen Einzelnen.
Was sich vervielfacht, bleibt nicht, was es ist.

FUNKTIONÄR: Komm zur Augusta!

HENNECKE: Willst du mich hintragen?

FUNKTIONÄR: Wenns sein muß – schließlich gehts um
Kopf und Kragen!

## X Prometheus

HENNECKE *allein*: Aus den Vulkanen Wind treibt
Aschefahnen.
Im ungemachten Flußbett nistet Durst.

Verblieb vom Feuer nichts als kalte Asche?
Gebärn die Ströme nur noch Trockenheiten?
Die Zeit bricht den, der übers Knie sie bricht.
– Sagt das, aufs Handeln zu verzichten?
Der Dieb Prometheus, Leib und Leben setzend,
den Feuerbrand zu stehlen, weiß er denn,
ob unachtsam die Menschen seine Glut
vergeuden werden, die er ihnen bringt?
Hätt er sie erst das Schüren lehren sollen?
Und wie wär das gegangen ohne Feuer?
Die Nacht war gut zum Stehlen; und er stahl.

HENNECKE III: – Wenn Alltag uns verrät, durchbricht die Qual
der Einsamkeit der Blick aufs Ideal.

## XI Schicht II

HENNECKE: Ich habe nur gelernt, mit dem Gezähe
zu arbeiten, und nicht, indem ich rede.
Das Wort beweg ich schwerer als die Haue,
die Schaufel leichter als ein Argument.
Ein Flöz zu brechen, das ist nichts, verglichen
dem Abbau eines Vorbehalts. Wer bist
denn du?

ÖFFENTLICHE MEINUNG: Ich bin die öffentliche Meinung
und nicht bereit, für dich den Clown zu geben.

HENNECKE: Ich bin kein Zirkus.

ÖFFENTLICHE MEINUNG: Und ich bin nicht käuflich
für Schlachtfett oder große Worte

HENNECKE: Niemand
führt das im Schild. Du solltest nur begreifen,
den Sozialismus aufzubauen heißt:
das alte Denken abzubauen, also
die Mühe vor den Nutzen stellen, aber
nur scheinbar, denn der Nutzen kommt aus Mühe –
ich rede tote Worte, lauter Abraum,
und komm nicht auf den Kern der Sache – hier,
betrachte meine Hand, gefurcht von Arbeit:
da liegt dein Vorteil; willst du den nicht sehen?

Öffentliche Meinung: Ich kann, wovon du redest,
schlecht verstehen.
Hennecke: Ich weiß, ich bin im Recht. Doch was ich weiß,
es nutzt nichts, denn es bleibt bei mir. Sag du,
wie wollt denn ihr die Lage ändern? Was
wär euer Plan, dem Hunger abzuhelfen?
Öffentliche Meinung: Im Ruhrgebiet die Kumpel
wollen streiken.
Warum nicht wir?
Hennecke: Mehr weißt du nicht als dies:
den Teufel mit dem Beelzebub austreiben?
Das geht in einer andern Welt, nicht hier.
Was mußt du dich dem Mann im Mond vergleichen?
Für dich bedeutet Streik, daß du dir selber
den Speck schneidst aus dem eignen Hinterteil.
Und darum tät mirs leid, denn deine Backen
sind wohl für einen bessren Zweck gedacht.
Öffentliche Meinung: Kneif du dich in den eignen Arsch,
ich bin nicht deine Hure. *Ab.*
Hennecke: Abgeblitzt. Ich habe
halt nichts gelernt als dies: mit dem Gezähe
das Flöz zu brechen. Hätt ich Macht zu wählen:
ich würd den Sozialismus anbefehlen.
*Hennecke II hält Hennecke einen Spiegel vor, Hennecke zerbricht ihn.*

## XII Falscher Hering

Kumpel: Was hast du da im Topf? Es riecht nach Saurem.
Frau II: Ein Festmahl: falscher Hering, eingelegt.
Kumpel: Wie sich die Dinge ändern durch die Zeiten:
der Hering war das Brot von armen Leuten –
seit uns der Fortschritt heimsucht, ist er falsch!
Frau II: Laß mich in Ruh mit deiner Zeitbetrachtung!
Aus meinem Kochtopf kommt nicht mehr heraus
als man hineintut.
Kumpel: Ist das meine Schuld?
Ich frag dich, Frau: was soll an mich der Vorwurf?
Mit Erdäpfeln, gerieben und paniert,

im Magen wird die Norm zum Kinderspiel.
Ich riech an deinem Topf und spür die Muskeln
schon wachsen. Meine Kraft verzehnfacht sich.
FRAU II: Wenn dir nicht schmeckt, was auf dem Tisch steht, hol
was Bessres dir im Bett. Vorausgesetzt,
daß da für mich was steht.
KUMPEL: Du bist zu mager
– erhoffst du dir, daß ich dich dick mach, Frau? –
und ähnelst im Geruch dem Hering: beides
befriedigt nicht.
FRAU II: Bin ich gefragt, ob ich
zufrieden bin mit dem, was ich bekomm
im Bett und auf dem Tisch? Andere bringen
die dreifache Ration an Schlachtfett heim.
KUMPEL: Fürs Knochenschinden. Ich bin nicht die andern.
FRAU II: Das merkt man auch im Bett.
KUMPEL: Hast du zu wenig?
FRAU II: Mehr wär nicht schlecht. Vor allem möcht ichs besser.
KUMPEL: Du lieferst mich den Normbrechern ans Messer.
*Die Frau knöpft sich zu.*

## XIII Schnaps

HENNECKE *vorm Glas*: Die Einsamkeit hat finstere Gesichter,
die auf mich starren. Ich? Bin ich noch der,
der ich einst war? Wer bin ich denn gewesen?
HENNECKE III: Ein Etwas, ausgelöscht durch nichts als durch
Gehorsam. Leben sagen wir und meinen,
was andre wollen, daß wirs tun.
HENNECKE II: Hätt ich,
hätt ich gewußt – es war sehr gut zu wissen,
was mich erwartet, wenn ichs tu, hätt ich
getan, was ich getan hab, wenn mans nicht
von mir verlangt hätt, mich mit eingeschlossen?
HENNECKE: Von wem man was erwartet, den wird was

erwarten. Bring ichs noch zusammen? Du,
bring frischen Schnaps. Er spült die Widersprüche,
an denen eine Zeit krankt, einfach fort.
KELLNERIN *füllt nach*: Du solltest gehen – voll bis übern Eichstrich.
HENNECKE *ins Glas*: Wenn ich in dich seh, ist die Welt sehr klar.
Sie trübt sich ein, so oft ich nüchtern war.
KELLNERIN: Die Rechnung.
HENNECKE: Schreibs zum Rest.
KELLNERIN: Du bist zu tief
in meiner Kreide. Zahl in bar.
HENNECKE *kehrt leere Taschen um*: Wovon?
KELLNERIN: Dann laß mir deinen Orden hier als Pfand.
HENNECKE: Der Fortschritt läßt so manchen auf der Strecke.
HENNECKE III: Jetzt also mich: den Instrukteur Hennecke.
*Er fällt unter den Tisch.*
FUNKTIONÄR *tritt auf*: Säufst du allein? – Du siehst, wohin das führt.
HENNECKE: Ich seh mich als mein Bild am Horizont:
dort geh ich aufrecht, abgenabelt, frei ...
FUNKTIONÄR: Die Not macht zynisch. Doch sie kommt aus dir,
wenn, aufgebrochen, du auf die hinabsiehst,
die hinter dir zurückgeblieben sind.
HENNECKE: Der Weg zum Ideal ist mir zu weit.
FUNKTIONÄR: Dir steht im Weg die eigne Einsamkeit. *Geht.*
*Hennecke II hilft Hennecke auf die Beine.*

## XIV Morgen. Ankunft

HENNECKE II: Mit seinem Gegenteil geht schwanger heut
wie gestern jedes Ding noch. Tragt sie aus,
die Spätgeburten, daß sie greifbar sind,
nicht Schatten nur von dem, was uns bevorsteht.
HENNECKE: – Vorm Tag, der aufkommt, drückt der Zweifel sich.
In bleicher Lache fahl entdeck ich mich. *Wäscht sich.*

ÖFFENTLICHE MEINUNG: Was starrst du wie die Schlange
aufs Kaninchen?
HENNECKE: Ich seh dich an und seh: dir gehts nicht gut.
Gib endlich auf.
ÖFFENTLICHE MEINUNG: Das könnte dir so passen.
Du wartest auf was nicht passieren wird.
HENNECKE: Was dir zu schaffen macht: du bist gespalten.
Ein Teil von dir beobachtet den andern.
Dem festen Vorsatz liegt im Weg der Hunger.
ÖFFENTLICHE MEINUNG: Doch wenn du glaubst, der
frißt den, liegst du schief.
HENNECKE: So oder so – mit uns muß was passieren.
ÖFFENTLICHE MEINUNG: Du bist ein Held, wenn ich die
Zeitung aufschlag;
du bist ein andrer, wenn du vor mir stehst.
HENNECKE: Der Krieg in meinen Knochen. Not im
Nacken,
daß, was ich tu, nicht zureicht gegen die.
Und vorwärts peitscht mich, was für immer hinter
mir liegt: die Furcht vorm Rückfall in Vergangenes.
ÖFFENTLICHE MEINUNG: Ich habe Schnaps. Und du
erstickst im Schlachtfett.
Wie wär der Tausch?
HENNECKE: Ich denk, du bist nicht käuflich?
ÖFFENTLICHE MEINUNG: Und wenn ichs wäre – du
bekommst mich nicht.
Ich spül mir meine Not kehlab.
HENNECKE: Zum Wohl!
*Er ißt.*
Da: *Deutet auf Losung:*
Wer nicht arbeitet, soll auch nicht essen.
ÖFFENTLICHE MEINUNG: Ich halt mich dran, indem ich
fleißig trinke.
*Säuft hastig.*
– Nur einen Bissen!
HENNECKE: Machst du dich so billig?
Ich fürchte, du verkaufst dich unter Wert.
ÖFFENTLICHE MEINUNG: Das tu ich nicht. Auch wenns
nicht in die Zeit paßt:

bei mir kommt die Moral noch vor dem Fressen –
für dich bleibt nur, worauf ich hab gesessen. *Steht auf.*

HENNECKE: Ich sehe, dein Moralisch-Sein, es schadet
dem Ansehn und dem Aussehn gleichermaßen.
Der Arsch, den du mir zeigst, war gut. Jetzt leider
erscheint er etwas knochig.

ÖFFENTLICHE MEINUNG: Mach ihn doch
mit deinen Brocken rund.

HENNECKE *ißt*: Wär das die Lösung?
Was einer heimträgt, reicht für alle nicht.
Einträglich wär, du kämst mit mir zur Schicht. *Ißt.*
Was red ich da – du läßt dich ja nicht kaufen.
Beenden wir den Handel, denn er scheitert
an deinem Stolz.

ÖFFENTLICHE MEINUNG: Den lass ich mir nicht nehmen.
Auch nicht von dir. Das hast du wohl gemerkt?
– Doch wenn ich mich ganz freiwillig entscheide?

HENNECKE: Das wär vielleicht von Vorteil für uns beide.

ÖFFENTLICHE MEINUNG *trinkt*: Wo alles falsch ist, ist der
Fehler richtig.
Umarme mich!

HENNECKE: Mach du die ersten Schritte.

ÖFFENTLICHE MEINUNG *tuts*: Und jetzt bist du dran.

HENNECKE: Ich steh, wo ich stehe.
Wenn du zu mir willst, heb die eigne Zehe.

ÖFFENTLICHE MEINUNG: Ich bin nicht gut zu Fuß.

HENNECKE: Ich wart nicht lange.

ÖFFENTLICHE MEINUNG *geht*: Nimm einen Schluck.

HENNECKE *trinkt*: Und jetzt den ersten Kuß!

ÖFFENTLICHE MEINUNG: Mach schnell: das muß nicht
alle Welt erfahren –
es langt, man tratscht von uns in dreißig Jahren.

*Sie gibt sich hin.*

## XVI Harmonika

FUNKTIONÄR: Was ist mit dir?

HENNECKE: Ich hab den Zirkus satt.

FUNKTIONÄR: Der Clown lacht, weil er dran ist, nicht weil
ihm

zumute ist nach schallendem Gelächter.
HENNECKE: Ich glaub nicht, daß, was wir tun, was bewirkt.
FUNKTIONÄR: Wir spielen essen, bis im Maul das Wasser
zusammenläuft den Leuten; bis sie spüren,
was sie vergessen haben: ihren Hunger.
HENNECKE: Ich beiß mir nicht die Zähne aus an nichts.
FUNKTIONÄR: Du beißt, wenn du hier raus willst, auf Granit.
Dein Auftritt! Geh und schluck den ersten Happen!
1. FDJLER: Einst sangen wir von Schlachten und von Helden.
2. FDJLER: Heut wollen wir von andern Taten melden.
FUNKTIONÄR *mit Megaphon*: Wer so wie du ein Bestarbeiter ist,
den nennen wir von heut an Aktivist!
*Beifall.*
GEWERKSCHAFT: Die Leistung liegt, die du für uns vollbracht,
noch sieben Prozent höher als gedacht.
*Stürmischer Beifall.*
SPORTVEREIN: Uns Turnern wirst du Vorbild sein: Sport frei!
FUNKTIONÄR: Ein Orden ist zu wenig: hier sind zwei!
*Beifall.*
KONSUM: Wer fleißig schafft, der soll nicht länger darben.
FUNKTIONÄR: Wie heil die Zeit ist, zeigen ihre Narben.
*Beifall.*
BEHÖRDE: Die Wohnung sieht ein wenig düster aus.
FUNKTIONÄR: Wir schenken dir ein Einfamilienhaus.
*Beifall.*
MEDIZINER: Die Lunge zeigt vom Staub die dunkle Spur.
FUNKTIONÄR: Wir ehren dich mit einer Auslandskur.
*Beifall.*
MALER: Im höchsten Auftrag wirst du porträtiert.
FUNKTIONÄR: Ein jeder auf den Platz, der ihm gebührt.
*Beifall. Harmonika-Solo.*
1. FDJLER: Einst sangen wir von Schlachten und von Helden.
2. FDJLER: Heut können wir von andren Taten melden.
1. und 2. FDJLER: Wir wolln nicht bloß von einer Großtat singen!

FUNKTIONÄR *rasselt mit Tschinellen*: Hier trägt sich ein, wer
Gleiches will vollbringen.
*Harmonika.*
EINER: Die lassen sich den Spaß ganz schön was kosten.
EIN ANDRER: Mit Speck fängt man die Maus.
BERGMANN: Das weiß ich, aber
ich hab nichts gegen Speck.
EIN ANDRER: In offnen Fallen?
EIN HÄUER: Die andern sahnen ab. Warum ich nicht?
Ich trag mich ein für eine Leistungsschicht.
SCHLEPPER: Der Hacker kriegt sein Fett. Doch was wird
aus dem Schlepper?
FUNKTIONÄR *jetzt ohne Megaphon*: Hörst du? Langsam wird
es Zeit,
die Einzelleistung auf das Kollektiv
zu übertragen. Das ist jetzt das Ziel.
Verweis darauf in deiner nächsten Rede.
HENNECKE: Kaum sind wir übern Berg, redst du vom
nächsten.
Du, ich bin müd.
FUNKTIONÄR: Wir alle sinds und stehn
doch erst am Anfang.
HENNECKE: Hör, Mephisto, laß
mir heut den Traum, wir hättens überstanden:
wir müßten um das täglich Brot nicht bangen,
von allem gäbs im Überfluß, auch wär
die neue Zeit gerecht noch zum Geringsten.
Und Arbeit wär nicht Pflicht, wär ein Bedürfnis.
*Die Wände des Theaters bersten, herein drängt ein Ausschnitt Welt: Marktschreier, Taschendiebe, Huren, Bettler, Kraftathleten. Ein Hauch von Paradies zieht ein.*
MARKTSCHREIER: Wir wollen unserm großen Vorbild
danken,
denn seine Tat durchbricht soziale Schranken.
TASCHENDIEB: Dein Beispiel läßt mir keine andre Wahl:
heut stehl ich zehnfach, was ich früher stahl.
HURE: Kein Freier, der sich meinem Reiz verweigert,
seit ich wie du die Leistung hab gesteigert.
BETTLER: Die Leute geben mehr als ich gedacht,
seit du als Vorbild Schule hast gemacht.
KRAFTATHLET: Auch ich verpflicht mich, dreimal mehr zu
stemmen

an leichten Mädchen und in den Kaschemmen.
ALLE FÜNF: Wir können jetzt ein neues Leben führen,
weil wir als Aktivisten produzieren.
*Der Funktionär wischt die Vision hastig fort.*
FUNKTIONÄR: Du träumst verlockend. Dafür ist nicht Zeit.
Wach auf! Die Leute wollen, daß du redest.
HENNECKE: Mach, daß mir dieses Amt der Teufel hole.
Ich habs bis hier. Und sehn mich nach der Kohle.
*Er geht zum Rednerpult.*
*Das Theater wird dunkel. Maria hütet in ihren Händen das Ewige Lämpchen: ein Grubenlicht.*

HEINZ DREWNIOK

# Die Jäger

Eine Groteske

Personen:

BULLA
DÖLL

*Freies Feld, dahinter Wald und Gebüsch*

*Auftritt Bulla. Er ist ausgestattet mit einer nagelneuen Jägeruniform. Jagdflinte. Man merkt sofort – dieser Mann ist in einer ihm ungewohnten „Haut". Er bewegt sich auch gar nicht wie ein echter Weidmann. Eher vorsichtig, beinah hilflos. Stille. Nichts passiert.*

BULLA *zaghaft*: Hallo? *Stille. Fast für sich:* Bißchen merkwürdig, nicht –? *Geht ziellos umher. Lacht zwiespältig.* Nein, ist das blöd – bald hab ich aber genug. *Plötzlich starrt er nach vorn. Hat etwas erblickt. In großer Anspannung kniet er ab und richtet das Gewehr. Zielt. Enorme Verkrampfung. Dahinein eine Stimme aus dem Wald.*
STIMME: Hallo!
BULLA: Scheiße!
STIMME: Ist da jemand?
BULLA *wütend*: Ja! Hier ist jemand! Verschwinden Sie!
STIMME: Wo sind Sie?
BULLA *beherrscht*: Halten Sie den Mund –
STIMME: Ich versteh Sie nicht! Hallo!
BULLA: Halten Sie doch endlich das Maul! Sie verscheuchen mir die Schweine!
STIMME *schreit*: Au! *Starke Geräusche im Gehölz.*
BULLA *setzt wütend die Flinte ab*: Na, bitte! Jetzt sind sie weg!

*Auftritt Döll. Ebenfalls in frischer Jägeruniform, Jagdflinte; etwas derangiert, sehr unsicher und fahrig.*

BULLA: Was schreien Sie denn derart herum!

DÖLL: Ich fühlte mich plötzlich einsam –

BULLA: Und ich hatte Wildschweine vor der Flinte! Ein ganzes Rudel! *Döll blickt erschrocken dorthin.* Jetzt sind sie natürlich nicht mehr da!

DÖLL: Ein ganzes Rudel? Hatten Sie denn keine Angst, daß dieses Rudel hätte auf Sie zukommen können?

BULLA: Seit wann laufen Wildschweine auf einen Jäger draufzu? Das ist doch absurd! Es gibt nur die Möglichkeiten – daß solche Wildschweine einen Jäger überhaupt nicht bemerken und erschossen werden – beziehungsweise ihn doch bemerken und fliehen! *Stille.* Oder ist Ihnen ein anderer Fall bekannt?

DÖLL: Nein – Sie sind kaltblütig, nicht wahr?

BULLA: Wieso bin ich kaltblütig? Wieso ist das kaltblütig, wenn ich ein Jäger bin und Wildschweine sehe und schießen will? Was zum Kuckuck ist daran kaltblütig? Und wieso trampeln Sie hier durchs Gehölz, wo doch jeder Dumme zumindestens das weiß, oder davon gehört hat, daß man sich bei einer Jagd möglichst geräuscharm zu bewegen hat! Was machen Sie überhaupt hier? Was soll das alles? Weshalb bin ich überhaupt hier? Alles sehr merkwürdig, Herr Kollege. Sehr undurchschaubar! Ich fühle mich gar nicht wohl.

DÖLL: Beruhigen Sie sich. Um ehrlich zu sein, Herr Kollege, diese Jagd ist für mich ein außerordentliches Novum.

BULLA: Aber einen Kulturfilm werden Sie doch wenigstens einmal gesehen haben!

DÖLL: Tut mir leid. Um wieder ehrlich zu sein, ich bin ein wenig befremdet.

BULLA: Worüber?

DÖLL: Nun, daß man uns zu dieser Jagd eingeladen hat.

BULLA *lacht:* Sie kokettieren! Sie kokettieren mit mir! Haben Sie vergangene Woche diesen Preis verliehen bekommen oder nicht?

DÖLL: Sie sehen einen Zusammenhang?

BULLA: Man legt Ihnen sozusagen den ganzen Wald zu Füßen!

DÖLL: Warum so spitz, Herr Kollege? Sie haben doch denselben Preis vergangenes Jahr erhalten!
BULLA: Sie erinnern sich noch daran? Na, ja, kein sehr epochaler Preis. Aber immerhin ein Preis.
DÖLL: Für Ihr Triptychon! Wie hieß es doch gleich?
BULLA: Vorwärts –
DÖLL: Richtig!
BULLA: – zu den Sternen!
DÖLL: Natürlich! Aber – eigentlich müßte es ja aufwärts heißen?
BULLA *mürrisch*: Vielleicht haben Sie bemerkt, daß ich Sterne symbolisch meine! Was schon damit bewiesen ist, daß es eben nicht in einer Fliegerschule aushängt! Sondern im Landwirtschaftsministerium! Sehr seltsam!
DÖLL: Denk ich auch!
BULLA: Diese ständigen Verständigungsschwierigkeiten unter seinesgleichen! Hyänen –!
DÖLL: So war das nicht gemeint.
BULLA: Ich sag ja auch nicht, daß Ihre Tetralogie um zwei Bände zu lang ist!
DÖLL *beherrscht*: Darüber ließe sich auseinandersetzen!
BULLA: Ja, darum sag ichs ja nicht! *Stille.*
DÖLL *plötzlich*: Da! Wieder einige Wildschweine! *Bulla legt an.* Schießen Sie doch!
BULLA: Gleich!
DÖLL *erregt*: Machen Sie schon!
BULLA: Ich erschrecke mich immer.
DÖLL *in höchster Erregung*: Schießen Sie los! Herrlich, ein ganzes Rudel! Warum zielen Sie – mitten rein!
BULLA: Die Lautstärke des Schusses. Ich meine dieses entsetzliche: Peng!
DÖLL: Sie haben noch niemals geschossen?
BULLA: Nein – *Legt ab.* – schon vorbei. *Stille.*
DÖLL: Ist Ihnen aufgefallen, daß seit Stunden hier überhaupt nicht mehr geschossen wird?
BULLA: Gottseidank –
DÖLL: Man könnte annehmen, wir sind hier die einzigen Jäger.
*Sie lauschen.*
BULLA: Nein, nein, ich hörte doch vorhin ein Waldhorn.
DÖLL: So? Seltsam –

BULLA: Wieso?

DÖLL: Diese Jagd.

BULLA *gereizt*: Fangen Sie schon wieder an? Sie hätten doch nicht mitgehen brauchen!

DÖLL: Und was hätte ich sagen sollen? Daß ich mich gar nicht für die Jägerei interessiere? Das gesamte Komitee stand vor mir. Durchaus ernstzunehmende Köpfe – sozusagen eine Elite. Wie stehen Sie denn da vor einem Komitee, vor dieser mehrfach personifizierten Überzeugung, es gibt kein besseres Glück für einen, als eben jenes, daß ihn soeben nahegebracht wird! Können Sie sich da erlauben, kleinlich zu sein?

BULLA: Man hätte eine Ablehnung nicht verstanden.

DÖLL: Sehen Sie! Ich war ja auch nicht zimperlich, den Preis anzunehmen. Obwohl ich Bedenken hatte.

BULLA: Ich hatte auch Bedenken, damals.

DÖLL: Weil es doch ein Unterschied ist – einen Preis zu bekommen, und dann mit ihm zu leben. *Stille.* Wie geht es Ihnen denn?

BULLA: Ach, ich kann nicht klagen.

DÖLL: Ich hörte –

BULLA: Was denn?

DÖLL: Aber darauf sollte man nichts geben.

BULLA: Gerüchte! Der Neid der Preislosen? *Er lacht angestrengt.*

DÖLL: Man kennt Fotos von Ihnen – vor der Preisverleihung.

BULLA: Und?

DÖLL: Ein ausgeglichener Mensch, sagt man sich.

BULLA: Ausgeglichen! *Plötzlich*: Sie sagen es! Dieser Preis hat mich mürbe gemacht! Seit diesem Ereignis – ich kann Ihnen sagen – *Brutal*: Ich will noch einen und noch einen Preis haben! Ach, wenn Sie wüßten, wie ich sämtliche Nachrichten über neue Preisverleihungen in mich hineinfresse! Wie ich daran herumkaue. Magengeschwüre, Hämorrhoiden, Zuckungen jeglicher Art! Und immer wieder diese niederschmetternde Tatsache: Ich bin wieder nicht dabei! *Faßt Döll gefährlich ins Auge.* Und nun Sie!

DÖLL *unsicher*: Nicht doch – denken Sie daran, daß Sie ein intelligenter Mensch sind!

BULLA: Sie haben den Preis bekommen!
DÖLL: Für die Tetralogie.
BULLA: Aber – Sie haben ihn bekommen! *Beruhigt sich.* Und dann dieser Augenblick. Ich, in der eigenen Hölle – erschien das Komitee! *Gerührt*: Begreifen Sie meine Rührung – die Einladung zur Jagd. Nicht irgendeine provinzielle – Sie selbst haben ja das Aufgebot gesehen – und das Komitee schätzte sich glücklich, mich, den Preisträger, bei dieser Aktion dabeizuhaben – eine Ehre sogar – verachtet mir die alten Meister nicht. *Wischt sich die Augen.* Man hatte eigens – zur Bekräftigung dieser Geste – den Obersten Revierförster mitgebracht. Imposante Erscheinung. Urwüchsige Natur. Gutsitzende Uniform. Wie hätte ich da ablehnen können?
DÖLL: Man hätte denken können, wir halten nichts von der Jägerei.
BULLA: Jeder hat eben seine Berufsehre.
DÖLL: Das einzige, was einen noch hochhält.
BULLA: Wofür sich zu leben lohnt.
DÖLL: Sie sagen es.
BULLA: Man muß ja schon höllisch aufpassen, daß einem die Berufsehre nicht abhanden kommt.
DÖLL: Ja, und besonders die Künstlerehre. Immer diese Zweifel, wir würden gar nicht richtig arbeiten!
BULLA: Geht Ihnen das auch so nahe?
DÖLL: Nun, ja – der Preis hat mich wieder etwas besänftigt. *Plötzlich*: Herrgott, ich habe gearbeitet! Diese Tetralogie hat mein Äußerstes abgefordert. Ich habe an Substanz verloren! Woher nehmen, wenn nicht stehlen! Schaffen Sie erst einmal eine Tetralogie, die allen gefällt. Was nützt Ihnen die originellste Idee in einer Welt voller Pragmatiker! – Ich hasse ihn!
BULLA: Wen?
DÖLL: Goethe! *Plötzlich*: War da nicht etwas?
*Sie lauschen und schauen. Stille.*
BULLA: Wissen Sie überhaupt, wo wir uns befinden?
DÖLL: Nein. Man sagte mir nur, ich sollte mich völlig ungezwungen –
BULLA: – ich hätte nichts zu befürchten.
DÖLL: – diese Jagd sei ungefährlich für Amateure.
BULLA: – es handle sich nur um Hasen, vielleicht noch Mar-

der oder Iltisse, höchstens herumstreunende Katzen. Füchse, beziehungsweise den einzigen registrierten Wolf, hätte man schon aus Sicherheitsgründen in ein anderes Gebiet verlegt –

*Stille.*

DÖLL *plötzlich*: Aber –!

BULLA: Sie meinen – die Wildschweine!

DÖLL: Wie konnte das passieren!

*Beide in panikartiger Erregung.*

BULLA: Eine bodenlose –

DÖLL: – Verantwortungslosigkeit!

BULLA: Schlamperei!

DÖLL: Man hätte uns warnen sollen!

BULLA: Man bedenke – zwei hochgeehrte Künstler totgetrampelt von einer Horde wilder Schweine!

DÖLL: Hilfe!

BULLA: Pscht! Sie locken sie nur noch an mit Ihrem Geschrei!

DÖLL: Schießen Sie doch!

BULLA: Wohin?

DÖLL: Irgendwohin!

BULLA: Sie haben ja auch eine Flinte!

DÖLL: Ich verabscheue Gewalt, Herr Kollege!

BULLA: Sie Pazifist! *Sie stehen geduckt, lauschen angespannt. Stille.* Scheinbar haben sie sich zurückgezogen. Sie sehen ziemlich blaß aus, Herr Kollege.

DÖLL *schwach*: Ich gebe zu, daß ich ein wenig psychisch geschwächt bin. Jedenfalls werde ich mich beim Komitee beschweren. Ich werde sagen – höflich aber bestimmt –

BULLA: Sie wollen sich diese Blöße geben?

DÖLL: Sie denken –?

BULLA: Ja. *Döll setzt sich erschöpft.* Die ganze Literaturszene würde sich über Sie amüsieren. *Setzt sich ebenfalls.* Hätten Sie eine Kurzgeschichte verfaßt. Aber als Tetralogist!

DÖLL *ironisch*: Nun, ja, Ihr Triptychon ist auch nicht gerade von Kleinmut befallen. Ich muß schon sagen – ich habe Sie mir doch etwas anders vorgestellt.

BULLA: Wieso anders?

DÖLL: Man macht sich doch so seine Vorstellungen, wenn man diesen farbenstrotzenden Schinken sieht –

BULLA: Hören Sie mal – für eine Tetralogie sind Sie mir auch viel zu mickrig!

*Beide schauen sich fest an.*

DÖLL: Wenn wir nicht in dieser doch etwas undurchsichtigen Situation wären – wenn ich etwas Erfahrung mit der Jägerei hätte – ich würde mich sofort von Ihnen trennen!

BULLA: Genau meine Meinung. Diese Situation ist für uns beide ungewöhnlich – und wie Sie ja gemerkt haben, nicht ganz ungefährlich.

DÖLL: Und wir haben sozusagen die Pflicht – das hier möglichst unbeschadet zu absolvieren.

BULLA: Also – *Geben sich kurz und bestimmt die Hand.* – Ästhetische Positionen helfen uns überhaupt nicht.

DÖLL: Wir werden uns still verhalten und das Finale abwarten.

BULLA: Dann werden wir aus dem Gehölz treten – ich schlage vor, in einer unbekümmert-zuversichtlichen Haltung.

DÖLL: Sie könnten dabei so etwas fallen lassen, wie: Ein herrlicher Tag! Und schade, daß es schon vorbei ist!

BULLA: Und Sie fügen hinzu: Daß man sich öfter als Kunstschaffender solchen urbanen Bewährungsproben aussetzen sollte!

DÖLL: Ausgezeichnet!

*Sie lächeln zufrieden.*

BULLA: Wir sollten unbedingt eine Seelenverwandtschaft dokumentieren.

DÖLL: Eine Wahlverwandtschaft! *Stille.* Eigentlich bin ich froh, Sie kennenzulernen – *Lächelt.* – so in freier Wildbahn!

BULLA *amüsiert*: Aber ja doch! Auch ich bin nicht abgeneigt.

DÖLL: Wir als Preisträger sollten zusammenhalten, denke ich.

BULLA: Besonders unter diesen ein wenig primitiven Verhältnissen.

DÖLL *lacht*: Kein Mensch jagt hier!

BULLA: Das fällt mir zunehmend auf, Herr Kollege.

*Plötzlich schreit ein Kuckuck mehrere Male, beide zählen stumm mit. Stille.*

DÖLL: Was war denn?

BULLA: Ach, nichts – *Er geht unruhig herum.*

DÖLL: Suchen Sie etwas?

BULLA: Ein Gedanke – nur ein Gedanke.

DÖLL: Ach, so, Verzeihung, aber Sie machen mich nervös damit!

BULLA: Haben Sie etwas bemerkt?

DÖLL: Wann? Wo?

BULLA: Das Komitee.

DÖLL: Das Komitee? Was ist damit?

BULLA *gereizt*: Was ist damit? Das möcht ich ja eben wissen! Sie jedenfalls haben diesem Komitee blindlings vertraut!

DÖLL: Ich verbitte mir dieses – blindlings! Ich habe in der entsprechenden aufgeschlossenen Zurückhaltung die Einladung angenommen!

BULLA: Und wenn dieses Komitee überhaupt kein richtiges Komitee war?

DÖLL *arrogant*: Ich weiß ja nicht, wer bei Ihnen war. Mein Komitee war richtig.

BULLA: Sie sind naiv! *Er schwitzt.*

*Stille.*

DÖLL *schreit auf*: Ich verlange, daß Sie mich sofort aufklären! *Bulla hält ihm den Mund zu.* Sie! Das ist ja ein teuflischer Gedanke!

BULLA: Lassen Sie uns überlegen.

DÖLL: Aber alles deutete doch wirklich darauf hin, daß es sich um eine Jagd handelt!

BULLA: Die Kunst ist unterschwellig geworden, warum nicht auch die Realität? Es gibt nur zwei Möglichkeiten – entweder handelt es sich um die Aktion einer fremden Macht …

DÖLL: Glauben Sie, daß sich eine fremde Macht für ihr Triptychon interessieren könnte?

BULLA: Eine fremde Macht interessiert sich für alles. Haben Sie das nicht gelernt?

DÖLL: Dann wäre also auch meine Tetralogie? Also, darauf wäre ich nicht gekommen!

BULLA: Meine private Theorie –

DÖLL: Wie denn?

BULLA: Ein sehr diffiziler Prozeß, Herr Kollege. Die bedeutendsten Köpfe schalten sich gegenseitig aus. Unauffällig, delikat. Hierfür gibt es genügend Möglichkeiten, wie Volksfeste, Aufzüge, sportliche Veranstaltungen, Festivitäten, gemeinnützige Jagden. Nach und nach verschwinden wesentliche Persönlichkeiten, und nach meiner Theorie beginnt dieser Prozeß beim schwächsten Glied – schließlich darf es nicht sofort erkennbar sein – in der Kulturlandschaft! Die Absicht ist einleuchtend. Kulturpolitische Demoralisierung, geistige Stagnation, langweilige Konventionen – ja, die Spitzen der Kultur fehlen plötzlich! Und ein ganzes Volk, noch eben im Begriff, sich stürmisch kulturvoll zu entwickeln, versinkt in Lethargie, in Barbarei. Die Afterkunst feiert mit den armen Opfern wieder Triumphe! Ja, keine neue Tetralogie, kein neues Triptychon!

DÖLL: Schrecklich. *Stille.* Ich beneide Sie ein wenig, Herr Kollege – Sie scheinen mir ein scharfer Kopf zu sein. Konstruktionen solcher Art hätten meine Tetralogie sehr bereichert.

BULLA: Ich wundere mich doch sehr! Wir haben es hier mit einer fast kosmopolitischen Dimension zu tun, und Sie bringen es fertig, sich in schon fast krankhaftem Individualismus zu baden!

DÖLL: Verzeihung. Aber wenn Sie ahnten, was ich an meiner Tetralogie gelitten habe!

BULLA: Ich habe auch gelitten! Nach meiner Preisverleihung haben sich alle auf mich gestürzt. Konformisten, Opportunisten, Expressionisten, Pseudo-Realisten, die Naiven, Meteorologen. Der Verband der Radikalen Föderativen hat nebst einer Broschüre sogar noch eine Flugschrift wider mich verbreitet – aber wie Sie sehen, bin ich in diesem Gesabber nicht ersoffen!

DÖLL: Ich hätte nicht mit dem Preis spekulieren dürfen.

BULLA: Nun ist es aber zu spät. Jetzt bekennen Sie sich dazu und erfühlen Sie etwas patriotischer unsere Situation. Und hängen Sie nicht so durch, wenns soweit ist.

DÖLL: Was soll soweit sein?

BULLA: Wenn die Stunde schlägt, Sie Seelchen! *Fühlt sich nicht wohl.* Entschuldigung, ich muß mich setzen. Gelegentlich graust mir vor der Konsequenz eigener Gedanken.

*Stille.*

DÖLL *erregt*: Sie setzen sich einfach?

BULLA: Ja. Ich habe mich gesetzt.

DÖLL: Aber – wir müßten etwas tun!

BULLA: Wissen Sie, was?

DÖLL: Aber – wir können doch nicht ruhig abwarten, bis, ich meine, bis es passiert!

BULLA: Erstens wissen wir nicht genau, was passieren wird, und zweitens habe ich bereits eine bestimmte innere Einstellung dazu eingenommen, die Ihnen nicht so recht gelingen will.

DÖLL: Ihre Einstellung ist für mich ohne Belang! *Ruft*: Hilfe! Hil-fe!

BULLA: Jetzt schreien Sie schon wieder!

*Döll läuft ins Gehölz, kommt wieder.*

DÖLL: Ich weiß nicht mehr, aus welcher Richtung ich gekommen bin!

BULLA *abschätzend*: Wissen Sie, warum ich die Literaten nie sonderlich gemocht habe?

DÖLL: Das interessiert mich auch nicht! Ich fühle mich momentan ganz als Mensch und wenig als Literat! Soll doch die ganze Literatur der –

BULLA: Jetzt schmeißen Sie auch noch Ihre Berufung weg!

DÖLL: Woher wissen Sie, daß ich überhaupt eine habe? Ich will hier nicht krep –

BULLA: Na, na!

DÖLL: Ich will nicht, verstehen Sie? Ich habe niemals etwas mit einer fremden Macht zu tun gehabt! Habe mich niemals irgendwie provokativ einer fremden Macht gegenüber geäußert – *Erschöpft*: – irgendwie habe ich manchmal sogar insgeheim mit einer fremden Macht sympathisiert, oh, mein Gott, und wenn man will, kann man sogar meine Tetralogie – ich meine, sie ist sogar unter einem diversen Blickwinkel – für eine fremde Macht – nicht wahr?

BULLA: Sie gehen aber ziemlich weit.

DÖLL *kläglich*: Liebe, fremde Macht, wozu soviel Mühe mit mir, diese Tetralogie ist unbedeutend, ja, fast nichts, ein nichts – eigentlich besagt sie gar nichts, ein bißchen Kampagne wie so üblich – und wenn es hochkommt, wird sie nur gehaßte Pflichtlektüre.

BULLA: Sehr interessant.

DÖLL *verzweifelt, kriecht herum, kratzt in der Erde*: Ohne den Preis hätte doch kein Mensch jemals über die Tetralogie geredet! Und wenn man es nüchtern sieht – ist mir ja der Preis direkt aufgezwungen worden. Und alle wissen, daß sie nur begrenzt preisverdächtig ist –! *Unter Tränen*: Ich bitte um Nachsicht! *Plötzlich*: Was machen Sie da?

BULLA: Sie erlauben, Herr Kollege, nur einige Notizen, sozusagen, Randglossen.

DÖLL: Was hab ich denn eben gesagt? Hab ich was Schlimmes gesagt?

BULLA: Tun Sie doch nicht so, als hätten Sie eben in Trance geredet! Das alles war doch sehr deutlich formuliert.

DÖLL: Machen Sie nur, Sie Intrigant! Sehen Sie, wie gleichgültig mir das ist? Es ist mir sehr gleichgültig.

BULLA: Die Nachwelt ist Ihnen nichts wert?

DÖLL: Ja, so ist es! Ich pfeife auf sie! *Er pfeift.*

BULLA: In meinen Augen haben Sie langsam aber auch nichts von einem Künstler.

DÖLL: Ja, in bestimmten Momenten ist es mir ziemlich egal, was ich bin! Ich will leben! Begreifen Sie das nicht! Ich will leben –!

BULLA: Natürlich! Aber wir können hier nicht herumsitzen, zwei Preisträger, zwei ästhetische Stützen der Macht, zwei Menschen also, die schon einige Male ihren Beitrag geleistet haben – wir können hier nicht herumsitzen und einfach durcheinander schreien: ich will leben!

DÖLL: Ich mache es!

BULLA: Sie sind verdammt anstrengend.

DÖLL: Und Sie treiben mich noch zum Wahnsinn mit Ihrem grauenhaften Standpunkt! Hüten Sie sich vor meinem Wahnsinn! Worauf wollen Sie nur hinaus?

BULLA *energisch*: Es ist direkt peinlich, wie Sie sich in einer so schwierigen Lage hier benehmen! Sie, als Verfasser einer Tetralogie, die so vielen Menschen schon Kraft gegeben hat, wenn man den offiziellen Meldungen glauben will, ja, die eventuell die Chance hat, eine zweite Bibel zu werden, was ja nötig wäre – ausgerechnet Sie jammern hier herum, weil es Ihnen ein bißchen an den Kragen gehen soll! Reißen Sie sich etwas zusammen!

DÖLL: Jetzt weiß ich auch, warum Ihr Triptychon derart unheimlich auf mich wirkte.

BULLA: Sie langweilen mich, Herr Kollege. Ich habe längst innerlich mit meinem bescheidenen Gesamtwerk abgeschlossen, und Sie flattern wie ein aufgescheuchtes Huhn herum. *Döll setzt sich abseits.* Irgendwie bin ich sogar erleichtert – ja, es geht mich nichts mehr an. Ich lasse es hinter mir zurück. Was für ein befreiendes Gefühl. Sehen Sie, wenn ich mich so zurückerinnere – wie war ich doch befangen und gefangen in den eigenen Zweifeln, Irrtümern, Ruhmsucht, Preisneid, der Unsterblichkeitsgedanke, Honorare – und nun? *Stille.* Eine herrliche Stille ist in mir. Eine Leere. Wann habe ich das einmal zu sagen gewagt! Ich bin nichts mehr – also erwarte ich auch nichts mehr von mir. Ich lasse mein Talent sausen – und schon brauche ich nicht mehr Bedeutendes zu sagen, aus mir herauszupressen, als wäre ich eine immergelbe Zitrone! Was geht mich jetzt noch das vermaledeite Triptychon an? Was interessieren mich jetzt noch anstehende Auftragswerke? Soll sich doch damit ruinieren, wer will? Keine Auswertungen mehr, keine Sitzungen, keines dieser entsetzlichen Künstlergespräche, keine Rezensionen! Einfach herrlich. *Beginnt innig zu singen:* „Am Brunnen vor dem Tore …"

DÖLL: Bitte, hören Sie mich an –

BULLA: Bitte. Unterbrechen Sie mich nicht. *Singt weiter.* Merkwürdig – erst jetzt fällt mir auf, daß ich dieses wundervolle Lied immer viel zu hektisch gesungen habe. Aber nun bin ich eins geworden – mit dem Brunnen, dem Lindenbaum, diesem archaischen Tor – ich dringe tiefer ein, wenn Sie das bemerken? *Er summt. Dann Stille.* Schön. Sie sind etwas ruhiger geworden, Herr Kollege.

DÖLL *resigniert*: Sie wirken enorm destruktiv auf mich.

BULLA: Sie haben Angst. Verständlich! Ich könnte mich auch nicht gerade dazu aufschwingen und ausrufen: Ich will sterben! Aber ich teile auch nicht Ihre etwas egozentrische Haltung, unbedingt leben zu m ü s s e n! *Döll schluchzt auf.* Habe ich Sie verletzt? Und glauben Sie mir, als Künstler bei Lebzeiten zu sterben, wenn man noch voller Lebenssaft ist, und trotzdem plötzlich aus nebulösen Gründen auf den Müll der Kunstwissenschaft geworfen wird, das stelle ich mir weitaus schlimmer vor! *Döll beginnt verzweifelt zu lachen.* Na, bitte, Sie gewinnen Ihren Humor wieder.

DÖLL *ernst*: Wissen Sie, was ich mache? Ich laufe weg! Bleiben Sie ruhig hier. Berauschen Sie sich weiter an Ihrem vertrackten philosophischen System, bitte sehr!

BULLA *unbeeindruckt*: Schade. Ich dachte schon, Sie hätten etwas begriffen!

DÖLL: Sie werden sehen – ich laufe gleich weg!

BULLA: Bitte.

DÖLL: Sie halten mich nicht zurück?

BULLA: Ich möchte nicht in Ihrer Haut stecken.

DÖLL *außer sich*: Was soll das schon wieder?

BULLA: Nur simple Logik, die Ihnen zu fehlen scheint. Sind zwei Preisträger bei dieser Jagd angetreten?

DÖLL: Und –?

BULLA: Antworten Sie!

DÖLL: Natürlich zwei!

BULLA: Einer kehrt aber nur zurück, während der andere – nun, Sie wissen schon! Frage: Wer von beiden war denn nun der gewichtigere Preisträger? *Stille.* Sie haben schon geantwortet.

DÖLL *stampft mit dem Fuß*: Ich werde doch gehen!

BULLA: Und was werden Sie durch Ihre entschlossene Tat gewinnen?

DÖLL: Mein Leben, Herr Kollege!

BULLA: Ja, eben!

DÖLL *flehentlich*: Bedeutet Ihnen nichts, mein Leben?

BULLA *seufzt*: Wenn Sie mir so kommen! Wo mir doch mein eigenes Leben schon rein biologisch nähersteht –

DÖLL *schwach*: Mein Leben –

BULLA: Fragen wir doch: Was für ein Leben? Sie werden sich die nächste Tetralogie aus den Rippen schwitzen! Und wieder eine! Denn unter einer Tetralogie werden Sie es ja nicht mehr machen wollen. Und Sie werden immer unzufriedener werden. Sie haben diesen Preis bekommen, na, schön! Vordem haben Sie vielleicht noch produktiv daran gezweifelt, ob Sie wirklich ein Literat sind! Aber nun sind Sie sich dessen sicher! Dieser Segen kommt von oben. Und was jetzt?

DÖLL *unsicher*: Immerhin – ein angenehmeres Leben. Achtung? Gewisse Privilegien. Man kann mehr sagen, ohne gleich Komplikationen zu befürchten –

BULLA: Das hab ich auch gedacht. Heute bin ich klüger. Es gibt für die Kunst kein angenehmes Leben! Das scheinbar angenehme Leben existiert außerhalb der Kunst. Es hat mit der Kunst überhaupt nichts zu tun! In der Kunst gibt es nur ein Kriterium: die Kunst!

DÖLL: Wie Sie alles herunterreden.

BULLA: Die einzige Möglichkeit, nicht in höheren Sphären zu verkommen. *Stille. Es dunkelt.* Setzen Sie sich doch. Bewahren wir Ruhe und die innere Würde, die uns jetzt zusteht. Rücken Sie doch etwas heran. *Stille.* Bedenken Sie auch den ungewöhnlichen Reiz unserer Situation. Ein Attentat! Wann geschieht derartiges schon einem Künstler? Hochgestellte Politiker müssen damit rechnen, man wundert sich ja kaum noch darüber, fast schon betrachtet man sie mißtrauisch, wenn das nicht eintrifft. Aber ein Künstler? Nein, das ist eine hochgradige Provokation! Das erschüttert. Das mobilisiert. Erhitzte Massen stürmen die Buchläden und Galerien! *Beide schauen verklärt drein.* Unter normalen Umständen – sind wir doch ehrlich! – würde sich unser beider Nachruf recht bescheiden ausmachen. Sachlich abgehandelt durch die Behörden – mein Gott, für sie gibt es nichts Normaleres, als einen toten Preisträger mehr oder weniger. Und unsere Familien, die wir durch unser zähes Ringen mit der Kunst zerrüttet haben, werden sich höchstens einige belanglose Tränen abquetschen. Unsere Fotos auf den Titelseiten werden wie üblich schlecht sein. Und die wenigen Verehrer, wenn sie noch leben sollten, werden sich in senilen sentimentalen Erinnerungen ergehen, die keinen mehr vom Stuhl reißen – nein, dieses Nach-Leben erscheint mir eher peinlich.

DÖLL: Sie meinen also – wir sollten der fremden Macht letztlich dankbar –?

BULLA: Diese Feststellung verbietet schon meine patriotische Gesinnung, soweit ich sie habe. Denn natürlich kann ich es nicht gutheißen, daß eine fremde Macht – aber als Realist könnte ich schon mit Ihrer etwas groben Erkenntnis sympathisieren.

*Plötzlich näherkommendes Hundegebell.*

DÖLL: Sie kommen!

BULLA: Denken Sie? *Döll erhebt sich.* Was machen Sie?

DÖLL: Sie gestatten, daß ich sozusagen völlig spontan – eine Rede halte – mir ist so.

BULLA: Aber, bitte! Das entspricht durchaus unserer Situation. Das achte ich – *Ruft nach hinten:* – und auch sie werden hoffentlich dafür Verständnis haben! Nicht plötzlich alles überstürzen wollen! *Stimmen – jemand hüstelt.* Bitte. Die Verständigung scheint zu klappen.

DÖLL: Ein fairer Gegner, nicht wahr?

BULLA: Denken Sie, man schickt uns irgendeinen billigen Revolverhelden? Fairnis und Stil – das werden wir wohl noch verlangen können! Aber fangen Sie an.

DÖLL *aufgeregt*: Ich möchte hiermit kundtun –

BULLA: Nur Mut, Herr Kollege.

DÖLL: – daß es für mich – ja, es ist mir eine Ehre, so wichtig genommen zu werden!

*Stille.*

BULLA: Weiter. Denken Sie, daß solch eine Aktion nur einen gewissen Spielraum zuläßt.

DÖLL: So wichtig genommen zu werden, daß sogar eine fremde Macht es sich zur Aufgabe gestellt hat, mich und meinen verehrten Kollegen, nun, ich möchte nicht dieses triviale Wort benutzen –

BULLA *leise*: Sagen Sie: Hinsichtlich hoher politischer Interessen zu entfernen.

DÖLL: Danke. Also zu entfernen. Und daß ich stolz bin, daß ich endlich für mein künstlerisches Werk eine derartig gewaltige und höchst beeindruckende Entsprechung erfahren soll. Daß ich würdig bin, solch ein ernster Fall für eine fremde Macht zu sein – ja, ich muß hinzufügen, daß es mich schon mit zunehmender Freude erfüllt, eine Gefahr darzustellen – denn was kann es für einen wahren Künstler mehr geben, als ein Stachel zu sein, ein durchgeistigtes Fanal, das weithin leuchtet und blendet, eine unbequeme Größe, deren Gedanken man fürchtet –

BULLA: Genug.

DÖLL: Ich bin aber noch nicht fertig!

BULLA: Sie haben schon genug gesagt!

DÖLL: Ich bin aber so aufgewühlt! Ich lasse mir doch nicht von Ihnen den Mund verbieten!

*Im Hintergrund starke Geräusche, jemand stöhnt auf.*

BULLA: Trotzdem. Auch von uns erwartet man Disziplin!

*Döll setzt sich neben Bulla. Bulla beginnt kraftvoll zu singen:* „Hoch auf dem gelben Wagen ...". *Döll stimmt ein. Bulla tastet nach seiner Hand.* Wenn ich Sie um einen geringen Beistand bitten dürfte? Wenn es Ihnen nichts ausmacht –?

DÖLL *ergreift seine Hand*: Keine Ursache. *Sie singen angespannt und laut. Das Gehölz bewegt sich. Dann tritt plötzlich ein Jäger hervor, in der einen Hand einen blutigen Hirschfänger. Er entdeckt Bulla und Döll, geht auf sie zu, als wollte er etwas fragen – der Hirschfänger gerät dabei in Bullas Blickwinkel, worauf Bulla sofort in Ohnmacht fällt – Döll singt weiter. Der fremde Jäger ist etwas irritiert, winkt ab und geht zurück ins Gehölz. Dann zieht er mit großer Anstrengung einen leblosen Rehbock heraus und schleift ihn von der Szene. Stille. Döll hat aufgehört, sieht jetzt Bulla liegen. Vorsichtig:* Herr Kollege? *Besorgt nestelt er an seinem Kragen herum, Bulla erwacht, verkennt die Situation, umklammert in Todesangst Döll, sie raufen miteinander, bis Döll sich befreien kann, Bulla hat aber schon seine Flinte ergriffen.*

BULLA: Nicht von der Stelle! Ich schieße sofort ohne Warnung! Wer hat Sie geschickt?

DÖLL *irritiert*: Das Komitee –

BULLA: Sieh an!

DÖLL: Das wissen Sie doch!

BULLA: Wer sind Sie?

DÖLL: Das wissen Sie doch!

BULLA: Den Ausweis! *Döll holt ihn hervor, wirft ihn zu Bulla.* Der Ausweis stimmt. *Wirft ihn zurück.*

DÖLL: Was für eine Verdächtigung!

BULLA *sehr erregt, unsicher*: In der Aufregung –

DÖLL: Sie beleidigen mich zutiefst, Herr Kollege.

BULLA: In solch einer Situation, kann man selbst einem Kollegen nicht trauen!

DÖLL: Sie demütigen mich.

BULLA: Ich werde mich auch entschuldigen.

DÖLL: Ich fühle mich fast besudelt! Ich kann zwar ihr Triptychon nicht ausstehen, aber deshalb werde ich doch nicht –! Darf ich mal Ihren Ausweis sehen?

BULLA *wirft ihn zu ihm*: Na, was ist?

DÖLL *lächelt*: Donnerwetter! Sie sehen hier auf dem Foto wesentlich vorteilhafter aus. Ansonsten alles in Ordnung. *Gibt ihn zurück.* Und was nun?

BULLA: Was denken Sie?

DÖLL: Könnte es sein, daß Ihre Phantasie vielleicht doch zu ambitioniert war?

BULLA *sehr nervös*: Ich gäb was drum!

DÖLL: Eine fremde Macht! Ob Sie sich nicht etwas überschätzen, Herr Kollege? Ihr künstlerisches Selbstbewußtsein in allen Ehren, aber –? *Bulla hockt seitwärts und winkt Döll heran.* Was ist? *Bulla winkt.* Wollen Sie etwas von mir? Dann sagen Sie es laut und deutlich. *Bulla bedeutet ihm, leise zu sein, winkt wieder.* Sie könnten mir etwas entgegenkommen, nicht? *Beide kriechen aufeinander zu.*

BULLA *leise*: Sie erinnern sich – ich sprach von zwei Möglichkeiten.

DÖLL: Ja, doch! Sie sagten: eine fremde Macht.

BULLA *atemlos*: Und ich sagte – es gäbe noch eine zweite Möglichkeit!

DÖLL: Moment! Welche andere?

BULLA: Pscht!

DÖLL *verwirrt*: Sie glauben doch nicht etwa? *Flüstert*: Ich weigere mich einfach, das zu glauben! Hier nun distanziere ich mich entschieden von Ihnen! *Erhebt sich, plötzlich fallen Schüsse.*

BULLA: Hin-le-gen! *Beide liegen flach auf dem Boden. Im Hintergrund Stimmen. Ein Lied wird gesungen:*

„Wo die Büchse knallt, piff, paff,
in dem grünen Wald, zwei, drei,
da sind wir zu Haus –!“

*Danach wieder Stille.* Ich hätte mich nicht auf dieses Triptychon einlassen sollen. Ich hätte bei meinen Stilleben bleiben sollen!

DÖLL: Auch ich schrieb, wie Sie vielleicht wissen werden, vornehmlich Kinderbücher.

BULLA: Jetzt haben wir den Salat!

DÖLL: Moment! Ihre Spekulation ist zwar sehr intensiv – aber hören Sie, meine Tetralogie entbehrt jeglicher falschauslegbarer Sentenz –

BULLA: Woher wissen Sie das so genau?

DÖLL: Sie unterstellen mir aber Sachen!

BULLA: Ich doch nicht! Denken Sie vielleicht, ich habe mir etwas bei meinem Triptychon gedacht?

DÖLL *verzweifelt*: Aber wenn wir beide uns nichts dabei gedacht haben –!

BULLA: Dann steckt das Zerstörerische schon in uns, ohne daß wir es merken! Noch schlimmer!

DÖLL *erschrickt*: Ich sage nichts mehr. *Stille. Plötzlich:* Nein, nein! Man hat mir doch erst kürzlich eine großzügige Studienreise angeboten!

BULLA: Wohin, wenn ich fragen darf?

DÖLL: In die Wüste.

BULLA: Aha!

DÖLL: Mir wird schlecht.

BULLA: Sie haben hoffentlich abgelehnt?

DÖLL: Ja. Ich vertrage die Hitze nicht. Ich brauche nur Wüste zu denken, schon transpiriere ich!

BULLA: Denken Sie nur an die kritischen Stimmen zu Ihrer Tetralogie!

DÖLL: Sie haben sie gelesen?

BULLA: Ich war wie versessen darauf! Halten Sie das für verwunderlich?

DÖLL: Kein schöner Charakterzug von Ihnen!

BULLA: Wie kommen Sie darauf, daß ich so was haben müßte? *Laut*: Ich habe eine große Seele, aber schön ist sie nicht!

DÖLL *gereizt*: Dann muß ich Sie allerdings an das gewisse Pamphlet erinnern!

BULLA: Oh, erinnern Sie mich lieber nicht! Diese nicht näher zu identifizierende akademische Truppe, die meinem Triptychon gefährliche Tendenzen anhängen wollte!

DÖLL *freudig erregt*: Und der Initiator war ich! *Lacht.* Ja, ich! *Trällert kindisch vor sich hin.* Ich! *Bulla ergreift entschlossen seine Flinte. Ernüchtert:* Machen Sie nicht wieder solchen Unsinn!

BULLA *gefährlich*: Ein kleiner Unfall, Herr Kollege – *Döll will seine Flinte greifen.* Halt! Keine Bewegung!

DÖLL: Sie verkennen total die Situation! Lassen Sie uns überlegen. Ich bitte Sie!

BULLA *stopft sich Watte in die Ohren*: Ihre Gedanken werden mich nicht mehr treffen – aber so ein Schuß ist mir zu laut!

DÖLL *ängstlich*: Ich habe doch erst mit diesem Pamphlet eine Diskussion über Ihr Werk in Bewegung gesetzt!

BULLA: Sparen Sie sich ihre sophistischen Verdrehungen. Sie sehen mich sehr aufgebracht!

DÖLL: Wieso Verdrehungen? Ich war es doch, der die Öffentlichkeit auf Ihr Triptychon aufmerksam gemacht hat! Anstatt mir dankbar zu sein –

BULLA: Oh, Sie Ausbund von Impertinenz!

DÖLL *wütend*: Sie sind nicht nur ein grobschlächtiger Maler, auch Ihren Gedanken fehlt Sensibilität!

BULLA: Ich kann Sie überhaupt nicht verstehen? Was sagten Sie?

DÖLL *laut*: Ich frage Sie! Hat meine Unternehmung Ihrer Popularität etwa geschadet? Im Gegenteil! Zahlreiche Gruppen unterschiedlicher Gesinnung pilgern seitdem in das besagte Landwirtschaftsministerium! Welch ein Aufschwung! Die Mitarbeiter des Ministeriums sehen sich plötzlich unerwartet in eine Kunstdiskussion verwickelt! Wer hätte das gedacht? Man hat sogar eine Imbißstube sowie einen bescheidenen Schlafraum für Weitgereiste einrichten müssen! Selbst das Ministerium für Innere Stabilität hat ein Auge auf diese ungewöhnlichen Bewegungen geworfen –

BULLA *schwach*: Aber auch auf mein Triptychon!

DÖLL: Das ließ sich leider nicht vermeiden.

*Bulla setzt die Flinte ab, schluchzt auf, setzt sich kraftlos.*

BULLA: Was haben Sie angerichtet –? *Sehr entkräftet*: Ich bin ein friedlicher Mensch. Ich neige eher zum Zweckoptimismus als zu irgendwelchen Depressionen. Es geht mir gut. Mein Lebenswandel ist sauber. Ich habe keine Schulden nötig. Bin höflich und korrekt –

*Döll geht zu ihm, umarmt ihn väterlich.*

DÖLL: Nun, nun!

BULLA: Ich bin nicht aggressiv veranlagt oder gar ketzerisch. Ein ausgesprochener Salonrevolutionär. Was will ich denn? Gute Farben. Und Papier. Etwas Leinwand. Schönheit und Harmonie – *Plötzlich packt er Döll.* Und Sie Schmierfink treiben mich in die oppositionelle Ecke! *Würgt ihn.* Aber da gehöre ich nicht hin, Sie! Ich liebe die Menschen! *Läßt erschöpft ab, Döll ringt nach Luft.*

DÖLL *mühsam*: Was sind Sie doch für ein langweiliger Künstler! Ich habe genug von Ihnen –

*Plötzlich wieder Hundegebell, Stimmen, beide raffen sich auf, ergreifen ihre Flinten, stehen Rücken an Rücken und drehen sich langsam, geduckt um ihre gemeinsame Achse.*

BULLA: Sind Sie bereit?

DÖLL: Ich bin bereit!

*Ziellos schießen sie, im Hintergrund schreit jemand auf, dann hört man den Flug eines ganzen Wildgänseschwarms, Bulla und Döll richten spontan ihre Flinten nach oben, schießen, nach einem Augenblick fallen zwei tote Wildgänse vom Himmel. Daraufhin ertönt das Halali! Dann durch ein Megaphon eine Stimme: „Freunde! Kollegen! Die Jagd ist somit beendet! Wir beenden die Ja-agd! Die verletzten Mitglieder bitte sofort zur Ambulanz! Wir bitten die hochverehrten Kollegen Preisträger zu uns: Wo sind Sie?“*

BULLA und DÖLL *schreien*: Hier sind wir!!

STIMME: Hu-uh! Kommen Sie zu uns zurück! Das Komitee wünscht allen Beteiligten einen angenehmen Nachhauseweg! Weidmanns Heil!

*Dann ertönt durch das Megaphon eine flotte Musik.*

DÖLL *fahrig*: Das wärs dann also –

*Stille.*

BULLA *starrt die toten Vögel an*: Das tut mir leid –

DÖLL *reibt sich die Augen*: Ich sehe nichts – *Tastet herum, greift eine Wildgans.* Wir sollten sie mitnehmen – das macht sich besser, nicht wahr? *Bulla reagiert nicht. Döll tastet sich an sein Ohr und schreit*: Wir sollten sie mitnehmen! Das macht sich –!

BULLA: Ja, ja! *Bulla nimmt die Gänse, gibt die kleinere Döll, dann nimmt er Döll bei der Hand. Sie gehen ins Gehölz.*

UWE SAEGER

# Flugversuch

„Es besteht kein Zweifel darüber, daß es ein strafwürdiges Vergehen ist, wenn man die der Grenzen halber aufgestellten Zeichen verrückt. Das Strafmaß kann aber dennoch nach den persönlichen Eigenschaften und nach der Absicht des Täters bestimmt werden. Werden Personen höheren Rangs überführt, so können sie, wenn sie es getan haben, um sich fremdes Land anzueignen, je nach dem Alter verwiesen werden, je jünger einer ist, desto länger, je älter er ist, desto kürzer. Haben aber andere diese Geschäfte ausgeführt und damit nur einen Dienst verrichtet, so sind sie zu züchtigen …“

*Hadrian*
(Aus den Digesten des Kallistrat)

Personen:

Monika
Stefan
Steffi
Herbert
Herr Brock
Frau Brock
Tina
Leutnant Frahm
Frahms Begleiter
Albert
Silke
Mutter
Tochter
1. Mann
2. Mann
ein Ehepaar
ein Alter
1. Frau
2. Frau
1. Mädchen
2. Mädchen
3. Mädchen
junges Ehepaar

## Erstes Bild

### Der Sonntag

*Stefan und Tina unter den ‚Leuten'.*

*Fallen auf, weil sie sich benehmen, als wären sie allein nur anwesend. Sie albern, necken einander, küssen sich flüchtig. Stefan hat eine Sporttasche umhängen. Die gebrauchten Fußballschuhe hängen deutlich sichtbar hinter dem Tragriemen.*

*Irgendwann vor dem Beginn werden die Stimmen hörbar. Das sind die Stimmen derer hinter den Fenstern, hinter den Zäunen. Es sind Stimmen solcherart, wie sie einen jeden begleiten, unhörbar für ihn, aber allzeit anwesend; die sogenannte öffentliche Meinung, die so nie öffentlich wird.*

*Zaghaftes Flötenspiel hebt an. Da übt wer „Unsere Heimat, das sind nicht nur die ..." Wird unterbrochen.*

*Tochter, Mutter.*

MUTTER: Spiel weiter. Du mußt viel üben.

TOCHTER: Da geht Tina wieder mit ihrem Freund.

MUTTER: Mußt du dich deshalb unterbrechen. Wie oft muß ich dir noch sagen, daß, wenn man übt ...

TOCHTER: Ich weiß, nicht ablenken lassen. – Mutti! Kann ich auch einmal so schön wie Tina werden?

MUTTER: An was du nur denkst. Spiel!

TOCHTER: Wenn ich ... wenn ich so häßlich bleibe, so mit diesen Pickeln und dem Speck, der nicht wegzuhungern ist, werde ich nie so einen Freund haben können.

MUTTER: Nimm lieber den Speck und die Pickel, aber nur das nicht, so einen Jungen!

TOCHTER: Warum? Was hat er denn getan?

MUTTER: Nichts. Spiel weiter endlich. Davon verstehst du nichts. Spiel!

*Und es wird weiter gespielt, zaghaft und mit gelegentlichen Fehlern, aber es wird nicht ausgesetzt, Strophe um Strophe neu begonnen, bis die Auseinandersetzung zwischen Brock und Stefan beginnt. Gelegentlich summt die Mutter dazu. Darüber die anderen Stimmen.*

*Zwei Männer.*

1. MANN: Zu Fuß heute das schönste Paar aus dem ‚Süßen Grund'!

2. MANN: Sicher wird die gnädigste Frau Mutter den weißen Mercedes zum Ausfahren beanspruchen. Bei dem Wetter. Da will man gesehen werden.

1. MANN: Neidisch!

2. MANN: Ph. Lange geht das sowieso nicht mehr. Und ich sage, für ewig hat keine von denen ausgesorgt.

1. MANN: Aber das zwischen den beiden, so hört man, macht einen ernsthaften Eindruck.

2. MANN: Für mich ist jede, die sich abgibt mit denen, eine Nutte.

1. MANN: Ist für dich auch jeder der scheißt ein Scheißer?

TINA: Wir müssen uns beeilen, Stefan. Du weißt doch, Verspätungen sind kleine Katastrophen für meinen Vater.

STEFAN: Nach fünfundzwanzig Jahren bei der Bahn, hätte er sich dran gewöhnen können.

TINA: Hättest du dich von Herbert bringen lassen wie immer …

STEFAN: Da kann ich gleich auf nem bunten Ei durch die Stadt reiten. – Wollen wir in den Ferien wegfahren? Irgendwohin, wo uns keiner kennt, keiner von hier uns erreichen kann. Ich möchte es so gern.

TINA: Traust du dich, meinen Vater zu fragen?

STEFAN: Werd mich schon trauen.

*Ehepaar.*

MANN: Sieh an, wieder die beiden.

FRAU: Is doch Sonntag heute, oder.

MANN: Wenn das meine Tochter wäre, na, ich weiß nicht.

FRAU: Hast ja bloß den einen Sohn gewollt. – Ein schönes Paar sind die beiden.

MANN: In dem Alter könnte die Hälfte der Menschheit schöne Paare ergeben.

FRAU: Werd nicht überheblich, mein Dicker, so schlank warst du nie.

EIN ALTER: Wie wird der Brock froh sein, wenn die Westtaxe heute nicht vorfährt. Kenn den doch. Dreihundertprozentig. Möcht nicht wissen, was der dem Mädchen für Vorhaltungen macht wegen des Jungen. Das geht ihm gegen den Strich mit den beiden. Muß ja. Kenn doch Brock.

TINA: Hör mal, die kleine Nelli ist wieder fleißig beim Üben.

STEFAN: Das spielt sie doch schon den dritten Sonntag.

TINA: Du trainierst dreimal in der Woche und schießt auch am Tor vorbei.

STEFAN: Heute habe ich ein gutes Spiel gemacht.
TINA: Hat Herbert auch gesagt.
STEFAN: Was Herbert schon sagt.
TINA: Hattet ihr Streit?
STEFAN: Herbert ist doch bloß ein Gast. Und meine Mutter will das nicht begreifen. Schlimm, sag ich dir, wenn man sich in solchem Alter verliebt wie mit fünfzehn.
TINA: Ach du alter weiser Mann.

*Zwei Frauen.*

1. FRAU: Vorgestern habe ich die Mutter von dem Jungen gesehen. In der Kaufhalle. Mit diesem Mann. Ich kann nur sagen, sympathisch, sag ich Ihnen. Wie einer von uns. Sollte man nicht für möglich halten. Wird ja soviel erzählt von denen.
2. FRAU: Nun sagen Sie nicht, daß Sie auch glauben, das könnte für immer gut gehen mit den beiden! Nein, so was geht nicht gut für immer. Einmal steht sie da so allein wie zuvor, nur, daß der gute Ruf für immer hin ist.
1. FRAU: Und wie so was auf die Kinder wirkt. Allseitig, meine ich.

*Mädchen.*

1. MÄDCHEN: Guckt mal! Tina und Stefan.
2. MÄDCHEN: Ist ganz was Festes mit den beiden.
3. MÄDCHEN: Scheint so, gehen schon seit dem Herbst zusammen.
1. MÄDCHEN: Na, ich weiß nicht. Stefan ist ja ein hübscher Junge, aber sonst! Habt ihr den schon mal auf ner Disko gesehen. Der kennt doch bloß seinen Fußball und die Bücher.
2. MÄDCHEN: Tina war auch mal anders.
1. MÄDCHEN: Muß ihr doch gefallen.
3. MÄDCHEN: Sie wird schon wissen warum. Wird schon das Ihre davon haben.
1. MÄDCHEN: Jedenfalls aufn Bahnhof braucht die nicht wegen paar Jeans.

TINA: Du mußt mich erinnern nachher, daß ich dir noch was mitgebe für Steffi.
STEFAN: Steffi will nichts. Sie wollte die Geburtstagsfeier nicht. Und sie will auch keine Geschenke. Es darf nicht einmal darüber gesprochen werden.
TINA: Einen Kosmetikkoffer wird sie schon wollen. Schließlich ist sie nun sechzehn.

STEFAN: Tina! Steffi beginnt alle Welt zu hassen. Sie sitzt Tag für Tag am Fenster mit ihrer kaputten Hüfte und will nicht, daß es besser wird.

TINA: Aber die Ärzte ... Es besteht doch noch Hoffnung?

STEFAN: Sie will nicht.

TINA: Sie ist deine Schwester. Und der Schwester meines – Liebsten – will ich etwas schenken zum Geburtstag.

STEFAN: Schön, daß ich dein Liebster bin.

*Jüngeres Ehepaar.*

JUNGE FRAU: Wird wohl bald Verlobung gefeiert bei Nachbars.

JUNGER MANN: Wer verlobt sich denn heutzutage noch.

JUNGE FRAU: Du kennst doch Brocks. Da gehts immer in der alten Ordnung.

JUNGER MANN: Macht einen guten Eindruck, der Schwiegersohn.

JUNGE FRAU: Das ist doch nicht diskussionswürdig. Das eine ist seine Mutter, und er ist etwas ganz anderes. Und überhaupt, wo lebten wir denn, in welcher Zeit, wenn daran einer Anstoß nehmen will.

TINA: So, da wären wir. Wirst du dich trauen zu fragen?

STEFAN: Warum nicht. Ich komme doch nicht zum ersten Mal.

*Tina will die Pforte öffnen, doch die ist verschlossen. Sie versteht das nicht, kann Stefan das nicht erklären. Also ruft sie nach Vater und Mutter. Und dann kommt Brock an die Pforte.*

BROCK: Komm rein, Christina! – Komm! *Und Tina kommt dem nach und läßt ihren Vater die Pforte schließen zwischen sich und Stefan.* Und du, Junge, geh nach Hause. *Da setzt das Flötenspiel aus.* Wirst schon damit fertig werden. S wird ne Zeit kommen, da begreifst du es. – S muß sein, daß ihr Schluß macht miteinander.

STEFAN: Es gibt Ferien bald. Wir wollten weg. Tina und ich. Für ein paar Tage bloß. Irgendwohin. Ich wollte fragen ...

BROCK: Unternimmst du was anderes. Du bist ein hübscher Junge.

TINA: Aber Papa, was willst du denn, was redest du?

BROCK: Scher dich ins Haus! Marsch! Was verstehst denn du!

FRAU BROCK *ruft*: Christina! Komm zu mir, Christina!

BROCK: Deine Mutter braucht dich im Haus. Hörst du nicht! – Du mußt nun gehen, Junge! Ist das Beste so. An so was geht ein Mann doch nicht zugrunde.

TINA: Papa, was tust du denn?

BROCK *kann nicht mehr an sich halten*: Ja denkt ihr denn, unsereiner macht sich keine Gedanken! Sieht nichts! Hört nichts! – Unsereiner hat seine Erfahrungen. – Willst du studieren? – Du willst. – Willst du vorwärtskommen im Leben? – Du willst. – Hast du Fragebögen auszufüllen? Wirst du nach deinen Beziehungen gefragt? Und wenn dich keiner fragt, so heißt das keinesfalls, daß man nicht weiß, nicht wissen will, mit wem du Umgang hast.

TINA: Was soll das, Papa?

BROCK: Was soll das Papa!!! – Denk nach! – Meinst du, mir fällt das leicht jetzt! Aber ich sage dir, ich habe meine Erfahrungen. Schon bei mir im Amt fängt das Gefrage an: du, sag mal, ist deine Tochter nicht mit diesem Jungen da zusammen, wo die Mutter mit einem von denen ... Das muß ich euch doch nicht erklären!

STEFAN *hilflos*: Herbert ist aus Bremen.

BROCK: Eben darum.

TINA: Aber Papa, das ist doch Unsinn!

BROCK: So. Unsinn ist das für dich. Was ich sage, ist für dich Unsinn. Das hat es ja noch nie gegeben bei uns. Du bezweifelst mein Wort. Aber auch das kommt von daher. Bleibt ja nicht aus bei solchem Umgang. Aber damit ist Schluß. Schluß. – Ihr seid jung, da vergißts sich schnell – s sind nicht mehr die Zeiten für Tragödien wegen so was. *Und womöglich würden sie so auseinander gehen können, klopfte Brock nicht nochmals Stefans Schulter in befremdlich kumpelhafter Manier.* Also, Junge, wir verstehen uns. – Du kannst nichts dafür, ich kann nichts dafür, aber es muß sein.

*Und da verliert Stefan die Beherrschung. Brock hat grad noch Zeit, um zu erschrecken. Dann ist Stefan schon über die Pforte und schlägt auf Brock ein. Schlägt, bis er ihn am Boden hat. Aber eigentlich ist es nur der erste Schlag, der gezielt ins Gesicht trifft, die anderen kommen blindwütig auf den absinkenden Körper.*

*Danach ist Stille.*

*Frau Brock kommt zögernd heran.*

*Brock beginnt sich zu regen, versucht aufzukommen. Und da geht Stefan einfach davon, braucht keinen Blick zurück.*

## Zweites Bild

*Monika, Herbert, Steffi.*
*Steffi in ihrem Stuhl am Fenster, rollt in kleinen Abständen vor und zurück.*

MONIKA: Was meinst du, Steffi, ob wir noch einen Spaziergang versuchen?

STEFFI: Sagt bloß nicht, daß euch das Spaß macht, mich die Treppen rauf und runter zu schleppen. Und dann auf der Straße mit mir ists auch kein Vergnügen.

HERBERT: Ich kenne da einen Arzt in Bremen. Steffi.

STEFFI: Das ist umwerfend originell, Onkel Herbert.

MONIKA: Bitte Steffi, wenn du schlechte Laune hast ...

STEFFI: Ich weiß, ich habe ein eigenes Zimmer. – Aber bei mir hat sich nichts mit schlechter Laune, mir ist bloß wie immer. – Trotzdem, ich ziehe mich zurück. Zum Abendbrot braucht ihr nicht Bescheid zu geben, wenn einer so bewegungsfaul sein darf wie ich, dann reicht eine Mahlzeit am Tag. Und auch das ... Mahlzeit die Herrschaften!

HERBERT: Wenn ich nicht da bin, geht sie dich dann auch so an?

MONIKA: Du hast damit nichts zu tun.

HERBERT: Seit zwei Jahren habe ich mit allem zu tun, was dich betrifft.

MONIKA: Aber Steffis Unfall ... Ich glaube, sie versteift sich da auf was, das sie sich selbst nicht erklären kann. – Du, ich bin oft nahe daran, die Beherrschung zu verlieren.

HERBERT: Ich wüßte, was dich beruhigt? *Sie versuchen Zärtlichkeit.* Übrigens muß ich gegen zehn noch mal für ne halbe Stunde ins Camp.

MONIKA: Mußt du dich nun beeilen?

HERBERT: So ganz, ganz allmählich kriegst du Oberwasser. Aber warts ab! Du.

MONIKA: Wie lange noch?

HERBERT: Wie meinst du?

MONIKA: Wie lange ich noch warten muß? Darf? Denn wenn ihr den letzten Bolzen verschraubt habt, dann packst du doch deine Koffer. Oder? *Und da ist nichts an Zärtlichkeit mehr möglich.* Ach ja, ich weiß, du hast mir nie

Hoffnungen gemacht. Zwischen uns war von Anfang alles geklärt. – Ach Herbert!

HERBERT: Noch ist viel Zeit.

MONIKA: Ein – paar – Monate.

HERBERT: Einige von uns werden länger bleiben müssen. Solche Technik beherrscht auch ihr nicht von einem Tag auf den anderen.

MONIKA: Wirst du dazugehören?

HERBERT: Ich bin Projektierer, kein Techniker.

MONIK: Also nicht. Tut mir gut deine Hand.

HERBERT: Ich bin fast fünfzehn Jahre in diesem Job, das ist so gut wie Seefahrerei oder …

MONIKA: Mensch, weiß ich doch alles! – Entschuldige! – Ich weiß auch nicht, was mit mir ist. Manchmal, wenn du zur Tür raus bist, bin ich sicher, dich zum letzten Mal gesehen zu haben, daß du mir nichts dir nichts über die Grenze und – daß alles umsonst war.

HERBERT: Es war abgemacht, daß du sagst, wenn du was brauchst, denn was ich beschaffen kann …

MONIKA: Als wüßtest du nicht, wovon ich spreche!

HERBERT: Darüber sprechen bringt nichts. Wirkung brächten nur Konsequenzen. Und die kannst weder du noch ich aufbringen. Ost und West sind für uns keine Himmelsrichtungen.

MONIKA: Wenn ich dir doch einmal richtig widersprechen könnte. Einmal, Herbert, könntest auch du Unrecht haben. Mir zuliebe.

HERBERT: Es ist Sonntag, ein freier Tag für uns beide. Und dein Sohn hat ein tolles Spiel gemacht am Nachmittag. Du solltest dich freuen, aber du!

MONIKA: Was hattest du mit Stefan?

HERBERT: Nichts. Ich wollte ihn fahren wie immer; aber er denkt wohl, wir geben Obacht, wollen ihn kontrollieren.

MONIKA: Aber es gab Zeiten, da hat er dich gebeten, gefahren zu werden.

HERBERT: Du darfst ihm nicht mehr so kindlich kommen, Monika. Er ist ein Mann, da schafft man sich Geheimnisse, auch wenn es eigentlich keine sind.

MONIKA: Ein Vatertalent hast du!

HERBERT: Du brauchst Ruhe. Ich bin spätestens um elf wieder zurück.

MONIKA: Weißt du ... Es wäre leichter, wenn du mich fragen würdest. Aber ... Bist du eigentlich glücklich mit mir?

HERBERT: Torschlußpanik! Hast du nicht nötig, Monika.

MONIKA: Und was dann habe ich, deiner geschätzten Meinung nach, nötig?

HERBERT: Mich. *Er versucht wieder Zärtlichkeit, und sie geht darauf ein.*

MONIKA: Ach du! – Steffis Art schafft mich. Du verstehst das, ich weiß. Ist auch alles so verdammt klein hier, eng. Das Idiotische ist, ich seh ja alles ein, was man mit mir macht, gemacht hat, ich seh ein, daß von wegen die Sicherheit betreffend ich meine Leiterfunktion und so ... Aber ich finds auch wieder zum Lachen. Ist doch lächerlich, oder? Wenn ich ein General wäre! Na ja, da spürt man die strategische Bedeutung der Gastronomie! Na los, wir lachen jetzt! Los! Lachen! *Sie versuchen es, aber die Türklingel unterbricht sie.* Das wird Stefan sein. *Zur Tür.* Aber der hat doch einen Schlüssel.

HERBERT *ihr nach*: Wenn es für mich ist – ich bin schon unterwegs.

*Zwei Männer werden von Monika eingelassen. Der vordere stellt sich als Leutnant Frahm vor, weist sich aus.*

FRAHM: Frau Löffler?

MONIKA: Aber ja doch. – Um – was – geht – es wieder?

FRAHM: Könnten wir unter vier Augen ... Nein, das muß nicht sein. Folgendes.

MONIKA: Meine Geheimnisse sind ...

HERBERT: Aber selbstverständlich. Ich versichere Sie mein Verständnis. *Er verabschiedet sich von Monika, umarmt sie knapp.* Bis um elf also.

MONIKA: Bitte! Sprechen Sie!

FRAHM: Der Name Brock, Erich Brock, sagt der Ihnen was?

MONIKA: Etwas genauer zu sein, wäre Ihnen wohl nicht möglich! Und wenn es – wieder – um meinen Bekannten geht, noch kann ich ihn zurückrufen!

FRAHM: Bitte, Frau Löffler, wir wissen schon, wen wir in welcher Angelegenheit zu befragen haben.

MONIKA: Dann tun Sies endlich so, daß man Ihnen antworten kann.

Frahm: Der Bürger Brock, Erich, wohnhaft im ‚Süßen Grund', hat gegen Ihren Sohn Stefan Anzeige erstattet wegen schwerer Körperverletzung. Vor einer Stunde ungefähr. Er hat einen Nasenbeinbruch erlitten und einige Platz- und Schürfwunden, geringfügige allerdings. Zur Zeit befindet er sich noch in ambulanter Behandlung.

Monika: Stefan!

Frahm: Der Bürger Brock. Er wird aber nicht stationär behandelt werden müssen. – Ihr Sohn, Frau Löffler, ist flüchtig.

Monika: Und – das – ist – wahr! *Sich vergessend*: Mensch, das kann doch nicht wahr sein! Ich muß mich setzen.

Frahm: Auch wenn die genaueren Umstände noch nicht geklärt sind, – Zweifel sind ausgeschlossen.

Monika: Aber … Aber warum denn?

Frahm: Die Freundin Ihres Sohnes heißt Christina Brock. Sie ist die Tochter des Anzeigeerstattenden.

Monika: Das ist nicht wahr. Warum denn! Stefan kann überhaupt niemanden etwas tun. Nicht einmal beim Fußball …

Frahm: Frau Löffler! Wir würden Sie nicht wegen unklarer Dinge behelligen. Um den Sachverhalt zu klären, müssen wir Ihren Sohn zuallererst einmal selber befragen. – Wüßten Sie Bekannte, bei denen er Zuflucht genommen haben könnte? Freunde? Gibt es Örtlichkeiten, die er besonders gern aufsucht? – Nimmt er Alkohol zu sich? – Können Sie überhaupt Angaben machen, die uns dienlich sein könnten?

Monika: Ihnen dienlich! – Nein. – Ich weiß überhaupt nichts. – Ich begreife überhaupt nichts. –

Frahm: Auf alle Fälle, geben Sie uns Nachricht, falls Ihr Sohn heimkehrt.

Monika: Wollen Sie ihn verhaften! Ihn einsperren?

Frahm: Zuallererst, ich sagte es schon, müssen wir die Möglichkeit haben, ihn zu befragen. – Und auch das; – wir müssen Ihren Sohn schnell finden. Es kann sein – es gibt da Erfahrungswerte – daß ein Tätlichgewordener im Affekt, weil er sich verfolgt fühlt, weil es ihn gereut oder … Verstehen Sie, je schneller wir ihn finden, um so mehr helfen wir ihm.

Monika: Ich verliere den Verstand, ich werde verrückt.

Wer alles versteht, muß ja verrückt werden. Und ich verstehe alles.

*Steffi erscheint mit ihrem Stuhl in der offenen Tür, pocht mit dem Stock überflüssigerweise an den Rahmen.*

STEFFI: Stefan hat nur Tina. – Und ich habe alles gehört. – Nun kann er nirgends mehr hin.

## Drittes Bild

*Bei Albert.*
*Stefan. Sie trinken.*

ALBERT: Nein danke, für mich nicht mehr, muß morgen früh gleich ne Tour fahren. – Und das Spiel heute hat mich auch mächtig geschafft. Ab dreißig spürt man bei solchen Spielen die Jahre doppelt. Falls wir absteigen, war dies mein letztes Jahr, das steht fest. Auch die Familie trägts nicht mehr lange. Das sind drei Abende in der Woche …

STEFAN: Ich werde dann gehen.

ALBERT: Es ist das beste so. Du bist kein Verbrecher. So ein Kurzschluß, das kann jedem einmal passieren. Du erklärst es ihnen und … Wenn du Bürgen brauchst …

STEFAN: Es war kein Kurzschluß, so wie du es meinst. Ich habe den ganzen Tag schon gewußt, daß irgendwas geschehen würde. Irgendwas. Und beim Spiel dann … Herbert und Mutter saßen da und freuten sich …

ALBERT: Ja, es war mit Abstand dein bestes Spiel bei den Männern, damit hast du deinen Platz in der kommenden Saison sicher.

STEFAN: Die nächste Saison, Albert! – Ich wollte ihn erschlagen. Ich habe … Nie hätte ich geglaubt, so etwas tun zu können. Ich habe an nichts mehr gedacht, war absolut leer.

ALBERT: Und das mußt du ihnen alles sagen. Hast sowieso viel zuviel reingefressen in dich in der letzten Zeit, bist zu keinem mehr gekommen so wie früher. Hast deine Spiele gemacht, dein Training. Hast dich anpflaumen lassen, ohne zurückzugeben. Hast dich verkrochen.

STEFAN: Auf Blödheiten mit Blödheiten antworten?! Was anderes wäre mir doch nicht geblieben. Nein, danke. – Was kann ich dafür, daß Herbert sich nen weißen Mercedes leisten kann und sich immer anbietet, mich zu fahren? Und soll ich dem schönen Achim sagen, wenn er mich annölt, daß ichs ja dicke haben muß, mir ne Westtaxe leisten zu können, daß seine liebste Frau jede Nacht, wenn er auf Schicht ist, im Camp duscht und ich genau weiß, woher die Armaturen für sein Bad kommen? Nein. Nein. – Hab ich denn Schuld, Albert?

ALBERT: Du brauchst keine Angst zu haben. Nur, laß den Brock nicht schneller sein! Laß sie dich nicht suchen müssen!

STEFAN: Ich habe in der nächsten Woche die letzten Prüfungen. Und Mutter! Mutter war immer so stolz auf mich.

ALBERT: Vielleicht kriegst du ein Ordnungsstrafverfahren, schlimmstenfalls Bewährung. – Und ein paar Jahre, dann wirds gestrichen aus den Akten, und keiner fragt mehr danach. Ist so wie mit den guten und schlechten Zensuren, man kriegt sie, und damit hat sichs.

STEFAN: Albert! Ich wollte ihn tot haben. Tinas Vater. Und Tina, Albert, ist mir alles.

ALBERT: Große Liebe?

STEFAN: Ja.

ALBERT: Ach Junge, Liebe ... Weißt du, Liebe ... Möchtest jetzt heulen, was?

STEFAN: Ist besser, ich geh jetzt.

ALBERT: Und halte mit nichts hinterm Berg! Sag ihnen alles! Laß sie nicht viel fragen!

STEFAN: Und du nimmst mir nicht übel, daß ich dir Ungelegenheiten bereite vielleicht? Ich werde sagen müssen, wo ich war die Stunden. Und man wird kommen und auch dich fragen.

ALBERT: Glaubst du, das wäre so neu für mich. – Ich bin dein Mannschaftskapitän.

STEFAN: Es hat sich so vieles verändert, Albert, seit Mutter mit Herbert zusammen ist. Die Lehrer, die Meister, die Kumpel. Aber ich bin doch kein anderer geworden dadurch. Ich könnte denken, daß ich jetzt ne Krankheit habe und man sich auf keinen Fall anstecken darf bei mir. Das ist blöd, aber ich fühls so. Ich bin wohl nicht mehr normal, seh überall nur Miesigkeit. – Nur mit Tina war alles anders.

ALBERT: Muß doch nicht Schluß sein mit ihr deswegen.

STEFAN: Aber wenn sie mich einlochen. Ich wollte ihn tot haben, Albert, das ist doch eigentlich so gut wie. – Nein, das ist kaputt.

ALBERT: Weißt du, zwischen Mann und Frau, da sieht es oft so aus als wäre alles endgültig und kaputt, aber dann! Sieh mal, meine Frau arbeitet Schicht, solange wir uns kennen. Das gibt Komplikationen, das wirst du dir denken können, wann hat man sich da schon mal ganz. Aber deshalb vom Fußball lassen oder meine Frau von ihrem geliebten Krankenhaus! Das Leben, Stefan, entscheidet von Stunde zu Stunde, wohin es mit dir will.

STEFAN: Sag mal, ganz schnell noch, wie ... Findest du es auch so ... na, ist es schlecht, daß meine Mutter mit Herbert zusammen ist? – Sie ist doch nicht die einzige? Und sie versteckt sich nicht?

ALBERT: Es soll eben nicht sein. Das eine ist das Werk, das gebaut werden muß, das andere sind die Menschen, die es bauen müssen. Und wieder was anderes ist, wie das alles passiert. Das ist Politik, Stefan, da ist für Moral nicht viel Platz. Und ob was falsch war oder richtig, weiß man erst, wenns vorüber ist. – Und guck dir an, wie weit sie sind mit dem Bau! Bauen wie die Teufel. Und wie!

STEFAN: Aber meine Mutter!

ALBERT: Ist das eine vorbei, hält sich auch das andere nicht mehr lange.

STEFAN: So klug wird man nur, wenn man nicht beteiligt ist. Aber ist meine Mutter für dich auch so ein Subjekt, so auf einer Stufe mit denen, die zum Bahnhof gehen und sich abschleppen lassen? Sag doch ja oder nein!

ALBERT: Pscht! Still! – Ich glaube, Connie hat sich gemeldet. Jeden Abend gegen halb zehn wird sie wach. Wenn meine Frau hier ist, guckt sie immer rein. – Eins mußt du dir merken, du kannst dich noch soviel kümmern, aber zur Mutter kann unsereiner nicht werden.

STEFAN *geht*: Wiedersehen.

ALBERT: Sei still, Connie!

## Viertes Bild

*Bei Brocks.*
*Tina angezogen auf dem Bett. Ihre Mutter an der Tür.*

FRAU BROCK: Du mußt schlafen, Kind! Mußt früh aufstehen morgen, mußt zur Schule!

TINA: Das weiß ich.

FRAU BROCK: Und dann mit Schuhen auf dem Bett. *Sie geht zu ihr und versucht ihr die Schuhe auszuziehen.* Du wirst sehen, morgen sieht die Welt wieder freundlich aus. – Wir haben das gut überlegt, Vater und ich. Du darfst doch nicht glauben, daß deinem Vater das leichtgefallen ist!

TINA: Laß das! – Geh raus!

FRAU BROCK: Ich verstehe das, es ist nicht einfach für dich. Ich verstehe das auch als Frau; ich bin doch noch nicht einmal vierzig. – Aber Vater hat recht, und so ist es das Beste, glaub das! Wir denken doch bei allem immer nur an deine Zukunft, daß du dir nichts verbaust, daß du vorwärts kommst. Warum müssen wir dir das immer wieder sagen?

TINA: Geh doch raus!

FRAU BROCK: Du bist jung, Christina, schön bist du. Du bist doch jetzt noch nicht auf den einen angewiesen. Auch wenn er ein netter Junge ist, aber das Leben ... Glaub mir, mein Kind, das Leben ist anders als die Träume davon. – Und dann, er hat deinen Vater geschlagen. Das hast du doch gesehen.

TINA: Müßt ihr ihn deshalb anzeigen wie einen Verbrecher! Ihr ...

FRAU BROCK: Dein Vater liegt krank nebenan. Er hat geblutet.

TINA: Ich geh weg von euch.

FRAU BROCK *schnell*: Das werden wir nicht zulassen, nein, wir haben das eine nicht zugelassen, und auch das andere werden wir zu verhindern wissen.

TINA: Ich bin müde. – Geh jetzt! – Bitte!

FRAU BROCK *plötzlich böse*: Du willst mich aus diesem Zimmer schicken! Mich! Weißt du denn nicht, wer dafür geschuftet hat, damit du hier drin sein kannst? Und wir haben uns nichts schenken lassen. Uns hat keiner was geschenkt, uns nicht. *Sie sieht, daß Tina aus den Jeans steigen will, und sie stürzt zu ihr und zerrt daran.* Ja, ja, zieh aus diese Röhren. Du brauchst nicht rumzulaufen in solchem Zeug. Hast nicht nötig, daß die Leute darüber reden, daß du es dir auch aufm Bahnhof verdient haben könntest, daß du dich hinlegst mit denen für so was! – Du hast nicht nötig, daß einer dich so ins Gerede bringt. Wir wollen nicht so ins Gerede kommen. Wir sind immer anständig gewesen.

TINA: Was soll denn das, Mutter!

FRAU BROCK: Wir lassen uns nicht kaputtmachen, lassen uns nicht ins schlechte Licht setzen! Wir sind anständige Leute, anständige Leute sind wir. Und bleiben wir.

TINA: Aber Mutter, du hast ja Angst!

FRAU BROCK: Ja, ja, Kind, ich hab Angst. – Ich habe Angst, ja.

TINA: Aber warum denn nur? Wovor hast du Angst?

FRAU BROCK: Vor dir, Kind, du machst mir angst.

*Brock erscheint in der Tür. Über seine Nase ist ein Pflaster geklebt.*

BROCK: Sollte ich mich vielleicht prügeln mit deinem Kavalier? Oder soll ich ihm danke schön sagen für die Nase? – Wer sich so vergeht, gehört angezeigt, dafür gibt es Gesetze. Und für Vorhaltungen uns gegenüber besteht kein Anlaß. Merk dir das, Christina!

TINA: Also habe ich stolz auf euch zu sein!

BROCK: Wenn du ein Sohn wärst, dann würde ich …

TINA: Ich weiß, dann würdest du schon wissen, wie ich zu züchtigen wäre!

BROCK: Einmal wirst du uns dankbar sein für das heute.

TINA: Nun schlag mich schon, damit ich schlafen kann!

FRAU BROCK: Das haben wir nicht nötig, Christina. Und dein Vater hat dich noch nie geschlagen.

TINA: Aber jetzt würde er es gern tun. Oder, Papa? – Was du getan hast, Papa, hast du aus Angst um dich getan. Auch ich, Papa, habe meine Erfahrungen, und die wenigsten habe ich selber machen dürfen, aber Bestrafungen, Papa, sind verallgemeinerbar. Du als Leiter, Papa, weißt das doch besser als irgendein anderer!

FRAU BROCK: Wie redest du denn mit deinem Vater?!

BROCK: Laß sie sprechen! – Sprich! Sage uns deine neuen

Weisheiten. Oder glaubst du, mir ist entgangen, wie du dich verändert hast, seit du mit diesem Jungen befreundet bist – warst –

TINA: Papa, das ist …

BROCK: Genauso ist es. Umgang formt den Menschen. Der Junge ist anders geworden, seit dieser Kerl bei seiner Mutter logiert, denn etwas anderes ist es doch nicht. Und du bist verändert. – Du bist aufsässig geworden, Christina. Ja, ich weiß, was ich sage. Hast auf einmal Fragen an so vieles, wo nichts zu fragen ist, wo ich das Fremde, und ich sage es, auch feindliche Gedankengut heraushöre. Und davor habe ich dich bewahrt. Das war meine Pflicht.

TINA: Aber … Das ist alles so unwürdig.

BROCK: Mehr hast du nicht zu sagen.

TINA: Du hast es für dich getan. Für dein Ansehen, oder was du dafür hältst. Wer hat oder hätte dich zu so etwas zwingen können? Das ist dein Charakter, dein kleines Denken.

BROCK: Nun alles?

TINA: Habt ihr denn nicht mitbekommen, wann ich aufgehört habe, auf euch stolz zu sein, auf … Auch ich fand unser Haus einmal schön, unseren Garten, habe gewünscht, für immer darin Platz zu haben. Aber … Aber dann habt ihr Henriette ins Heim gegeben. – Und sie wäre so gern hier gestorben. – Im Garten und am hellichten Tag, so hatte sie es sich gewünscht. Aber ihr …

BROCK: Deine Mutter wollte ihrer Mutter die bestmögliche Pflege bieten. Und wir waren damals noch beide berufstätig. – Solch ein Haus bekommt man nicht geschenkt.

TINA: Sie wollte keine bestmögliche Pflege, sie wollte nur sterben hier.

FRAU BROCK: Du maßt dir an, über uns zu urteilen. Lebe du doch erst einmal. Komme doch erst einmal von selbst zurecht im Leben! Denn einmal ist keiner mehr da, der dir das Essen hinstellt und die Wäsche macht und dir alles nachräumt. Einmal mußt du für jeden Pfennig, den du ausgeben willst, auch eine Leistung bringen, da lohnt kein Händeaufhalten.

TINA: Mache mir eine Rechnung, Mutter!

BROCK: Schluß! Schluß! Ich will nicht, daß wir so miteinander reden. Ich will es nicht. Schluß!

## Fünftes Bild

*Stefan wird vernommen.*

FRAHM: Aber Herr Löffler, Sie müssen doch sagen können, warum Sie auf den Bürger Brock eingeschlagen haben! – Sie waren wütend. Der Bürger Brock hatte Ihnen die Bekanntschaft mit seiner Tochter untersagt. Zum ersten Mal, wie Sie sagten. – Aber das kann doch nicht eine solche Wut gezeugt haben, daß Sie blindlings auf den Mann einschlagen und ihn schwer verletzen? – Hatten Sie interne Konflikte mit Ihrer Freundin? – Nun sprechen Sie doch!

STEFAN: Ich bekenne mich schuldig. – Ich habe mich gestellt.

FRAHM: Das hatten wir schon. – Hat der Bürger Brock Sie seinerseits tätlich bedroht? Oder ... Er muß doch begründet haben ...

STEFAN: Er mag mich eben nicht und fertig. Ist doch sein gutes Recht. – Und er mag nicht nur nicht meine Nase oder nicht meine Augen, – mich so wie ich bin mag er nicht.

FRAHM: Hören Sie, wir veranstalten kein Quiz. – Hat die Handlung des Bürgers Brock möglicherweise ihre Ursache in der derzeitigen Lebensweise Ihrer Mutter?

STEFAN: Was weiß ich.

FRAHM: Die Aussage des Bürgers Brock liegt vor. – Warum scheuen Sie sich die Wahrheit gerade in diesem Punkt auszusprechen? – Soll ich Ihnen vorlesen ...

STEFAN: Aber das ist doch lächerlich.

FRAHM: Was, bitte, ist lächerlich?

STEFAN: Die Wahrheit.

FRAHM: Ich würde meinen, die Wahrheit kann niemals lächerlich sein.

STEFAN: Es gibt die Regel bestätigende Ausnahmen.

FRAHM: Lassen wir die Hausphilosophie für später. – Haben Sie Schmerzen an der Hand?

STEFAN: Nicht der Rede wert.

FRAHM: Rührt das von den Schlägen her?

STEFAN: Ich bin gefallen während des Spiels am Nachmittag.

FRAHM: So ein Schlag auf die Nase – da muß man doch ziemlich genau zielen, es vielleicht sogar üben!

STEFAN: Ich habe plötzlich ... Ich bin ... Das Maß war voll. Das war, als würde etwas überlaufen in mir. Ja, so. – Ich habe da auch auf all die andern eingeschlagen. Ich ...

FRAHM: Auf wen anderen?

STEFAN: Auf all die, die mich schneiden, seit Mutter mit Herbert zusammen ist. – Sie wissen doch, wer Herbert ist! – Und auch auf die, die sich an mich hängen seitdem, wegen n paar Jeans oder Zigaretten oder ... Aber auch das ist Ihnen doch nicht unbekannt. Ich habe mich gewehrt. Dagegen.

FRAHM: Soweit ich Ihre Aussage verstanden habe, hat der Bürger Brock Sie nicht tätlich bedroht!

STEFAN: Aber ich habe mich gewehrt. Es war ein Gefühl ... Herbert ist doch auch ein Mensch. Er ißt und trinkt und lacht und weint genauso wie wir. Er spricht wie wir. Und tut nicht so großkotzig wie die meisten von denen. Und für ihn ist nicht hier schwarz und mies und drüben alles bestens. Aber ...

FRAHM: Ich habe Sie nicht unterbrochen.

STEFAN: Aber seit Mutter mit ihm zusammen ist, da ist es, als hätten wirn Schild um den Hals hängen ‚Vorsicht, nicht berühren, Ansteckungsgefahr!' Verstehen Sie, als wäre ich ein Kranker auf einmal dadurch. – Wie scheintot. – Plötzlich sind Schranken da. Die Gesichter sind anders geworden und ... Und man selber wird auch anders. Man beginnt sich zu mißtrauen. Und man zweifelt an allem. An allem zweifelt man.

FRAHM: Wenn ich Sie recht verstehe, dann ist Ihre Handlung nicht so sehr im Affekt vollzogen worden, sondern – sagen wir so – war irgendwie angekündigt.

STEFAN: So könnte man sagen. – Ich bekenne mich schuldig.

FRAHM: Lassen wir Schuld und Nichtschuld einmal außer acht. – Haben Sie Ihrer Freundin einmal Geschenke gemacht? Ich meine solche, die der jetzige Partner Ihrer Mutter bereitstellte?

STEFAN: Herbert ist nicht geizig. Jeans und paar Pullis habe ich ihr besorgt.

FRAHM: Welche Gegenleistung, welcher Preis war dafür von ihr zu erbringen?

STEFAN: Das waren Geschenke. Ich habe Tina ... Ich meine, ich hatte Fräulein Brock sehr gern. Und Herbert hat nie etwas verlangt. Er verdient gut.

FRAHM: Wieviel?

STEFAN: Weiß ich nicht genau. Aber so um die viereinhalb bis fünftausend werden es wohl sein.

FRAHM: Hat dieser Herbert Ihnen in Aussicht gestellt, daß Sie – immerhin sind Sie ein ausgezeichneter Schüler, wir kommen darauf noch zurück – dort, in der BRD, einen ähnlichen Verdienst erreichen könnten?

STEFAN: Ich verstehe nicht.

FRAHM: Aber er, dieser Herbert, wird doch Vergleiche angeführt haben? Es gibt da so Begriffe wie Wohlstandsgesellschaft, Land der unbegrenzten Möglichkeiten und so ähnlich. – Hat er nicht gesagt, daß ein junger Mann wie Sie dort eine reelle Aufstiegschance hätte, Karriere machen könnte?

STEFAN: Das ist für Herbert alles Politik, darüber spricht er nicht. Er sagt, er hat ein Werk aufzubauen, und das bereitet ihm Kopfschmerzen genug, denn auch wenn es manchmal so aussähe, von allein entsteht auch bei ihnen so etwas nicht.

FRAHM: Sie mögen diesen Herrn Herbert?

STEFAN: Er ist ein Kumpel. – Er kümmert sich viel um Steffi, hat er gar nicht nötig. Aber Steffi kommt nicht klar mit ihm. Das fing ja an ...

FRAHM: Und im Herbst wollen Sie ein Studium beginnen?

STEFAN: Das hat sich ja nun erledigt.

FRAHM: Wieso? Keine Lust mehr?

STEFAN: Hab ich mir doch alles verbaut jetzt.

FRAHM: So schlimm wirds nicht werden.

STEFAN: Aber ... Aber das ist doch nicht normal. Ich meine, daß es zu etwas kommen muß, wegen ... Das eigentlich normale Dinge, denn so ein Werk aufzubauen und daß es da unter den Leuten zu Beziehungen kommt, das ist doch normal, aber daß es wieder welche gibt, wie Tinas Vater zum Beispiel, denen das angst macht, überhaupt ...

FRAHM: Es ist Nacht, Sonntag noch. Morgen werden wir weiter sprechen. – Das beste wird sein, wir behalten Sie hier über Nacht. Die Formalitäten holen wir morgen nach. – Ihre Mutter benachrichtigen wir. – Haben Sie noch irgendwelche Wünsche? Möchten Sie trinken, essen? Zur Toilette?

STEFAN: Sagen Sie – Gabi ist Ihre Tochter?

FRAHM: Ich bin Vater von drei Töchtern. Und eine, die älteste heißt Gabriele. Wenn Sie die meinen!

STEFAN: Gabi habe ich auch schon im Camp gesehen. – Ich war zweimal mit Herbert etwas aus seinem Wohnwagen holen. Und da …

FRAHM: Sie müssen sich jetzt sehr genau überlegen, was Sie sagen!

STEFAN: Oja, ich weiß. – Es war nur ein Spaß. – Ich wollte nur Ihr Gesicht sehen.

FRAHM: Das war, Herr Löffler, ein schlechter Spaß.

STEFAN: Ich habs gesehen. – Wenn es so gewesen wäre, es würde Sie die Stellung kosten, nicht wahr?

FRAHM: Bitte.

STEFAN: Ich bin nun das, was man ‚straffällig geworden' nennt.

FRAHM: Sie sollten nicht noch Provokationen versuchen.

STEFAN: Ziemlich blöd alles.

## Sechstes Bild

*Monika. Steffi am Fenster. Gegen Mitternacht.*

MONIKA: Herbert wird auch wieder Ärger haben im Camp. – Jedenfalls bin ich wegen Stefan erst einmal beruhigt.

STEFFI: Er ist eingesperrt! – Aber du bist erst einmal beruhigt.

MONIKA: Steffi, du …

STEFFI: Ist doch sowieso alles bloß wegen Herbert.

MONIKA: Was hast du denn nur gegen Herbert!

STEFFI: Wenn ich bei dem Unfall damals, du weißt, gleich gestorben wäre …

MONIKA: Fange nicht wieder davon an!

STEFFI: Aber Mutti, ich wollte nicht, denn ich hätte da sterben können, das weiß ich ganz sicher. – Ihr denkt, ich war bewußtlos. Dabei war ich nur wie ohne Gesicht, ohne Körper. Und ich kann mich überhaupt nicht an Schmerzen erinnern. Nur vor dem Sterben, da hatte ich Angst, das weiß ich.

MONIKA: Du sollst aufhören davon.

STEFFI: Warum willst du mir nicht glauben?

MONIKA: Komm her, Steffi!

STEFFI: Und deshalb, weil ich damals Angst hatte zu sterben, bin ich schuld an allem.

MONIKA: Komm zu mir! Komm! *Steffi kommt dem nach, Monika berührt ihre Hüfte.* Und es tut überhaupt nicht weh? – Herbert kümmert sich ganz bestimmt um einen Arzt. Er hat es versprochen, und was er verspricht … Du kennst ihn doch!

STEFFI: Ich bin ein Klotz am Bein. – Früher, Mutti, da habe ich mir gewünscht, im voraus zu wissen, was einmal geschehen wird. Und ich war überzeugt, daß mich das, könnte ich es, irgendwie glücklich machen müßte. Aber … Du lebst wie blind, Mutti. Glaubst du wirklich, das ist das Glück zwischen dir und Herbert?

MONIKA: Bitte Steffi, du hast mir schon weh genug getan.

STEFFI: Ich wollte es.

MONIKA: Ich weiß.

STEFFI: Und es hat dir sehr weh getan?

MONIKA: Sehr.

STEFFI: Und warum schreist du dann nicht?

MONIKA: Ich habe es mir abgewöhnt.

STEFFI *hart*: Du hast dir angewöhnt, nur an dich zu denken.

MONIKA: Was erlaubst du dir?

STEFFI: Einen Vater hast du mir schon nicht geben können, da laß mir wenigstens den Bruder.

MONIKA: Du bist noch immer die dumme Göre! – Was für ein Vater wäre denn das gewesen! Eine Null. Ein biertrinkender, bastelnder, fernsehglotzender Durchschnitt. Was weißt denn du vom Leben!

STEFFI: Ich weiß ein bißchen was vom Sterben, Mutti, und da ist so ein großer Unterschied gar nicht.

MONIKA: Wie du sprichst! Als hättest du hundert Jahre härtesten Lebens hinter dir.

STEFFI: Einmal mußt du mir sagen, wer mein Vater ist. –

Und wenn nicht, – Stefan und ich, wir bringen es sowieso heraus.

MONIKA: Du und Stefan! Stefan und du! Du und Du und Du! – Und ich? Denkst du auch einmal nur an mich, an meine Wünsche, an mein Glück! Darf ich keine Ansprüche mehr haben ans Leben, nichts mehr erwarten! Habe ich mich zu vergessen und nur noch für andere da zu sein! – Steffi, hast du noch nie daran gedacht, daß ich Herbert liebe! – Als ich mit dir nach Hause kam nach der Entbindung – hier in dieser Wohnung war das – da sagte dein Vater, daß wir nun alles hätten, was zum Leben nötig sei. Verstehst du! Wir hätten regelmäßig die Wände mit neuen Tapeten beklebt und regelmäßig das bestellte Auto abgeholt und regelmäßig, regelmäßig hingelebt. – Da war ich zweiundzwanzig, Steffi! Und dein Vater war ein Jahr älter. Ein jugendlicher Greis. – Ich habe nie etwas bereut.

STEFFI: Weil du dir nicht einmal das erlaubst.

MONIKA: Du willst mich richten!

STEFFI: So am Fenster sitzen zu müssen wie ich, Mutter, das schärft den Blick. Aber ich kann nicht dankbar sein dafür.

MONIKA: Gewollt ungerecht sein deswegen, hältst du das für richtig.

STEFFI: Ich bin müde.

MONIKA: S war ein langer Tag, ja. Ich werde auch nicht länger warten. Herbert hat einen Schlüssel.

STEFFI: Ob Stefan schon Ruhe hat?

MONIKA: Wir brauchten uns keine Gedanken zu machen, sagte der Leutnant am Telefon. Morgen gegen Mittag wird er nach Hause kommen.

STEFFI: Du darfst ihm keine Vorhaltungen machen, Mutter.

MONIKA: So! Soll ich ihn etwa noch belobigen! Soll ich sagen, ich danke dir, mein Sohn, für die Sorgen, die du mir bereitet hast! – Ja glaubst du denn, an mir geht das alles so spurlos vorüber wie ich vorgebe! Glaub mir, auch ich muß mich jeden Tag neu beherrschen, um nicht loszuheulen, nicht loszuschreien, nicht loszuschlagen! Du tust, als wüßtest du nicht, was ich auf mich genommen habe! Glaubst du, mich freuen die Sticheleien, die Blicke, und daß es mich zufrieden macht, vielleicht die einzige diplomierte Beiköchin zu sein hierzulande! – Aber ich beherrsche mich.

STEFFI: Ja, wie großartig du doch bist, Mutti!

MONIKA: Du bist genau deinem Vater nachgeraten, wissen, daß man im Unrecht ist, aber dennoch den anderen beleidigen müssen, spotten wider besseres Wissen.

STEFFI: Du wirfst mir vor, einem nachgeraten zu sein, den du mir vorenthalten hast! Das ist doch zum Lachen, Mutter! *Und sie versucht zu lachen, schrill – erbärmlich, wie sie so dasteht mit dem mißlungenen Lachen.*

*Monika will sie umarmen. Aber Steffi weist sie zurück, bringt sich aus dem Zimmer, verschließt die Tür hinter sich.*

*Monika rüttelt an der Klinke.*

MONIKA: Was soll das, Steffi? – Sei nicht albern! – Schließ auf! – Ich komme nicht zu dir rein, wenn du es nicht willst, aber du mußt öffnen! Steffi! Das macht mir Angst, du! Du, ich habe Angst um dich! – Ich schlage die Tür ein. Hörst du! Ich rufe die Polizei!

*Aber Monika tut nichts davon, lehnt hilflos an der Tür. Und auf der anderen Seite ergeht es Steffi ebenso. Rücken an Rücken lehnen sie, Handfläche an Handfläche; nur daß die Tür zwischen ihnen ist.*

STEFFI: Stefan konnte sich nicht mehr beherrschen.

MONIKA: Du gibst mir die Schuld. Mir und Herbert.

STEFFI: Du behältst ja deine Liebe. Noch. Aber Stefan …

MONIKA: So darfst du mich nicht schuldig sprechen, Steffi, so kalt, so fremd. Als wäre es Sünde zwischen mir und Herbert. – Das dauert doch nun schon zwei Jahre so an, das hat uns stark gemacht. Dieses eine Mal noch hätte er widerstehen müssen.

STEFFI: Zwei Jahre, Mutter, das zermürbt.

## Siebentes Bild

*Stimmen der Nacht*

*Stefan auf der Pritsche. Tina auf ihrem Bett. Monika, auf Herbert wartend. Herr Brock und Frau Brock. Steffi. Albert. Frahm.*

*Einige der so nie öffentlichen Stimmen wieder.*

STEFAN: Nur die Handschellen fehlen, die Ketten.

TINA: Eigenes ist nur der Schmerz, die Demütigung, die Ohnmacht!

MONIKA: Nichts getan, nichts. Und dennoch schuldig an allem. Hätte ich einmal nur heucheln können. Denn die Wahrheit zerstört die Hoffnung, nicht die Lüge.

BROCK: Jedenfalls weiß sie jetzt, was von so einem zu halten ist, der ihren Vater schlägt. – Es ist überstanden.

FRAU BROCK: Einmal wird sie uns dankbar sein dafür.

BROCK: Sie ist unsere Tochter, sie wird es lernen.

STEFFI: Wie immer allabendlich die Hunde auf dem Rasen.

ALBERT: Hoffentlich macht der Junge keine Dummheiten weiter. Am nächsten Sonntag geht es um den Abstieg. Und in der Form wie heute ist er nicht zu ersetzen. Ich muß etwas unternehmen.

FRAHM: Schlägt um sich der Junge. Und versetzt mir einen Schreck. Aber es gibt Dinge, die weiß man nie ganz sicher.

*Die zwei Männer, nun angetrunken.*

2. MANN: Und ich sag, das mußte so kommen, das kommt immer so, wenn es welche gibt, die nicht wahrhaben wollen, daß man sich in Grenzen zu schicken hat. Und da ist nur Monika schuld.

1. MANN: Der flotte Käfer, den du nicht hast fangen können!

2. MANN: Ph, vergessen. Aber Freund Werner hat sie rumgekriegt. Aber nach drei Jahren ... Zur Scheidung hat sie angegeben, sie wolle nicht mit zwanzig leben wie schon im Rentenalter. Na ja, aber nu is se auch nicht glücklich.

1. MANN: Das freut dich wohl?

2. MANN: Ja, das freut mich.

STEFAN: Ich muß hier raus. Ich muß hier raus. Ich muß hier raus. Ich muß hier raus. Ich muß wach bleiben. Ich will nicht träumen, will nicht weinen. Ich muß raus hier.

STEFFI: Auf dem Rasen die Hunde wie immer allabendlich.

ALBERT: Ich muß etwas unternehmen. Aber was? Wir brauchen einen Punkt am Sonntag.

MONIKA: Nicht die Lüge zerstört die Hoffnung, sondern die Wahrheit.

MÄDCHEN *gelegentlich unkontrolliertes Flötenspiel*: Alles habe ich gesehen. Jetzt werde ich noch mehr hungern. Jetzt kann er nicht mehr Tinas Freund sein. Jetzt muß ich nur noch warten. Und ich werde schön sein. Einmal.

BROCK: Wir haben uns nichts vorzuwerfen. Es war unsere Pflicht.

FRAU BROCK: Aber ich bin morgen allein mit ihr. Bis Mittwoch wenigstens hättest du dich krankschreiben lassen können!

FRAHM: Die Sache muß nicht vor den Richter. Das krieg ich hin. Aber der Schreck war nicht gut.

STEFAN *wie im Krampf*: Ich komme hier raus.

MONIKA: Auf wen warte ich? Auf den Sohn? Auf den – Geliebten, den – Beischläfer, den – Aushälter? Auf was hoffe ich denn? Auf welche Wahrheit? Welche Lüge?

ALBERT: Ich muß etwas tun, muß mich einschalten. Wenn er nur nicht irgendwelche Dummheiten macht, sich hinreißen läßt zu Äußerungen.

TINA: Und – auch der Schmerz ist an Fremdem gezeugt. Nur gelebt bisher von anderer Leute Pflichtglaube, in der Täuschung der Begriffe.

EIN ALTER: Nun ist es passiert. Mußte ja irgendwas passieren. Kenn doch den Brock. Der hat doch kein Feingefühl, immer nur stur geradeaus.

STEFFI: Auf dem Rasen wie immer allabendlich die Hunde.

MONIKA: Auf wen warten? Auf was? Welche Hoffnung? Immer noch. Immer.

STEFAN: Ich komm hier raus.

## Achtes Bild

*Tina und Silke in einer Unterrichtspause am Vormittag. Am Fenster Silke, raucht heimlich.*
*Auf einer Tafel: Hausaufgabe (schriftlich) „Revolutionär sein heute, was heißt das?“ Lb. Seite 191–194.*

SILKE: Vormittags ist Regen gut, müssen wir nicht auf den Hof. Die Jungen aus der Zwölften nölen jetzt jede an, von der sie wissen, daß sie zum Bahnhof geht. – Aber am Nachmittag, bei den Pfützen, bespritzt man sich die

Beine – und die sind pingelig manchmal, kann sich keiner vorstellen. – Nun sag doch mal was! – Du bist schon wieder bei der Strebe, oder? Denkst, wie du das da – *Sie pocht auf die Tafel.* – am besten zu Papier bringst! – Ich schreibe einfach jeden dritten Satz ab. Und hat einer mehr als zwei Seiten, wirds sowieso nicht mehr gelesen. Gute Schrift gibt ne Eins, schlechte Schrift Zwei. – Viel anders machst dus doch auch nicht? – Was ist denn? Warum sprichst du denn nicht mit mir?

TINA: Bin müde.

SILKE: Ich erst. Den ich da jetzt habe, der paßt mir sehr. Und ich ihm auch. Du, der fängt schon an, irgendwas vom gemeinsamen Leben zu faseln. Der jetzt jedenfalls war der Erste, der mir n Hunderter gegeben hat. – Willst du mal sehen?

TINA: Nein. – Muß man das fordern?

SILKE: Wenn du anfängst, mußt du aufpassen. Die geben dir n Stück Seife oder ne Packung Kaugummi und lassen dich liegen wie ... Soll ich dich mitnehmen?

TINA: Ich frage doch nur. Nein.

SILKE: Wenn mans einmal hinter sich hat, ist nichts mehr dabei. Ob man nun an der Ecke steht und drüber redet oder es macht, wo ist da der Unterschied. – Sogar Birgit geht schon. Aber hast du ja gar nicht nötig. Du hast ja deine große Liebe Stefan, und der versorgt dich ja damit, wofür unsereiner sich hinlegt.

TINA: Mit Stefan ist Schluß.

SILKE: Entschuldige. Hast du oder er ...

TINA: Ist doch egal! *Gefaßt, wie leichthin, dabei hat sie Mühe, ein Weinen zu unterdrücken.* Die erste Liebe, so habe ich mal gelesen, geht immer an Äußerlichkeiten kaputt. Da hat man noch nicht gelernt zu täuschen, sich anzupassen. Das Leben ist doch, wenn sich einmal hat beugen lassen, nur noch ein viel zu lange währender Beschiß. Man bemogelt sich selber und freut sich, wenn mans besonders gut kann.

SILKE *weist auf die Tafel*: Das mußt du schreiben. Entweder Thema verfehlt oder sehr gut.

TINA: Hör mal, du entschuldigst mich nach der Pause, ja! Sag, mir war nicht gut, hatte Schmerzen im Kopf. Oder, besser ist, du sagst, im Unterleib, da fragt keiner weiter.

## Bild 8a

*Stimmen, die Tinas Gang zum Bahnhof begleiten.*
*Zwei Männer.*

2. MANN: Verdammter Kraftverkehr! Auf nichts ist Verlaß. Da jaule ich zwei Stunden rum wegen Zahnschmerzen angeblich, damit sie mich zum Arzt schicken und ich noch mal den Film gucken kann von gestern abend – und nun!

1. MANN: Beschweren müßte man sich.

2. MANN: Wenn ich nun tatsächlich Schmerzen hätte ...

1. MANN: Guck mal! Ist uns doch nicht unbekannt, der Käfer!

2. MANN *pfeift*: Sieh an! Auch da geht der Krug zum Brunnen.

MUTTER: Zu Hause heißt das dann – hatte Freistunden.

MANN: Wenn eine um diese Zeit diesen Weg nimmt, ist die Sache klar.

2. MANN: Sag ich doch.

MANN: Wenn man das dem Brock mal stecken könnte, dem feinen Herrn mit der sauberen Weste, der immer nur anderen in die Suppe spuckt.

FRAU: Hat sein Fett doch gestern schon gekriegt.

JUNGER MANN: Nun guck sie dir an! Die weiß genau wo sie hin will.

JUNGE FRAU: Zum ersten Mal geht die nicht.

EIN ALTER *begegnet Tina, sieht ihr nach*: Ei, Mädchen, das muß nicht sein, das doch nicht. – He ... Nein, halt dich da raus, Alter! Hast doch deine Erfahrungen. Unsereiner mußte auch durch alles selber durch. – Dem einen wirds mit dem Stock durch die Haut geschlagen oder mit Stiefeln eingetreten, einem anderen mit Worten eingegeben: und mancher geht kaputt daran, an seinen Erfahrungen, und mancher nimmt nie welche an, – nur schenken kann man sie keinem, nie. –

## Neuntes Bild

*Monika und Steffi am Mittagstisch. Warten wieder.*

MONIKA: Und ich war so herrlich ausgeruht. Aber diese Warterei jetzt wieder, das geht mir an die Nerven. Der eine ruft an, daß erst am Abend mit ihm zu rechnen ist. Und der andere läßt weder von sich hören noch sich sehen.

STEFFI: Vielleicht solltest du dich einmal erkundigen!

MONIKA: – Schade um den schönen Tisch, das gute Essen.

STEFFI: Ich habe mir in der Nacht etwas überlegt, Mutti. Ich frage dich jetzt, und du gibst mir eine Antwort, ja?

MONIKA: Du hast wieder so einen Ton drauf. Spiel nicht wieder Tragödie, laß uns zur Ruhe kommen.

STEFFI: War es Herbert? – Es war Herbert, der mir über die Beine gefahren ist! – Nun antworte mir doch einmal so, daß ich dir glauben kann.

MONIKA: Ja, Steffi, sag mal, bist du denn verrückt? – Ja denkst du denn, ich könnte mit ihm, würde …

STEFFI: Dann sag mir den anderen.

MONIKA: Für was sollte das gut sein?

STEFFI: Für dich.

MONIKA: Hör auf, Steffi! Hör endlich auf davon! Ich will das heute nicht. Ich will das überhaupt nicht mehr. Merke dir das!

STEFFI: Er war es. – Und deshalb bringt er den Kaffee und die Jeans und die Hemden. Deshalb lacht er hier und mimt den freundlichen Onkel. Deshalb … Er zahlt einfach seine Schuld ab. Bei dir.

MONIKA: Zum letzten Mal, Steffi …

STEFFI: Mach dir doch nichts vor. Er könnte ebenso wie die anderen jede von den Jungen haben, die sich dafür hergibt. Und billiger noch dazu. – Und du! Du bist doch schon siebenunddreißig, und man sieht es dir an. Du bist doch nicht mehr schön. Du bist abgewirtschaftet. Guckst du dich denn nicht an! Hast du vergessen, wo der Spiegel hängt? – Du hast ihn nur, weil er mir das hier kaputt gefahren hat. – Du mußt es mir sagen.

MONIKA: Herbert war es nicht. Es war nur der erste danach,

der vorbei kam. Und das mit uns, das hat sich so ergeben. Du weißt doch, wie hilfsbereit Herbert ist.

STEFFI: Aber ich will, daß er es gewesen ist.

MONIKA: Ja, Steffi, sag mal, bist du – neidisch auf mich? Du als Frau neidest mir den Mann!

STEFFI: Ich denke nur an Stefan.

MONIKA: Du lebst nur noch in Vorwürfen, Kind. Du sitzt an deinem Fenster und ...

STEFFI: Wäre es dir lieber, ich spränge hinaus?

MONIKA: Wieder diese Unterstellungen.

STEFFI: Wenn es einmal sein muß, Mutter, dann ist Gas das sicherste Mittel.

MONIKA: Was geht nur in dir vor? Das ist doch nicht normal.

STEFFI: Was ist schon normal bei uns!

MONIKA: Hör zu, Steffi, Herbert hat in der nächsten Woche vier freie Tage, da nehmen wir uns was Schönes vor, fahren irgendwo hin, spannen aus. Herbert wird da schon was einfallen. Du kennst doch Herbert!

STEFFI: Natürlich!

MONIKA: Du bist ein ungerechtes, bösartiges Kind. Du ...

STEFFI: Frauenzimmer, Mutti. Ich neide dir doch den Mann. Und das wird ein Kind doch kaum tun.

MONIKA: Wenn du gesund wärst, ich würde ...

STEFFI: Noch ein paar Schläge auf den Kopf, Mutter, die halte ich noch aus.

*Die Türklingel.*

MONIKA: Na endlich. Das wird Stefan sein.

*Aber es kommen – wie am Tag zuvor – Leutnant Frahm und sein Begleiter.*

FRAHM: Um gleich zur Sache zu kommen, Frau Löffler, Ihr Sohn ist – – – flüchtig. Er hat eine Blinddarmentzündung vorgetäuscht. Wir waren verpflichtet, ihn einem Arzt vorzustellen. Dabei ist er entflohen. Ja. Und er hatte absolut keine Motivation dafür. Und seine Schmerzen – es wirkte alles so echt. – Ich muß Ihnen nicht die gleichen Fragen stellen wie gestern. Also?

STEFFI: Er kann nur zu Tina wollen.

MONIKA: Du bist still.

FRAHM: Fräulein Brock hat nach der dritten Unterrichtsstunde die Schule verlassen. Ihre Eltern wissen von nichts.

MONIKA: So weit ist es also gekommen. Der Sohn straffällig, flüchtig. Die Tochter bösartig, ungerecht, wie ein Feind. Und das Leben …

FRAHM: Frau Löffler, es ist nicht mein Amt und liegt mir fern, in Ihre familiären Belange einzufragen, aber hatten Sie zuvor, bevor Ihr Sohn auf den Bürger Brock einprügelte, Streitigkeiten mit ihm, mit Ihren Kindern allgemein? – Wir müssen allen Gründen nachspüren. Wir müssen ihn finden. – Ihr Sohn ist sehr sensibel, so scheint mir. Ich habe gestern das Verhör geführt.

MONIKA *völlig außer Kontrolle*: Finden Sie das komisch, aber ich liebe diesen Mann! Ich liebe nicht sein Auto, nicht sein Geld, nicht die Dinge, die er bieten kann, und nicht sein Herkommen und nicht …

FRAHMS BEGLEITER: Wovon sprechen Sie?

MONIKA: Sie wissen sehr gut, wovon ich spreche, sehr gut wissen Sie das. – Und seitdem geht es – pffft – bergab. – Wenn ich mit dem schlimmsten Luden auf hundert Kilometer zusammenleben würde, es hätte mir nicht halb soviel Schwierigkeiten eingetragen.

FRAHMS BEGLEITER: Erklären Sie sich genauer!

STEFFI: Sag nichts, Mutti! Du brauchst nichts zu sagen. Sie sind nur wegen Stefan gekommen.

FRAHM: Frau Löffler, sind Sie auch der Meinung, daß Ihr Sohn unbedingt seine Freundin aufsuchen wollen wird?

MONIKA: Was verlangen Sie eigentlich von mir! Soll ich meinen Sohn anschwärzen?

FRAHM: Wir sind in der gleichen Situation wie gestern.

MONIKA: Das sind wir nicht. Er hat sich gestellt.

FRAHMS BEGLEITER: Sie wollen uns nicht verstehen. Haben Sie uns etwas vorzuwerfen?

MONIKA: Hören Sie, junger Mann, ich kenne solche Töne, die Sie anzuschlagen versuchen, zur Genüge. – Und sie gefallen mir nicht, solche Töne.

FRAHM: Frau Löffler, bitte!

MONIKA: Seit wann bitten Sie denn! – Ich werde mich auf die Suche machen nach meinem Sohn, mehr kann ich Ihnen nicht versprechen. – Und Sie … machen Sie Ihre Arbeit!

## Zehntes Bild

*Monika und Herbert.*

HERBERT: Das ist alles zu viel für dich, ich weiß, aber ob heute oder morgen, ich hätte es dir sagen müssen. – Du weißt, es ist nicht meine Art …

MONIKA: Und das kann man einfach so mit dir machen! Gestern hast du noch von vier Monaten gesprochen!

HERBERT: Natürlich bin ich gefragt worden.

MONIKA: Du – hattest – die – Wahl?

HERBERT: Nicht direkt. Schließlich bin auch ich nur ein Angestellter, habe einen Vertrag.

MONIKA: Du hättest auch ablehnen können?

HERBERT: Ich bin ersetzbar, Monika. Wenn nicht ich, dann kriegt ein anderer den Job. Und es ist ein guter Job. Und im Herbst wäre sowieso … Und außerdem habe ich dir doch erzählt, irgendwann zum Anfang, als das anfing mit uns, da habe ich dir doch erzählt, daß ich schon immer einmal nach Kanada wollte. – Das habe ich dir doch erzählt, Monika!

MONIKA: Aber ja. Es ist ja deine Art.

HERBERT: Und da kann ich doch jetzt nicht sagen, daß ich nicht will. Die wissen doch auch, daß ich da immer gern mal hin wollte. Wir haben auch Fragebögen. Und die müßten doch denken, daß ich wegen … wegen … Du verstehst schon.

MONIKA: Daß du dir wegen einer billigen angewelkten Ostpute den guten Job durch die Lappen gehen läßt!

HERBERT: Monika, ich bin Spezialist. Ich habe einen Vertrag.

MONIKA: Also wann?

HERBERT: Das fällt mir doch nicht leicht, so von heute auf morgen …

MONIKA: Morgen also.

HERBERT: Nein, das war nur eine Redensart.

MONIKA: Nun sag endlich wann!

HERBERT: Freitag. Ich muß ja noch Ordnung schaffen in den Papieren für die Übergabe. – So viel Schreibarbeit behagt mir gar nicht.

MONIKA: Mit anderen Worten, du brauchst deine Zeit. Du … Du beginnst dich abzusetzen.

HERBERT: Wir müssen vernünftig sein, Monika.

MONIKA: Aber ich, Herbert, ich … Ich liebe dich. Ist das lächerlich aus dem Mund einer so alten Frau?

HERBERT: Zwischen uns war von Anfang an alles klar, Monika. Ich habe dir nie Hoffnungen gemacht. – Ich kann hier nicht bleiben. – Das zu erklären, reichen Worte nicht aus. Das ist Leben. Ist Geschichte. Sind Gewohnheiten. – Für immer hier, Monika, das kannst du nicht erwartet haben, kannst du nicht verlangen!

MONIKA: Tu ichs denn?

HERBERT: Aber nein, du stellst keine Forderungen. Du machst keine Vorwürfe. – Außerdem haben wir nie über Gefühle gesprochen.

MONIKA: Sag mal, Herbert, du weißt doch gar nicht wie alt ich bin! – Ich bin siebenunddreißig.

HERBERT: Das war zu errechnen. Stefan ist achtzehn. *Monika lacht, lacht.* Aber das war mir doch nie wichtig. – Ich war so lange ich auf Montage arbeite, noch nie so, über so lange Zeit und so schön, mit einer Frau zusammen.

MONIKA: Gerechnet hast du! – Frage doch einmal, was mit Stefan ist! Du brauchst nicht einmal zu fragen. Du bist gänzlich unbeteiligt, nicht zu beeindrucken. Du bist der gute Onkel, der die Schokolade bringt und ein bißchen vom Duft der großen freien Welt. – Ach Herbert! Eine elende Scheiße ist das. – Stefan ist wieder getürmt. Nun mußt du noch sagen, daß er dir beinahe wie ein Sohn geworden ist. Hast du eigentlich Kinder, Herbert? Worüber haben wir all die Monate nur gesprochen!

HERBERT: So lange man liebt, sind Zeit und Worte ohne Bedeutung.

MONIKA: Einmal möchte ich dich ohne deine Fassade des Unerschütterbaren erleben!

HERBERT: Wir reden Autobahn einspurig.

MONIKA: Kommt jetzt wieder das ‚große Europarätsel' des Mannes von Welt! – Aufgepaßt, Leute, Herbert der Mann der Männer aus Bremen, präsentiert euch jetzt die Supernummer: Die einspurige Autobahn, das einmalige Ding, das gibts nie wieder, da bleibt euch der Atem weg, da … Mensch, Herbert, was soll ich denn machen?

HERBERT: Autobahn einspurig ist: nebeneinander, mit voller Geschwindigkeit, aber nur einer ist in der richtigen Spur, einer bekommt Gegenverkehr. Und dann ...

MONIKA: Ist doch geschenkt, Herbert.

HERBERT: Daß ich nicht bleiben kann hier, Monika, liegt doch nicht bei dir. Ich müßte ein anderer werden dann. Solche Grenze, Monika, ist nicht nur eine Linie, über die man tritt und damit ists getan.

MONIKA: Ich weiß, Herbert, es sind Welten, die zu wechseln wären. – Und dazwischen nun mein Stefan.

## Elftes Bild

*Tina kommt nach Hause. Ihre Mutter und Albert im Vorgarten.*

ALBERT: Baumann, Albert. – Stefan war gestern – danach – bei mir. – Ich spiele auch Fußball, bin der Mannschaftskapitän. Ich wollte mich erkundigen, wegen ... Auch wir haben eine Erziehungsfunktion. Sie verstehen, disziplinarische Maßnahmen ... Ich müßte nur die genaueren Umstände in Erfahrung bringen.

FRAU BROCK: Wie siehst du denn aus, Kind?

TINA: Wer ist das?

FRAU BROCK: Das ist ein Freund. Von Stefan.

TINA: Ein Freund!

FRAU BROCK: Wie siehst du nur aus?

TINA *wie unbeschwert*: Ich habe gearbeitet, liebste Mutter. *Sie klopft auf die Jeans.* Ich habe sie mir verdient. Nun mußt du dich freuen, Mutter!

FRAU BROCK: Was hast du? Du hast ...

TINA: Das ist ganz einfach, Mutter. Du gehst in Richtung Bahnhof, und alles andere findet sich. Es tut ein bißchen weh, aber das soll nur beim ersten Mal so sein.

FRAU BROCK: Das überlebt dein Vater nicht.

ALBERT *hat nicht begriffen*: Der Junge ist kein Rowdy. Wenn alles normal abläuft, ist er heute wieder draußen. Wenn nötig, übernimmt die Mannschaft eine Bürgschaft.

TINA: Das ist sehr gut. Das müssen Sie unbedingt zur Sprache bringen.

ALBERT: Wir werden unser Möglichstes tun.

TINA *böse*: Na dann gehn Sie doch und tun!

FRAU BROCK: Das überlebt dein Vater nicht.

TINA: Mein Vater überlebt alles. Er wollte es nicht überleben, als man ihm den Zement geklaut hat für die Garage. Und sterben wollte er, als er vor zwei Jahren nur Aktivist wurde und nicht den erwarteten Orden bekam. Alles Mache.

FRAU BROCK: In was für Licht setzt du denn deinen Vater vor fremden Leuten!

TINA: Jedenfalls: wir – lassen – uns – nichts – schenken!

ALBERT: Ich werde dann ... Es wird besser sein ... *Zieht sich zurück.*

TINA: Sie wollen gehen? Hat meine Mutter Ihnen denn schon das Haus gezeigt? Mein Vater und meine Mutter nennen ein sehr schönes Haus ihr eigen. Und sie haben alles selbst erworben, ehrlich bezahlt, haben sich nichts schenken lassen.

FRAU BROCK: Du willst mir weh tun!

TINA: Umarme mich, Mutter! – Ich warte! – Oder schmerzt es dich auch, mich nun zu umarmen, deine gefallene – von euch gefällte – Tochter!

FRAU BROCK: Es gefällt dir, mich zu quälen.

TINA: Umarme mich!

FRAU BROCK: Nein. Nein.

TINA: Aber es war ein schöner Mann, Mutter. Groß und nur ein bißchen Fett. Kurzes Haar, saubere Nägel. Die Zähne mit Gold ausgeflickt. Und sehr teurer Ring am kleinen Finger rechterhand. Verursachte Schmerz einmal.

FRAU BROCK: Was soll nur werden?

TINA *noch immer im gleich unbarmherzigen Tonfall*: Nichts passiert. Er hat das gleiche benutzt, was du unter Taschentüchern und Strümpfen in deinem Nachttisch versteckst. Absolut sicher bei ihm, hat er mir versichert. – Genau wie bei euch.

FRAU BROCK: Ich werde dich nicht schlagen. Nein.

TINA: Ich brauche jetzt das Bad, Mutter.

## Zwölftes Bild

*Frau Brock. Tina. Frau Brock öffnet vorsichtig die Tür.*

FRAU BROCK: Wir sind doch nicht schuld.
TINA: Nein, woran könntet ihr wohl schuld sein.
FRAU BROCK: Christina, wenn du mir versprichst, vernünftig zu sein, wir brauchten es Vater nicht zu sagen.
TINA: Wie soll ich euch nur ertragen!
FRAU BROCK: Bis gestern, Kind, haben wir doch gut gelebt miteinander. Du zwingst dich doch, so böse zu sein.
TINA: Ja. Ich zwinge mich, böse zu sein. Und nun laß mich allein.
FRAU BROCK: Was tust du?
TINA: Ich guck in den Spiegel, Mutter. Aber das verstehst du nicht. – Ich guck mich an und wünsche, ich wäre es nicht. – Ich mag mich nicht, Mutter.
FRAU BROCK: Du wirst es vergessen. Und wir schweigen darüber. – Niemand muß etwas erfahren.
TINA: Ich mag mich nicht, weil ich eure Tochter bin. Nun schlag mich! *Frau Brock will auf sie zu, sie kosen, an sich pressen – aber Tina wehrt sie ab.* Du darfst mich nicht mehr berühren, Mutter, nicht so.
FRAU BROCK: Warum bestrafst du uns so, Kind?
TINA: Ich werde euch nie lieben können, nie.
FRAU BROCK *abweisend*: Als ob es darauf ankäme im Leben. Liebe! Nichts ist unsicherer als das.
TINA: Und das ist, was das Leben dich gelehrt hat.
FRAU BROCK: Die Lehren des Lebens, Kind, vollziehen sich in Bestrafungen.
TINA: Und warum schlägst du mich nun nicht? Auch das wirst du nicht verstehen, Mutter, aber ich wünsche sehr, du schlägst mich.
FRAU BROCK: Haben wir dich je geprügelt?
TINA: Niemals. Und darum wünsche ich es jetzt. – Aber ich wußte, du würdest es nicht verstehen.
FRAU BROCK: Und wie klug du doch bist. Und deine dumme Mutter versteht reinweg gar nichts, ist nur gut zum Wischen und Putzen, Kochen und Waschen und Einkaufen und ... Du wirfst mir vor, daß ich nur für euch da bin, für Vater und dich. – Ich wollte nicht, daß Vater das tut.

Aber du kennst ihn! Wenn etwas vom Privaten ins Politische zu drängen droht, dann ist er konsequent. Ich habe zwei Brüder nur dem Namen nach. Keinen Brief erlaubt er, keine Karte. Hast du dich nie gefragt, warum du deine Onkel nicht kennst? – Dein Vater lebt getreu seinem Statut.

TINA: Natürlich. Und Kompromisse werden von ganz oben verordnet.

FRAU BROCK: Und er lebt gut so.

TINA: Weil es immer irgendwo, irgendwen und irgendwas gibt, dem man die eigene Miesigkeit mit aufrechnen kann. Früher wars irgendein Gott, der letztlich für alles herhalten mußte. Und heute? – Mir ist schlecht, Mutter.

FRAU BROCK: Und du bist meine Tochter!

TINA: Ja.

FRAU BROCK: Ich hätte nie gewagt …

TINA *schreit*: Du hast nie gewagt, du zu sein. Und ich weiß, ich bin ungerecht, störrisch, verloren. Ich weiß. Ich weiß. Und die Erde ist rund und bewegt sich und soll, aus weiter Entfernung betrachtet, sehr schön sein.

FRAU BROCK: Ich hätte nie gewagt, jemandem so weh zu tun.

TINA: Dazu braucht man nicht Mut, Mutter.

## Dreizehntes Bild

*Monika und Herbert. Auf dem Bett.*

MONIKA: Nun mach dir keine Gedanken, Herbert, du warst gut wie immer. – Du weißt doch, daß du immer gut bist.

HERBERT: Schon als ich ein Junge war, habe ich nach Kanada gewollt. Das war Wald und Weite für mich. Freiheit. Abenteuer. Und ich habe es dir doch erzählt. Kannst du dich denn nicht erinnern.

MONIKA: Was ändert das, ob ich mich erinnere oder nicht!

HERBERT: Jeder Junge hat solche Träume von der Ferne, von … Warum glaubst du mir nicht?

MONIKA: Du mußt doch wegen Stefan nach Kanada? – *Herbert greift ihr Gesicht, erträgt aber nicht ihren Blick.* Jetzt hast du Angst. Nun lüge schon weiter!

HERBERT: Ich bin da zuhause, Monika.

MONIKA: Aber frage du mich doch einmal, ob ... Mache mir doch den Vorschlag, das Angebot, mit dir zu kommen! Ich könnte einen Antrag auf Ausreise stellen. Ich könnte auch in ein Versteck ... Es wäre doch so unmöglich nicht. Es gibt Beispiele, Herbert! Du hast doch Lust auf Abenteuer!

HERBERT: Das ist nicht im Ernst gesagt. Das war immer ausgeschlossen zwischen uns.

MONIKA: Jetzt bist du erschrocken, Herbert. Jetzt bröckelt die Fassade.

HERBERT: Grad du wolltest nie Komplikationen, hast bei allem gesagt, daß wir es hinnehmen wie es kommt, dann später ...

MONIKA: Gib mir doch einmal nur das Gefühl, daß du mich auch in diesem ‚später' noch gern hättest, nicht nur in diesen vier Wänden, in diesem Bett.

*Und wieder packt Herbert sie, rüttelt sie. Und Monika läßt es wie willenlos-seelenlos mit sich geschehen. Das ist Verzweiflung, nicht sagbare. Sie umarmen einander, stumm und verbissen.*

*Und da erscheint Steffi in der Tür. Sie ist ohne Stuhl, ohne Krücken, und es fällt ihr schwer. Aber sie zwingt sich.*

STEFFI: Ein Wunder. Ist. Geschehn. Seht nur! – Ich. Kann. Gehen. Ich kann gehen wie jeder andere auch. – Seht ihr denn nicht!

MONIKA: Sei vorsichtig, Steffi! Wenn du stürzt! *Sie will zu ihr, aber Herbert hält sie zurück.*

STEFFI: Ich sagte doch, ein Wunder. – Und sag ihm das, ich brauche keinen Arzt mehr. Er braucht sich nicht mehr zu bemühen. Sage es ihm!

HERBERT: Was ich versprochen habe, Steffi, du weißt ...

STEFFI *wie gelangweilt*: Aber du warst es doch nicht. Du warst doch nur der erste Mensch, der bei mir war. – Sage es ihm, Mutter, jetzt!

MONIKA: Was erlaubst du dir, Steffi! Du dringst hier ein ...

STEFFI: Aber ich habe doch gewartet, bis ihr fertig ward. Ihr.

MONIKA: Ich verbiete dir, so mit uns zu sprechen.
STEFFI: Sage es ihm, Mutter. *Und unauffällig wie sie erschien, begibt sie sich hinaus.*
HERBERT: Ihr klagt mich an nun. Beide.
MONIKA: Schweigen wir!

## Vierzehntes Bild

*Stimmen dieser Nacht.*
*Stefan, der umgeht im gesamten Raum – er ist ja noch immer auf der Flucht. Monika, Herbert, Steffi am Fenster. Tina noch immer im Bad. Frau Brock an der Tür, gegen den Schlaf ankämpfend. Brock auf einem Sessel am Rande, mit Telefon. Frahm unterwegs wie Stefan, unruhig, rauchend. Sein Begleiter schweigend. Albert. Silke.*

STEFAN: Grau alles, abweisend. Nie so gesehen. Nie so vermutet. In allem Feindliches. – Und ich weiß nicht was. Berge. Täler. Meere.
TINA: Ich unterm Schutt der Geschichte. In ausgelebten Hüllen der Zeit. Wer sich selbst demütigt, hoffe nicht auf Gerechtigkeit. Wenn ich nur einmal hätte denken können, daß er es wäre, wenn ich einmal nur mich gewehrt hätte!
STEFFI: Wie immer allabendlich die Hunde auf dem Rasen.
HERBERT: Kanada.
MONIKA: Warum denke ich nicht an Stefan? Warum möchte ich dem Kerl neben mir die Haut aufreißen und in ihn steigen? Und warum tue ich es nicht? – Stefan wird nichts geschehen. Aber ich will nicht immer wieder anfangen müssen.
STEFAN: Was ist schwerer zu ertragen als Verrat! Der Überlegene hinter dreimal verschlossener Tür fürchtet die Schritte des Briefausträgers.
FRAHM: Das ist diese Zeit. Das ist das unerfreulich Normale, die normale Unerfreulichkeit. – Unterwegs sein.
STEFAN: Aber meine Damen, meine Herren, vor dem Hintergrund der gewaltigen weltenverändernden-weltener-

schütternden epochalen Progressivität ist das individuelle Schicksal ohne Bedeutung. Geschichte ist die Summe von Erfolgen. Die Psalmen der Zukunft werden in Ziffern abgefaßt. – Mich dürstet. Mich friert. Ich bin müde.

STEFFI: Auf dem Rasen wie immer allabendlich die Hunde.

MONIKA: Wenn mir doch ein Leben nur mit Werner möglich gewesen wäre! Anstöße in der inneren Watte verpufft. Eruptionen mit Wodka gestillt.

STEFAN: Die Stimmen dieser Nacht, wer hört sie?

HERBERT: Kanada.

TINA: Nie wieder Träume.

ALBERT: Einen Punkt müssen wir holen, einen Punkt.

FRAHM: Unterwegs sein.

MONIKA: Stefan darf nichts geschehen.

FRAU BROCK: Einmal begreift sie es. Einmal wird sie uns danken dafür. Einmal ist jeder ein anderer und vergißt, wer er war einmal.

BROCK: Wohin kämen wir, wenn jeder seinen persönlichen Kleinkram in den produktiven Bereich schleppte? Na, wohin kämen wir? – Das organisierte Chaos, jawohl.

STEFFI: Die Hunde wie allabendlich immer auf dem Rasen.

SILKE: Ne angebrochene Packung Zigaretten und n Klaps hintendrauf. Mir kommts hoch. Muß ich doch nicht machen. Hab ich doch nicht nötig. Aber ich machs.

STEFAN: Ein sauberes, schönes Werk haben sie gebaut. Steht da wie hineingeboren in die Landschaft. – Und das zählt. Das ist der Erfolg. Was zählen da Schicksale.

HERBERT: Wenn ich wenigstens den Standort schon wüßte ungefähr, das Gelände, den Untergrund.

MONIKA: Wie leer man sich fühlt so verraten. Und als wäre man nie geliebt worden!

STEFAN: Was einst Perspektive hieß, Zukunft, Glück, wird auf scheele Blicke gebettet und mit Losungen verhüllt. – Sich erheben. Sich lösen von allem. Einmal. Die Stimmen der Nacht sind lautlos. Hinter allen Fenstern ist Ruh. Hinter allen Fenstern … Hinter allen Fenstern … Leben. Vielleicht.

## Fünfzehntes Bild

*Der Dienstag.*
*Monika, Herbert, Albert im Trainingsanzug.*

ALBERT: Bei mir war er nur gleich nachdem. Am Sonntagabend. Ich hatte zum Training heute mit ihm gerechnet. Er wird uns fehlen am Sonntag. Wir brauchen unbedingt einen Punkt. Ohne ihn ist darauf kaum Hoffnung. – Aber wenn er jetzt käme … so wie die Dinge liegen … Ich müßte es doch melden?

MONIKA: Falls er … Bitte, benachrichtigen Sie mich! Zuerst mich! Ich möchte, ich muß, mit ihm sprechen, bevor … Er muß verstehen lernen.

ALBERT: Er ist doch nun … Ich meine, er wird doch gesucht von der Polizei!

MONIKA: Ich muß mit ihm sprechen. Ich bin seine Mutter.

ALBERT: Ich weiß, wer Sie sind.

MONIKA: Haben Sie denn keine Kinder?

ALBERT: Dahin werde ich meine Kinder nie bringen.

MONIKA: Wovon reden Sie?

HERBERT: Du weißt doch wie es gemeint ist.

MONIKA: Er soll mir sagen, wovon er redet. Ich ertrage das nicht mehr. Ich will wissen, was wie gemeint ist! Ich will nicht mehr so … so unmündig, so immer wieder alles nur aus zweiter Hand.

HERBERT: Nun komm!

MONIKA: Sagen Sie mir, was Sie meinen. Was Sie mir vorwerfen! – Vielleicht, daß ich lebe, daß ich lebe so? – Aber wie denn lebe ich, daß Sie es mir vorzuwerfen hätten!

ALBERT: Wenn er zu mir kommen sollte, werde ich wissen, was meine Pflicht ist. – Aber ich hoffe, er kommt nicht.

MONIKA: Sie werden es nicht verstehen, aber ich beneide Sie.

ALBERT: Mehr habe ich Ihnen nicht zu sagen.

MONIKA: Ich beneide Sie so sehr, daß ich mich schäme. Wie konnte ich nur hoffen …

ALBERT: Aber ich habe doch versucht … Zu mir ist er gekommen. Und ich habe zugehört, habe ihm geraten. Und er hat gehört auf mich. – Ich war auch bei seinem Mädchen, war bei den Leuten. – Ich hätte eine Bürgschaft, die ganze Mannschaft hätte ... Was denn noch? Verlangen Sie nichts Ungesetzliches von mir. – Ich kann mich in nichts reinziehen lassen.

## Sechzehntes Bild

*Monika und Herbert kehren zurück. Sind an der Tür. Doch es ist die Sperrkette vorgelegt. Und Steffi wieder an ihrem Fenster und nimmt anscheinend nichts wahr davon. Und Monika begreift nicht.*

MONIKA: Steffi! Hörst du mich, Steffi? *Zu Herbert:* Verstehst du das?

HERBERT: Ich verstehe.

MONIKA: Steffi, hörst du mich?

STEFFI: Du brüllst doch laut genug.

MONIKA: Was soll denn das, Steffi? Wir suchen Stefan, das weißt du doch. Laß uns rein, schnell! – Du kannst uns doch nicht so vor der Tür stehenlassen! – Das darfst du nicht, Steffi! Ich bin deine Mutter. – Mein Gott, Steffi, du bringst mich um so. Was hab ich dir denn getan?

STEFFI: Schick ihn weg!

MONIKA: Du hast kein Recht, Steffi. Herbert war immer gut zu dir, war ...

STEFFI: Ja, manchmal war er sogar besser als ein Vater vielleicht. Aber nun, bitte, schick ihn weg.

*Und Herbert geht schon, langsam, aber es ist nicht zu vermeiden, der Abschied ist endgültig.*

MONIKA: Machs gut, Herbert! Machs gut in Kanada!

STEFFI: Geh, Herbert, geh! Dreh dich nicht um! Sag nichts mehr! Geh! *Sie ist noch nicht in der Lage, die Kette auszuhaken.*

MONIKA: Warum haßt du ihn so? Was hat er dir getan? Er war doch nur ...

STEFFI: Daran habe ich nie gezweifelt. Aber darum ging es nicht. – Ist er weg?

*Und da fällt die Kette.*

*Stimmen, die Herberts endgültigen Abschied kommentieren.*

2. Frau: Letzter Abschied war das, sag ich Ihnen.

1. Frau: Und der hats doch wirklich nicht nötig, auf der Löfflern sitzen zu bleiben.

Mutter: Und vierzig, wie sie immer erzählt hat, war der noch nicht – Übrigens, mit ihrem Jungen soll auch was sein.

1. Frau: Ein Unfall!

Mutter: Nein. Was Politisches.

1. Frau: Die Löfflern hat gedacht, daß sie hier wegkommt mit dem. Denken doch alle irgendwie, daß die ihnen die Welt aufmachen. Laß ich mir nicht ausreden.

*Ehepaar am Fenster.*

Frau: Den weißen Mercedes haben wir zum letzten Mal gesehen.

Mann: Mir egal.

Frau: Aber bei der Löfflern war das ernst.

Mann: War nie mein Typ.

Frau: Was meinst du, ob man sich mal kümmern müßte!

Mann: Was?

Frau: Weißt du noch, früher, da haben wir sogar manchmal auf die Kinder mit achtgegeben. Ja, was hatte die Qualifikationen.

Mann: Ist lange her.

Frau: Du, ich geh heute abend mal rauf zu ihr.

## Siebzehntes Bild

*Stefan und Tina. Unterwegs. Fliehend. Erreichen einen einsamen, die Landschaft weit überragenden Schornstein.*

Stefan: Ich wollte ... Nur sehen wollte ich dich. Dich sehen. Dich berühren. Dann gehe ich wieder zurück. Du verzeihst mir! Ach du! Du bist so schön warm, weich. Seit wann bist du so?

Tina: Gestern, Stefan, gestern ... Du mußt mich nicht mehr so anfassen, nicht so berühren. Denn gestern, Stefan ...

Stefan *hört sie nicht*: Ich habe versucht an dich zu denken. Aber ich wußte nicht mehr, wie du aussiehst, wie du bist, ich war mir nicht sicher, ob du das wärst. Du, Tina, du sahst so weit abgerückt von allem aus.

TINA: Gestern, Stefan! *Sie zerrt an seinen Haaren, es schmerzt ihn.* Manchmal stirbt man, Stefan, ohne daß man zu Grabe getragen wird. Manchmal tötet man sich aus Hochmut, verendet am eigenen Stolz. – Die große Geste, Stefan, wie im Kino, wenn der Spieler, einsam und von allen belächelt irgendwie, das Casino verläßt und den letzten vergessenen Cupon in den Rinnstein schnippt und dann in seinem Zimmer unter Meeresrauschen und im unruhigen Licht einer ebenso einsamen Kerze den Revolver an die Schläfe führt – und alles ist klar. – Und auch, wenn wir den Darsteller kurz darauf als strahlenden Sieger in einem anderen Film sehen, an seinem Tod in dem anderen Leben ändert das nichts. – Verstehst du, Stefan! Versteh doch, so bin ich gestern gestorben für dich.

STEFAN: Haben sie dich gezwungen? Mußtest du dich lossagen von mir?

TINA: Laß uns schweigen, Stefan! Frage nichts!

STEFAN: Was hat man dir angetan? Wer?

*Tina umarmt ihn, zieht ihn zu sich, auf sich. Sie sagt es ihm. Und stumm liegen sie, reglos, wie erschlagen. Lange liegen Stefan und Tina reglos. Und da springt Stefan auf und versucht den Schornstein über die Leiterhaken zu erklettern. Aber er erreicht den unteren Haken nicht, so sehr er sich auch müht. Schließlich sucht er einiges von dem umliegenden Gerümpel zusammen, stapelt es. – Und damit gelingt ihm sein Vorhaben. Aber da ist Tina bei ihm, umklammert seine Beine, zieht ihn. Und da endlich schreit Stefan. Und er will sich losmachen von Tina, unbedingt. Aber Tina ist hartnäckig. Und so stürzen sie übereinander. Fast hat es den Anschein, als wollten sie aufeinander einschlagen. – Aber sie halten sich nur einer am anderen, verstecken ihre Gesichter voreinander; aber sie lassen nicht los.*

TINA: Aber ich glaube dir ja, daß du so mutig bist, daß du dich traust, auch von da oben, von ganz oben ... Aber wozu, Stefan? Ach Stefan! Wir sind so klein von da oben gesehen. Und wozu denn da! Stefan!

STEFAN: Aber ich wäre doch nicht gestürzt, du! Ich hätte ... Ja, ich hätte einfach die Arme bewegt und ... Und wie ein Vogel, Tina, wäre ich geflogen. – Ich kann doch fliegen, du, ich hätte fliegen können. So einer wie ich, Tina, der kann doch fliegen, wenn er will. – Solche wie wir, die können das. – Und es soll, es muß, schön sein zu fliegen, sich zu lösen, frei zu sein von allem, frei von sich selbst einmal. *Sie versuchen jeder für sich zu lachen; aber sie können es nicht. Stefan und Tina sammeln nun gemeinsam von dem Gerümpel und schichten es am Fuße des Schornsteins. Es ist eindeutig, sie wollen bequem das untere Steigeisen erreichen. Eine sonderbare, schreckenmachende Gefaßtheit ist an ihnen zu verspüren.* Erinnerst du dich? Siebzehn Fenster sollte unser Haus haben? – He, Alte, erinnerst du dich?

TINA: Natürlich. Siebzehn Fenster und vier Türen ... Aber vier Türen sind doch albern, da mußt du abends ja ne halbe Stunde durchs Haus laufen um abzuschließen.

STEFAN: Ich? Warum ich?

TINA: Schließlich bist du der Hausvater.

STEFAN: Aber wir machen doch eine bloß immer auf, die anderen sind doch bloß zur Mache da.

TINA: Du Protzek, du.

STEFAN: Und die siebzehn Fenster, he, wer hat die gewollt?

TINA: Aber du wolltest immer das Haus. Spießer!

STEFAN: Du warst nie dagegen.

*Sie balgen, tun unbeschwert.*

TINA: Ich finde ein Haus ja toll, nur ... Ach nichts.

STEFAN: Sag schon!

TINA: Allein habe ich Angst in so einem großen Haus. Du darfst mich dann nie allein lassen!

STEFAN: Genehmigt. Ich lasse dich nie allein.

TINA: Gib mir die Hand drauf!

*Und das tun sie. – Und was sie bisher zusammengetragen haben, könnte schon genügen für ihre Absicht!*

STEFAN *betrachtet den Gerümpelberg*: Ein prächtiges Haus. Nun komm, Weib, altes!

*Sie fassen sich bei den Händen.*

TINA: Stefan.

STEFAN: Man muß sich erheben. Einmal. Irgendwie.

*Und sie beginnen den Aufstieg.*

*Wieder setzt das Flötenspiel ein, laut und rein nun, fehlerlos. Vorantreibend gesellt sich eine Trommel hinzu.*

*Sie spielen „Wer möchte nicht im Leben bleiben ...“ (schwach).*

# Nachwort

## I

Der Stückeschreiber Volker Braun, für die Szene hinreichend mit alter Geschichte und Kultur zwischen Nibelungen und chinesischem Kaiserreich befaßt, ließ sich vor geraumer Zeit, auf das Bleibende der Dichtung angesprochen, zu einer Verballhornung verleiten; die hoffnungsfrohe Sentenz „was aber bleibet stiften die Dichter" verbog er: „was bleibet aber, die Dichter gehen stiften". Eine Anthologie neuerer Dramatik hat über das Bleibende der Gattung nicht zu entscheiden. Dagegen kann sie sehr wohl den Beweis antreten, daß ihre Autoren nicht stiften gingen. Dies immerhin läßt sich jedem der hier vertretenen Stückeschreiber und jedem der abgedruckten Texte mit gutem Grunde nachsagen. Und gewiß ist die Qualität des Zeitstückes, seine Einmischung in die je nationalen, sozialen und politischen Angelegenheiten seiner Gegenwart eine, wenn nicht die erste Voraussetzung, zum lebendigen, womöglich bleibenden Fundus der Dramatik gerechnet zu werden. „Öffentlich arbeiten" nannte Christoph Hein kürzlich eine Aufsatzsammlung, und er bezeichnete damit zutreffend zugleich Intention und Position der hier versammelten dramatischen Autoren. „Was, falls es so ist, darauf hinaus will", fügt Braun seinerseits hinzu, „daß die Öffentlichkeit der Gesellschaft ihren abstrakten Charakter verliert. Auch das ist nicht mehr mein privates Problem, sondern ein gesellschaftliches, und ein Vorgang, der sich bei vielen abzeichnet oder abzeichnen muß und nicht nur in der Kunst, sondern in allen Lebensäußerungen."

Die hier mitgeteilten elf Theatertexte einer gleichen Zahl von Stückeschreibern gehören dem letzten Jahrzehnt an: der Dramatik und der Geschichte der DDR seit dem Ende der siebziger Jahre. Als Element und Reflex einer konkreten historischen Wirklichkeit sind sie diesem Land auf besondere Weise verbunden. Wenn dabei von ihrer gesellschaftlichen, namentlich nationalen Spezifik gesprochen werden muß, dann schließt das auf merkwürdig widersprüchlich-logische Art auch ein, daß sie ihre hauptsächliche Wirkung zuerst hierzulande machen und nur in Ausnahmefällen international von Belang wurden. Sujets und Titel der Stücke handeln von einer Gesellschaft, die damit befaßt ist, sich menschlich einzurichten. Signalwörter wie *Weltuntergang* einerseits, *Flugversuch* andererseits markieren die Spanne, in der das geschieht; mehrfach ist von der Heftigkeit der Auseinandersetzung die Rede, scheinen in der – gelegentlich geradezu militanten – Titellexik Anstrengungen und Kampf auf: *Match, Die Jäger, Die Festung;* gleichzeitig aber wird von den Mühen des Alltags gesprochen, davon, daß da Leute arbeitend, bauend, entwerfend und gestaltend am Werk sind: *Die Schicht, Die Dachdecker;* schließlich mündet das zum Ende der achtziger Jahre in übergreifende Zwischenbilanzen, auch ins realistische Eingeständnis, daß schnelle Erfolge nicht zu haben sind, vielmehr die neue Gesellschaft noch unterwegs ist und an ihrer Gestalt arbeitet: *In Amöbien, Passage, Übergangsgesellschaft.* Als bloßes Jonglieren mit Worten sollte man das nicht abtun, zeigt sich doch gerade in Reichweite und Prägnanz vieler Titelmetaphern, daß die Autoren nicht auf Peripheres, sondern auf Grundfragen aus sind, auf Strategien, Modelle und Perspektiven von Gesellschaft. Insofern gehört es zu den Vorzügen der hier ausgewählten Stücke, daß sie der Geschichtlichkeit der Epoche dadurch auf der Spur sind, daß sie die Geschichtlichkeit des konkreten Augenblicks aufzudecken suchen. Zumindest dieser Ansatz gab einen Gesichtspunkt ab für die Aufnahme der Texte in unsere Sammlung.

Auszuwählen nämlich war aus einem Fundus von mehreren hundert Theaterstücken. Dies wird nicht allein der Redlichkeit halber gesagt und als Entschuldigung gegenüber den Lesern, die den von ihnen erwarteten dramatischen Text nun nicht vorfinden. Wichtiger ist, daß wir uns ins Bewußtsein rufen, über welch reiche, differenzierte und produktive Theaterliteratur unser Land verfügt. Mag gleich angesichts des starken Gefälles in der künstlerischen Qualität der Angebote zur Selbstzufriedenheit keinerlei Anlaß bestehen, sprechen die Tatsachen doch von der unleugbaren Dynamik innerhalb der Gattung. Allein über Inszenierung oder Publikation gelangen jährlich etwa fünfzig neue Texte für die Bühne an die Öffentlichkeit. Läßt man Libretti und Stücke für das Kinder- wie das Puppentheater außer Be-

tracht, gibt es immer noch mehr als fünfundzwanzig Uraufführungen pro Spielzeit am „Schauspieltheater für Erwachsene“; fast ein Drittel des Repertoires der Sprechbühnen rekrutiert sich aus nationaler Gegenwartsdramatik. Unter dieser Voraussetzung und mit Blick aufs letzte Jahrzehnt mußte für unsere Sammlung auch auf gewissermaßen Unverzichtbares verzichtet werden: Stücke fürs Kindertheater (Peter Ensikat, Franz Fühmann, Rainer Kirsch u. a.) sind hier nicht vertreten; für mehrere der kaum verzichtbaren Autoren sind separate Editionen verfügbar (Helmut Baierl, Claus Hammel, Rainer Kerndl, Armin Stolper, Rudi Strahl), andere bekamen erst jüngst Personalbände im gleichen Verlag (Peter Gosse, *Erwachsene Mitte*; Karl Mickel, *Volks Entscheid,* Heiner Müller, *Stücke*); einige dramatische Genres, die aktuell von hoher Publikumswirkung sind – wie das Monologstück, das Schauspielermusical, das Lustspiel –, konnten nicht berücksichtigt werden; die Debütanten schließlich, die seit Mitte der achtziger Jahre vehement, provokant und in großer Zahl auf die Szene drängen (Peter Dehler, Jo Fabian, Sewan Latschinian, Irina Liebmann, Holger Teschke u. a.) fanden hier überhaupt noch keinen Platz.
Auf die mögliche Breite des Spektrums neuer DDR-Dramatik kam es für diesen Band allerdings schon an. Zwischen den Schreibergenerationen liegen allein schon Jahrzehnte. Das macht gravierende Unterschiede in Lebens- und Geschichtserfahrung und zugleich solche im Umgang mit dem Theater wie mit der eigenen schriftstellerischen Profession. Wenn Heiner Müller (Jahrgang 1929) etwa Faschismus und Zeitenwende schon ganz bewußt erlebte, so hat der ein Jahrzehnt später geborene Volker Braun ein viel weniger unmittelbares Verhältnis zum Antifaschismus, sondern kommt biographisch und emotional aus dem Aktivismus wie den Gesellschaftsentwürfen der Aufbaujahre mit allen Konsequenzen für das politisch-ästhetische Zentrum seiner Arbeit, während der abermals ein Jahrzehnt jüngere Heinz Drewniok nicht fraglos zwar, aber grundsätzlich in der Sozialismuserfahrung der DDR wurzelt, „hineingeboren“ in die vor ihm verwirklichten Grundlagen des Neuen, nun schreibend und wie seinesgleichen verwickelt in die Alltagsgestalt des Sozialismus auf deutschem Boden. Datieren Müllers Anfänge als Stückeschreiber aus den fünfziger Jah-

ren, dabei die frühen Lehrstücke ebenso eingeschlossen wie die lebendige Begegnung mit der Brechtschen Theaterarbeit, so konnte trotz der frühen Erstfassung der „Kipper" („Der totale Mensch", 1962) durch den Leipziger Philosophiestudenten erst mit der Uraufführung des Stückes 1972 vom *Dramatiker* Volker Braun gesprochen werden, und der Schauspieler Heinz Drewniok, obwohl seit einigen Jahren schreibend, gelangte ein weiteres Jahrzehnt später mit einer Uraufführungsserie Anfang der achtziger Jahre zu seiner immer wieder bezweifelten Identität als dramatischer Autor. In diesem Sinne haben wir es also mit einem Spektrum der „Generationen, Temperamente, Schreibweisen" (Hans Richter) zu tun. Das aber markiert nur einen Gesichtspunkt unter mehreren, nach dem sich die Stücke dieses Bandes und ihre Verfasser differenzieren. Andere Aspekte der Unterscheidung und damit der realen Bandbreite betreffen beispielsweise das Sujet – zwischen heroischem Mythos der Antike und scheinbar banalem Produktionsalltag der Gegenwart; sie gelten dem Genre vom Ideendrama einerseits bis zur Gesellschaftssatire andererseits; sie berücksichtigen auch die praktische Polarität im Hinblick auf die theatralische Rezeption der Texte, nämlich Aufführungsserien hier, nicht eine einzige Inszenierung dort; das läßt sich fortführen: bezüglich des dramatischen Umgangs mit Geschichte, des Verhältnisses zu literarischen Quellen und Traditionen, der szenisch-kompositorischen Strukturen, der fundierenden Wirkungsstrategien und der eingeschriebenen Gesellschaftskonzepte. Am Ende käme man darauf, daß wir hierzulande eine vielgestaltige, streitbare, in ihren besten Werken anspruchsvolle und potente zeitgenössische Dramatik haben. Das DDR-Drama ist besser als gelegentlich sein Ruf.

Dem einen Vorzug der hier mitgeteilten Stücke, sich auf einer bestimmten Höhe sozialistischen Geschichtsbewußtseins zu bewegen, gesellt sich häufig ein zweiter: in gewisser Weise exemplarisch zu sein. Indem sie für sich selbst stehen, stehen die meisten Stücke für mehr als sich selbst. Der Grad ihrer künstlerischen Originalität, und das meint zunächst die vergleichsweise gültige und unverwechselbare dramatische Bewältigung der aus dem aktuellen Gesellschaftsprozeß gewonnenen Autorenintention, macht sie auf eigentümliche Weise repräsentativ. Entweder ist in ihnen Bisheriges aufgehoben oder Künftiges angelegt, entweder markieren sie nachdrücklich eine Gattungstendenz oder polemisieren mit ihr, entweder bringen sie das schon mehrfach Ausgesprochene auf den dramatischen Punkt oder sie sprechen, wovon vor ihnen keiner sprach. Wir haben es, in den Theaterjargon gewendet, häufig mit Drehpunkten zu tun. Wenn die hier versammelten Stücke diesem Charakteristikum einigermaßen nahekommen, dann sollte gerade angesichts ihrer Differenziertheit ihre übergreifende Korrespondenz deutlich werden. Um die Art solcher Bezüge zumindest anzudeuten: Gerlachs *Die Schicht* als spätes dramatisches Zeugnis der Literaturwürdigkeit der individuellen körperlichen Arbeitsleistung ist ohne Brechts „Büsching"-Fragment und Müllers „Lohndrücker" kaum denkbar, verweist aber auch auf Heins „Geschichten vom armen Hennecke" und auf Brauns „Kipper Paul Bauch"; Trolles *Weltuntergang in Berlin* steht einerseits in jener Reihe von „Szenen aus Deutschland", für die Heiner Müllers „Schlacht" mit ihrer Montagetechnik und der kritisch gesehenen Kleinbürgerwelt das Vorbild lieferte und der Uwe Saeger „Noch eine Szene aus Deutschland" mit „Jeder gegen jeden" hinzufügte. Andererseits markiert das Stück einen topographisch-gesellschaftlichen Ort, der sich seit Mitte der achtziger Jahre zum zentralen Schauplatz unserer allerjüngsten Dramatik entwickelt – in Latschinians „Berlin" beispielsweise, Liebmanns „Berliner Kindl", Teschkes „Berliner November", Plenzdorfs „Freiheitsberaubung", Müllers „Findling". Groß' *Match* und Seidels „Jochen Schanotta" sind mit der Sinn- und Identitätssuche ihrer jugendlichen Protagonisten Fortsetzung und Replik zu Plenzdorfs „Die neuen Leiden des jungen W.", mit dem Figurentypus ihrer Helden erinnern sie zugleich an den „Lorbaß" des Horst Salomon und befinden sich in unmittelbarer Nachbarschaft mit Albert Wendts „Kellerfalle" und Heinz Drewnioks „Jungs". Werner Buhss' *Festung* exemplifiziert einen für die achtziger Jahre kennzeichnenden Zuwachs im Arsenal der DDR-Dramatik: den Eintritt einer neuen Autorengeneration, die zum erheblichen Teil aus Theaterberufen kommt und den Weg auf die Bühne zunächst mit Prosadramatisierungen findet – wie das beispielsweise auch für Andreas

Knaup, Sewan Latschinian, Bernd Rump, Holger Teschke zutrifft. Erich Köhlers bitterböse Satire *In Amöbien* schließlich, so unvergleichbar sie im Grunde ist, spricht von der anhaltenden konflikthaften Spannung zwischen Stückeschreibern und Theatermachern, die über die Jahrzehnte hinweg immer Gegenstand zugespitzter innerliterarischer Verständigung war und viele Spielarten des Paradigmas „Theater auf dem Theater“ hervorbrachte, zu denen als jüngere Varianten Branstners Disputation „Die Kantine“, Helmut Bez’ „Die verkehrte Welt“ und Armin Stolpers „Aufzeichnungen eines Toten“ gehören. Indem sie solche Assoziationen und Bezüge freisetzen, öffnen diese Stücke kraft ihrer Korrespondenz den Blick auf die Geschichte der Dramatik in der DDR.

## II

Mit Peter Hacks’ *Pandora* und Heiner Müllers „Der Auftrag“ markieren Ende der siebziger Jahre zwei durchaus programmatische Werke den Übergang ins neue Jahrzehnt. Nun hat man sich den Weg unserer Dramatik beileibe nicht als linear, womöglich noch steil aufwärtsführend, vorzustellen. Richtigerweise sollte man mit Hans Kaufmann eher von „Krisen und Wandlungen“ sprechen, von den manchmal verschlungenen Pfaden, den schwer errungenen Erfolgen, den schmerzenden Rückschlägen und Niederlagen. Richtig ist allerdings auch, daß gerade im letzten Jahrzehnt unsere nationale Dramatik an Welthaltigkeit und philosophischer Höhe gewonnen hat, daß sie sich immer wieder der subjektiven und objektiven Bedingungen des gesellschaftlichen Fortschritts versicherte, daß die Autoren als Zeitzeugen und Zeitgenossen solche Gestaltungs- und Entwicklungsprobleme aufgriffen, die dem vitalen Interesse aller entsprachen und ins Zentrum der öffentlichen Diskussion zielten. Die Absicht, damit auch öffentlich so wirksam wie möglich zu sein, veranlaßte dazu, diesen Prozeß ständig zu begleiten mit der Überprüfung von schriftstellerischem Handwerk und Strategie, mit dem Entwerfen und Verwerfen neuer dramatischer Techniken, szenischer Kommunikationsformen und aktivierender Rezeptionskonzepte. Die gewachsene Kompetenz des als Koproduktionspartner begriffenen Publikums wirkte zurück auf die Autoren, brachte stärker als zuvor deren Subjektivität ins Spiel, ließ Biographie, soziale Erfahrung und individuelle Schreibweise wichtig werden und führte so zu einer deutlicheren Differenzierung der Autorenpositionen, mithin des Bildes unserer Gegenwartsdramatik. Beteiligt an diesen Vorgängen sind, wie gesagt, an herausgehobener Stelle Heiner Müller und Peter Hacks.

Mit *Pandora* und „Der Auftrag" geht es beiden um die Langfristigkeit wie Grundsätzlichkeit geschichtlicher Veränderungen. Beide greifen auf Quellen der Nationalliteratur zurück – Hacks auf ein Goethesches Stückfragment, Müller auf eine Erzählung der Anna Seghers –, um am tatsächlich großen Gegenstand aus Geschichte oder Mythologie Fragen der Menschheitsperspektive dramatisch zu erörtern.

Für Hacks liefert die Französische Revolution gewissermaßen den Ausgangspunkt, und auch bei ihm wird aus der Situation der Niederlage, des Danach erinnert: Er knüpft an die Begegnung zwischen Goethe und Napoleon auf dem Fürstentag in Erfurt „die Erörterung, wem von beiden die allerfernste Zukunft gehören werde, der Revolution oder der Humanität". Wörtlich zu nehmen ist an dieser Bemerkung wohl nur die zeitliche Dimension, die Ferne einer solchen Zukunft; die Alternative dagegen ruft Widerspruch hervor. Sie reproduziert wohl Goethes Konflikt zwischen der Gewaltlosigkeit seines klassischen Humanitätsideals und der gewaltsamen Realität der als fortschrittlich begriffenen Revolution. Deshalb präzisiert Hacks die Lesart seines klassizistischen Ideendramas, das vom Wettstreit der beiden gegensätzlichen Brüder Prometheus und Epimetheus um die Gunst der göttlichen Pandora erzählt, insofern, als er im Essai „Saure Feste" sagt, *Pandora* „handle vom Gegensatz zwischen dem Tatleben und dem Leben in der Betrachtung sowie der Versöhnung dieser einander ausschließenden Haltungen in folgenden und belehrteren Geschlechtern". Alle Relativierungen aus dem Kommentartext (und aus dem Scheitern der entarteten Kindergeneration) beiseite gelassen, vielmehr den Schlußchor des Stückes mit der Sentenz von der „hoffenden Erinnerung" beim Wort genommen, wird man das Gegenwartsdrama des Peter Hacks als einen großen idealischen Entwurf betrachten müssen; in einer Zeit, da die Arbeit noch Mittel zum Leben, dieses Leben noch weltweit von Haß und Vernichtung bedroht ist, beharrt er auf der humanen Utopie: der Aufhebung des Widerspruchs von Geist und Macht, der Arbeit als erstem Lebensbedürfnis, der Liebe als einzigem Band zwischen den Menschen.

Es kann sein, daß die Entfernungen nicht nur ideeller und zeitlicher, sondern auch sprachlicher und dramaturgischer Art dem Hacksschen Stück zum Verhängnis geworden sind. Auch im Hinblick aufs Theater ist das Stück bisher ein Entwurf geblieben – es ist unaufgeführt. Vielleicht gehört es selbst unter diesem Aspekt der ferneren Zukunft an. Nichtsdestoweniger hat es in unserer Sammlung fraglos seinen Platz, einerseits der Größe des Gedankens und seines Utopiepotentials wegen, dann aber auch, weil es in seiner geradezu extrem historisierenden künstlerischen Gestalt die Wirkungsverluste einer bestimmten Art traditionellen Stückeschreibens bezeichnet. Man braucht nicht Müllers Verdikt, „die Pose des Klassikers erfordert homerische Blindheit", um auf veränderte dramaturgische Strukturen und Macharten aufmerksam zu werden.

Gegenwärtig allerdings ist Müllers Konzeption auf dem Wege, von einer wohlerwogenen Individualästhetik zu einem Modell zu werden, und das konstituiert – wie wir aus der Rezeption Brechtscher Modelle wissen – neue Widersprüche. Epigonales jedenfalls findet sich nun in vielen Manuskripten junger Stückeschreiber, allenthalben begegnet man etwa in Figur, Situation und Duktus dem „Mann im Fahrstuhl". Aus den eigenen Reihen melden sich erste nachdenkliche Stimmen. Werner Buhss, in unserer Sammlung mit *Die Festung* vertreten, resümiert: „Ich glaube, daß wir jüngeren Autoren uns durch die Stärke einer bestimmten Art von Dramatik – etwa der Heiner Müllers – noch zu sehr dominieren lassen. Daß wir zu einseitig arbeiten. Wir haben das als Modell betrachtet, nach dem man heute schreiben muß." Volker Braun kommt den komplizierten Bedingungen heutigen Stückeschreibens wohl am nächsten, wenn er feststellt: „Mit jedem Stück muß neue Dramaturgie entwickelt werden." Die Texte unseres Bandes machen das, gerade weil sie miteinander korrespondieren, durch ihre Pluralität und Heterogenität nachlesbar.

Brauns eigener dramatischer Beitrag an dieser Stelle, die Komödie *Die Übergangsgesellschaft,* steht auf ganz bezeichnende Weise dafür. Zusammen mit Christoph Heins *Passage* bildet sie gewissermaßen die Klammer zu den Stücken von Hacks und Müller. Die dominierende ideelle Komponente von Utopie und Auftrag, dort gebunden an mythologischen bzw. revolutionsgeschichtlichen Stoff, wird nun ins Praktisch-Heutige gewendet und einer Zwischenprüfung hinsichtlich ihrer Realisierung ausgesetzt. Die zeitlichen Distanzen haben sich verkürzt, aus Jahrtausenden und Jahrhunderten sind sie geschrumpft auf wenige Jahrzehnte, im Grunde auf die Reichweite der Autorenbiographie. Ernüchterung hat stattgefunden, realistische Standortbestimmung im Alltag wird vorgenommen, für Euphorie ist wenig Platz, geblieben aber ist die geschichtliche Dimension der Fragestellung: wieder geht es um die menschliche Einrichtung der ganzen Gesellschaft. Die Schlüsselbegriffe stehen im Signalement der Stücktitel: *Passage, Übergangsgesellschaft.* Zur Mitte der achtziger Jahre hin kann von Angekommensein keine Rede sein und von Menschengemeinschaft schon gar nicht. Die szenischen Aktionen gelten dem Überleben. Da werden auch fatale Menetekel auf die Kulisse gemalt: die Ausweglosigkeit zwischen Vernichtung durch die Gestapo und Selbstmord bei Hein, zwischen leichenhafter Erstarrung und dem Feuertod bei Braun. Und wir haben es mit Eingeschlossenen zu tun, mit solchen auf der Flucht im erzwungenen Versteck eines französischen Café-Hinterzimmers und mit solchen in der selbstgewählten Isolierung einer ehemaligen Fabrikantenvilla. Ungewöhnlich für zeitgenössische Dramatik, daß die Autoren penetrant auf diesem einen einzigen Schauplatz beharren, der Zuflucht wie Gefängnis ist, niemals jedoch eine Bleibe, szenographisch ein „Durchsteher", und sie sezieren, da es kein Entkommen gibt, ohne Nachsicht; Heiner Müller würde das „Anatomie" nennen. Zutage fördern sie Innenräume, Innenwelten von Gesellschaft. Von Erbaulichkeit ist das weit entfernt, und auch inszenatorisch hat das Verfahren seine Tücken, zu schnell erschöpft sich für den reizgewohnten Zuschauer die begrenzte situative Attraktivität. Bei der Analyse allerdings lassen es Braun und Hein nicht bewenden. Der alte Wilhelm Höchst nämlich teilt recht unverblümt die Überzeugung wohl beider Stückeschreiber mit: „Die Literatur, die nur nieder-macht, und die Ideologie, die etwas vormacht, sind gleichweit von der Wahrheit entfernt. Sie haben beide das Leben nicht." Also wird das Fatale nicht fatalistisch genommen, der Zuschauer nicht ratlos entlassen. Sosehr es die Stücke als realistisch qualifiziert, daß sie Verluste und Abgründe nicht verschweigen, so sehr trägt es zu ihrem Wahrheitsgehalt bei, daß sie, sparsam zwar, jedoch unübersehbar, Angebote machen, die den Status quo übersteigen. Allemal haben diese ihre Voraussetzung darin, daß der Mensch veränderbar, belehrbar, der Erfahrung zugänglich ist. Worte, Träume und Taten sind es, die zur Artikulation der Alternative eingesetzt werden. Dem Sinne nach einer Politik der Vernunft verpflichtet, entsprechen sie durchaus dem rationalen Analysegestus, dann aber geht es auch wieder ganz unvernünftig, geradezu phantastisch zu. Vernünftig ist, was Christoph Hein nahelegt: daß eine Gemeinschaft, gefährdet aufs äußerste, dem nur gemeinsam möglichen Überleben alle inneren Interessengegensätze, Feindseligkeiten und Ausschließlichkeitsansprüche unterordnen muß. Unter dem Zwang der Verhältnisse müssen sie miteinander auskommen, die französische Kneipenwirtin Rosa und die tschechische Millionärsgattin Lenka, der deutsche Sinologe Dr. Frankfurther und der deutsche Illegale mit dem Vornamen Otto. Beispielhaft ist die Solidarität, zu der der Weltkriegsoffizier und Jude Hirschburg gegen alle zuvor aufgebrachte deutschnationale Borniertheit am Ende findet; überaus unvernünftig dann sein Entschluß, an der Spitze von fünfzehn in auffällige Kaftane gehüllten Judengreisen die abgeriegelte Grenze überschreiten zu wollen. „Aber kann uns Vernünftiges helfen? Sagen Sie! Dann muß uns etwas Dummes helfen." Hirschburg hat sein Pendant in Brauns Wilhelm Höchst. Als Ältester im Kreise einer erschreckend saturierten Familie unserer Tage will er immer wieder „über die Grenze gehen", sich nicht im Bisherigen – und das war immerhin ein erfülltes Leben als Spanienkämpfer und Kommunist – festsetzen; allen anderen, von Mette, der Jüngsten, abgesehen, gelingt der Absprung aus der tödlichen Gewohnheit nicht mehr, und ihr rauschhaft-phantastischer Flugversuch endet in genau dieser zerstörerischen Selbsterkenntnis. Bei solcher Konstellation muß Braun das Potential der Veränderung schon von außerhalb nehmen. Er konfrontiert die Gruppe mit einem Schwarzen, dessen Maske Wilhelm trägt: „Mein Name: beleidigt. Mein Vorname: erniedrigt. Meine Haut: des Negers ... Du bist es, sagte der Herr ganz ruhig. Ich bin es, sagte ich, dein Sklave ... Die bessere Welt ist, wo man kämpft." Hier nun schließt sich der Kreis zwischen dem ersten und den späteren Theaterstücken des letzten Jahrzehnts. Wieder aufgenommen sind die Schlußsätze des schwarzen Sklaven Sasportas, die er dem weißen Verräter entgegenhält: „Du hast mir eine Fahne zerrissen. Ich will mir eine neue schneiden aus meinem schwarzen Fell ... Die Heimat der Sklaven ist der Aufstand. Ich gehe in den Kampf, bewaffnet mit den Demütigungen meines Lebens."

## III

Eine größere Zahl jüngerer Autoren begann in der zweiten Hälfte der siebziger und am Übergang zu den achtziger Jahren überhaupt erst mit dem Stückeschreiben. Durchweg Geburtsjahrgängen nach 1945 angehörig, ausgestattet mit nichts anderem als konkreter DDR-Erfahrung und deshalb auf diese verwiesen wie angewiesen, machten sie mit ihren Texten im letzten Jahrzehnt einen wichtigen Sektor unserer nationalen Dramatik aus. In unserer Sammlung ist diese Gruppe durch Heinz Drewniok, Jürgen Groß, Uwe Saeger und Albert Wendt vertreten. Kennzeichnend für ihre dramatischen und die meist wenig später folgenden theatralischen Debüts war, daß sie sich mit ihren literarischen Erstauftritten prononciert als Sachwalter ihrer Generation zu erkennen gaben, was aus Thematik, Konflikt, Figurenensemble und sogar Publikumszuspruch unschwer abzulesen war. Wenn man heute rückschauend den Weg dieser Autorengeneration verfolgt, zeichnen sich in Umrissen gewisse Entwicklungsetappen ab. War der Anfang bestimmt durch „Abarbeiten von Schmerz" (Saeger), durch die schreibende Bewältigung individueller Sozialerfahrung in dramatischen Individualgeschichten aus dem Alltag, so folgten den häufig über mehrere Stücke reichenden Versuchen dieser Art Arbeitsschritte, die auf Überindividuelles, Gesamtgesellschaftliches, Modellhaftes zielten, dabei im Interesse der Wahrheitsfindung zu Zuspitzung und Radikalisierung entschlossen waren – die Variationsbreite reicht von Wendts gelassen-philosophischen *Dachdeckern* über den hektisch ausgebreiteten Beziehungsmüll „Im Glashaus" bei Saeger bis zu Drewnioks entlarvendem „Teamwork"-Endspiel. Bewegten sich beide Spieltypen im Sujet des DDR-Alltags, so zeigte sich mit jedem weiteren dramatischen Text dieser Art doch, daß der empirische Stoff zunehmend ausgeschrieben, abgearbeitet war – zumindest für den Augenblick und für den jeweiligen Autor. Einsetzende Selbstverständigung, gespeist auch aus jüngster krisenhafter Schaffenserfahrung, ließ die Stückeschreiber einen neuen Absprung wagen, eine größere Dimension ansteuern. Wem der Schritt gelang, für den bedeutete er in erster Linie Auseinandersetzung mit der Geschichte; Menschheitsfragen rückten ins Blickfeld, Stoffe aus der Historie, der Mythologie und der Literatur gewannen an Gewicht oder wurden überhaupt erstmals angegangen. Nun schreibt Saeger einen dramatischen Text über Hieronymus Bosch und in der Hölderlin-Nachfolge ein „Empedokles"-Stück, Groß und Drewniok setzen sich anhand exemplarischer, die erste Jahrhunderthälfte umspannender Biographien („Motzek", „Leben Medioks") mit der jüngeren nationalen Vergangenheit auseinander, außerdem interessiert sich Drewniok für das spezifische Motiv der „Heimkehr der Sieger" (vor dem Hintergrund von Müllers aktueller „Fatzer"-Lesart: „und von heute an und für eine lange Zeit wird es auf dieser Welt keine Sieger mehr geben, sondern nur noch Besiegte") und schreibt sowohl „Tod und Leben des Martin Röder" als auch „Argonauten vor Iolkos", während sich Albert Wendt im Hinblick auf Bühnendramatik zu einer größeren Schaffenspause entschließt. Diese grobe, unzulässig vereinfachende Skizze will nicht mehr sagen, als daß die in die Anthologie aufgenommenen Texte der genannten Autoren in einem wechselvollen schaffensästhetischen und gattungsgeschichtlichen Zusammenhang stehen und innerhalb dieses lebendigen Prozesses jeweils nur einen kurzen Haltepunkt, eine Durchgangsstation markieren.

Die für unsere Sammlung ausgewählten Stücke dieser Autorengeneration sollten annähernd für die reale Vielgestaltigkeit des Stückeschreibens der Altersgenossen stehen. Auf die durch Textbeispiele auch dokumentierbaren Übereinstimmungen wurde deshalb weitgehend verzichtet, vielmehr bewegt das einzelne Stück zuerst durch seine Originalität, kehrt jeweils eine andere Seite vorrangigen Interesses für Leser und Zuschauer heraus. In der Summe stellt sich trotzdem ein Konsens her. Er beruht einerseits darauf, daß die Stücke überwiegend einen biographischen Hintergrund haben, Mittel der Verständigung mit sich selbst und mit der vorgefundenen Gesellschaft sind, meist mit dem Impetus eines jugendlichen Rigorismus daherkommen, vornehmlich ethisch-moralisch gerichtete Fragen an das Zusammenleben im Sozialismus stellen und daß sie schließlich allesamt ob ihrer radikal-kritischen Grundierung – und aus welch anderen Ursachen auch immer – zunächst auf öffentlichen Widerstand, namentlich der Theater, trafen, bevor sie es nach Überschreiten der Uraufführungsschwelle dann doch zu bemerkenswerten Inszenierungsserien brachten. Stofflich-thematisch drückt sich diese Seite vor allem darin aus, daß zumeist jugendliche Helden auf der Suche nach ihrer Identität, nach dem Sinn ihres Lebens sind, daß diese gezielt in der Aufnahme gesellschaftlicher Beziehungen, in der Gestaltung des Verhältnisses zu anderen dramatisch durchgespielt wird, daß sich dabei heftige Konflikte vornehmlich daraus ergeben, daß sich in der Begegnung mit der kritisch gesehenen Erwachsenenwelt Widersprüche zwischen Wort und Tat auftun, Verkrustungen und Vorurteile gar keine Beziehungsfähigkeit mehr zulassen, die Gleichgültigen und die Eingerichteten ihren Wünschen nach Offenheit, Ehrlichkeit, Freundlichkeit und Liebe hartgesottenen Widerstand entgegensetzen. Übereinstimmung besteht einerseits darin, daß menschlich Wertvolles nicht nur gefordert, sondern in exemplarischen Figurengeschichten auch praktiziert, gelebt wird – man mag sich darauf etwa das wortlose Selbstverständnis der gleichwohl hierarchisch organisierten Dachdecker oder die fraglos innige Liebe zwischen Tina und Stefan vor Augen führen. Zu dieser verbindenden zweiten Seite gehört gleichzeitig, daß sich die Autoren gerade angesichts kritikwürdiger Alltagsbanalität durchweg um Poetisierung, um kunstvolle Gestaltung, also um eine literarisch-ästhetische Qualität bemühen. Die Struktur bei Groß, die übergreifende Titelmetapher bei Saeger, das attraktiv-ungewöhnliche Genre bei Drewniok, die ausgesprochene Poesie des Figurenensembles bei Wendt stehen symptomatisch dafür.

*Match* und *Flugversuch* liegen in gewisser Weise auf einer thematischen Linie. Sie verhandeln in deutlich differenzierten Konstellationen Lebensprobleme junger DDR-Bürger. Groß wählt eine Gruppensituation, Saeger stellt ins Zentrum die Zweierbeziehung eines jungen Liebespaares. *Match* ist mit bisher mehr als zwanzig deutschsprachigen Inszenierungen eines der erfolgreichsten Stücke des zurückliegenden Jahrzehnts; es fand gar das besondere Interesse der Kultursoziologen, die seine Inszenierung zur Grundlage umfangreicher Untersuchungen des Rezeptionsverhaltens Jugendlicher nahmen. Immerhin macht das Stück ein für diesen Publikumssektor gut rezipierbares Angebot: Bei Krawallen nach einem Fußballspiel hat es einen Toten gegeben, einige junge Leute haben sich im Umkreis des Stadions in eine Bude geflüchtet, um den polizeilichen Nachforschungen zu entgehen, begreifen aber rasch, daß einer von ihnen der gesuchte Mörder ist. Kriminaleffekte, Druckkammersituation, Massenhysterie – wenn man nicht vorschnell Einwände wie „Kolportage" und „Konstruktion" zur Hand hat, gibt das schon eine geschickt gebaute und aufregende Stunde der Wahrheit.

*Flugversuch*, von dem Erzähler und Stückeschreiber Saeger zunächst als Film konzipiert, dann nach der Uraufführung der Theaterfassung 1983 zu seinem meistgespielten Stück geworden, greift ein brisantes und auf der Szene bis dato tabuisiertes Thema auf: das Zusammentreffen von Leuten, die aus beiden deutschen Staaten kommen, mit seinen vor allem tragischen Konsequenzen. Heute besteht Hoffnung, daß sich der Text, der in die Zeit der konservativen Wende in der BRD fiel und vor dem Hintergrund gesellschaftlicher Konfrontation und nationaler Feindbilder spielt, demnächst als Geschichtsdrama lesen läßt. In den Jahren seiner Entstehung bestand allerdings lebhafter Anlaß, das in der Kleingärtnermentalität einiger Protagonisten realisierte Abgrenzungskonzept kritisch auf seinen opportunistischen Mißbrauch hin zu befragen. Der Flugversuch zweier junger Menschen scheitert tödlich, weil karrieristisch motiviertes politisches Wohlverhalten der Eltern die Borniertheit siegen läßt über echtes Gefühl und persönliches Glück. Dies erinnernd, muß man wohl im Hinblick auf die zuletzt genannten Stücke Jürgen Groß zustimmen, der von einer beschränkenden Klassifizierung als „Jugendstück" nichts wissen will: „Ich weiß nicht, was mit Jugendstück gemeint ist. Es gibt nur eine Welt, in dieser Welt leben wir alle. Insofern muß alles, was aufs Theater kommt, eine Wichtigkeit haben, die sich nicht in einer solchen Ausschließlichkeit erschöpft." Und Albert Wendt, obwohl damals gerade mit dem Projekt „Kellerfalle" befaßt, erklärt auf die Frage nach seiner Affinität zur Problematik Jugendlicher nahezu apodiktisch: „Ich weiche dieser Problematik geradezu aus. Mich beschäftigt die Frage nach der außergewöhnlichen Einzelleistung innerhalb dieser ‚wohlgeordneten' Art zu produzieren. Das ist an kein Alter gebunden." Der Erfinder wurde dann viel später erst und in nur kleinen Verhältnissen zur dramatischen Gestalt, mit *Die Dachdecker* dagegen nahm Wendt den Weg der anderen vorweg – den Schritt hin zum Gesellschaftsmodell.

Das bis hierher gezeichnete Bild der neueren DDR-Dramatik wäre nun zu ergänzen durch zahllose weitere Stücke; trotzdem bliebe es überaus fragmentarisch. Also begnügen wir uns mit einer resümierenden Überlegung. Sie gilt abermals den Korrespondenzen der Stücke untereinander. Es fällt nämlich auf, nimmt man die Beiträge des Bandes in ihrer Gesamtheit, daß wir es in zweifacher Hinsicht mit der Qualität des Geschichtlichen zu tun haben: Die elf Stücke stehen für eine historische Phase des Stückeschreibens in der DDR, repräsentieren also einen Abschnitt nationaler Literaturgeschichte; zugleich thematisieren sie den Gesellschaftsprozeß in unserem Lande ganz direkt und weisen sich so als Zeugnisse nationaler Zeitgeschichte aus. In gehöriger Vereinfachung und unter Zuhilfenahme der Chronologie wäre dies folgendermaßen zu untermauern: Christoph Heins *Passage* erinnert die unmittelbare Vorgeschichte, berichtet Emigrantenschicksale, erzählt von Leid und Widerstand unter dem deutschen Faschismus, nimmt in der Mikrostruktur der Exilantengruppe die Makrostruktur der Nachkriegsgesellschaft vorweg. Lothar Trolles Szenenfolge *Weltuntergang in Berlin* akzentuiert die Zeitenwende, löst die im Titel ironisierte Mitläuferperspektive ab durch den Auftritt des sowjetischen Sergeanten im Mai 45. Harald Gerlachs *Schicht* würdigt jene Pioniertaten der ersten Stunde, die gegen Selbstzweifel und Behinderung nötig waren, um die Grundlagen des Sozialismus auf deutschem Boden zu schaffen. Groß und Saeger teilen Individualgeschichten aus dem konflikthaften Alltag des Sozialismus der späteren Jahre mit, nehmen die Gestaltungsphase des Neuen beim Wort, erkunden das Verhältnis von Programm und Praxis, nämlich inwieweit die Vorzüge der neuen Gesellschaft Realität für den einzelnen geworden sind. Laufen ihre Befunde noch auf die Kritik spürbarer Defizite hinaus, wird das dann dialektisch aufgehoben durch Entwürfe der achtziger Jahre: mit Wendts *Dachdeckern* als einem Gesellschaftsmodell von der Schönheit und Produktivität tätiger menschlicher Gemeinschaft. Das uneingelöste Potential von Modell und Legende läßt Volker Braun am vorläufigen Ende des betrachteten Geschichtszeitraums die Zwischenbilanz ziehen: *Übergangsgesellschaft.* Begleitet wird dieser Gang durch die zeitgeschichtliche Realität immer wieder von historischer Vergewisserung und künstlerischer Selbstprüfung. Das erklärt einerseits den philosophischen Akzent der *Pandora* und den moralischen Akzent der *Festung,* es bringt andererseits die Selbstverständigung der Stückeschreiber über ihren künstlerischen Auftrag und die Chancen seiner Realisierung mit sich, wie sie sich in den Texten von Heinz Drewniok und Erich Köhler vollzieht, die die Kunstausübung zum Gegenstand von Kunst machen.

## IV

Gegenüber einer Sammlung künstlerischer Texte besteht Erlaubnis, sich nach der künstlerischen Herkunft und Gestalt der Texte zu erkundigen. Und eine Versammlung von Texten für das Theater muß sich die Frage gefallen lassen, wie es um das Verhältnis der Versammelten zum Theater bestellt ist.

Gegenwartswerke, die sich bewußt in einen Zusammenhang mit literarisch tradierten Stoffen, Motiven und Mustern stellen, haben einen hohen Anteil an der dramatischen Gesamtproduktion. Der ausgeprägte Quellenbezug wird vor allem in den letzten Jahren zum schaffensmethodischen Prinzip vieler Stückeschreiber und stellt einen charakteristischen Aspekt neuerer DDR-Dramatik dar. Dieses Prinzip, das sich facettenreicher Techniken bedient, macht zumindest einen doppelten Effekt. Das diskutierende Quellenverhalten des heutigen Autors bewegt sich ja in einem Spannungsfeld zwischen gegenwärtiger Schreibintention und literarischem, mythologischem, historischem Material der Vergangenheit, das in aller Regel die Resultate aus den Kämpfen früherer Generationen aufbewahrt. Indem sich der Dramatiker dazu in ein produktives Verhältnis setzt, wird ein geschichtlicher Raum aktiviert, der Gegenwärtiges besser als Gewordenes begreifen läßt. Immanent gewinnt das zeitgenössische Stück damit an Dimension von Geschichtlichkeit. Kaum weniger ertragreich ist das Schaffensprinzip im Hinblick auf die ästhetischen Effekte. Für gewöhnlich nämlich steigert der anspruchsvolle Rückgriff den Kunstwert des heutigen Textes. Das Vorgefundene übermittelt mit den inhaltlich-philosophischen Qualitäten ja auch die seiner Form und Gestalt; es sind verpflichtende Maßstäbe gesetzt. Der intelligente, auch raffinierte Umgang des zeitgenössischen Autors mit den Elementen der Überlieferung setzt Gestaltungskraft voraus und frei, er gibt sich spielerisch, mithin theatralisch adäquat, verfährt zugleich aber dialektisch, ja macht dem Zuschauer – in Abhängigkeit von dessen subjektiven Rezeptionsvoraussetzungen – ganz offensichtlich zusätzliche Angebote des ästhetischen Genusses. Im Grunde haben wir es bei allen Varianten konzeptioneller Quellenbezüge mit einem Produktivitätszuwachs des jeweiligen Stückes zu tun, der sich – von anderen, hier nicht erörterten Effekten abgesehen – vornehmlich als geschichtsphilosophische und ästhetische Qualität ausweist.

Die Verfahren sind im einzelnen ausgesprochen unterschiedlich, von Stück zu Stück völlig anders, generalisieren läßt sich nichts. Schon die wenigen Texte unseres Bandes machen das deutlich. Von Prosa-Adaption wäre im Falle der *Festung* von Werner Buhss zu reden. Romandramatisierungen dieses Typs haben in den achtziger Jahren einen hohen Stellenwert. Motiviert sind sie durch den in Aussicht stehenden Gewinn neuer Stoffe und Sujets. Neben nationaler sozialistischer Prosa dominieren als Quelle ziemlich eindeutig Werke der zeitgenössischen sowjetischen Epik von weltliterarischem Rang (Aitmatow, Bulgakow, Granin, Trifonow). Buhss ist in dieser Tendenz mit dem von ihm benutzten Roman „Die Tatarenwüste“ des Italieners Dino Buzzati aus dem Jahre 1940 schon fast wieder die Ausnahme.

Obwohl sie auch auf erzählende Prosa zurückgreifen, sind die Vermittlungen bei Christoph Hein komplizierter. Für Heins *Passage* ist ein einzelnes Prosawerk als Initialtext überhaupt nicht auszumachen; immerhin scheint die Vermutung nicht unbegründet, daß die schlicht erzählte Geschichte viele Väter hat, darunter neben dokumentarischem Material und der Episode aus der Biographie Walter Benjamins vielleicht auch Anna Seghers' Roman „Transit“, der im übrigen fast zeitgleich und unter Beibehaltung des Fabelkerns wie der Chronologie von Volker Braun adaptiert wird zum Theaterstück „Transit Europa“. Die Orientierung von Hein und Braun an Anna Seghers weist auf eine signifikante Erscheinung in der DDR-Dramatik des letzten Jahrzehnts: Es ist eine dramatische Seghers-Rezeption in Gang gekommen, die in Umfang und Intensität geradezu unvergleichlich ist. Begonnen hatte sie mit der Dramatisierung des „Siebten Kreuzes“ durch Jaksch/Maaß, ihre vorläufig letzten Beispiele sind Müllers „Duell“ und Trolles „Josia“.

Einen Gestalt- und Funktionswandel hat das Stück von Saeger hinter sich. Hier liegt der Sonderfall vor – und der geht in seiner Bedingtheit über künstlerische Begründungen hinaus –, daß der Autor des späteren Bühnentextes zugleich der Verfasser des eigenen literarischen Quellenmaterials ist. *Flugversuch* war ursprünglich Szenarium für den Film. Saegers Kinokonzept wurde, wie mehrere andere von ihm, nicht verwirklicht, also entschloß er sich zu einer Gattungskonversion, die man dem Stück – und nicht immer zu seinem besten – in Bildwahl, Schauplatzwechsel, Kürze und hoher Frequenz der Szenen auch anmerkt; der Wegfall des optischen Drehbuchs war nicht zu kompensieren.

Wieder völlig anders stellen sich die Quellenbezüge bei Hacks und Braun dar. Diesmal sind die Originale von vornherein dramatischer Natur, stammen von Goethe und Tschechow und heißen „Pandorens Wiederkehr“ und „Drei Schwestern“. Hacks imitiert das Vorbild, um es zu vollenden. Er vervollständigt das Fragment gebliebene Stück des Klassikers aus dem Jahre 1807, indem er ihm in klassizistischer Manier einen zweiten Teil hinzufügt und es so in Richtung Bühne und Zukunft verlängert. Er betont mit seiner Dienstbarkeit dem Original gegenüber die Kontinuität des Humanen. Braun betont dessen Diskontinuität. Er transponiert die alten Verhältnisse in die neuen, er zitiert alte Verhaltensweisen in solchen der Gegenwart, er findet den Anachronismus der zaristischen Provinz wieder in zählebigen Anachronismen des Sozialismus hierzulande. Namen, Figuren, Fabelstränge und Versatzstücke des russischen Originals werden übernommen, weil ihre mitgelieferte Zugehörigkeit zu einer überwundenen Epoche so nachhaltig auszudrücken vermag, wie rasch sich vermeintlich Überwundenes reproduziert, wenn ihm nicht wirklich Alternatives entgegengesetzt wird. Der installierte spezifische Quellenbezug, der Hacks die philosophische Formulierung einer fernen Idee ermöglicht, erlaubt Braun die sinnliche Vorführung von Lebensproblemen der Übergangsgesellschaft.

Harald Gerlachs *Schicht* schließlich, die von einer physischen Anstrengung ohne Beispiel handelt und offenbar ganz auf den historischen Zeitpunkt der Hennecke-Tat fixiert ist, hebt die Einmaligkeit des Vorgangs durch überaus komplexe Literatur- und Traditionsbezüge in den Kontext der Menschheitsgeschichte. Nicht ein einzelnes Original wird bemüht, nicht eine bestimmte Bezugsebene aufgesucht, vielmehr steht die ganze kulturell-künstlerische Überlieferung zur Verfügung. Spielerisch-exzessive Mobilisierung der literarischen Mittel konstituiert ein poetisches Prinzip, welches eine Kunstgestalt zeitigt, die überhaupt nicht eklektisch, sondern von hohem ästhetischem Rang ist. Als Anhaltspunkte: Die Genrebezeichnung „Schaustück mit Musik und Zauberei“ ist Majakowski geschuldet; in der personalen Grundkonstellation zwischen Hennecke und dem Funktionär findet sich das Faust-Mephisto-Muster; eine Szene persifliert das alte Hildebrandslied unter der Überschrift „Das neue Lied“, allerdings in der Gestalt eines epi-

gonal-alliterierenden Zimmering-Gedichts; eine andere, monologische Szene kontrastiert klassischen Vers einschließlich Sisyphus-Metapher mit der derb-zupackenden gebrochenen Majakowski-Zeile; das Gleichnis vom König Leonidas wird ebenso wie ein späterer, im Blankvers geschriebener Prometheus-Monolog zur Verständigung über Not und Notwendigkeit des Heldentums benutzt. Diese wie alle anderen Elemente innerliterarischer Korrespondenzen tragen zur Vielschichtigkeit und poetischen Qualität der besten Werke unserer neueren Dramatik bei.
Auch unter einem anderen Gesichtspunkt verweist die vorliegende Textauswahl auf eine allgemeinere Tendenz: Allgemeinplätze über eine defizitäre deutsche Dramen- und Theatertradition hinsichtlich der heiteren Genres wollen wir uns ersparen. Eher schon wäre daran zu erinnern, daß in der Entstehungszeit der neueren Stücke die Gefährdungen für das menschliche Leben eklatant zunahmen, mit der gar nicht mehr spekulativen, sondern realen und greifbaren Möglichkeit der Menschheit zur Selbstvernichtung die Auseinandersetzung mit solcher Todesgefahr zur existentiell vordringlichen Aufgabe auch der Dramatik wurde. Darüber hinaus hat es etwas mit der dramatischen, also gattungsspezifischen Durchführung von Konflikten zu tun, daß didaktische und kathartische Wirkungen am ehesten dann eintreten, wenn in radikaler Zuspitzung Grenzsituationen aufgesucht werden. In einer Zeit, die mit ihrer Dynamik so reich an individuellen wie gesellschaftlichen Lebensentscheidungen ist wie die unsere, ist Dramatik durchaus gehalten, auch die schlimmstmögliche Wendung ins Auge zu fassen – immerhin ist selbst das noch Spiel, und die fiktive Katastrophe auf der Szene verhindert vielleicht die reale. Von solch strategischen Erwägungen zumindest gehen mehrere Stückeschreiber aus, weil sie sich davon ein Kraftpotential versprechen. Heiner Müller erläutert das so: „Es geht grundsätzlich darum, das Furchtzentrum einer Geschichte zu finden, einer Situation und der Figuren, und dem Publikum das auch zu vermitteln als Furchtzentrum. Nur wenn es ein Furchtzentrum ist, kann es ein Kraftzentrum werden … Überwindung von Furcht durch Konfrontation mit Furcht. Und keine Angst wird man los, die man verdrängt." Dann aber begegnen wir auch, und zwar gerade

bei Müller, dem Vermächtnis der Toten. Da werden die Toten vergangener Geschlechter Auftraggeber der Lebenden, Hort der Utopie. „Der Tod ist die Maske der Revolution" heißt es im „Auftrag", und später: „Wenn die Lebenden nicht mehr kämpfen können, werden die Toten kämpfen." Solche geschichtliche Dimension allerdings wird selten erreicht. Wir finden sie im Sterben des Spanienkämpfers, Illegalen, KZ-Häftlings und nunmehrigen Rentners Wilhelm Höchst, dessen letzte Worte der Schriftsteller Anton begierig aufschreibt: „Die Revolution kann nicht als Diktatur zum Ziel kommen. Wenn wir uns nicht selbst befreien, bleibt es für uns ohne Folgen." Häufiger ist der sinnlose Tod, Notsignal oder Warnung. Dr. Frankfurther verliert auf der Flucht vor den faschistischen Schergen alle Kraft und jede Hoffnung, resignierend wählt er – welch begrifflicher Zynismus – den Freitod. Weil er sich einem unmenschlichen System unterwarf, muß Werner Buhss' „Festungs"-Offizier mit dem Leben bezahlen. Gefährliche Selbstüberschätzung läßt die mißratenen Titanenkinder in den Tod rasen und den maßlos egozentrischen Spinner zum Mörder werden. Schließlich begegnet uns der Tod als Resultat menschlicher Begrenztheit wie mitmenschlichen Versagens. Stefan und Tina unternehmen den tödlichen Flugversuch, weil ihnen die Gesellschaft ihrer Kleinstadt einen anderen Ort der Gemeinsamkeit nicht gelassen hat, der Dachdecker Korle stürzt, allein gelassen, vom fremden Dach in den Tod, und seine Kollegen wissen sich schuldig: „Es war verpaßte Zeit für Hilfe."
Selbst die relative Häufung solch tragischer Verläufe läßt Platz sowohl für Genrevielfalt als auch für Heiterkeit. Obwohl keineswegs unter Proporzgesichtspunkten konzipiert, tritt unsere Ausgabe nahezu unversehens den Beweis für das eine wie das andere an. Beschränkt man sich hinsichtlich des Formenreichtums allein auf die von den Autoren angebotenen Genrebezeichnungen, dann kommt man etwa auf folgende Differenzierungen: Hacks nennt seinen Text ein Ideendrama, Hein spricht von Kammerspiel, bei Gerlach steht „Schaustück mit Musik und Zauberei", Wendt bezeichnet seinen Text als „Ein gehobenes Stück" und zählt ihn zur Personalkategorie seiner „Himmelsstücke", bei Buhss haben wir es mit einer Parabel, bei Trolle mit einer

Szenenfolge zu tun. Und nun kommt das möglicherweise Überraschende: *Die Übergangsgesellschaft* ist eine Komödie, *Die Jäger* sind eine Groteske, *In Amöbien* ist eine Satire. Durch diese Stücke mag der quantitative Anteil heiterer Dramatik am dramatischen Gesamtschaffen einigermaßen zutreffend widergespiegelt sein, in qualitativer Hinsicht ist er es gewiß nicht. Satire und Groteske haben nach wie vor Seltenheitswert, und komisch ist Brauns Stück bestenfalls in seiner Schlußszene: „Finita la comedia!". Dagegen lohnte es schon, komische Elemente und Wirkungen in den anderen Stücken aufzusuchen, die deren Anwesenheit nicht ausdrücklich vorzeigen. Dann käme man beispielsweise darauf, daß *Die Schicht* voller Clownsszenen steckt und sich auch sonst kräftig aus dem Arsenal heiteren Volkstheaters bedient, daß *Die Dachdecker* mit ganz untergründigem Humor geschrieben sind und diesen mal feinsinnig, mal artifiziell und mal drastisch ins Spiel bringen, daß selbst *Pandora* eine überaus komische Verstellungsszene der Väter bei der Todesnachricht der Kinder hat, daß Trolles Szene „Das Kind" geradezu eine dramatische Meisterleistung makaberschwarzen Humors ist.

Drewnioks Groteske und Köhlers Satire bringen uns auf unseren Schlußgedanken. In beiden Stücken nämlich ist die ironisierende Rede vom Kunstmachen, vom Stückeschreiben gar, vom Theaterspielen schließlich. Um von vornherein alle kleinlichen Zweifel auszuschließen, wird gleich Flagge gezeigt: Es handelt sich um Massenkunst und Welttheater. Woraus hervorgeht, daß sich die Kunst offensichtlich von den Massen und das Theater von der wirklichen Welt entfernt haben. Kritische Töne also, maßlose Übertreibungen, legitimiert durch die Genreoptik, bei denen einem manchmal das Lachen im Halse steckenbleibt. Schwierigkeiten vor allem mit dem praktischen Leben haben Drewnioks Aufsteiger Bulla und Döll, Schöpfer kolossaler Bildkunstwerke der eine, Verfasser mehrbändig-dickleibiger Romane der andere, wobei die praktischen Verlegenheiten der beiden frischdekorierten Massen-Künstler wohl doch weniger aus dem direkten Leben herrühren, sondern mehr aus der totalen Unkenntnis des für die Teilnahme an der Preisträgerjagd nun einmal erforderlichen Hand- bzw. Weidwerks. Köhler nennt seinen Text *In Amöbien oder Der Große Laligei*

tiefstapelnd eine Komödie, und die ist grob und kommt uns grob; erzählt wird von der Vorbereitung und Absetzung der Inszenierung „Der Große Laligei“ am großen Amöbischen Welttheater, zu welchem Zwecke ein gewaltiges Theaterpersonal aufgeboten wird mit Generalkunstrat Amöbius, einem Ansichtsleiter, einem Dramatologen, einem Winkelforscher und mehreren höheren und ganz hohen Wahrnehmern „und jede Menge andere“, bei denen allen sich Opportunismus und Reglementierung die Klinke in die Hand geben. Man kann das ja im Detail ein paar Seiten weiter vorn nachlesen, auf dem Theater sehen wird man das kaum. Erich Köhler ist eine solitäre Erscheinung in unserer Dramatik und eine gebeutelte dazu, die Aufnahme dieses Autors vom Hacks-Jahrgang 1928 mit einem Theaterpamphlet vom Jahre 1987 in die Anthologie macht den Luxus aus, den sich diese Ausgabe, die von Spielen handelt, leistet. Immerhin verweist das Exempel darauf, daß mit dem Verhältnis des Stückeschreibers zum Theater der Lebensnerv jedes dramatischen Autors getroffen ist.
Also wird es nicht verwundern, wenn man ausnahmslos allen Beteiligten des Bandes nachsagen kann, daß sie sich nicht nur Gedanken über ihr Arbeitsverhältnis machen, sondern diese auch regelmäßig öffentlich äußern. Insofern ist es charakteristisch für das Stückeschreiben in der DDR, daß es permanent begleitet wird von den reflektierenden Überlegungen und Texten der Autoren. Ein Prozeß hartnäckiger, streitbarer, auch krisenhafter Selbstverständigung findet statt. Geschieht dies gleich per Drama, also mittels Kunstdebatte auf der Szene, dann gehört es zu den selteneren Erscheinungsformen. Anderes begegnet häufiger: Hacks schreibt Essays, Braun fixiert Notate, Hein verfaßt Aufsätze und Saeger Nachsätze, Wendt äußert sich in Aphorismen und Gerlach im Roman. Das analytisch-konzeptionelle Denken, das sie sich abverlangen, kommt – nicht automatisch zwar, doch im Prinzip – der Qualität ihrer dramatischen Texte zugute. Die Verkehrsformen mit dem Theater allerdings erschwert das gelegentlich, weil es ausgeprägte Positionen der jeweiligen Individualästhetik argumentativ befestigt und dadurch den Theaterleuten eine neue Qualität ihrer Arbeit abfordert. Albert Wendt, der sich bald nach den *Dachdeckern* vom Theater zurückzog, schildert

Konflikt und Konsequenz so: „Meine Vorstellung von Theater fand keine Antwort oder keine Entsprechung in der Vorstellung der Theaterleute. In dem Moment, als mir etwas besonders gelungen erschien, traf ich am stärksten auf Unverständnis. Ich wußte oder fühlte zumindest immer, wo ich hin wollte, und mußte nun bemerken, daß die Theaterleute diesen Weg nicht mitvollziehen konnten oder wollten. An dieser Stelle tritt dann zur Verstimmung die ganz harte Einsicht: Ich kann mich ohne Theater nicht selbständig bewegen. Ich kann als Dramatiker meine Entwürfe vom Theater nicht mit mir selber abmachen. Ich brauche das Theater, das da mitmacht und sich mitbewegt ... Die Schere tat sich auf. Es ging auseinander." – Wahr ist aber auch, daß die meisten Autoren unseres Bandes zeitweise oder bis heute eine enge Verbindung zum Theater haben. Einige waren streckenweise sogenannte Hausautoren (Hacks und Saeger), andere arbeiteten als Techniker am Theater (Wendt). Frappierend hoch ist die Zahl derer, die unmittelbar im Theater beruflich tätig sind oder aus diesem kommen: Gerlach und Groß sind langjährige Dramaturgen, Hein hat mit Besson in der Volksbühne und Braun mit Wekwerth am Berliner Ensemble gearbeitet; Buhss und Drewniok sind praktizierende Regisseure mit einem großen Arbeitspensum.
Die Wege und Bedingungen des Stückeschreibens sind individuell verschieden. Sie sollten es bleiben. Spannungen zwischen Text und Szene gehören zum Alltag der schreibenden wie der darstellenden Kunst. In ihnen haben beide Künste die Voraussetzung ihres Weiterkommens, ihrer herausgeforderten Erneuerungsfähigkeit. Entstanden in diesem Spannungsfeld, sprechen die hier vorgelegten Stücke in ihrer Unvergleichbarkeit wie Korrespondenz davon, daß ein solches Bedingungsgefüge allemal produktiv zu machen ist. Vermitteln sie darüber hinaus in ihrer Gesamtheit annähernd einen Eindruck von der engagierten Vielfalt der DDR-Dramatik seit dem Ende der siebziger Jahre, dann wäre das nicht zuletzt der Tatsache geschuldet, daß jeder einzelne Stückeschreiber sich selbst und seinem Konzept treu geblieben ist. Auch das sollte so bleiben.

Leipzig, Herbst 1988 *Peter Reichel*

# Quellen- und Rechtsnachweis

# Inhalt